普通高等院校"十三五"规划教材

21世纪会计技能教学系列教材

CHUJI KUAIJI DIANSUANHUA SHIWU CAOZUO JIAOCHENG

初级会计电算化实务操作教程

（T3 版）

蒋建俊　费金华
　　　　　　　　著
陈国平　张　燕

立信会计 出版社
LIXIN ACCOUNTING PUBLISHING HOUSE

图书在版编目(CIP)数据

初级会计电算化实务操作教程：T3版/蒋建俊著. —上海：立信会计出版社，2018.1
普通高等院校"十三五"规划教材　21世纪会计技能教学系列教材
ISBN 978-7-5429-5698-9

Ⅰ.①初… Ⅱ.①蒋… Ⅲ.①会计电算化—高等学校—教材 Ⅳ.①F232

中国版本图书馆CIP数据核字(2018)第015507号

策划编辑　　陈　旻
责任编辑　　陈　旻

初级会计电算化实务操作教程(T3版)

出版发行	立信会计出版社			
地　　址	上海市中山西路2230号	邮政编码	200235	
电　　话	(021)64411389	传　　真	(021)64411325	
网　　址	www.lixinaph.com	电子邮箱	lxaph@sh163.net	
网上书店	www.shlx.net	电　　话	(021)64411071	
经　　销	各地新华书店			
印　　刷	上海万卷印刷股份有限公司			
开　　本	787毫米×1092毫米　　1/16			
印　　张	20			
字　　数	469千字			
版　　次	2018年1月第1版			
印　　次	2018年1月第1次			
印　　数	1—3100			
书　　号	ISBN 978-7-5429-5698-9/F			
定　　价	42.00元			

如有印订差错，请与本社联系调换

前　言

　　会计电算化实务操作是目前我国会计实务工作的主要内容，也是会计专业技能教学的核心内容。但是，目前我国会计学专业的会计电算化教学还停留在以功能模块为主导的内容体系上，一般设置"会计电算化"和"财务软件应用"两门课程，这种电算化教学的内容体系存在着明显的缺陷：一是忽视了各种不同经济业务在电算化软件系统中的具体操作流程和操作技巧。二是不能完全满足会计实际工作的需要。目前，我国会计实际工作现状是会计电算化已经普及，手工账务处理基本消失，学校以功能模块为主导的教学内容过于粗糙。这必然导致学生学得没有深度和精度，踏上工作岗位后必然满足不了实际工作的需要。为此，我们认为应重新构建以功能模块为基础、经济业务为导向的会计电算化课程体系，具体可设置五门课程，即"会计电算化基础""初级会计电算化实务操作教程""中级会计电算化实务操作教程""高级会计电算化实务操作教程"和"会计电算化综合模拟实验"。

　　《初级会计电算化实务操作教程（T3 版）》是会计电算化系列教材之一，它主要依托畅捷通 T3 平台，围绕企业最基本的经济业务，重点讲解电算化实务操作的初始设置、总账模块、固定资产模块、工资模块和会计报表模块。整个内容具有以下几个特点：一是以经济业务为导向，详细讲解了每一笔经济业务在系统中的具体操作流程和操作技巧。二是内容完全符合实际，全书以一个新设企业连续两个月的经济业务为例，涉及的会计工作环境、会计操作流程较完整、真实，基本经济业务较系统、全面。

　　本教材由江苏理工学院商学院蒋建俊、费金华、张燕和陈国平同志撰写完成，在撰写过程中得到了胡群英等老师的大力支持，在此表示衷心的感谢！由于编者水平有限，书中难免有疏漏之处，恳请广大读者和专家批评指正。

编者

目 录

第一部分
企业基本信息会计电算化处理

本教材以新设的南京成功股份有限公司为例,对其基本信息的会计电算化处理进行操作。

一、公司简介

南京成功股份有限公司成立于 2017 年 11 月 2 日,是由江苏未来股份有限公司和江苏明星股份有限公司分别出资 800 万元和 200 万元投资组建而成,是一家从事 K01、S02 产品的开发、生产、销售服务为一体的公司。公司位于江苏省南京市国家高新区内,园区为吸引投资,给予入驻公司免 3 年房屋租金的优惠政策。

公司基本信息如下:

公司税务号:913201436012042987

公司住所:江苏省南京市国家高新区创业路 1238 号

公司法定代表人:李胜利

联系电话、传真:025-80982852

邮编:210000

公司账户:

中国建设银行南京市建邺区支行　　　基本结算账户　　41622124757264

保证金账户　　3201824827607

交通银行南京市建邺区支行　　　一般结算户　　419249996708646

操作员及权限,如表 1-1 所示。

表 1-1　　　　　　　　　　　　财务部用户权限表

编 号	姓 名	口令	部门	权 限
302101	周 琳	1	财务部	账套主管
302102	将风明	2	财务部	会计:拥有公用目录设置、总账系统(除出纳签字、审核凭证、记账、恢复记账前状态、结账等权限外)、往来、项目管理、固定资产、工资管理系统的所有操作权限
302103	陈雨涵	3	财务部	出纳:拥有现金管理、出纳签字的操作权限

二、公司组织结构

公司下设五个部门,各个部门职责和员工情况如下所述。

(一) 办公室

办公室共有员工 4 名,办公室负责公司的行政管理和日常事务,当好领导的参谋,协助领导做好各部门之间的综合协调,加强对各项工作的督促和检查,建立并完善各项规章制度,促进公司各项工作的规范化管理;负责公司的公文、资料、信息和宣传报道工作,沟通内外联系,保证上情下达和下情上报;负责公司来往文电的处理和文书档案的管理工作,负责对会议、文件决定的事项进行催办、查办和落实;负责加强对外联络,拓展公关业务,促进公司与社会各界的广泛合作和友好往来,树立良好的企业形象;负责全公司组织系统及单位工作职责、编制人数的规划、研讨、修订;负责对各项管理制度的建议、推行与修订;负责公司的印章、营业执照、合同和法律事务;负责完成领导交办的其他工作。

(二) 财务部

财务部共有员工 3 名,是企业财务工作的管理、核算、监督指导部门。负责贯彻执行《会计法》及国家有关各项法规和规章制度,严格执行国家的《企业会计准则》和财会 2016(22号)文;负责制定企业财务管理的各项规章制度并监督执行;负责配合协助企业年度目标任务的制订与分解,编制并下达企业的财务计划,编制并上报企业年度财务预算;负责企业的财务管理、资金筹集、调拨和融通,制定资金使用管理办法,合理控制使用资金;负责成本核算管理工作,建立成本核算管理体制,制定成本管理和考核办法,负责企业网上银行的安全与正常运营;负责企业的资产管理、债权债务的管理工作,参与企业的各项投资管理;负责企业年度财务决算工作,审核、编制有关财务报表,并进行综合分析;负责企业的会计电算化管理工作,制定相关规章制度,保证会计信息真实、准确和完整;负责企业的纳税管理,运用税收政策,依法纳税;负责财务会计凭证、账簿、报表等财务档案的分类、整理和移交档案。

(三) 采购部

采购部共有员工 2 名,采购部负责贯彻执行公司制定的各项战略、方针、规划、政策及综合性计划;负责公司采购业务方面的管理,完成采购指标及业务目标;负责建立完整、严密的采购管理制度,规范采购工作流程、工作规范及各项采购业务标准,并监督检查执行情况;负责协助公司制定本部门的阶段工作计划及各个专项工作计划并组织实施;负责年度采购指标的分解并组织实施日常采购工作;负责组织配置本部门的各类资源,在优化商品结构的基础上,开发并统筹采购适销对路商品;负责监督各个商品的进、销、存工作,加强存货的监控调配,降低公司营运成本;负责与供应商的日常事务联络及相关问题的处理;负责定期召开部门例会,检查督促各岗位工作职责的执行情况及工作计划的完成情况,最大限度地减少、避免因滞销、过期商品造成的经济损失;负责定期评估考核本部门人员业绩及业务素质,定期安排有关采购业务及采购管理技能等方面的培训;负责公司各项采购成本及本部门办公费用的控制;负责进行本部门各项业务数据及相关资料的统计分析及维护,定期向相关部门及人员提供统计分析结果;负责各类采购协议、合同及供应商资料等采购业务方面档案管理。

(四) 销售门市部

销售门市部共有员工 2 名,专设销售机构负责制定销售管理制度,拟定销售管理办法、产品及物资管理制度、明确销售工作标准、建立销售管理网络,协调、指导、调度、检查、考核;负责编制年季月度产品销售计划,并按时交计划生产、财务部门,便于统一平衡、合理下达计划、组织生产作业、及时回笼资金,随时关注生产计划完成进度和监督产品质量问题;负责产品入库出库核对工作,进出库产品必须手续完整齐全,验收及时,标明型号、规格、数量等,出入库单据妥善保管,严格执行公司物资管理制度,认真办理产品出入库手续;负责编制销售统计报表,做好销售统计核算基础管理工作,建立健全各种原始记录、统计台账,及时汇总填报年、季、月度销售统计报表;负责及时汇总编制产品需求量计划,合理地平衡产品供货计划,组织产品的运输、调配,完善发运过程的交接手续;负责积极开展市场调查、分析和预测,做好市场信息的收集、整理和反馈,掌握市场动态,积极适时、合理有效地开辟新的经销网点,努力拓宽业务渠道,不断扩大公司产品的市场占有率;负责对本部门人、财、物和业务工作管理、监督、协调、考核等工作;负责做好产品的售后服务工作,经常走访用户,及时处理好用户投诉,保证客户满意,提高企业信誉;负责拟订本部门工作目标,抓好本部门人员的考核、考评与管理教育工作;负责做好广告宣传,正确编制年度销售费用及广告费用计划。

(五) 生产车间

生产车间共有员工 11 名、车间主任 1 名、生产工人 10 名,生产 K01 和 S02 两种产品。生产车间负责生产计划管理,在公司领导下,编制并实施年度月度生产物料需求计划、年度月度生产计划、每天车间生产作业计划;负责建立和完善车间组织架构,明确岗位职责,工序合理分工,不断开展员工企业理念、宗旨、目标、精神、企业文化和不断开展员工技能培训,加强员工思想教育,增强车间团队的凝聚力;负责贯彻执行公司方针政策,规章制度,制定和实施车间生产安全管理制度,车间定额管理制度;负责保证物料生产供给,合理安排员工每天的生产任务,车间作业现场的整顿,生产设备工装夹具的维护与管理,确保正常生产;负责产品质量和技术工艺标准的监督,加强原材料检验、加强生产过程工序、质控点的巡查、互检工作,严格控制不合格品的产生;负责编制并执行公司生产工艺流程、工艺技术标准、工艺文件,严肃车间工艺纪律,认真开展工艺纪律检查,坚持"按标准、按工艺、按图纸"组织生产,做好新技术、新产品、新工艺的引进,提高工艺创新能力,提高生产效率;负责严格贯彻执行国家有关安全生产和劳动保护的方针政策,遵守公司安全生产规章制度和设备操作流程做好员工安全教育,杜绝安全事故;负责车间生产成本统计分析,加强对车间生产产量、质量、员工工时工资、效率进度、产品合格率材料损耗率等生产成本,统计分析并形成报表;负责车间班组工序、员工年月日工作业绩、考核奖惩,开展"比、学、赶、帮、超"员工技能竞赛,激发员工工作的积极性和创造性;负责做好车间生产设备,检测设备,工装夹具的日常维护和保养,指导员工正确使用设备器具,确保安全生产操作和正常生产。

公司部门档案,如表 1-2 所示。

表 1-2   公司各部门编码、属性、名称表

一级部门编号	一级部门名称	二级或三级部门编号	二级或三级部门名称
1	管理	101	办公室
		102	财务部
		103	采购部
2	销售	201	销售门市部
3	生产	301	生产车间

公司员工名单,如表 1-3 所示。

表 1-3   公司员工名单一览表

工号	员工姓名	所属部门	职务
101001	李胜利	办公室	总经理、法定代表人
101002	周长虹	办公室	主任
101003	于成功	办公室	办事员
101004	张福平	办公室	仓管员
102005	周琳	财务部	财务经理
102006	将风明	财务部	总账会计
102007	陈雨涵	财务部	出纳
103008	强洪森	采购部	采购经理
103009	李娟	采购部	采购员
201010	张玉林	销售门市部	销售经理
201011	李晓明	销售门市部	销售员
301012	周络顺	生产车间	车间主任
301113	李亚	生产车间	生产人员
301114	蒋明洁	生产车间	生产人员
301115	黄忆成	生产车间	生产人员
301116	周永海	生产车间	生产人员
301117	李永波	生产车间	生产人员
301118	蒋敏	生产车间	生产人员
301119	李洁洪	生产车间	生产人员
301120	周强	生产车间	生产人员
301121	吴敏洁	生产车间	生产人员
301122	陈立生	生产车间	生产人员

三、公司的资产

1. 固定资产

公司的办公楼和厂房采用租赁方式，享受高新园区给予入驻公司免 3 年房屋租金的优惠政策；公司的生产设备有机器设备 KL 4 台、机器设备 UY 2 台；公司的电子设备有 HP 电脑 7 台，在公司设立后逐渐购入。

2. 产品及原材料

公司主要生产 K01 产品和 S02 产品，消耗的原材料为 RP 材料和 QA 材料，其中单件 K01 产品消耗 RP 材料量为 0.6 千克，单件 S02 产品消耗 QA 材料量为 2 千克，生产过程中无损耗。

公司存货分类及档案，如表 1-4 所示。

表 1-4　　　　　　　　　　存货分类及档案表

存货分类				存货档案			
存货类别编号	存货类别名称	二级类别编号	二级类别名称	具体存货编号	具体存货名称	属性	计量单位
11	原材料			11001	RP	外购、销售、生产耗用，税率 17%	千克
				11002	QA	外购、销售、生产耗用，税率 17%	千克
22	周转材料	2201	低值易耗品				
		2202	包装物				
33	库存商品			33001	K01	销售、自制、在制，税率 17%	件
				33002	S02	销售、自制、在制，税率 17%	件

四、公司的会计政策说明

(一) 主要会计政策

1. 会计期间

本公司的会计期间分为年度和中期，会计年度自公历 1 月 1 日起至 12 月 31 日止，中期包括月度、季度和年度。

2. 记账本位币

本公司以人民币为记账本位币。

3. 会计核算

以权责发生制为记账基础。除某些金融资产外，均以历史成本为计价原则。如果资产发生减值，则按照相关规定计提相应的减值准备。

4. 应收款项

(1) 坏账确认标准。债务人破产或死亡，以其破产财产或者遗产清偿后无法收回，或债务人逾期未履行偿债义务超过 3 年而且具有明显特征表明无法收回的应收账款,确认为坏账。

(2) 坏账损失采用备抵法核算。对单项金额重大的应收款项(包括应收账款和其他应收款,本公司单项金额定额 200 万元,其他应收款 50 万元),进项单独减值测试,按该应收款项未来现金流量现值低于账面价值的差额计提坏账准备;单项金额重大的应收款项未发生减值的应收款项并入剔除单项金额重大应收款项后的应收款项。按期末余额的账龄分析计提。公司根据债务单位的实际财务状况、现金流量情况等确定按账龄计提的坏账准备并计入当期损益。

(3) 应收款项各账龄段坏账准备计提的比例,如表 1-5 所示。

表 1-5　　　　　　　　　　　　　　　应收款项账龄及坏账计提率一览表

账　龄	计提比例	账　龄	计提比例
1 年以内	5％	3～4 年	30％
1～2 年	10％	4～5 年	60％
2～3 年	20％	5 年以上	100％

5. 存货

(1) 存货分类。公司存货分为原材料、包装物、低值易耗品、在产品和库存商品等。

(2) 存货成本计算。存货按实际成本核算,其中:①材料采购发生的共同采购费用按照材料重量比例进行分配,材料发出采用月末一次加权平均法;保留两位小数。②完工产品成本的计算采用品种法,设置直接材料、直接人工、制造费用三个成本项目;生产费用在完工产品与在产品之间的分配采用约当产量法(材料在生产开始时一次投入),分配率保留 2 位小数,如有尾差计入月末在产品成本。③工资、五险一金承担和计提比例,按工时比例在各产品之间分配,分配率保留 6 位小数,尾差计入 S02 产品:企业承担部分为养老保险金 20％,医疗保险金 9％,失业保险金 1％,工伤保险金 0.5％,生育保险金 0.5％,住房公积金 10％;个人承担部分为养老保险金 8％,医疗保险金 2％及大病救助金每人每月 10 元,失业保险金 0.5％,住房公积金 10％。④制造费用按照生产工时比例在各产品之间进行分配,分配率保留 6 位小数,如有尾差计入 S02 产品成本。

(3) 存货可变现净值的确定依据及存货跌价准备的计提方法。期末存货成本与可变现净值孰低原则计价;期末,对存货进行全面盘点的基础上,对存货因遭受毁损、全部或部分陈旧过时销售价格低于成本等原因,预计其成本不可收回的部分,提取存货跌价准备。存货跌价准备按单个存货项目的成本低于可变现净值的差额提取。库存商品和用于出售的材料等直接用于出售的存货,其可变现净值按该等存货估计售价减去估计的销售费用和相关税费后的金额确定;用于生产而持有的材料等存货,其可变现净值按所生产的产成品的估计售价减去至完工将要发生的成本、估计的销售费用和相关税费后的金额确定;为执行销售合同或者劳务合同而持有的存货,其可变现净值以合同价格为基础计算;公司持有存货的数量多于销售合同订购数量,超出部分的存货可变现净值以一般销售价格为基础计算。

(4) 存货的盘存制度。存货的盘存采用永续盘存制。

6. 固定资产

(1) 固定资产确认条件。固定资产是指为生产商品、提供劳务、出租或经营管理而持有的,使用寿命超过一个会计年度,单位价值较高的有形资产。固定资产同时满足下列条件的,才能予以确认:与该固定资产有关的经济利益很可能流入企业;该固定资产的成本能够可靠地计量。固定资产以取得时的实际成本入账,并从达到预定可使用状态的次月起,采用年限平均法计提折旧。汽车的成本包括买价、车辆购置税、牌照费及印花税。

(2) 各类固定资产的折旧年限和残值率(计算折旧时月折旧率保留 4 位小数),如表 1-6 所示。

表 1-6　　　　　　　　　固定资产折旧年限、残值率及年折旧率表

固定资产类别	折旧年限	残值率	年折旧率
房屋及建筑物	20	4%	4.8%
机器设备	10	4%	9.6%
运输工具	4	4%	24%
电子设备	3	4%	32%

(3) 固定资产的减值测试方法、减值计提方法。企业应当于期末对固定资产进行检查,如发现存在下列情况,应当计算固定资产的可收回金额,以确定资产是否已经发生减值。对可收回金额(指资产的销售净价,与预期从该资产的持续使用和使用寿命结束时的处置中形成的预计未来现金流量的现值进行比较,两者之间较高者)低于账面价值的固定资产,按该资产可收回金额低于其账面价值的差额计提固定资产减值准备。计提时按单项资产计提,难以对单项资产的可收回金额进项估计的,按该资产所属的资产组为基础计提。减值准备一经计提,在资产存续期内转回。①资产的市价当期大幅度下跌,其跌幅明显高于因时间的推移或者正常使用而预计的下跌。②企业经营所处的经济、技术或者法律等环境以及资产所处的市场在当期或者将在近期发生重大变化,从而对企业产生不利影响。③市场利率或者其他市场投资报酬率在当期已经提高,从而影响企业计算资产预计未来现金流量现值的折现率,导致资产可收回金额大幅度降低。④有证据表明资产已经陈旧过时或者其实体已经损坏。⑤资产已经或者将被闲置、终止使用或者计划提前处置。⑥企业内部报告的证据表明资产的经济绩效已经低于或者将低于预期,如资产所创造的净现金流量或者实现的营业利润(或者亏损)远远低于(或者高于)预计金额等。⑦其他表明资产可能已经发生减值的迹象。

7. 收入

公司收入包括销售商品收入、提供劳务收入和让渡资产使用权收入。

(1) 销售商品收入的确认原则。销售商品收入同时满足下列条件的,才能予以确认:①企业已将商品所有权上的主要风险和报酬转移给购货方。②企业既没有保留通常与所有权相联系的继续管理权,也没有对已售出的商品实施有效控制。③收入的金额能够可靠地计量。④相关的经济利益很可能流入企业。⑤相关的已发生或将发生的成本能够可靠地计量。

(2) 提供劳务收入的确认原则。企业在资产负债表日提供劳务交易的结果能够可靠估

计的,应当采用完工百分比法确认提供劳务收入。完工百分比法,是指按照提供劳务交易的完工进度确认收入与费用的方法。提供劳务的交易结果能否可靠估计,依据以下条件进行判断。如同时满足下列条件,则表明提供劳务交易的结果能够可靠地估计:①收入的金额能够可靠地计量。②相关的经济利益很可能流入企业。③交易的完工进度能够可靠地确定。企业确定提供劳务交易的完成进度,通常可以选用下列方法:已完工作的测量、已经提供的劳务占应提供劳务总量的比例,以及已经发生的成本占估计总成本的比例。④交易中已发生和将要发生的成本能够可靠地计量。

企业在资产负债表日提供劳务交易结果不能够可靠估计的,应当分别下列情况处理:①已经发生的劳务成本预计能够得到补偿的,应当按照已经发生的劳务成本金额确认提供劳务收入,并按相同金额结转劳务成本。②已经发生的劳务成本预计只能部分得到补偿的,应当按照能够得到补偿的劳务成本金额确认收入,并按已经发生的劳务成本结转劳务成本。③已经发生的劳务成本预计全部不能得到补偿的,应当将已经发生的劳务成本计入当期损益,不确认提供劳务收入。

(3)让渡资产使用权收入的确认原则。让渡资产使用权收入同时满足下列条件的,才能予以确认:①相关的经济利益很可能流入企业。②收入的金额能够可靠地计量。

8. 盈余公积的计提

公司期末按净利润的10%计提法定盈余公积,5%计提任意盈余公积。

(二)主要税费

(1)增值税。按照产品、原材料等销售收入的17%计缴,按月申报。

(2)城市维护建设税。按流转税额的7%计缴,按月申报。

(3)教育费附加。按流转税额的5%计缴,其中,3%为教育费附加,2%为地方教育费附加,按月申报。

(4)企业所得税。适用税率25%,按会计净利润乘适用税率预缴,年度汇算清缴。

(三)说明事项

(1)公司2017年度发生的交易均为非关联方交易。

(2)公司每月计算提取贷款的利息支出;银行于每月20日收取其发放贷款的利息,于每季20日支付其存款利息。

(3)会计处理时各期确认的应交增值税(进项税额)应当与当期增值税纳税申报表保持口径一致;企业取得的增值税专用发票均已于当天在增值税发票选择确认平台办妥勾选确认。

(4)电费分配率保留两位小数,电费和水费分配过程中如有尾差计入生产车间。

(5)公司电算化采用T3畅捷通10.8plus1软件,本教程根据教学要求只启用总账、工资、固定资产及财务报表对经济业务进行电算化处理。

五、企业基本信息会计电算化实务操作

企业基本信息会计电算化实务操作,其主要内容包括系统管理、基础设置、各子系统初始设置的操作等。其中,系统管理的操作内容主要包括增加操作员、新建账套、启用子系统、操作员授权等;基础设置的操作包括编码方案、基本信息、部门设置、职员档案、财务设置、存货分类与档案设置、仓库档案、产品结构、收付结算方式设置等;各子系统初始设置的操作包括工资子系统启用及设置、固定资产系统启用与设置、总账系统参数设置及期初余额录入等。

(一)系统管理的操作

系统管理的具体操作工作在"系统管理"软件中进行,一般流程:增加操作员→建立账套→启用子系统→设置操作员权限→账套的修改、启用、备份、恢复等,详细流程如下所述。

1. 增加操作员

只有系统管理员(admin)才能增加操作员。一般流程为"以系统管理员身份登录系统管理"→执行"权限/操作员"命令→打开增加操作员对话框→录入第一个操作员信息,录入后单击"增加"按钮,保存第一个操作员信息,进入第二个操作员信息录入对话框,依次操作,直到录入全部操作员信息为止。

具体操作流程如下所述。

1)系统管理员注册系统管理软件

打开系统管理软件,在系统管理中以"admin"的身份注册,服务器信息默认,用户名中录入"admin",其密码为空,单击"确定"按钮,如图1-1所示。

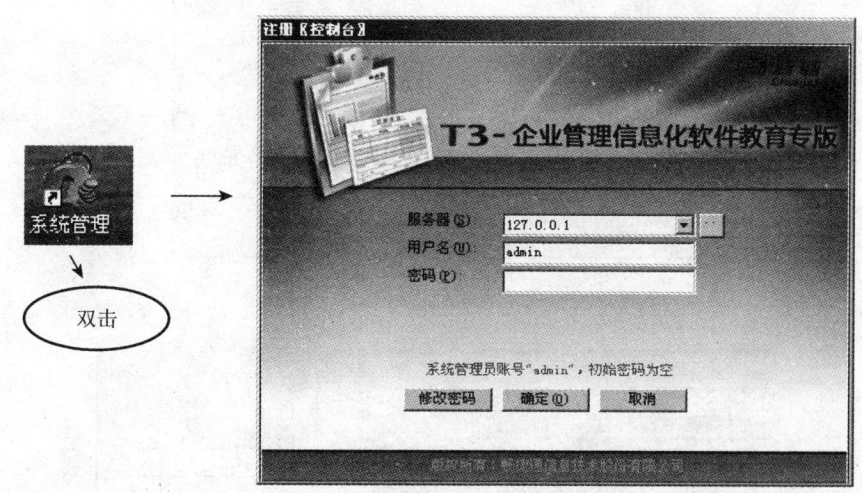

图1-1 系统管理员注册系统管理界面

2)增加操作员

具体操作(见图1-2),在"权限"命令下选择菜单项"操作员"子菜单,出现"操作员管理"界面,单击"增加"命令,出现"增加操作员"对话框,根据"表1-1财务部用户权限表"的信息资料,依次增加周琳等账套主管(见图1-3)、总账会计、出纳操作员,每完成一个操作员单击"增加"按钮,进行下一个操作员信息的录入工作,全部操作员信息录入完成后,单击"退出"按钮,如图1-4所示。

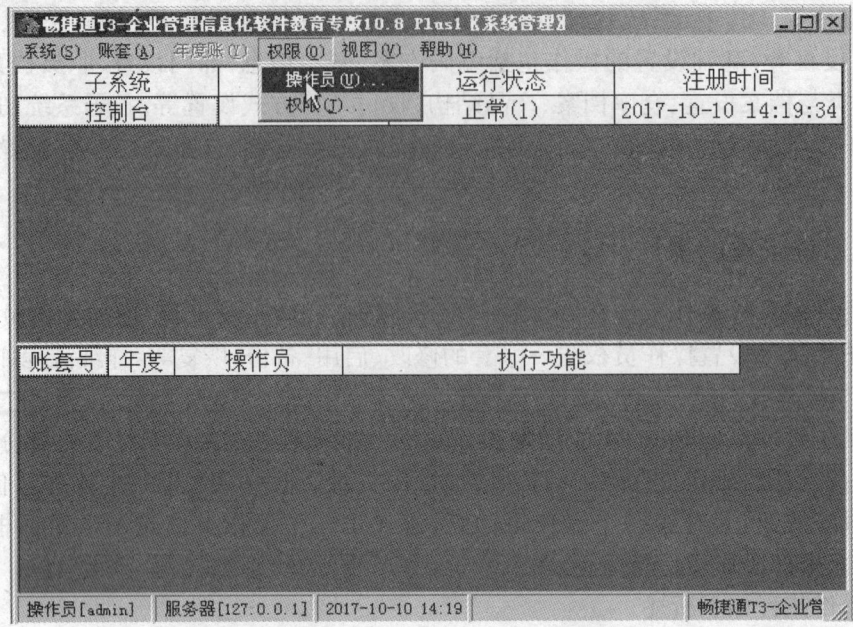

图 1-2　打开"操作员管理"命令界面

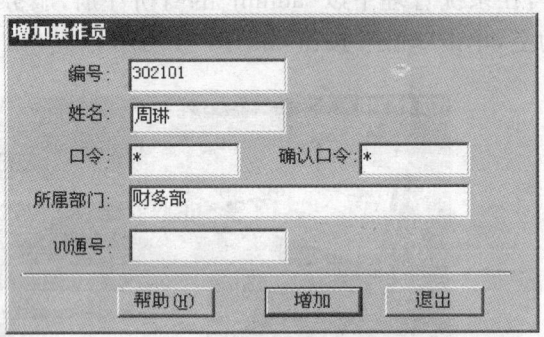

图 1-3　增加操作员界面

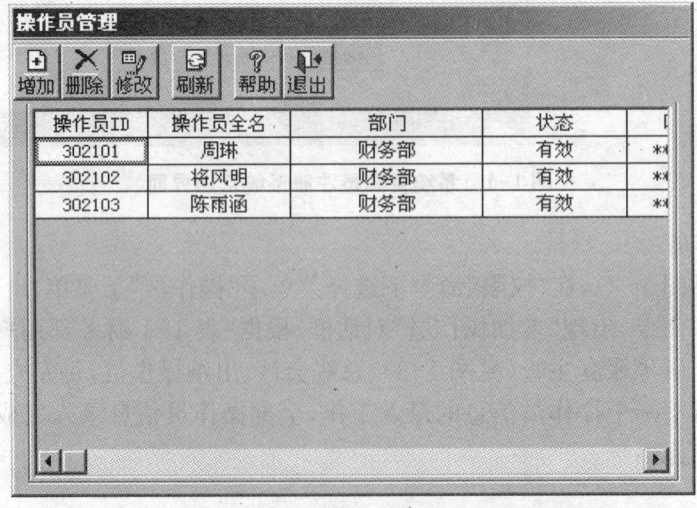

图 1-4　操作员增加后的"操作员管理"对话框界面

需要说明的是：在"操作员管理"对话框中必须仔细检查操作员的录入信息是否正确，如果发现操作员姓名、部门等录入错误，需要修改操作员信息；如果发现操作员编号发生错误，则不允许修改，必须删除操作员。具体操作如下：

　　(1) 操作员修改。具体操作是：在"操作员管理"界面选中该操作员，单击"修改"命令，出现"操作员信息修改"对话框，将错误信息修改完成后，单击"修改"按钮，完成操作员信息的修改工作。

　　(2) 操作员删除。具体操作是：在"操作员管理"界面选中该操作员，单击"删除"命令，按提示完成该操作员的删除工作。

　　如果该操作员已设置权限或进行了后续操作，则应先删除其后续操作，然后取消其全部权限，最后才能删除该操作员。

　　2. 建立账套

　　只有系统管理员可以建立账套，建立账套号为 302，账套名称为"南京成功股份有限公司"。建账过程在建账向导的引导下完成。具体步骤如下所述。

　　1) 设置账套信息

　　以系统管理员身份注册进入系统管理，执行"账套"——"建立"命令，如图 1-5 所示，进入"建账"对话框。

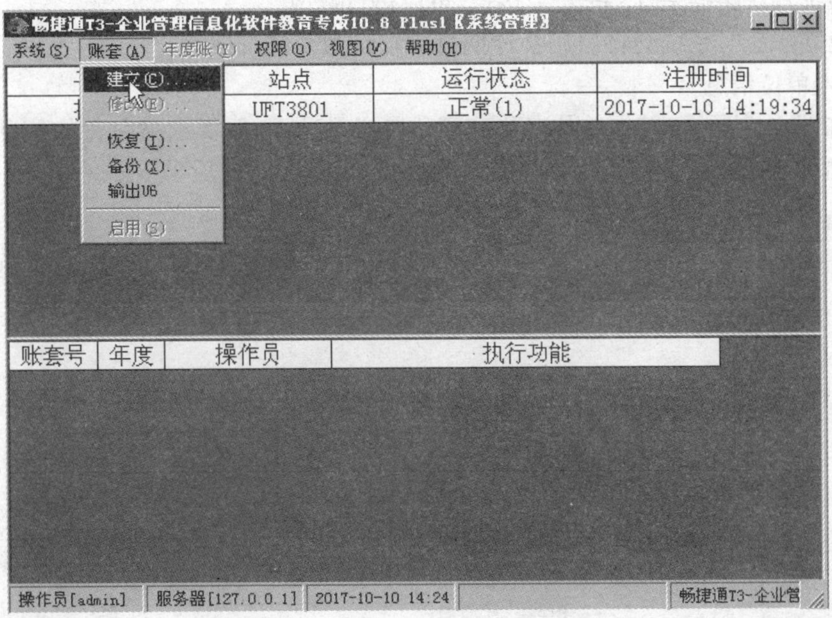

图 1-5　建立账套命令界面

　　2) 录入账套信息

　　如图 1-6 所示，单击下一步。

　　需要说明的是：

　　(1) 账套号是账套的唯一标识，可以自行设置 3 位数字，但不允许与已存账套的账套号重复，账套号设置后将不允许修改。

　　(2) 账套名称是账套的另一种标识方法，它将与账套号一起显示在系统正在运行的屏

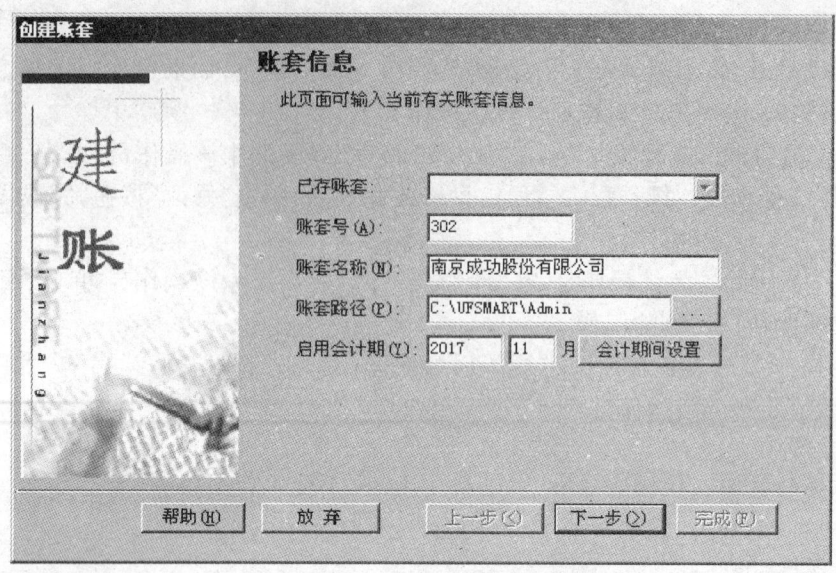

图 1-6　设置账套信息界面

幕上,账套名称可以自行设置,并可以由账套主管在修改账套功能中进行修改。

(3) 系统默认路径是 T3 的安装路径,可以进行修改。

(4) 建立账套时系统会将启用会计期自动默认为系统日期。

3) 输入单位信息

根据如图 1-7 所示,其中单位名称和简称是必录项,一般要求把完整的信息录入正确,其中单位名称应录入企业的全称,以便打印发票时使用。完成后单击下一步。

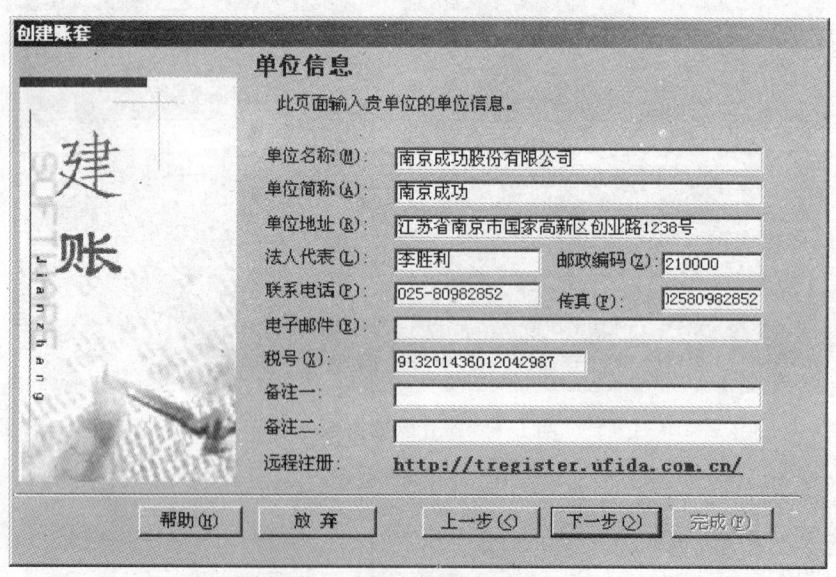

图 1-7　输入单位信息界面

4) 设置核算类型

设置核算类型包括本位币、行业性质、账套主管及科目是否预置,如图 1-8 所示,完成后单击下一步。

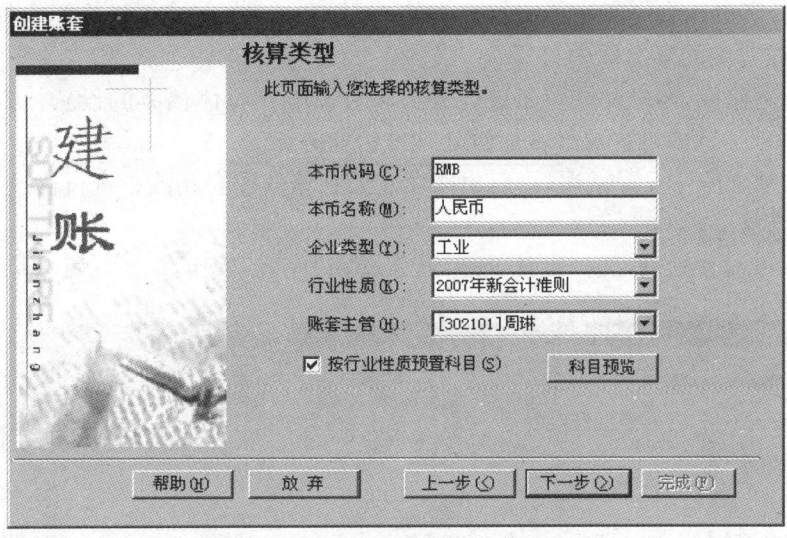

图1-8　设置核算类型界面

需要说明的是：

（1）行业性质将决定系统预置科目的内容，必须选择正确。

（2）如果选择了按行业性质预置科目，则系统根据您所选择的行业类型自动装入财政部规定的一级科目。

（3）可以选择已增主管用户作为该账套主管。若建账前未设置用户，建账过程中可以先选一个操作员（经常选择操作员姓名为demo，密码为demo）作为该账套主管，待账套建立完成后再到"权限"功能中进行账套主管的设置。

5）设置基础信息

存货要求分类，如图1-9所示，完成后单击下一步。

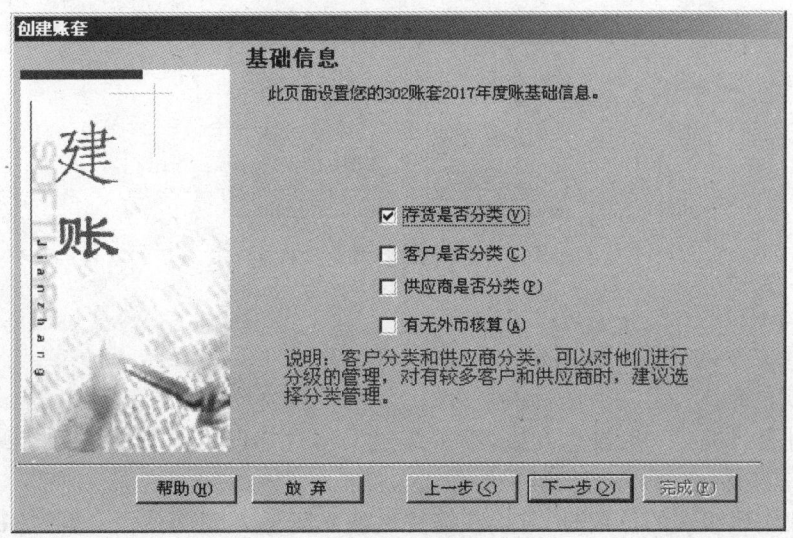

图1-9　设置基础信息界面

需要说明的是：

（1）存货、客户和供应商均可实行分类管理，如有需要，直接在复选框内打√。如有外币核算，必须在对应的复选框内打√。

（2）是否对存货、客户及供应商进行分类将会影响到具体档案的设置。有无外币核算将会影响到基础信息的设置及日常能否处理外币业务。

（3）如果基础信息设置错误，可以由账套主管在修改账套功能中进行修改。

6）业务流程设置

一般按标准流程处理，选择默认处理，直接单击"完成"按钮，如图 1-10 所示。

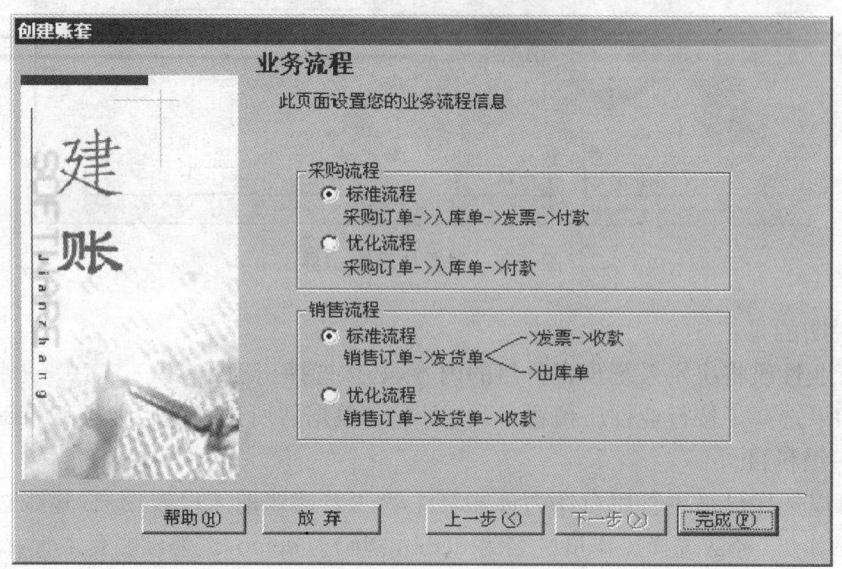

图 1-10 业务流程设置界面

系统会弹出提示："可以创建账套了么？"如图 1-11 所示，单击"是"。

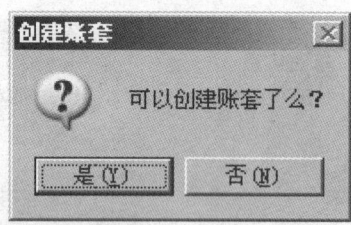

图 1-11 创建账套选择界面

7）设置编码方案

设置编码方案，如图 1-12 所示。

需要说明的是：

（1）会计科目编码一般设为 5 级，第 1 级根据财政部设置的会计科目其编码长度为 4 位，不允许修改，其他编码方案根据需要设置。

（2）修改编码级次的位数时，直接在需修改级次处输入正确位数；删除编码级次时，必须从最后一级向前依次删除。

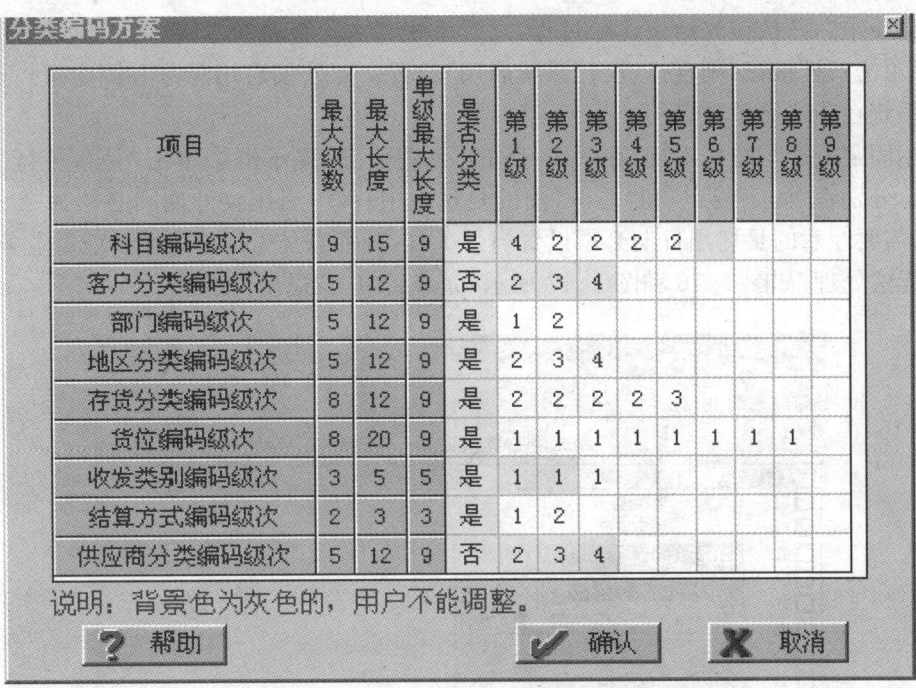

项目	最大级数	最大长度	单级最大长度	是否分类	第1级	第2级	第3级	第4级	第5级	第6级	第7级	第8级	第9级
科目编码级次	9	15	9	是	4	2	2	2	2				
客户分类编码级次	5	12	9	否	2	3	4						
部门编码级次	5	12	9	是	1	2							
地区分类编码级次	5	12	9	是	2	3	4						
存货分类编码级次	8	12	9	是	2	2	2	2	3				
货位编码级次	8	20	9	是	1	1	1	1	1	1	1	1	
收发类别编码级次	3	5	5	是	1	1	1						
结算方式编码级次	2	3	9	是	1	2							
供应商分类编码级次	5	12	9	否	2	3	4						

说明：背景色为灰色的，用户不能调整。

图 1-12　编码方案设置界面

8）设置数据精度

设置数据精度一般默认，如图 1-13 所示，单击"确认"。

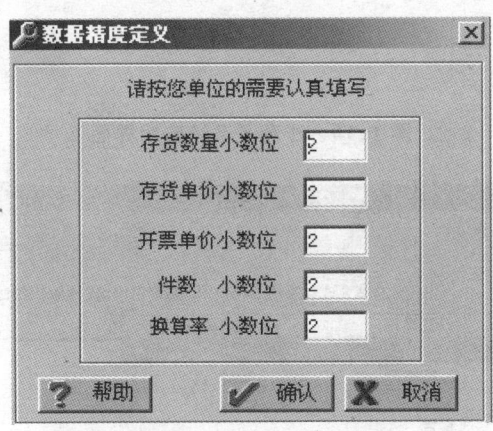

图 1-13　数据精度设置界面

账套创建成功，如图 1-14 所示。单击"确定"，稍后系统弹出信息提示框，如图 1-15 所示。

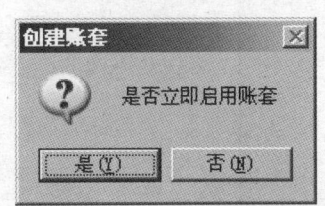

图 1-14　创建账套成功界面　　　　图 1-15　启用账套选择界面

如果单击"否"按钮先结束建账过程,之后由账套主管在系统管理中进行账套的启用工作;如果单击"是"按钮,则直接进行"系统启用"设置。此处仅启用总账和固定资产子系统,其他子系统在建账后单独启用。

启用固定资产与总账系统,在图 1-15 的"创建账套"提示框中单击"是",进行"系统启用"界面,分别在"固定资产"和"总账"前的复选框中打√,启用会计期间必须为 2017 年 11 月 1 日,需要注意的是启用日期必须设置当月 1 日,否则当月 1 日至启用日前的业务在该子系统中无法处理;如图 1-16 和图 1-17 所示,完成后单击"退出"按键。

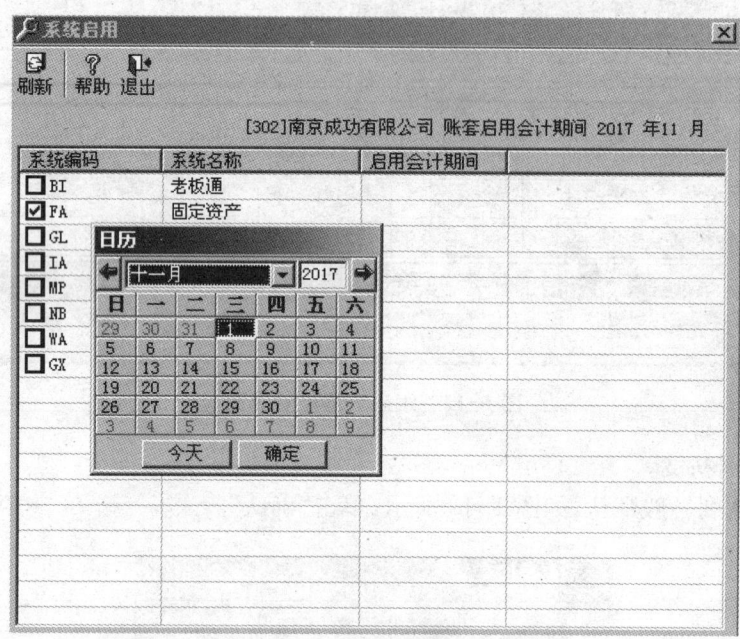

图 1-16 账套子系统启用界面

图 1-17 子系统启用后"系统启用"界面

3. 账套的修改和启用

1）账套的修改

对账套某些信息进行修改，只能以账套主管的身份（302101）注册系统管理软件，在菜单"账套"中执行"修改"命令，过程与建账的引导过程一致，但其中单位名称等黑色部分可以修改，但如"启用会计期"等灰色部分无法修改。

2）账套的启用

"启用账套"的操作，在建账完成时可直接由系统管理员进行启用的操作；但在建账完成后只能以账套主管的身份进行启用账套的操作，系统管理员无此权限。

建账完成后，启用"工资"子系统的操作流程如下：

首先，以账套主管的身份（302101）注册系统管理软件，如图1-18所示。

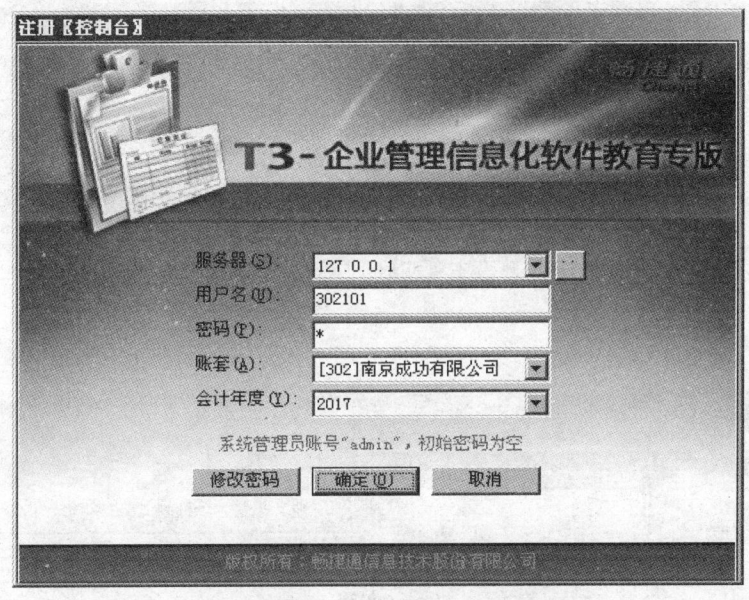

图1-18 账套主管注册系统管理界面

然后，在"账套"中使用"启用"命令，如图1-19所示，进入系统启用界面，如图1-20所示，在"工资管理"复选框打√，启用日期设为2017-11-01，完成后，如图1-21所示，单击"退出"命令。

需要说明的是：该启用的子系统没有进行相应的账套启用操作，则任何操作员在登录T3软件平台后，软件界面不会显示这个子系统的菜单，无法对这个子系统进行相应的操作。

4. 设置操作员权限

在操作员已存在的条件下，设置操作员权限的工作应由系统管理员或该账套的主管，在系统管理中的权限功能中完成。由账套主管在系统管理中设置其下属权限的具体步骤如下。

1）设置出纳"302103 陈雨涵"权限

以账套主管的身份（302101）注册系统管理软件，在"权限"菜单下执行"权限"命令，选择账套为"302 南京成功股份有限公司"，选中"302103 陈雨涵"，单击"增加"命令，如图1-22所示。

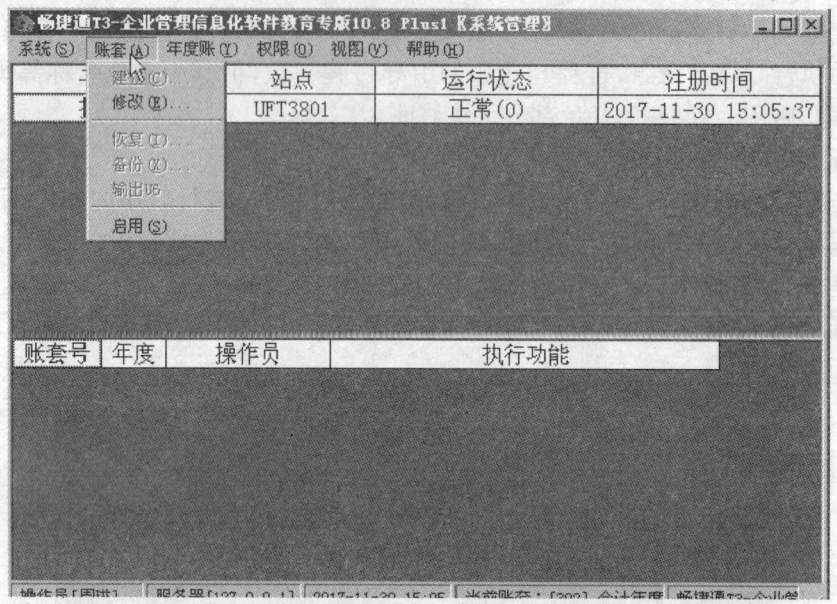

图 1-19　账套主管注册下"账套"选择命令界面

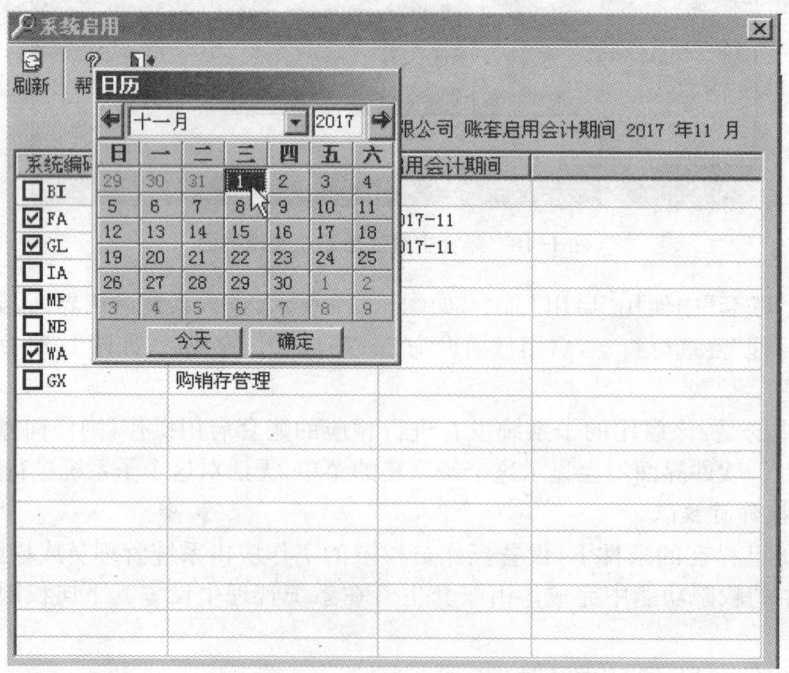

图 1-20　启用工资子系统界面

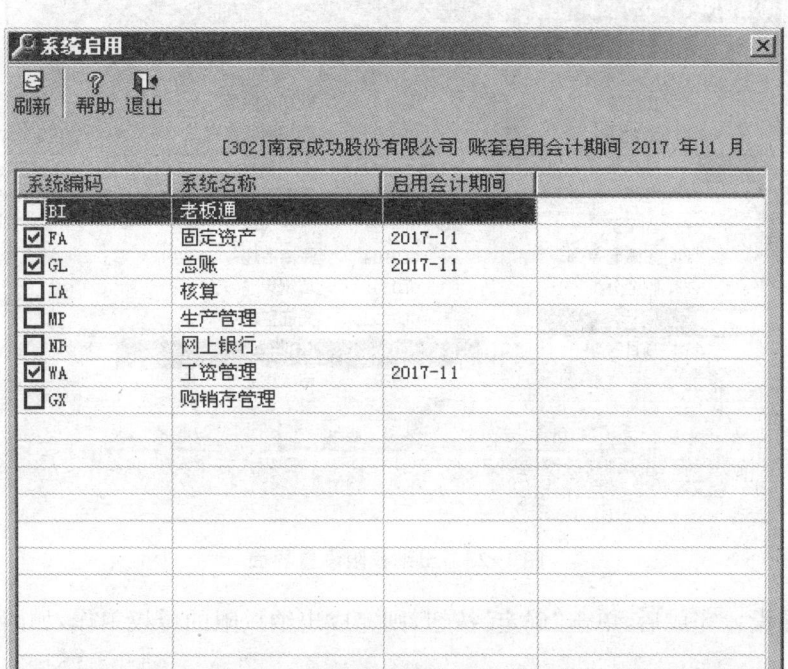

图1-21 总账、工资、固定资产子系统启用后"系统启用"界面

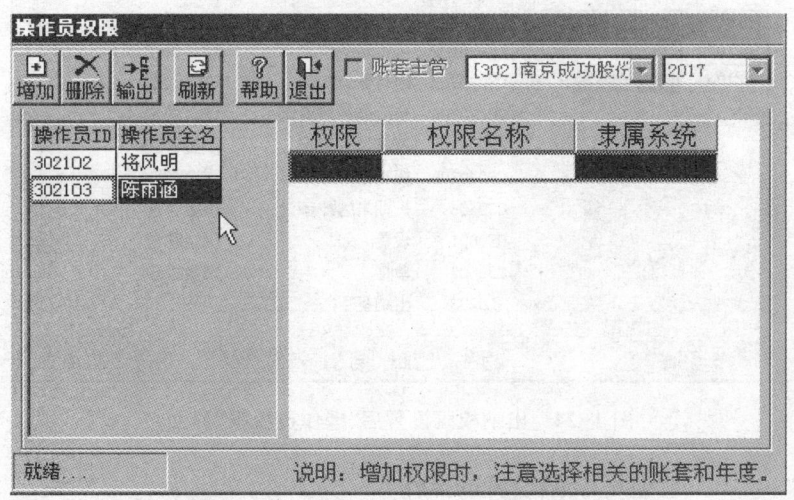

图1-22 账套主管选择出纳的"操作员权限"界面

出现图1-23所示"增加权限"对话框,左侧是"产品分类选择"项,涵盖T3子系统大类授权;右侧是"明细权限选择",主要是对系统大类下的明细权限进行授权。授予出纳员现金管理全部权限时,根据表1-1操作员及权限表,在产品分类选择中"现金管理"大类项"授权"处双击鼠标,显示蓝色,则授予"302103"操作员现金管理大类的全部权限;在左侧选择"总账"进行定位查找,找到右侧明细权限"出纳签字",在其"授权"处双击鼠标,则给予其"出纳签字"明细权限的设置,如图1-23所示。

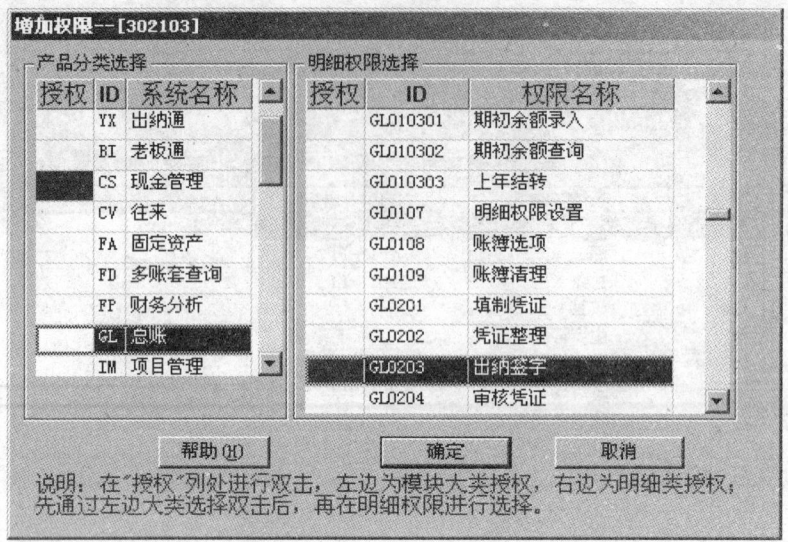

图 1-23　出纳权限设置界面

全部权限设置完成后,单击"确定"按钮,则完成出纳权限的授权工作,如图 1-24 所示。

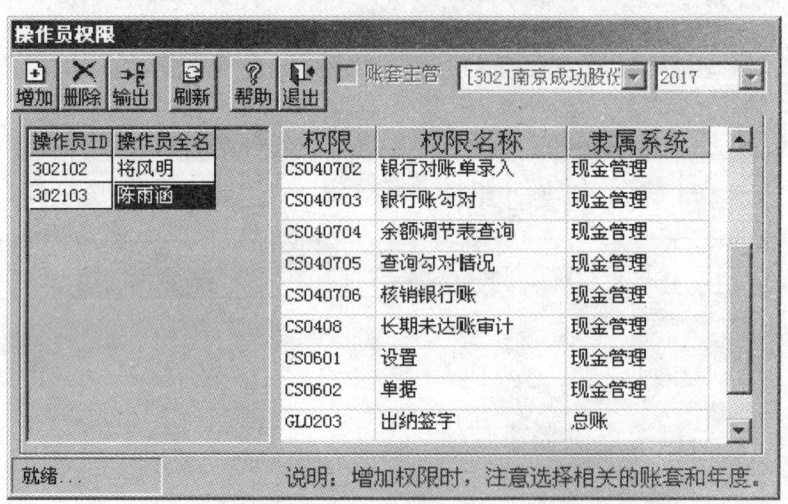

图 1-24　出纳权限设置后"操作员权限"界面

2) 会计"302102 将风明"权限设置的操作

应根据表 1-1 对操作员的授权要求,在"增加权限"对话框左侧大类授权处双击,授予 302102 操作员规定的大类权限,但总账系统中有五项明细权限的限制,具体操作有两种方法:一是在设置该操作员总账全部权限时,把受限的明细权限在蓝色上直接双击取消,如图 1-25 所示。二是在设置完成后,在系统管理"权限——权限"菜单下,选中该操作员,在右侧的明细权限下,把受限的明细权限删除。

需要说明的是:

(1) 只有系统管理员才有权设置或取消账套主管。账套主管的权限可以在系统管理员建立账套时授权,也可在账套存在时以系统管理员的身份注册系统管理进行授权,如图 1-26 所

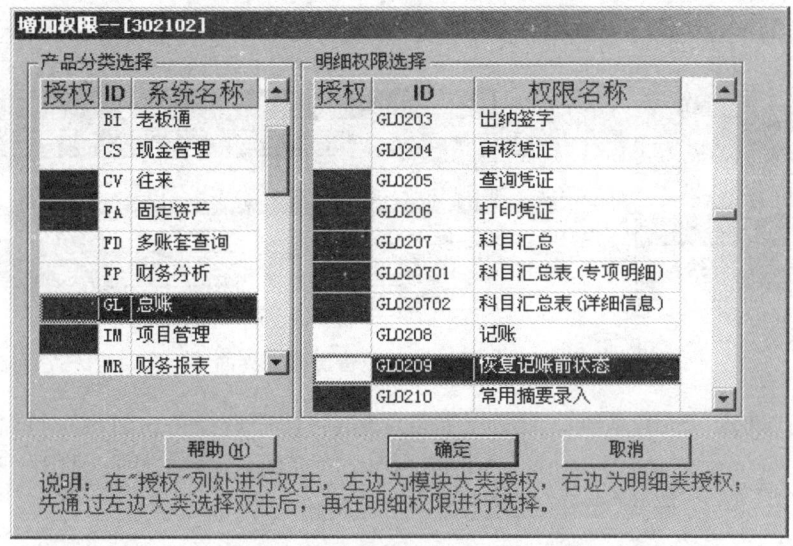

图 1-25 账套主管设置会计权限界面

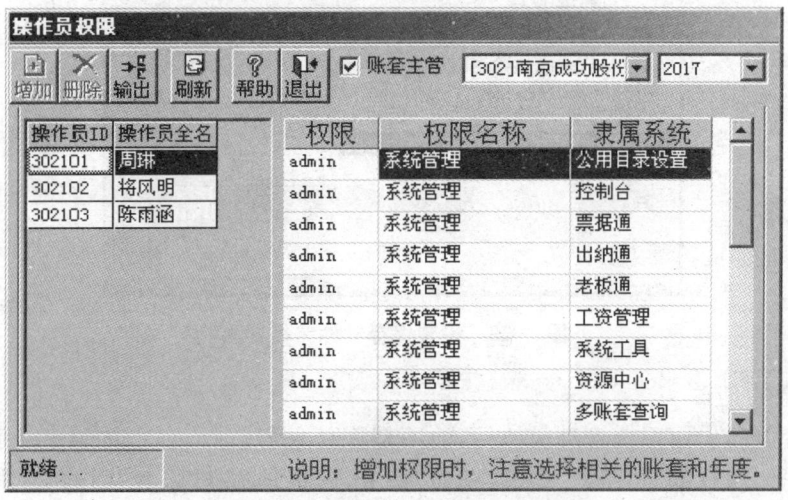

图 1-26 系统管理员在系统管理中设置账套主管权限界面

示,在账套主管复选框中打"√",即授予 302101 操作员账套主管权限,取消账套主管权限则在对应账套下,选中该操作员,在账套主管复选框中取消"√"。

（2）账套主管只能对所辖账套中已有操作员进行操作员的权限设置。

（3）账套主管拥有该账套的所有权限,无须为账套主管另外赋权,一个账套可以有多个账套主管。

5. 账套的备份和恢复

1）账套的备份

账套备份工作应由系统管理员在系统管理中的"账套"——"备份"功能中完成。具体操作如下:

（1）在桌面上新建"302"文件夹,用于保存 302 账套的备份信息。

（2）由系统管理员注册系统管理,执行"账套"——"备份"命令,打开"账套输出"对话框,单击"账套号"栏的下三角按钮,选择"302 南京成功股份有限公司"如图 1-27 所示。

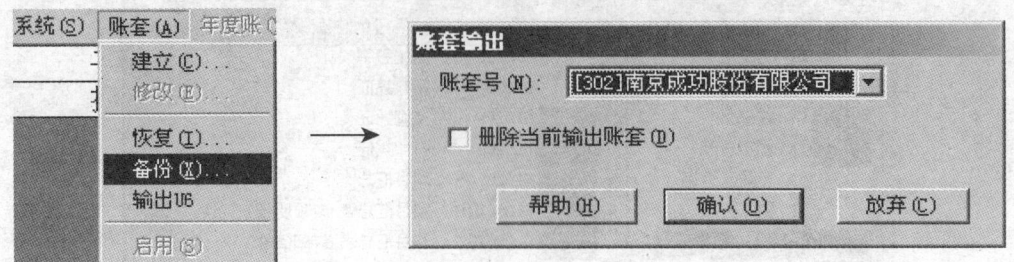

图 1-27　系统管理员备份账套界面

（3）单击"确认"按钮,系统将账套压缩备份后会打开"选择备份目标"对话框,在对话框中,选择"C\Document and Settings\Administrator\桌面\302"文件夹,打开"302"文件夹,如图 1-28 所示,单击"确认"按钮,系统提示"硬盘备份完毕"。

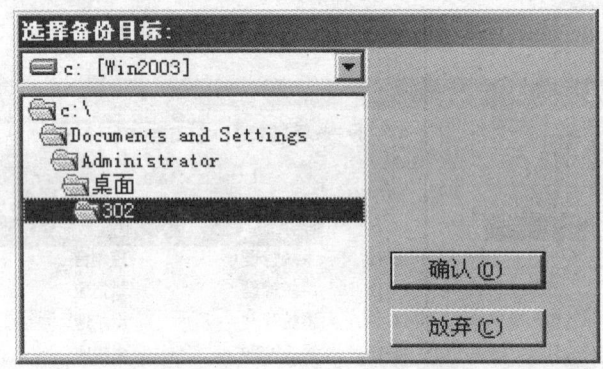

图 1-28　设置保存文件路径界面

需要注意的是:

（1）账套的备份由系统管理员执行,而不是账套主管。

（2）备份时执行的是"账套"中的"备份"命令,而不是执行"账套"中的"输出"命令。

（3）利用账套备份功能还能进行"删除账套"的操作,方法是在"账套输出"对话框中,选中"删除当前输出账套"复选框,单击"确认"按钮,系统在备份账套完成时会提示"真要删除该账套吗?"单击"是"按钮,可以删除该账套。

（4）正在使用的账套不允许删除。

2）账套的恢复

恢复账套是将备份数据恢复到硬盘中指定目录下,操作流程是:①以系统管理员的身份进入系统管理。②执行"账套——恢复"命令,如图 1-29 所示。③在打开的"恢复账套数据"对话框中,选择桌面"302"文件夹,选择账套文件"UF2KAct.1st",如图 1-30 所示。④单击"打开"按钮,系统弹出是否覆盖信息提示对话框,如图 1-31 所示。⑤单击"是"按钮确定,由系统自动执行,执行完成后会弹出"账套[302]恢

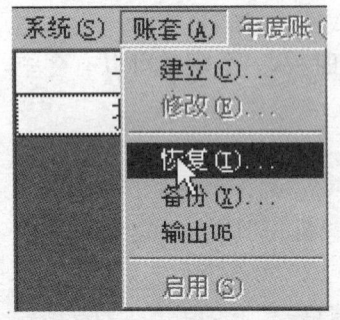

图 1-29　恢复账套命令界面

复成功"信息提示对话框。

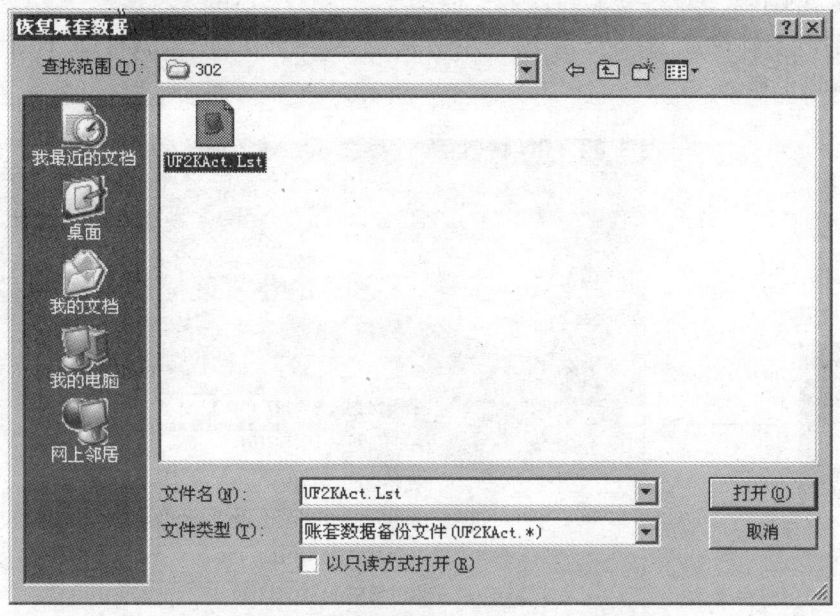

图 1-30　选中需要恢复账套的文件命令界面

图 1-31　覆盖原已有账套选择命令界面

（二）基础设置的操作

基础设置的全部操作包括编码方案与基本信息的修改,部门设置和职员档案的录入,各种财务设置,存货分类与档案设置的处理、各种收付结算的设置,仓库档案、产品结构的设置等。以下依次说明其操作流程。

1. 编码方案与数据精度的设置

编码方案和数据精度设置有三种方法:

方法一:在账套建立时,可以对编码方案和数据精度进行设置。

方法二:通过修改账套信息,对编码方案和数据精度进行设置。

方法三:在 T3 业务处理部分,对编码方案和数据精度进行设置。

前两种方法在系统管理操作部分已经讲解了操作步骤,第三种具体编辑方法与前两种方法一致,现在说明其打开路径。

（1）打开"T3 企业管理信息化软件教育专版"（以后简称"T3"软件）——以账套主管的身份（302101,密码 1)在电算化会计启用期（2017-11-01)注册,如图 1-32 所示。

（2）选择"基础设置"菜单→选中"基本信息"子菜单→执行"编码方案"命令，可进行编码方案的编辑工作。

（3）选择"基础设置"菜单→选中"基本信息"子菜单→执行"数据精度"命令，可进行数据精度的编辑工作。

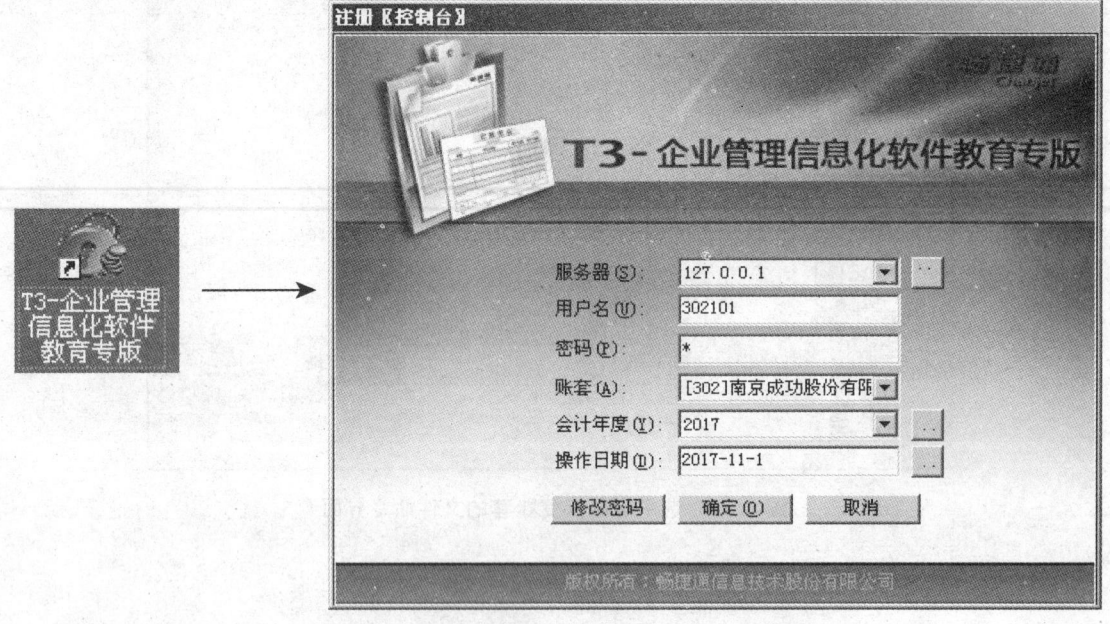

图 1-32　账套主管第一次注册 T3 软件界面

需要说明的是：第一次进入 T3 软件时，会依次出现软件注册的说明、基础设置重复自动启动等界面，建议把每个界面下面复选框的√取消，防止后续注册该软件时重复出现以上界面。

2. 部门设置和职员档案录入

1）增加部门档案

部门档案是设置会计科目中部门核算的依据，是进行个人核算中个人所属部门的依据，也是工资管理和固定资产子系统中必不可少的基础内容。302 账套的部门档案按表 1-2 的资料进行设置，具体设置流程如下：

（1）在桌面选择"T3"软件，以账套主管"302101"的身份注册，注册日期：2017 年 11 月 1 日，在基础设置下拉菜单中执行"机构设置"——"部门档案"命令，如图 1-33 所示。

需要说明的是：实际工作中系统日期为进行基础设置的日期，即账套启用的日期，本公司为 2017-11-01，其 T3 软件的注册日期在登录 T3 软件时自动为系统日期 2017-11-01，后续基础设置流程中账套主管均默认为"302101"，注册 T3 软件未涉及日期的，均默认日期为 2017-11-01。

（2）采用二级部门设置的方式，第 1 级有"管理""销售""生产"等，首先在"部门档案"对话框中建立 1 级部门编号录入"1"，部门名称录入"管理"，如图 1-34 所示。录入信息后单击"保存"按钮，在左侧显示部分出现"(1)管理"，说明 1 级部门管理设置完成。

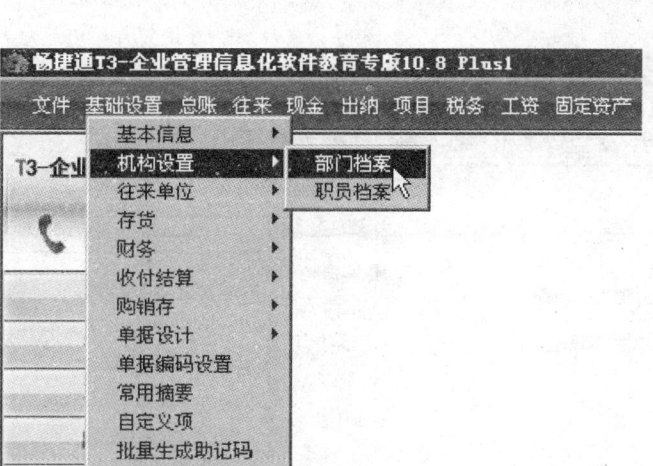

图 1-33 打开"部门档案"命令界面

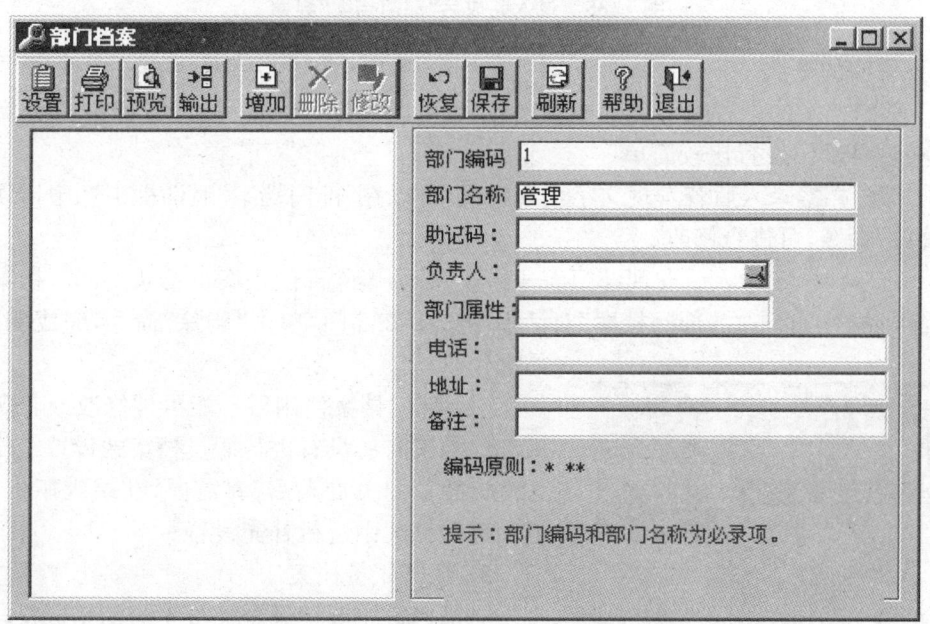

图 1-34 增加 1 级部门"管理"档案界面

（3）在"部门档案"对话框中增加 1 级部门下的二级部门"101 办公室"，保存，依次完成 102 财务部，103 采购部，"销售"部门下属 201 销售门市部，"生产"部门下属 301 生产车间等部门的设置工作，所有部门完成后，如图 1-35 所示。

只有先建立 1 级部门，才能增加其下属的 2 级部门；每增加一个部门后必须单击"保存"按钮才能完成部门增加的操作。

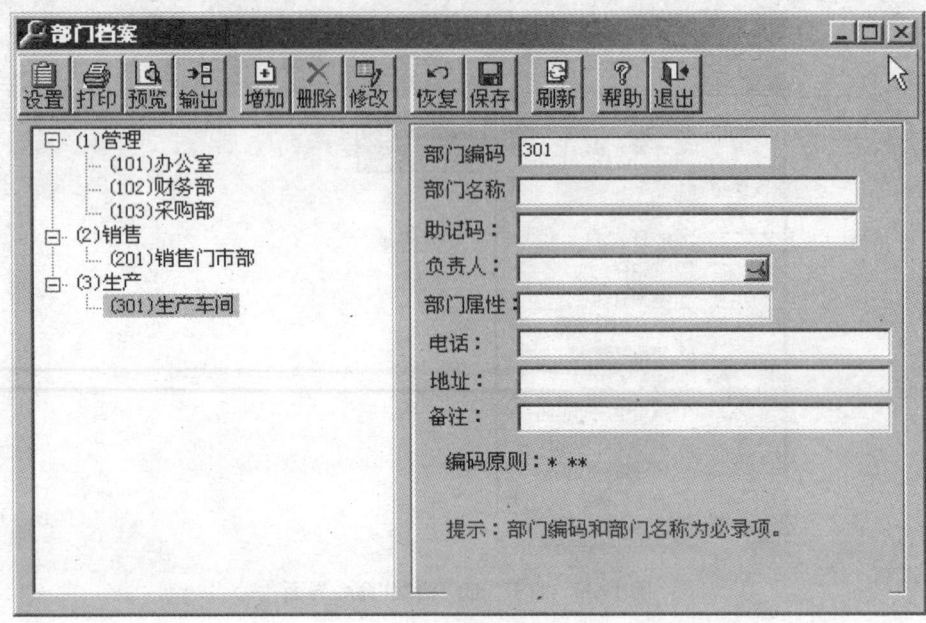

图 1-35　录入完成后"部门档案"界面

需要说明的是：

（1）部门档案的设置除上述分级设置外，也可以只设一级编码处理，如 1. 办公室、2. 财务部……这种部门设置比较简单。

（2）部门档案录入后若发现文字出现错误，可以在"部门档案"对话框中选中错误部门，单击"修改"命令，可进行修改。

（3）若部门档案录入后发现部门编号错误，必须删除部门档案重新录入部门档案，删除部门档案的操作如下：在"部门档案"对话框中选中该部门，单击"删除"命令，完成删除部门的操作。

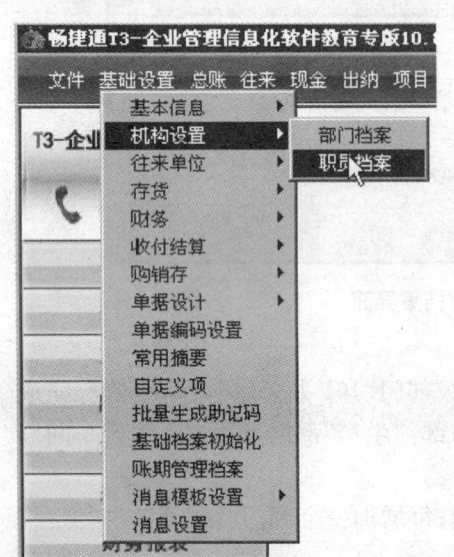

图 1-36　打开"职员档案"命令界面

（4）部门档案使用后不能再被修改或者删除；录入部门档案时还没有进行职员档案的设置工作，此时无法选择部门负责人，若有需要，在录入职员档案后返回部门档案中进行补充设置。

2）录入职员档案

职员档案主要记录企业员工的信息资料，用于个人往来的核算或进行工资子系统的核算。按表 1-3 资料进行职员档案的设置，具体操作流程如下：

（1）以账套主管的身份于 2017-11-01 登录 T3 软件，在"基础设置"中执行"机构设置"——"职员档案"命令，如图 1-36 所示。

（2）出现"职员档案"对话框，如图 1-37 所示，录入第 1 个职员档案，回车，直至下一行，第一行记录才能保存成功。

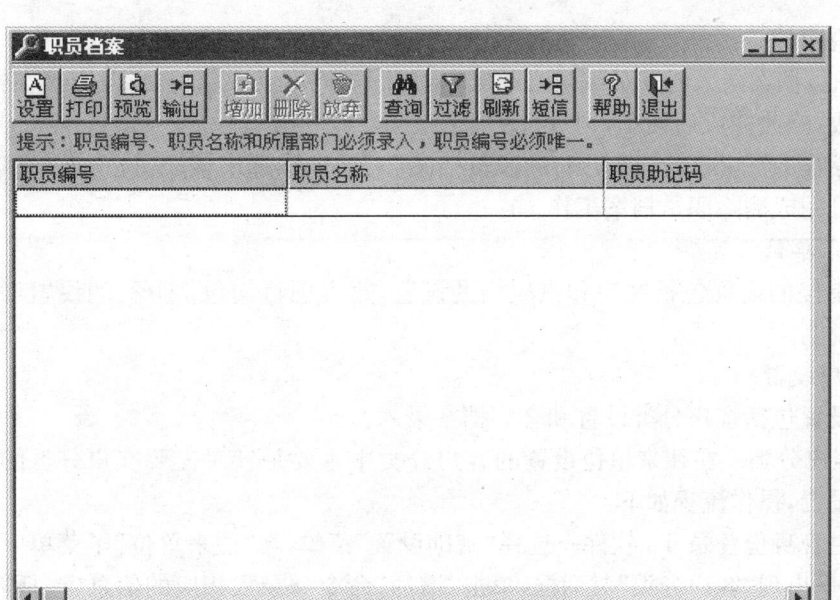

图 1-37 空白"职员档案"界面

（3）在"职员档案"对话框录入第 2 行职员档案，回车到第 3 行，录入第 3 行职员档案，依次操作，直到完成所有职员档案的录入工作，如图 1-38 所示。

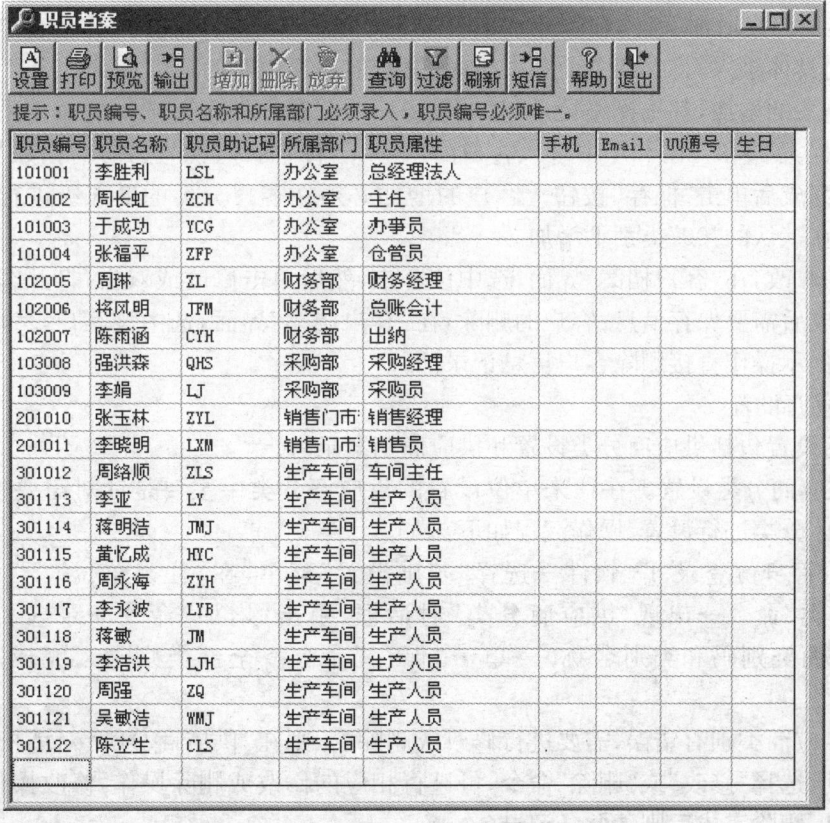

职员编号	职员名称	职员助记码	所属部门	职员属性	手机	Email	UU通号	生日
101001	李胜利	LSL	办公室	总经理法人				
101002	周长虹	ZCH	办公室	主任				
101003	于成功	YCG	办公室	办事员				
101004	张福平	ZFP	办公室	仓管员				
102005	周琳	ZL	财务部	财务经理				
102006	将风明	JFM	财务部	总账会计				
102007	陈雨涵	CYH	财务部	出纳				
103008	强洪森	QHS	采购部	采购经理				
103009	李娟	LJ	采购部	采购员				
201010	张玉林	ZYL	销售门市	销售经理				
201011	李晓明	LXM	销售门市	销售员				
301012	周绺顺	ZLS	生产车间	车间主任				
301113	李亚	LY	生产车间	生产人员				
301114	蒋明洁	JMJ	生产车间	生产人员				
301115	黄忆成	HYC	生产车间	生产人员				
301116	周永海	ZYH	生产车间	生产人员				
301117	李永波	LYB	生产车间	生产人员				
301118	蒋敏	JM	生产车间	生产人员				
301119	李洁洪	LJH	生产车间	生产人员				
301120	周强	ZQ	生产车间	生产人员				
301121	吴敏洁	WMJ	生产车间	生产人员				
301122	陈立生	CLS	生产车间	生产人员				

图 1-38 录入完成后"职员档案"界面

需要说明的是:

(1)职员档案录入时职员编号必须唯一,当职员档案录入错误时,可直接在错误处选中后进行修改,修改完成后回车,则进行了保存工作。

(2)若需要删除职员档案,则在"职员档案"对话框中选中该职员,单击"删除"命令,按提示操作可完成删除职员档案工作。

3. 往来单位设置

往来单位的设置包括客户和供应商的设置,每个项目均包括分类的设置和档案设置,依次进行说明。

1)客户设置

客户设置包括客户分类设置和客户档案录入。

(1)客户分类。在往来单位设置的客户分类中主要是针对需要客户分类的,对其具体分类进行设置,操作流程如下:

账套主管身份登录 T3 软件→选择"基础设置"菜单,在"往来单位"子菜单下执行"客户分类"命令→出现"客户分类"对话框,单击"增加"命令→录入相应的信息(包括客户类别码和类别名称)→单击"保存"命令→全部类别录入完成后单击"退出"命令。

如果客户类别录入错误,需要进行修改或删除的,则在"客户分类"对话框中,选中该客户类别,选择"修改"或"删除"命令,可进行相应的修改或删除操作,修改操作完成后必须保存,删除完成后则无此条记录。

如果客户不分类,则会提示"客户无分类",不允许进行客户分类的操作。

(2)客户档案增加、修改和删除。本公司于 2017 年 11 月设立时,暂无客户档案信息,客户档案的具体录入,将在相关业务发生时进行,但需要说明的是:

客户档案的增加,其选择路径是"基础设置"——"客户档案",选择的命令是"增加",会出现"客户档案"卡片,在卡片中录入客户的编号、名称、简称、税号、开户行、账号、地址、电话等信息,完成后单击"保存"按钮。客户的增加必须在客户分类的最末级进行,如果客户无分类,则在默认的"00"类别下增加。

客户的修改,在"客户档案"界面,选中该客户,然后单击修改或双击,打开客户卡片,修改错误,完成后需要保存信息;客户的删除,在"客户档案"界面,选中该客户,然后单击删除命令,根据提示操作直接删除客户信息记录。

2)供应商设置

供应商设置包括供应商分类设置和供应商档案录入。

(1)供应商分类设置。在往来单位设置的供应商分类中主要是针对需要供应商分类的,对其具体分类进行设置,操作流程如下:

账套主管身份登录 T3 软件→选择"基础设置"菜单,在"往来单位"子菜单下执行"供应商分类"命令→出现"供应商分类"对话框,单击"增加"命令→录入相应的信息(包括供应商类别码和类别名称)→单击"保存"命令→全部类别录入完成后单击"退出"命令。

如果供应商类别有错误,需要进行修改或删除的,则在"供应商分类"对话框中,选中该供应商类别,选择"修改"或"删除"命令,可进行相应的修改或删除操作,修改操作完成后必须保存信息,删除完成后则无此条记录。

如果供应商不分类,则会提示"供应商无分类",不允许进行供应商分类的操作。

（2）供应商档案增加、修改和删除。本公司于 2017 年 11 月设立,尚无供应商档案信息,供应商档案的具体录入,将在相关业务发生时进行,但需要说明的是:

供应商档案的增加,其选择路径是"基础设置"——"供应商档案",选择的命令是"增加",会出现"供应商档案"卡片,在卡片中录入供应商的编号、名称、简称、税号、开户行、账号、地址、电话等信息,完成后单击"保存"按钮。供应商的增加必须在供应商分类的最末级进行,如果供应商无分类,则在默认的"00"类别下增加。

供应商档案的修改,在"供应商档案"界面,选中该供应商,然后单击修改或双击,打开供应商卡片,修改错误,完成后需要保存信息;供应商的删除,在"供应商档案"界面,选中该供应商,然后单击删除命令,根据提示操作直接删除该供应商信息记录。

4. 财务的设置操作

财务的设置操作主要包括凭证类别的设置、会计科目的设置及项目目录的设置操作。

1）凭证类别的设置

具体操作是由账套主管的身份注册 T3 软件,在"基础设置"菜单中进入"财务"子菜单,然后执行"凭证类别"命令,打开"凭证类别预置"对话框,选中"记账凭证",完成凭证类别的设置,如图 1-39 所示。

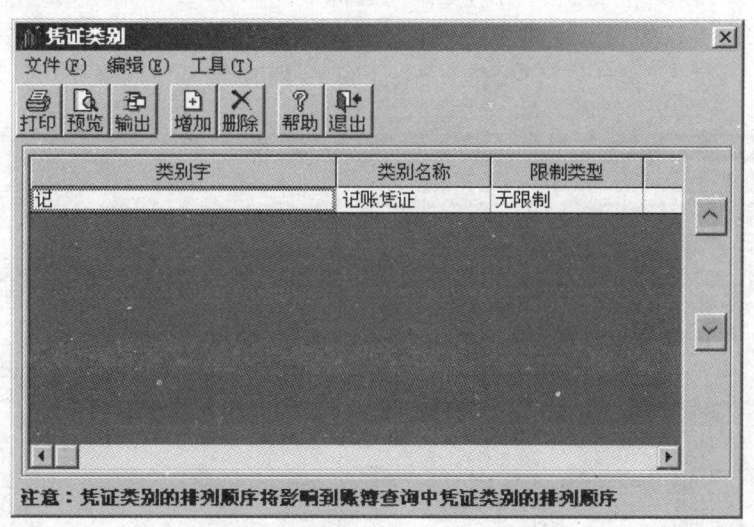

图 1-39　设置完成后"凭证类别"界面

需要说明的是:在"凭证类别预置"对话框中,可供选择的凭证类别分类方式很多,有"记账凭证"类型、"收款凭证 付款凭证 转账凭证"类型、"现金凭证 银行凭证 转账凭证"类型、"现金收款凭证、现金付款凭证 银行收款凭证 银行付款凭证 转账凭证"类型及"自定义"。可根据财务部熟悉的记账凭证类型进行合适的选择;"记账凭证"类型选择后,一般默认是通用型记账凭证,借贷科目没有任何限制;如果选择了"收款凭证 付款凭证 转账凭证"类型,则可以对特定凭证类型进行科目的诸如库存现金、银行存款等科目的限制条件,如表 1-7 所示。

表 1-7 凭证类型及限制条件一览表

类别字	类别名称	限制类型	科目名称
记	记账凭证	无	
收	收款凭证	借方必有	1001，1002
	付款凭证	贷方必有	1001，1002
	转账凭证	凭证必无	1001，1002
现	现金凭证	凭证必有	1001
	银行凭证	凭证必有	1002
现收	现金收款凭证	借方必有	1001
	现金付款凭证	贷方必有	1001
	银行收款凭证	借方必有	1002
	银行付款凭证	贷方必有	1002

2）会计科目的设置

会计科目的设置是基础设置中会计工作的核心设置，具体操作包括指定科目、编辑会计科目等工作。

（1）指定科目的设置：是进行出纳工作的必备条件，具体设置流程如下：

首先，以账套主管的身份注册 T3 软件，进入"基础设置"菜单，选择"财务"子菜单，执行"会计科目"命令，进入"会计科目"编辑界面，如图 1-40 所示。

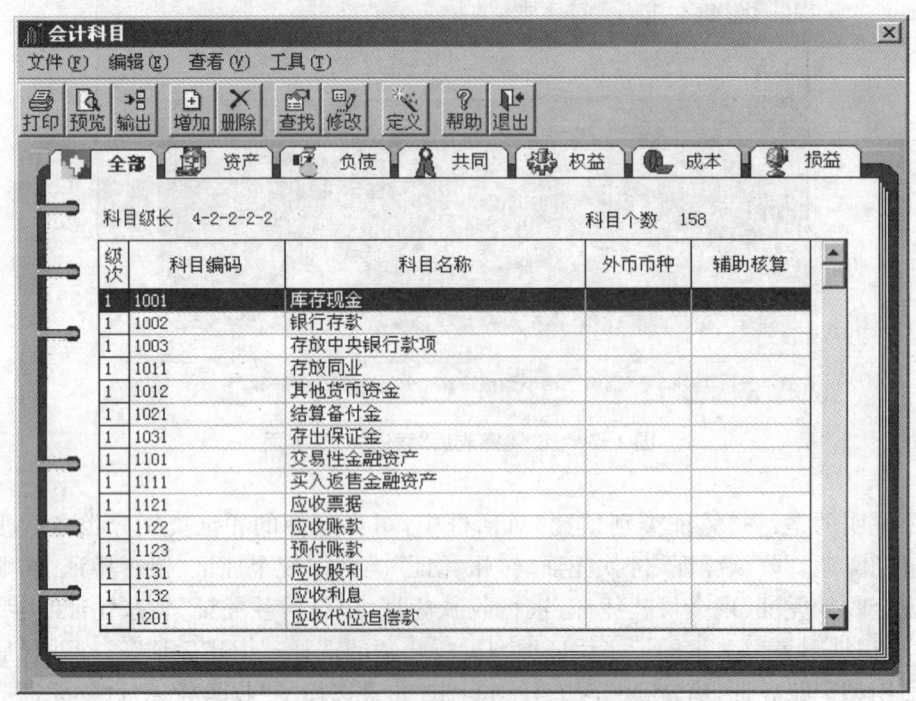

图 1-40 "会计科目"编辑界面

然后，执行"编辑"中的"指定科目"命令，如图 1-41 所示。

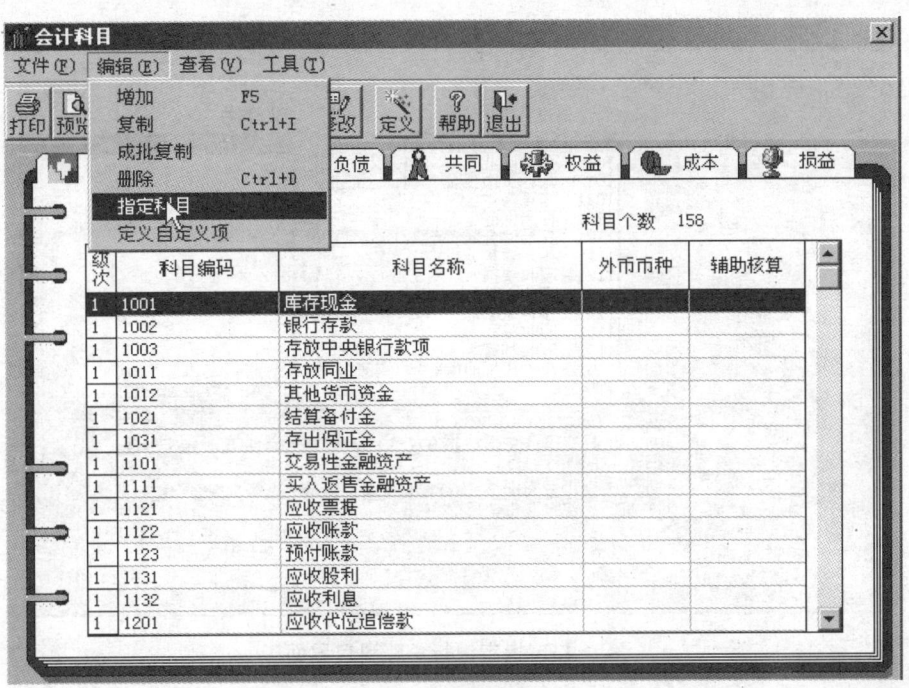

图 1-41 会计科目编辑命令界面

进入"指定科目"对话框,选择"现金总账科目",将"库存现金"科目从待选科目转入已选科目,完成后如图 1-42 所示;选中银行总账科目,将"银行存款"科目从待选科目转入已选科目,完成后如图 1-43 所示。指定现金总账、银行总账操作全部完成后单击"确认"按钮,完成指定科目的设置操作。

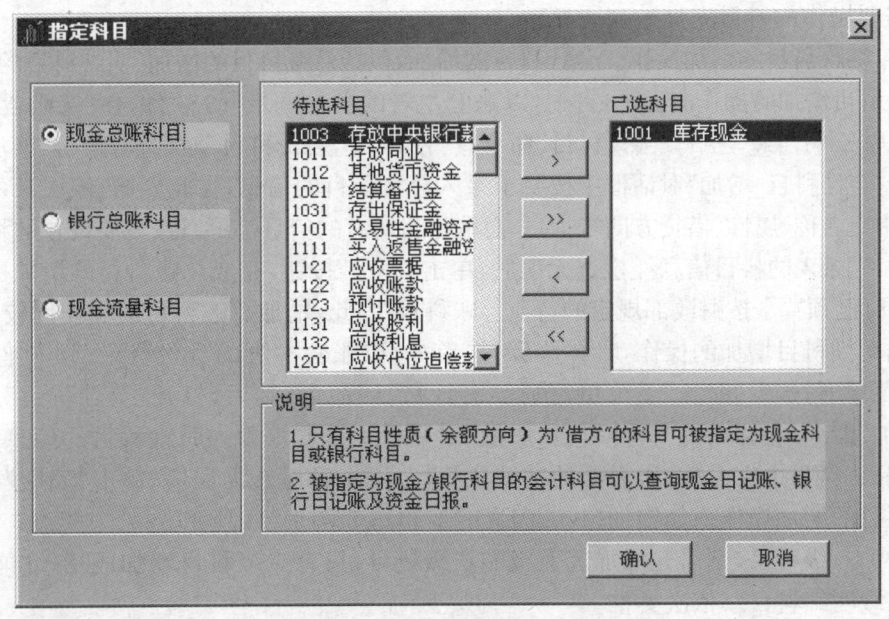

图 1-42 指定现金总账科目界面

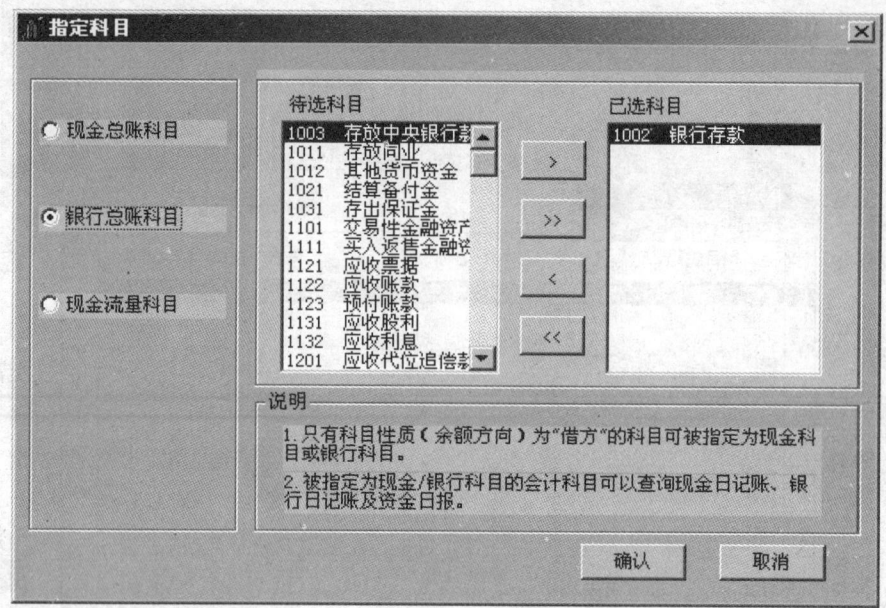

图 1-43　指定银行总账科目界面

需要说明的是：指定现金总账科目和银行总账科目是进行出纳工作的必要条件，如果不进行此项操作，则在编制记账凭证时银行存款的结算方式不会启用，也不能查询现金、银行存款等日记账、资金日报，不能与银行对账单进行核对以及出纳签字等出纳工作。

（2）会计科目设置。从设置的操作上包括会计科目的增加、修改和删除等操作；会计科目设置从内容上包括总账及明细科目的增加、单位往来与个人往来科目的设置、项目核算科目及其他辅助核算科目的设置等。首先介绍会计科目的增加、修改、删除等操作，然后把本教材需要操作的科目完整地列表显示。

第一，会计科目的增加操作。会计科目的增加，包括总账科目的增加、明细科目的增加等。

总账科目增加的操作流程是：首先，以账套主管的身份登录 T3 软件，在"基础设置"菜单下，选中"财务"子菜单，执行"会计科目"命令；然后，打开"会计科目"对话框，执行"增加"命令，在弹出的"会计科目_增加"对话框中按要求录入总账科目的信息，在此界面，依次录入科目代码、科目中文名称、属性、借贷方向等信息，总账科目所有的信息都可以按需要设置的科目要求进行修改，当录入的科目信息经检查无误后，单击"确定"按钮，完成总账科目的增加操作。由于在建账时已预置了按财政部规定的行业总账科目，因此，增加总账科目的操作比较少。

所属明细科目增加的操作，具体步骤是：首先，以账套主管的身份登录 T3 软件，在"基础设置"菜单下，选中"财务"子菜单，执行"会计科目"命令；然后，打开"会计科目"对话框，执行"增加"命令，在弹出的"会计科目_增加"对话框中按要求录入明细科目的信息，一般录入科目编码、科目中文名称、所需要的辅助核算信息等，经检查无误后，单击"确定"按钮，完成明细科目的增加操作。如增加"100201"明细科目，如图 1-44 所示。

若增加三级科目，则需先增加其上级的二级科目，只有二级科目增加成功，才能增加其下属的三级明细科目。依次类推。

有些明细科目增加时还要求进行辅助项目的设置，只要按科目设置时的要求进行处理，如图 1-45 所示是"112301 供应商"科目增加时的要求。图 1-46 所示是"122101 职工往来"科目增加时的操作图示。

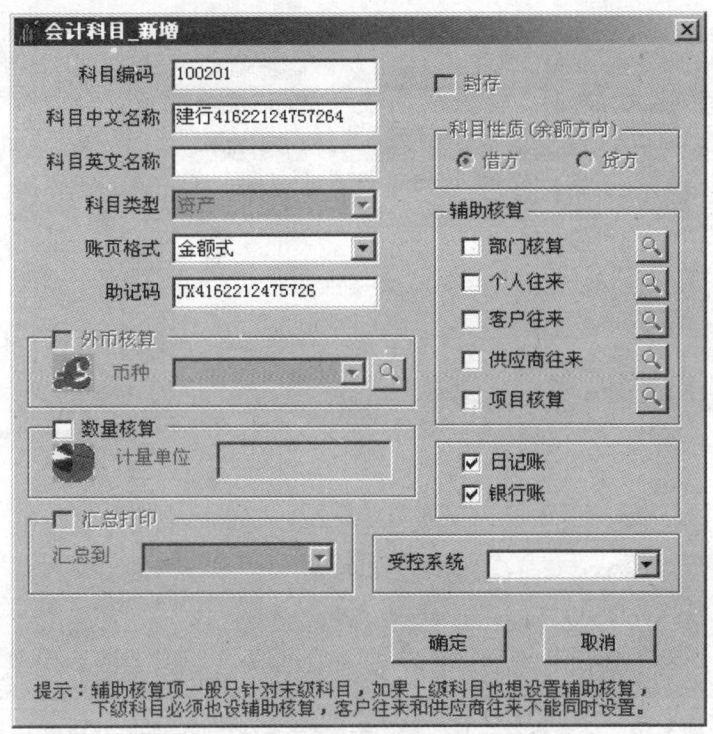

图1-44　增加银行存款明细科目界面

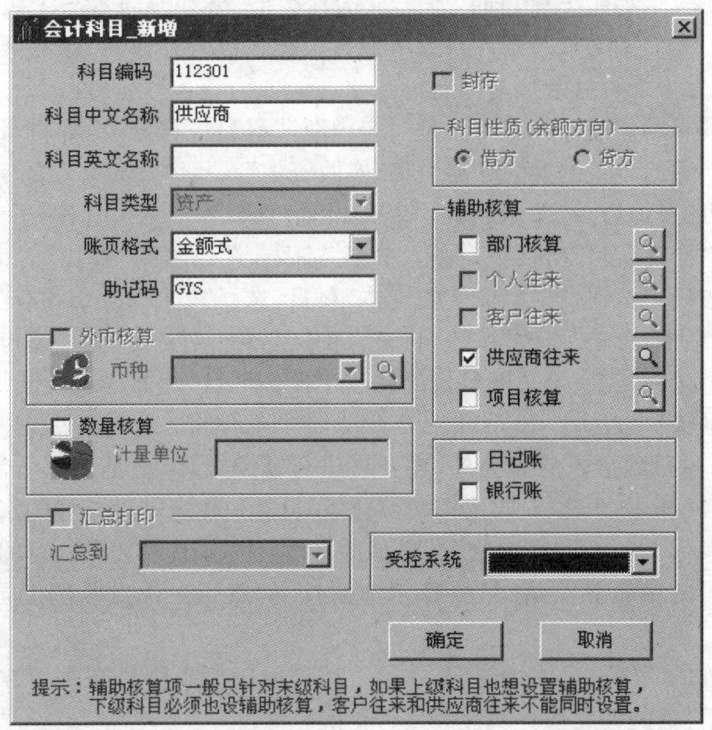

图1-45　增加含有供应商往来辅助核算的预付账款明细科目界面

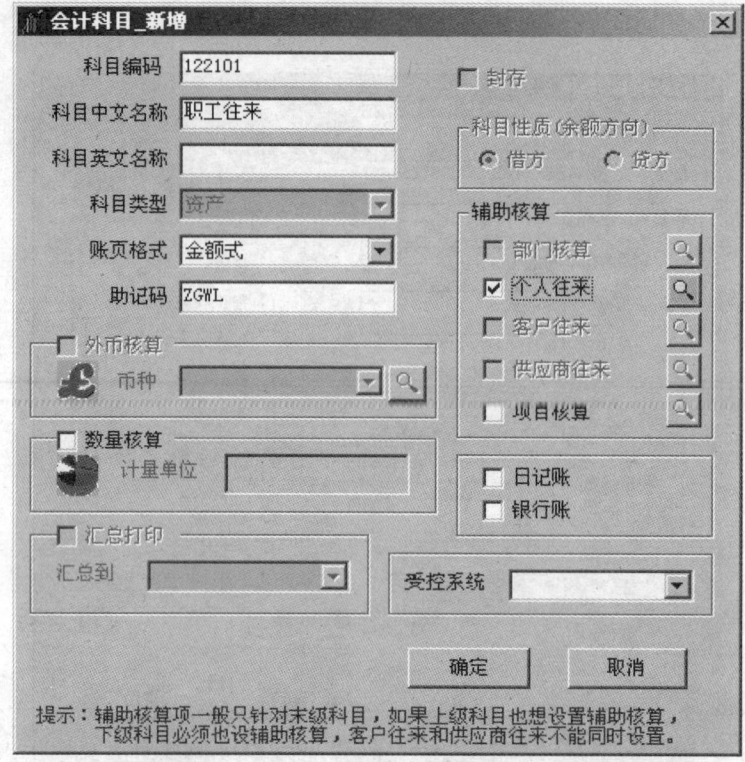

图 1-46 增加含有个人往来辅助核算的其他应收款明细科目界面

需要说明的是:增加明细科目时,系统默认其类型、余额方向等与上级科目保持一致,是无法修改的;已经使用的末级会计科目不能再增加下级会计科目;已有数据的会计科目,应先将该科目及其下级科目余额清零后再修改。

第二,会计科目的修改操作。主要是对表内总账科目进行修改,如科目编码"4001",科目名称为"股本",原已预置的"4001"科目为"实收资本"。具体设置流程如下:

以账套主管的身份登录 T3 软件,在"基础设置"菜单下,选中"财务"子菜单,执行"会计科目"命令;打开"会计科目"对话框,执行"查找"命令,在弹出的"查找"对话框中录入科目代码"4001",单击确定按钮,查找到"实收资本"科目;选择"修改"命令或双击鼠标,弹出"会计科目_修改"对话框,单击"修改"按钮,将科目中文名称从"实收资本"改为"股本",检查无误后,单击"确定"按钮,完成该总账科目的修改工作。科目"营业税金及附加"改为"税金及附加"采用相同的操作方法。

而有些总账科目除预置的属性外,还要求进行辅助核算,也是采用会计科目修改的方法完成,如图 1-47 所示"1121 应收票据"等总账科目客户往来辅助核算的修改。

如图 1-48 所示,"1402""在途物资"科目的修改,注意,其中数量核算的设置方法是,在"会计科目_修改"的编辑界面,数量核算复选框打√,然后在计量单位上录入指定的单位"千克"。

另外,若增加的明细科目属性错误,也可采用类似于总账科目修改的方法进行处理,重点注意检查明细科目的辅助核算属性等是否正确。

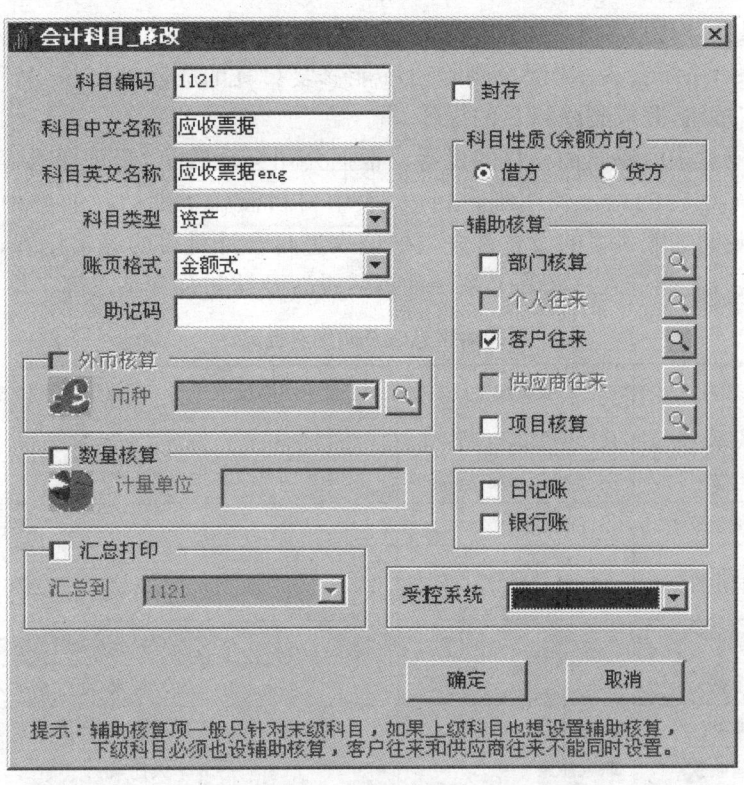

图 1-47　修改含有客户往来辅助核算的应收票据总账科目界面

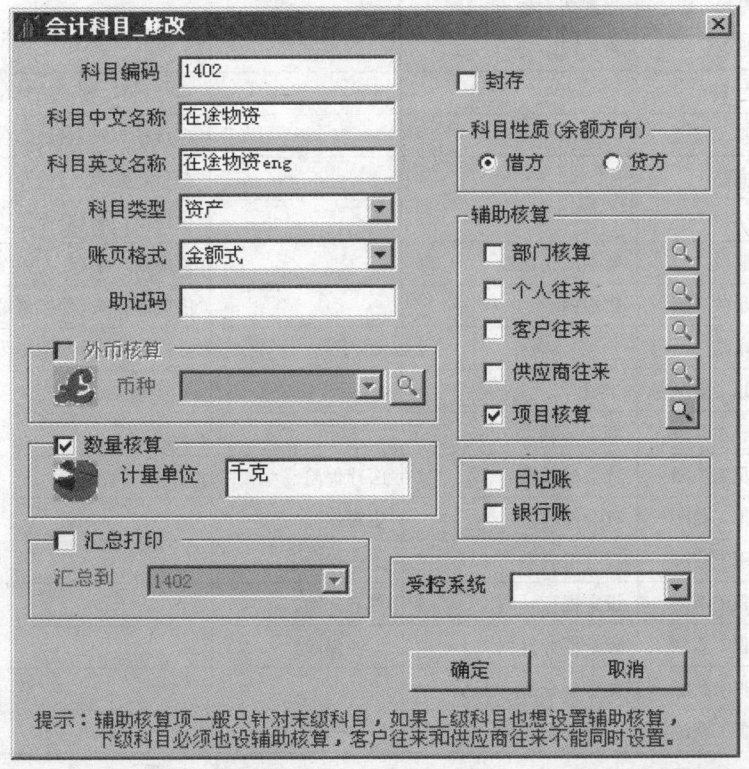

图 1-48　修改含有数量核算和项目核算等辅助核算的"在途物资"总账科目界面

第三,如果会计科目在未使用前可以将其删除,具体操作是:在"会计科目"对话框中,选中"删除"命令,系统会提示"记录删除后不能修复!真的删除此记录吗?"信息提示对话框,单击"确定"按钮,完成删除科目的操作。

有关总账或总账所属明细科目的设置。根据公司会计政策、管理要求等还必须设置如表 1-8 所示的需编辑的总账及明细科目表,表中科目涵盖了期初及业务中所需设置的科目。有关总账及明细账科目的设置首先根据该表进行会计科目的编辑设置,然后当基础设置的操作完成后,才能进入总账等子系统的参数设置及期初余额录入等工作。

表 1-8   需编辑总账及明细科目表

科目代码	总账科目	二级明细科目	三级明细科目	辅助核算要求
100201	银行存款	建行 41622124757264		
100202	银行存款	交行 41924996708646		
101201	其他货币资金	银行汇票		
101202	其他货币资金	承兑保证金 32018248 27607		
1121	应收票据			客户往来(受控系统为空)
1122	应收账款			客户往来(受控系统为空)
112301	预付账款	供应商		供应商往来(受控系统为空)
122101	其他应收款	职工往来		个人往来
112302	预付账款	财产保险费		
112303	预付账款	报刊杂志费		
112304	预付账款	汽车保险费		
1402	在途物资			存货核算/数量核算(实物单位:千克)
1403	原材料			存货核算/数量核算(实物单位:千克)
1405	库存商品			存货核算/数量核算(实物单位:件)
2201	应付票据			供应商往来(受控系统为空)
220201	应付账款	暂估应付账款		供应商往来(受控系统为空)
220202	应付账款	供应商		供应商往来(受控系统为空)
2203	预收账款			客户往来(受控系统为空)
221101	应付职工薪酬	工资		
221102	应付职工薪酬	职工福利		
22110301	应付职工薪酬	社会保险费	医疗保险	
22110302	应付职工薪酬	社会保险费	生育保险	
22110303	应付职工薪酬	社会保险费	工伤保险	
22110401	应付职工薪酬	设定提存计划	养老保险	
22110402	应付职工薪酬	设定提存计划	失业保险	
221105	应付职工薪酬	住房公积金		
221106	应付职工薪酬	工会经费		

（续表）

科目代码	总账科目	二级明细科目	三级明细科目	辅助核算要求
221107	应付职工薪酬	职工教育经费		
22110101	应交税费	应交增值税	进项税额	
22110102	应交税费	应交增值税	已交税金	
22110103	应交税费	应交增值税	减免税款	
22110104	应交税费	应交增值税	转出未交增值税	
22110105	应交税费	应交增值税	销项税额	
22110106	应交税费	应交增值税	进项税额转出	
221102	应交税费	未交增值税		
221103	应交税费	待抵扣进项税额		
221104	应交税费	简易计税		
221105	应交税费	转让金融商品应交增值税		
221106	应交税费	应交所得税		
221107	应交税费	应交城市维护建设税		
221108	应交税费	应交教育费附加		
221109	应交税费	应交地方教育费附加		
221110	应交税费	应交车船税		
221111	应交税费	应交个人所得税		
221112	应交税费	应交印花税		
22410101	其他应付款	社会保险费	医疗保险	
22410201	其他应付款	设定提存计划	养老保险	
22410202	其他应付款	设定提存计划	失业保险	
224103	其他应付款	住房公积金		
4001	股本			
400101	股本	江苏未来股份有限公司		
400102	股本	江苏明星股份有限公司		
500101	生产成本	直接材料		存货核算
500102	生产成本	直接人工		存货核算
500103	生产成本	制造费用		存货核算
510101	制造费用	办公费		
510102	制造费用	财产保险费		
510103	制造费用	水电费		
510104	制造费用	差旅费		
510105	制造费用	通讯费		
510106	制造费用	工资		
510107	制造费用	职工福利费		

（续表）

科目代码	总账科目	二级明细科目	三级明细科目	辅助核算要求
510108	制造费用	五险一金		
510109	制造费用	工会经费		
510110	制造费用	职工教育经费		
510111	制造费用	机物料消耗		
510112	制造费用	低值易耗品摊销		
510113	制造费用	折旧费		
6001	主营业务收入			存货核算/数量核算(实物单位:件)
605101	其他业务收入	材料销售		存货核算/数量核算(实物单位:千克)
6401	主营业务成本			存货核算/数量核算(实物单位:件)
640201	其他业务成本	材料销售		存货核算/数量核算(实物单位:千克)
640301	税金及附加	城市维护建设税		
640302	税金及附加	教育费附加		
640303	税金及附加	地方教育费附加		
640304	税金及附加	车船税		
640305	税金及附加	印花税		
660101	销售费用	包装费		
660102	销售费用	广告宣传费		
660103	销售费用	市内交通费		
660104	销售费用	工资		
660105	销售费用	职工福利费		
660106	销售费用	五险一金		
660107	销售费用	工会经费		
660108	销售费用	职工教育经费		
660109	销售费用	办公费		
660110	销售费用	水电费		
660111	销售费用	差旅费		
660112	销售费用	通讯费		
660113	销售费用	折旧费		
660114	销售费用	财产保险费		
660115	销售费用	汽车费用		
660116	销售费用	商品维修费		
660117	销售费用	预计商品质量保证损失		
660118	销售费用	运输装卸费		
660119	销售费用	商品保险费		
660201	管理费用	开办费		
660202	管理费用	咨询服务费		

（续表）

科目代码	总账科目	二级明细科目	三级明细科目	辅助核算要求
660203	管理费用	董事会费		
660204	管理费用	技术维护费		
660205	管理费用	业务招待费		
660206	管理费用	交通费		
660207	管理费用	低耗品摊销		
660208	管理费用	无形资产摊销费		
660209	管理费用	工资		
660210	管理费用	职工福利费		
660211	管理费用	五险一金		
660212	管理费用	工会经费		
660213	管理费用	职工教育经费		
660214	管理费用	办公费		
660215	管理费用	水电费		
660216	管理费用	差旅费		
660217	管理费用	通讯费		
660218	管理费用	折旧费		
660219	管理费用	固定资产维修费		
660220	管理费用	财产保险费		
660221	管理费用	汽车费用		
660222	管理费用	会务费		
660223	管理费用	盘盈利得		
660224	管理费用	盘亏损失		
660225	管理费用	研究费用		
660301	财务费用	利息支出		
660302	财务费用	利息收入		
660303	财务费用	工本及手续费		
660304	财务费用	现金折扣		

需要说明的是：

第一，设置辅助核算项的目的之一是减少明细科目的设置工作。如果科目选择"部门核算"，则该科目可以利用基础设置中部门档案信息进行核算，使用部门辅助核算的科目一般有多车间存在的"生产成本"及"制造费用"科目、多个管理部门核算的"管理费用"科目等；如果科目选择"个人往来"，则该科目可以利用基础设置中职员档案信息进行核算，一般"其他应收款"中"职工往来"明细科目使用此辅助核算项目；如果科目选择"客户往来"，则该科目可以利用基础设置中客户档案信息进行核算，常用于"应收票据""应收账款"和"预收账款"等科目；如果科目选择"供应商往来"，则该科目可以利用基础设置中供应商档案信息进行核算，常用于"应付票据""应付账款"和"预付账款"等总账或明细科目；如果科目选择"项目核算",则该科目可以在项目目录中设置各种项目(工程、费用、存货等)进行核算,其中工程项目适用于"在建工程"科目,费用科目常用于"制造费用""销售费用""管理费用""辅助生产成本"等科目,存货核算项目,常用于库存存货的"原材料""库存商品"等科目、"存货销售收入""销售成本"科目、"基本生产成本"科目等;同一科目可同时选择最多两种辅助核算项目进行核算,但注意:"部门核算"和"个人往来"不能同时选择;"客户往来"和"供应商往来"不能同时选择。另外,辅助核算项目应用后还广泛用于相关项目信息的查询及汇总。

第二,选择辅助核算项一般只针对末级科目。

第三,对于客户往来及供应商往来的相关科目,除设置为对应的辅助核算科目外,还要设置成受控系统为空,目的是不使用"应收"及"应付"系统,对于"应收"及"应付"业务均以辅助账的形式在总账系统中进行核算。

第四,项目辅助核算科目的设置不是单独的,必须与项目目录(或项目档案)的设置相配合,才能组成完整的设置,任缺其一均会导致设置的失败。

(3)项目目录(或项目档案)的设置。项目目录的设置,不能单独进行,必须与会计科目的设置相结合,有时还要与其他基础设置相结合,如存货核算项目,与基础设置中存货分类及存货档案相联结。

项目目录的具体步骤一般有五步:

第一步,在"财务"——"会计科目"中将有关联的会计科目设为"项目核算",如图 1-48 所示。

第二步,在"财务"——"项目目录"中增加项目大类,选择"财务"选项,执行"项目目录"命令,出现如图 1-49 所示的"项目档案"对话框,单击"增加"命令按钮,选择"使用存货目录定义项目",如图 1-50 所示,则项目大类名称为专用名称"存货核算",单击完成按钮。

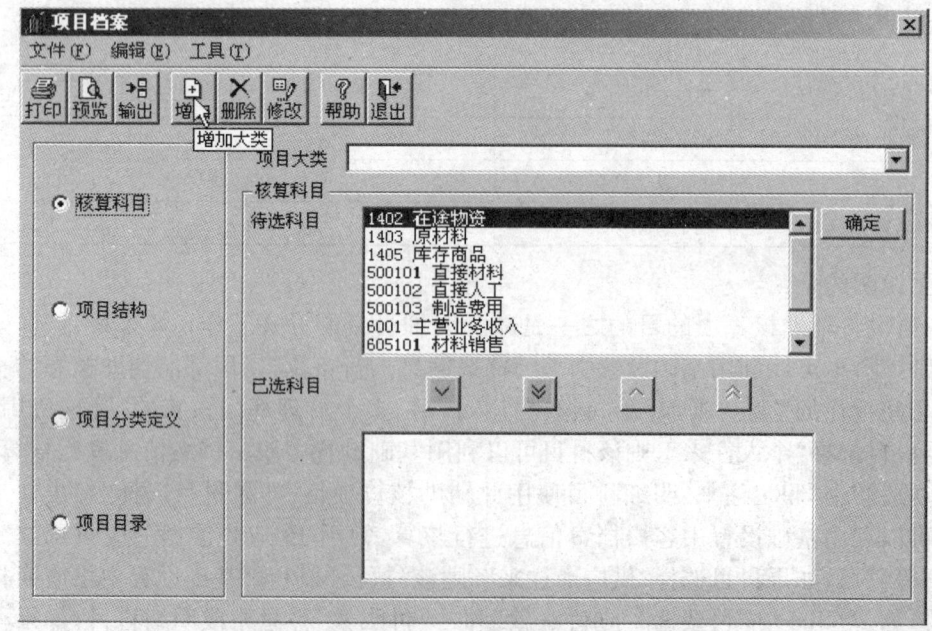

图 1-49　项目档案中增加大类命令界面

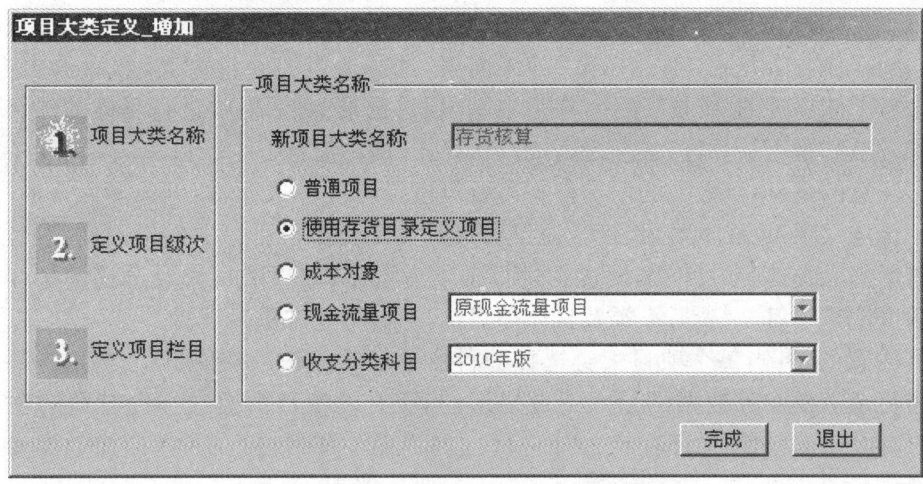

图 1-50　选择项目大类类型界面

第三步,在"财务"——"项目目录"中"项目档案"的界面里指定归属于某大类项目的会计科目。如在"存货核算"项目大类下,将属于存货核算的全部科目从待选科目移入已选科目,如图 1-51 所示,完成后单击"确定"按钮。

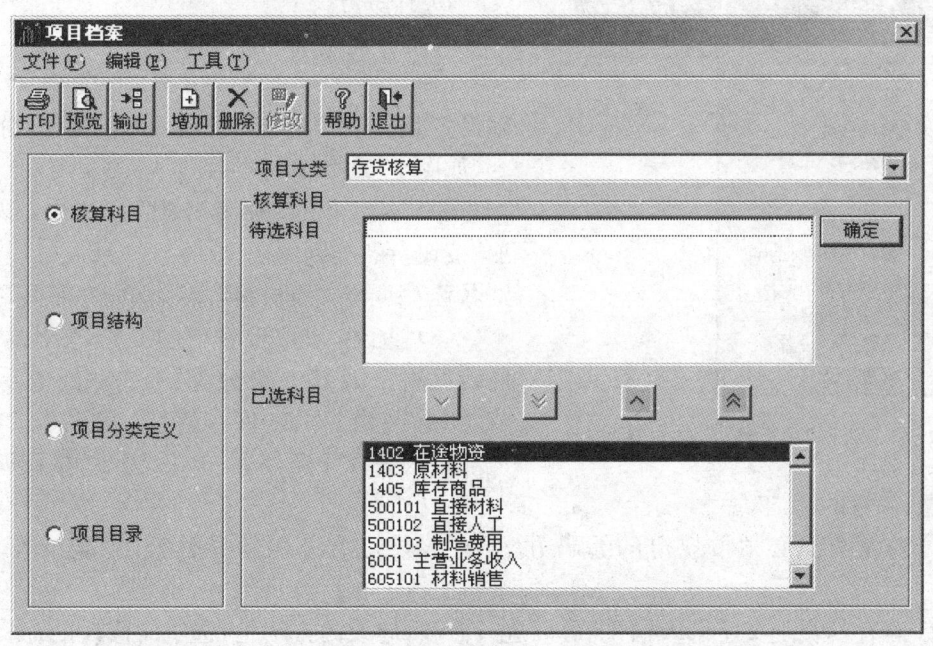

图 1-51　存货核算大类所属科目设置完成后界面

第四步,在"财务"——"项目目录"中"项目档案"的界面里增加指定大类项目的小类,一般按需要设置某项目所属的小类。具体操作是在"项目档案"界面,首先选择合适的项目大类(通过项目大类名称右侧的倒三角可以进行选择),然后选中"项目分类定义",在项目分类定义的右侧会出现项目分类编码、名称的录入栏,按规定录入分类编码和名称后,单击"确定"按钮进行保存。

第五步,在"财务"——"项目目录"中"项目档案"的界面里对指定大类的具体项目进行维护。一般操作方法是在"项目档案"的界面里,选择适当的项目大类,然后选中"项目目录",单击右下侧出现的"维护"按钮,在弹出的"项目目录"对话框中进行具体的项目档案的设置操作,注意"是否结算"栏必须是否或默认操作,而不能打√。

需要注意的是:项目大类的增加根据需要可以进行各种选择,如可选择为普通项目、使用存货目录定义项目、成本对象、现金流量项目及收支分类科目等。如果选择普通项目、成本对象等增加大类,则项目档案设置的过程必须有五步;如果项目大类选择使用存货目录定义或现金流量项目,则项目小类及具体项目已预置,不允许重复设置。

需要注意的是:当每个项目大类选择的科目一定要正确,如果项目大类选择科目错误会导致科目余额或业务数据的录入造成错误;当所有的项目大类选择完合适的项目科目后,不允许在"待选科目"中还存在会计科目,这些"无主"的科目在录入期初数据时系统必然发生错误。

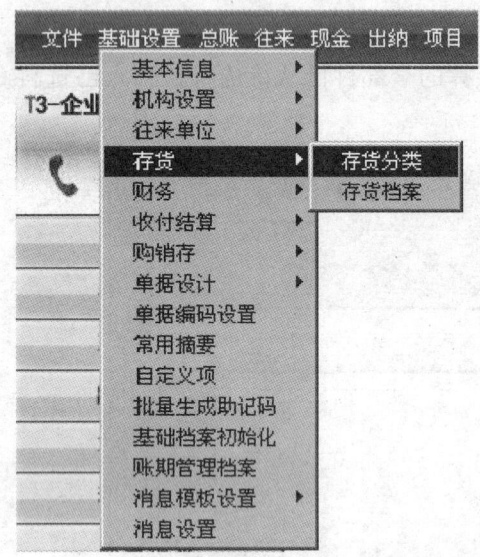

图 1-52 选择"存货分类"命令界面

5. 存货分类及存货档案的设置

公司可以根据表 1-4 资料对存货进行分类并设置相应的存货档案,其设置包括存货分类的设置和存货档案的录入两部分。

1)存货分类

存货分类增加的流程如下:

(1)由账套主管的身份注册 T3 软件,在"基础设置"选项中"存货"子项,执行"存货分类"命令,如图 1-52 所示。

(2)在打开的"存货分类"窗口中,单击"增加"按钮,在"类别编码"文本框中录入"11",在"类别名称"中录入"原材料",然后单击"保存"按钮。

(3)重复"(2)"步骤中的操作,依次录入"22周转材料",及其二级分类:"2201 低值易耗品""2202 包装物"及"33 库存商品",如图 1-53 所示。全部录入完成并保存后,单击"退出"按钮返回。

需要注意的是:

(1)存货分类必须按规定的编码方案录入,录入上级存货分类后,才能录入其下属分类。

(2)若存货类别文字录入错误,可以进行修改,修改的方法是:选中需修改的存货分类,单击"修改"命令,错误修改后必须单击"保存"按钮。

(3)若存货类别编号错误,只能删除该存货类别,选中需删除存货分类,单击"删除"命令,按照系统提示,可完成存货分类的删除工作。

2)存货档案增加

存货分类完成后才能进行存货档案的录入操作,存货档案录入的具体流程是:

第一步,以账套主管的身份注册 T3 软件,在"基础设置"菜单中选择"存货"选项,执行"存货档案"命令。

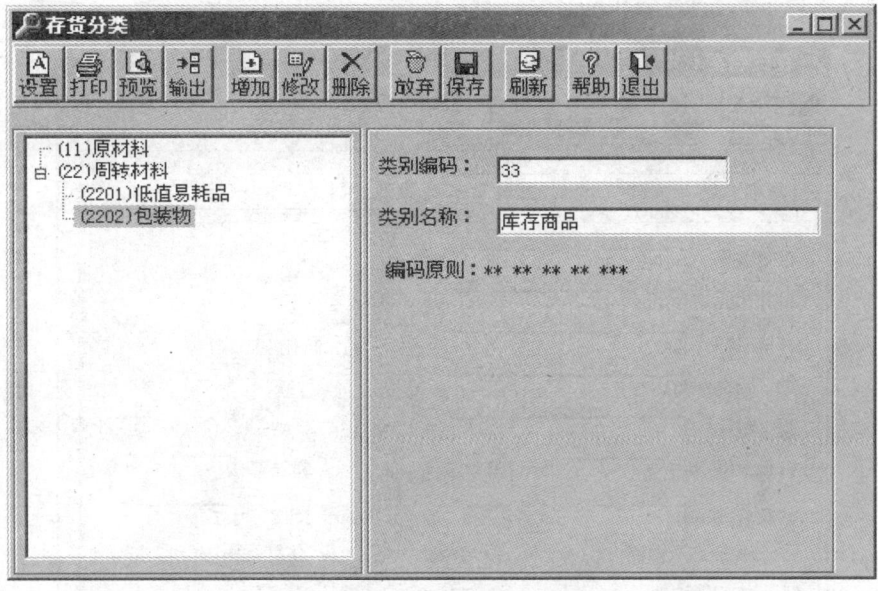

图 1-53 录入存货类别界面

第二步，在打开的"存货档案"窗口中，选择具体的下级分类"原材料"，单击"增加"命令，出现"存货档案卡片"对话框，根据表 1-4 录入 RP 原材料的存货代码、存货名称、计量单位、税率、存货属性等信息，如图 1-54 所示，完成后单击"保存"按钮，保存信息的同时进入下一个存货档案卡片的录入界面。

第三步，按照第二步的操作方法，依次录入和保存 QA 等原材料、K01 和 S02 等产品信息，如图 1-55 至图 1-57 所示，当全部存货录入完成后，可单击"退出"按钮返回。

图 1-54 原材料 RP 档案录入界面

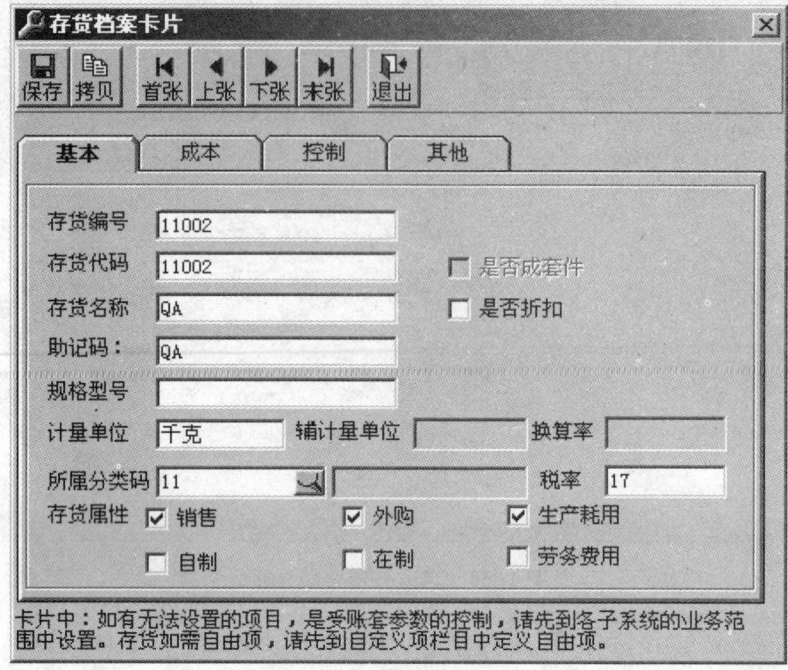

图 1-55　原材料 QA 档案录入界面

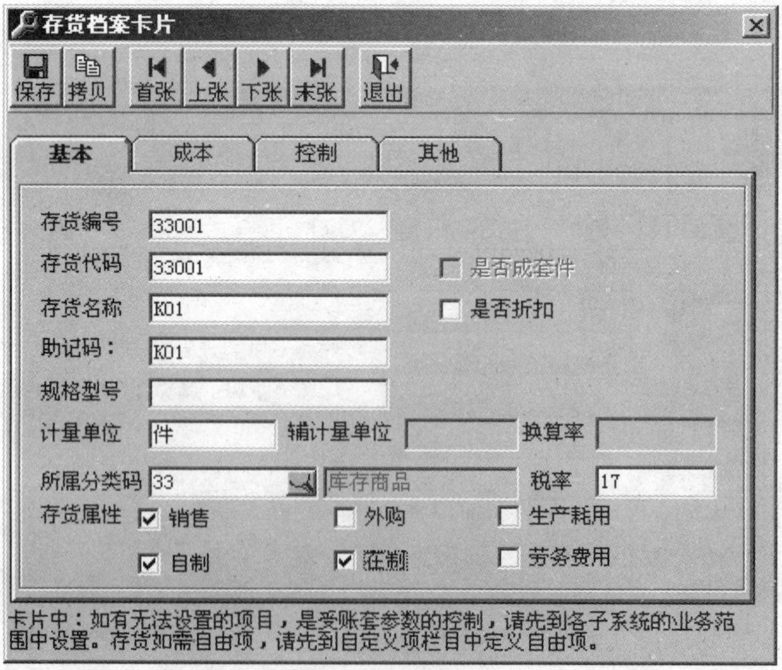

图 1-56　库存商品 K01 档案录入界面

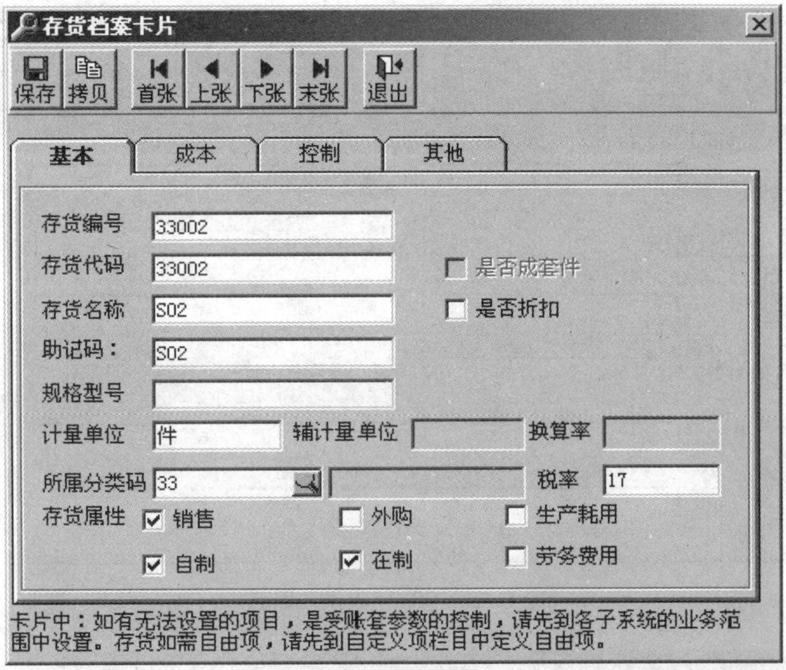

图 1-57 库存商品 S02 档案录入界面

需要注意的是：连续增加不同类别的存货档案时，要关注"所需分类码"项目选择的正确性；除了掌握存货档案的增加操作外，还要掌握存货档案的修改和删除操作。

存货档案修改的操作是：选中"基础设置"——"存货"→进入"存货档案"界面→选中需要修改的存货档案→双击鼠标或单击"修改"命令，进入"存货档案卡片"对话框中→对需要修改的信息进行修改→修改完成单击"保存"按钮。

存货档案删除的操作是：选中"基础设置"——"存货"→进入"存货档案"界面→选中需要删除的存货档案→单击"删除"命令→按系统提示的步骤完成存货档案删除的操作。

6. 仓库档案及产品结构的设置

进行仓库档案与产品结构的设置，扩展了会计电算化的业务范围，便于将来的财务业务一体化时进行产品生产加工或产品生产领料时各种领料单的自动生成。

1）设置仓库的流程

以账套主管的身份在 T3 软件中登录，在"基础设置"选项的"购销存"中执行"仓库档案"命令；在打开的"仓库档案"界面中单击"增加"命令，在弹出的"仓库档案卡片"对话框中录入仓库编码"K01"，仓库名称中录入"综合库"，计价方法默认为"全月平均法"，如图 1-58所示。

2）设置产品结构

具体的操作流程如下：

以账套主管的身份在 T3 软件中登录，在"基础设置"选项，选择"购销存"中的"产品结构"，在打开的"产品结构"界面中单击"增加"命令，弹出"产品结构定义"对话框，录入"K01"产品的结构，如图 1-59 所示。保存后自动进入第二种产品的增加对话框，录入"S02"产品结构，如图 1-60 所示。

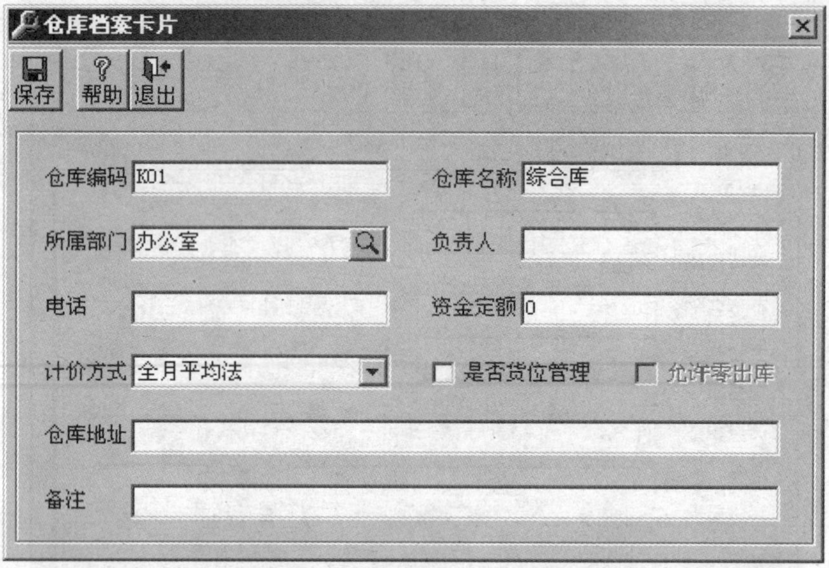

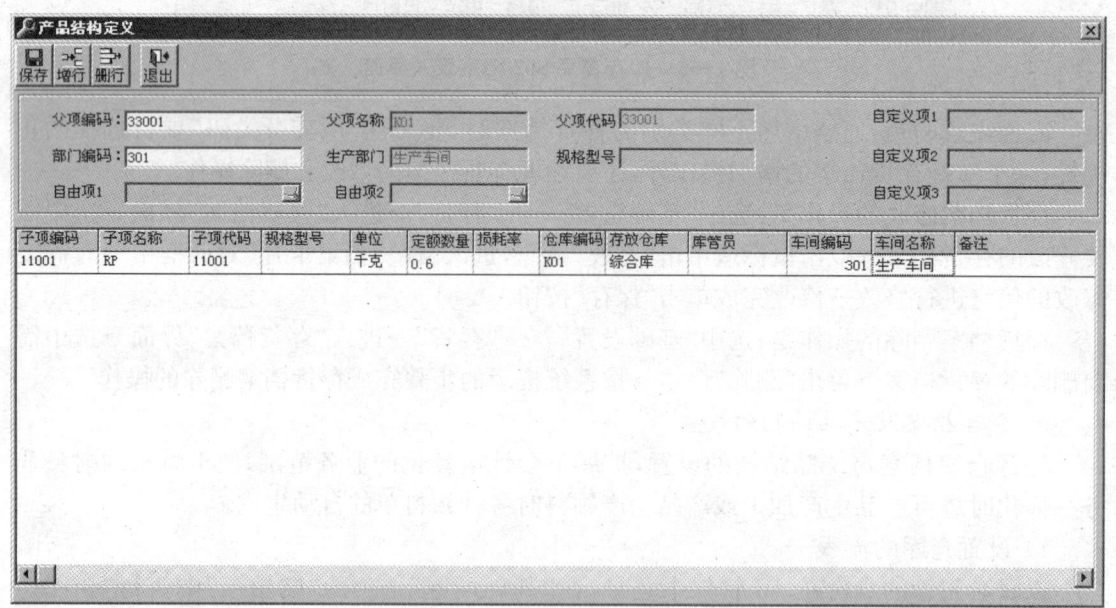

图 1-58　仓库档案录入界面

图 1-59　K01 产品结构定义界面

需要说明的是：父项应录入产品，子项应录入该产品消耗的材料。

7. 收付结算的设置

收付结算的设置包括结算方式的设置、付款条件的设置和开户银行的设置。本公司只使用财务系统的总账、工资管理和固定资产等系统的应用，由于业务相对简单，没有涉及收付业务和现金折扣业务的操作，因而主要进行结算方式的设置，这些内容将在中级会计电算化实务操作中讨论。

结算方式设置的目的是记账银行存款的转账结算方式，便于企业银行日记账与银行对

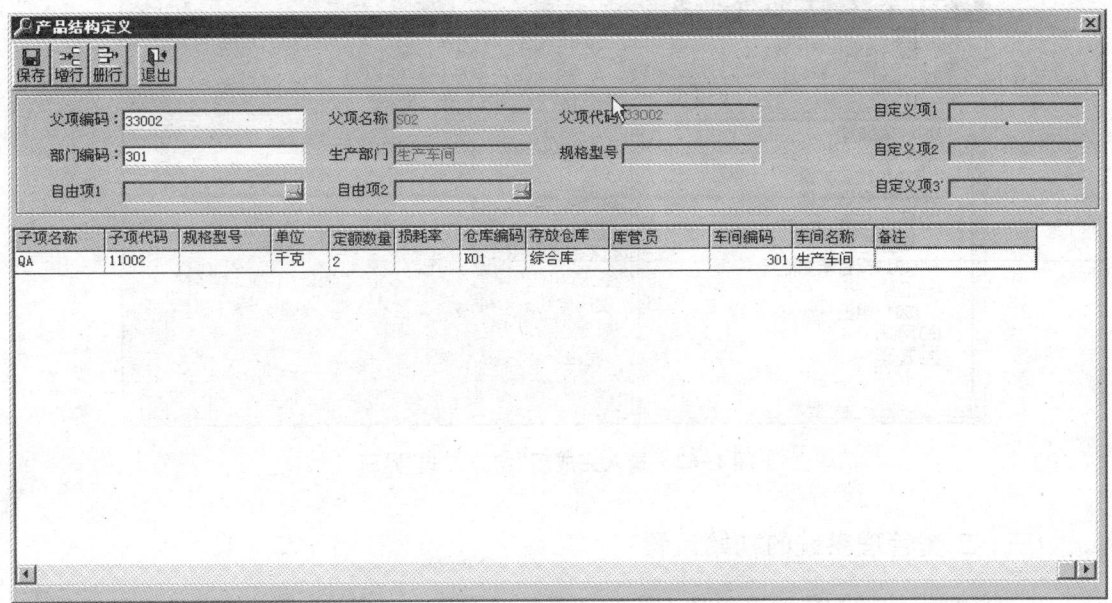

图 1-60　S02 产品结构定义界面

账单进行对账工作,结算方式设置包括结算方式的增加、修改和删除等,结算方式增加的流程主要有:

(1)以账套主管的身份在 T3 软件中登录,在"基础设置"选项中选择"收付结算",执行"结算方式"命令。

(2)打开"结算方式"界面,如图 1-61 所示,然后在类别编码中录入"1",类别名称中录入"现金结算",单击"保存"按钮,保存的同时进入下一个结算方式的录入界面。

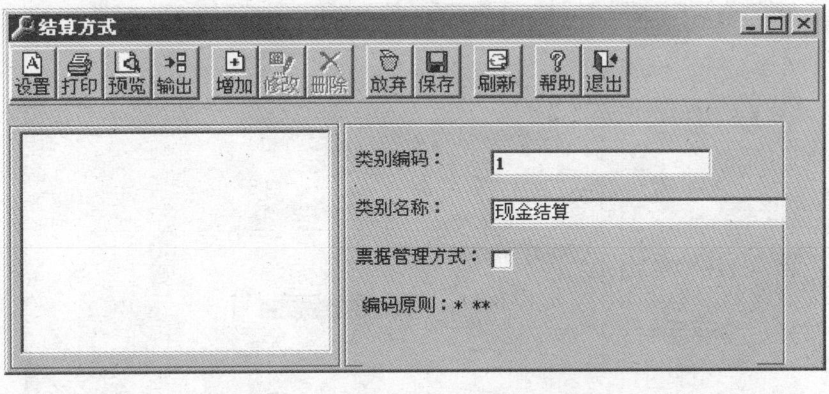

图 1-61　增加"现金结算"方式界面

(3)按照"(2)"的步骤,完成如图 1-62 所示的全部结算,完成后单击"退出"按钮返回。

需要注意的是:结算方式的修改使用的是"修改"命令,其操作流程与结算方式的增加相似;而结算方式的删除使用的是"删除"命令,按照系统的提示可完成删除的操作。

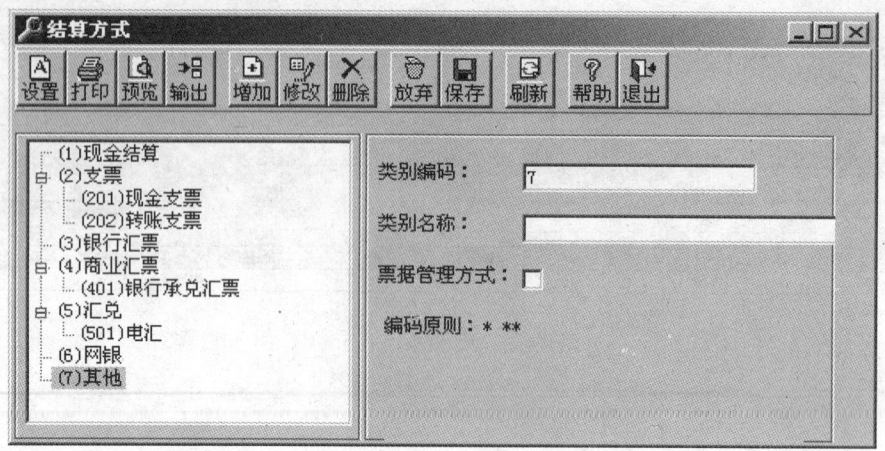

图 1-62　录入完成后"结算方式"界面

（三）工资管理系统的初始设置

工资管理系统的初始设置包括工资管理系统的启用、工资管理系统基础信息的设置。

1. 工资管理系统启用

本公司采用单工资类别，用于计算职工的代扣款项及实发工资，以及进行简单的工资费用、五险一金（按已分配工资总额的比例计提）的分摊，用于生成分配工资及五险一金相关的记账凭证。至于多工资类别的设置将在中级电算化会计实务操作中讨论。

工资管理系统的启用，系统会采用"建立工资套"的引导方式完成设置，具体流程如下：

（1）以账套主管的身份登录 T3 软件，在软件界面上出现"工资"菜单，单击"工资"菜单，进行工资管理启用的设置引导界面，如图 1-63 所示，单击下一步。

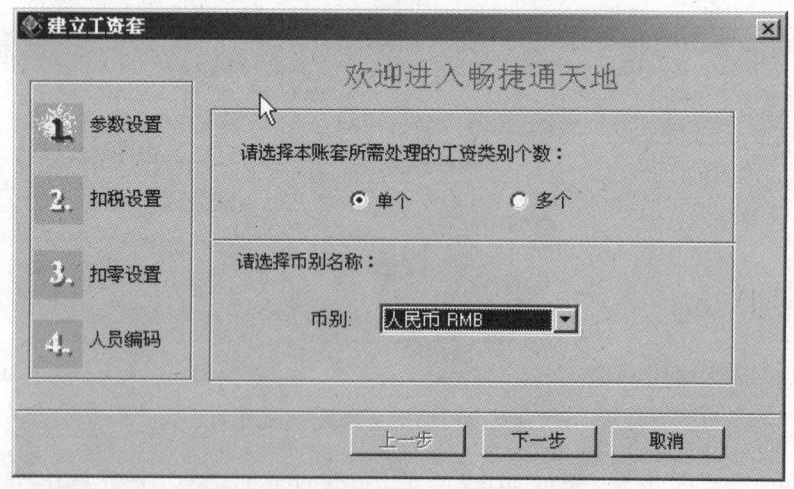

图 1-63　建立工资套"参数设置"界面

需要注意的是：当账套主管登录 T3 软件后，没有"工资"菜单，则说明"工资"子系统没有启用，需要在系统管理中进行工资启用的操作；如果是非账套主管分录 T3 软件后，没有"工资"菜单，则可能有两种情况：一是工资系统没有启用，另一种情况是该操作员没有执行工资管理系统的权限。其他子系统出现上述情况时使用同样的判断方法。

（2）进入扣税设置，如图1-64所示，一般选择从工资中代扣个人所得税，在复选框中打√，进入下一步。

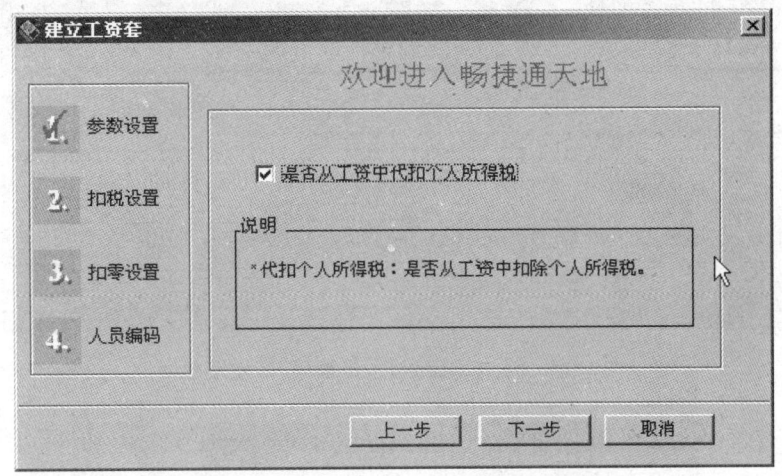

图1-64　建立工资套"扣税设置"界面

需要说明的是：该选项也可在工资管理系统启用后，在"工资"——"设置"——"选项"中更改。

（3）进入扣零设置，目前公司支付职工工资，是通过银行转账支付，不再扣零，因此选择默认，进入下一步。

需要说明的是：该选项也可在工资管理系统启用后，在"工资"——"设置"——"选项"中更改，如图1-65所示。

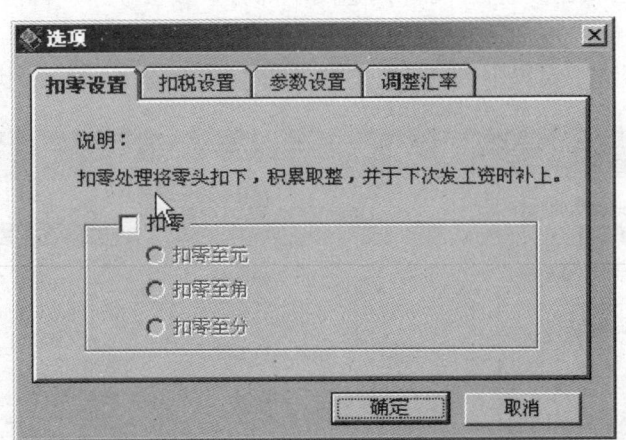

图1-65　建账完成后"扣零设置"界面

（4）进入人员编码设置，根据表1-3资料，设置人员编码为6位，其他默认，如图1-66所示，单击完成。然后选择"是"按钮，如图1-67所示，完成工资系统的启用设置。

需要说明的是：人员编码长度一经确定，不允许修改，且所有进入工资系统的人员档案均按此编码长度处理。

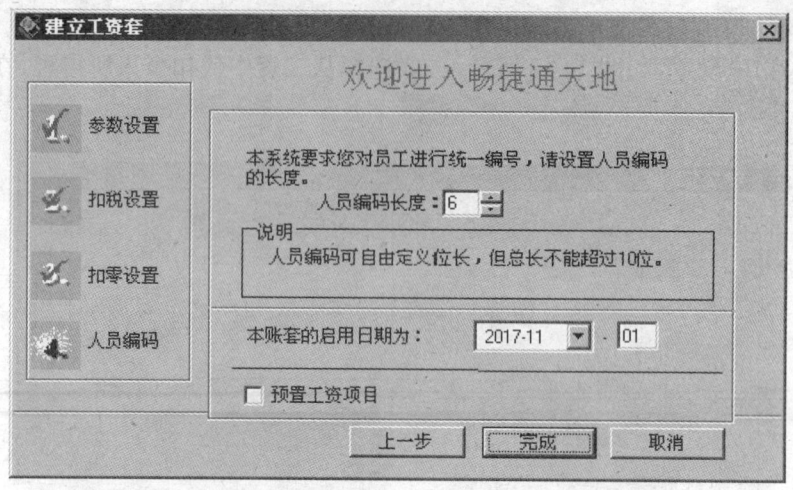

图 1-66 建立工资套"人员编码"等设置界面

图 1-67 工资套启用日期判定界面

2. 工资系统基础设置

工资管理系统的基础设置包括工资人员类别的设置、人员档案的录入、工资项目的录入及工资项目计算公式的设置四个部分,这四个部分必须按顺序进行设置。

1) 人员类别的设置

进入工资系统,选中设置中的"人员类别设置",如图 1-68 所示;进入如图 1-69 所示

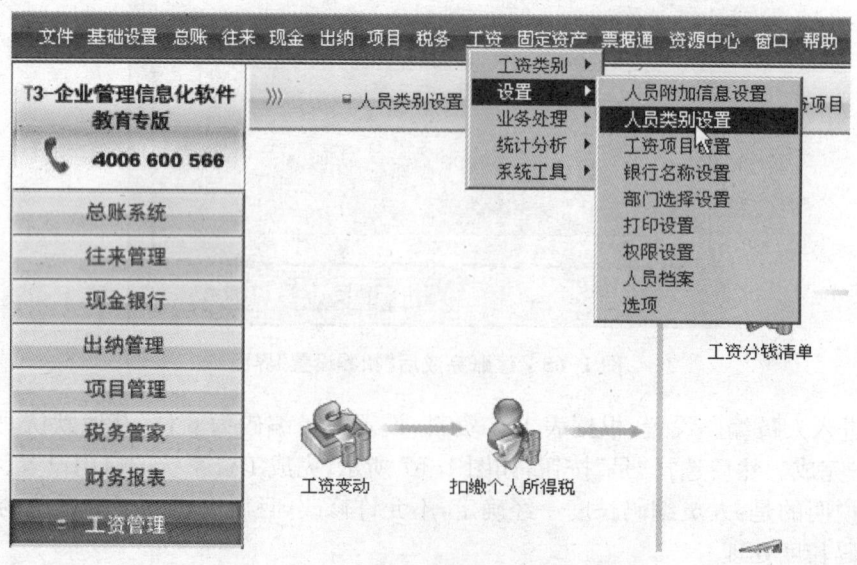

图 1-68 "人员类别设置"选择命令界面

"类别设置"对话框,单击"增加",依次录入人员类别:"管理""销售""生产""K01 人工分配""S02 人工分配"等类别,每个类别录入后均单击"增加"按钮,保存录入类别的同时,进入下一个类别的录入界面,完成后如图 1-70 所示。

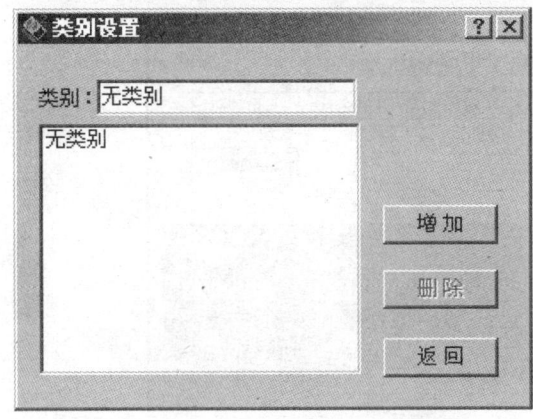

图 1-69 "类别设置"对话框界面

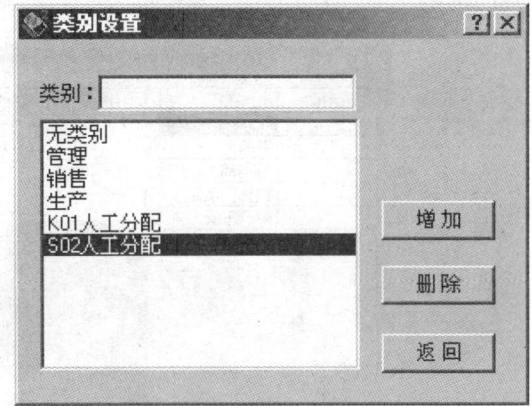

图 1-70 类别设置完成后界面

需要说明的是:首先,人员类别的设定一般保留无类别,主要是在工资分摊设置时,如果某个部门有多个类别需要设置的,若没有"无类别",则可以自动出现的类别是重复的,系统会报错;其次,人员类别是按会计核算工资费用的要求进行设置的,如管理部门的人员,其类别统一设置为"管理",对于每种产品需负担的工资,则分别设置"K01 人工分配"和"S02 人工分配"等类别进行处理。

2)人员档案的录入

进入工资系统的下拉式菜单,选中设置中的"人员档案",如图 1-71 所示。人员档案的增加方式有两种:一是批增的方式;另一种是单个员工"增加"的方式。

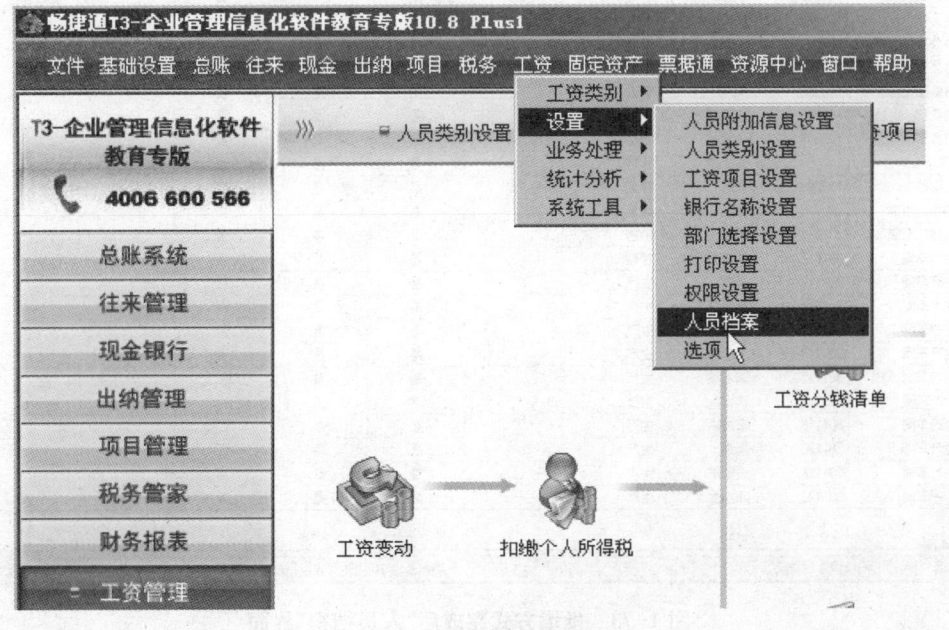

图 1-71 人员档案打开路径界面

批增方式的设置流程是：在"人员档案"界面单击"批增"命令，进入如图 1-72 所示的"人员批量增加"对话框，在相应的部门前打√，会自动出现该部门的职员，其类别默认是"无类别"，然后根据基础设置中职员的属性选择正确类别。单击"确定"按钮，完成批增人员档案的设置工作，如图 1-73 所示。

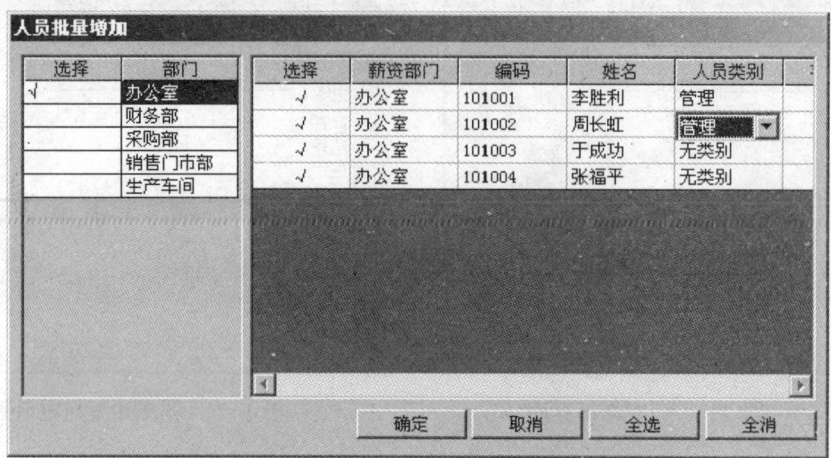

图 1-72　批增方式下设置办公室人员档案类别界面

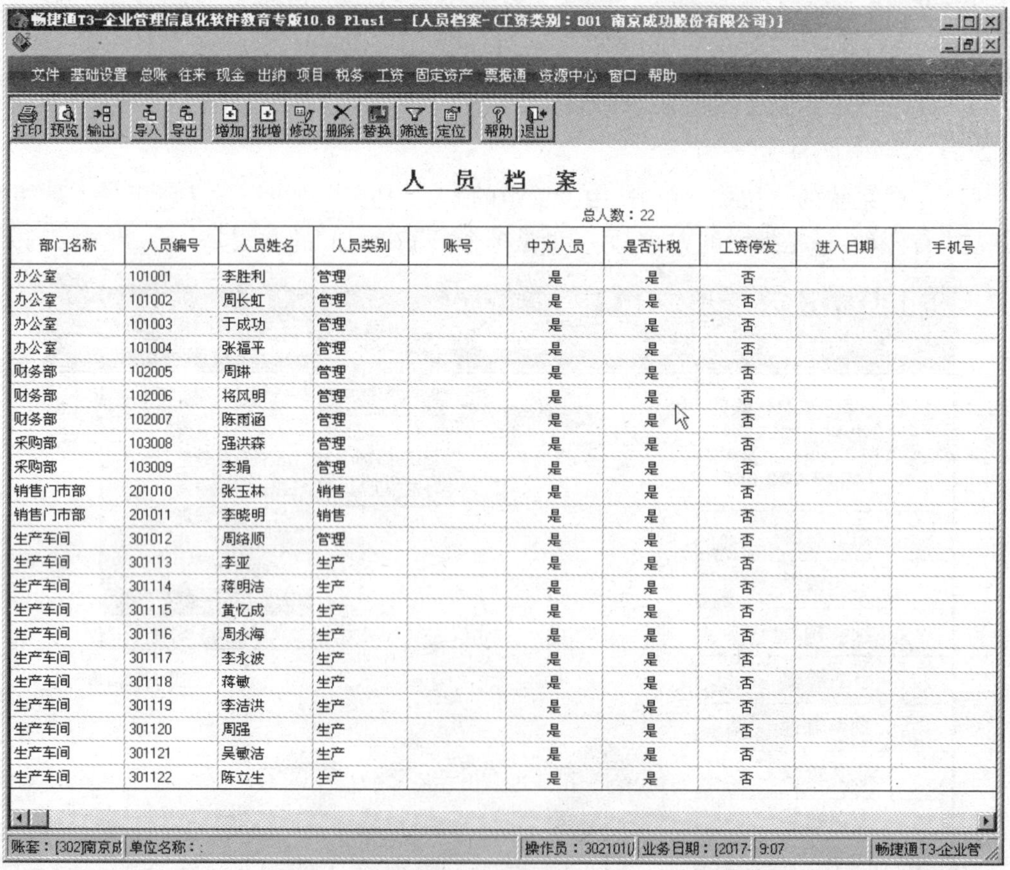

畅捷通 T3-企业管理信息化软件教育专版10.8 Plus1 - [人员档案-(工资类别：001 南京成功股份有限公司)]

文件　基础设置　总账　往来　现金　出纳　项目　税务　工资　固定资产　票据通　资源中心　窗口　帮助

打印　预览　输出　导入　导出　增加　批增　修改　删除　替换　筛选　定位　帮助　退出

人 员 档 案

总人数：22

部门名称	人员编号	人员姓名	人员类别	账号	中方人员	是否计税	工资停发	进入日期	手机号
办公室	101001	李胜利	管理		是	是	否		
办公室	101002	周长虹	管理		是	是	否		
办公室	101003	于成功	管理		是	是	否		
办公室	101004	张福平	管理		是	是	否		
财务部	102005	周琳	管理		是	是	否		
财务部	102006	将风明	管理		是	是	否		
财务部	102007	陈雨涵	管理		是	是	否		
采购部	103008	强洪森	管理		是	是	否		
采购部	103009	李娟	管理		是	是	否		
销售门市部	201010	张玉林	销售		是	是	否		
销售门市部	201011	李晓明	销售		是	是	否		
生产车间	301012	周络顺	管理		是	是	否		
生产车间	301113	李亚	生产		是	是	否		
生产车间	301114	蒋明洁	生产		是	是	否		
生产车间	301115	黄忆成	生产		是	是	否		
生产车间	301116	周永海	生产		是	是	否		
生产车间	301117	李永波	生产		是	是	否		
生产车间	301118	蒋敏	生产		是	是	否		
生产车间	301119	李洁洪	生产		是	是	否		
生产车间	301120	周强	生产		是	是	否		
生产车间	301121	吴敏洁	生产		是	是	否		
生产车间	301122	陈立生	生产		是	是	否		

账套：[302]南京成　单位名称：　　　　　　　操作员：3021010　业务日期：[2017: 9:07　畅捷通 T3-企业管

图 1-73　批增方式完成后"人员档案"界面

需要说明的是：批增方式增加人员档案借用了基础设置中已有职员档案信息，比较便捷，但有些信息如"银行"和"账号"等信息是缺失的，还需要采用一定的方法补充完善。

"增加"方式的流程是：在"人员档案"界面单击"增加"命令，进入"人员档案"对话框，录入本公司为核算产品需负担工资费用而设置的"K01产品"的信息，如图1-74所示，完成后单击"确认"按钮，除保存信息外，还进入下一个人员档案的录入界面；然后录入如图1-75所示的"S02产品"的档案信息，完成后单击"确认"按钮，若无其他人员档案增加时，单击"取消"按钮，结束人员档案的增加操作。

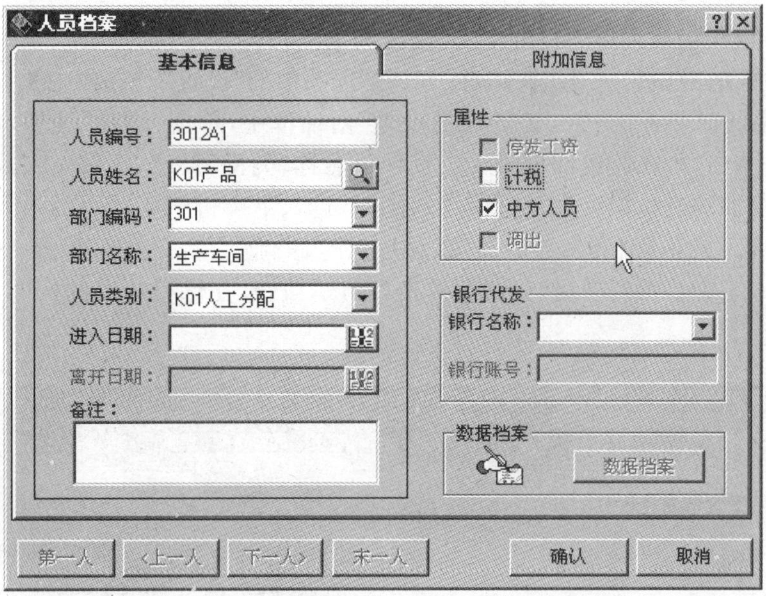

图 1-74　"增加"方式下增加"K01 产品"档案界面

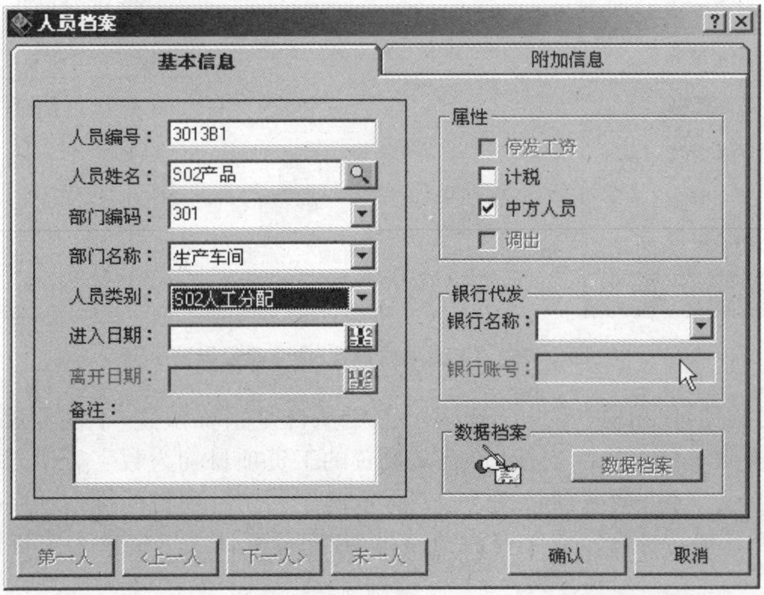

图 1-75　"增加"方式下增加"S02 产品"档案界面

需要注意的是：人员档案的修改方式与"增加"流程相似，主要的区别是双击鼠标或使用"修改"命令进行修改操作；人员档案的删除则使用"删除"命令，按系统给予的提示可完成删除人员档案的操作。

3）工资项目的设置

工资项目设置的目的：一是用于职工工资及代扣款项的计算，最终计算出实发工资，其工资项目包括工资总额、养老保险、医疗保险、失业保险、住房公积金、计税工资、扣款合计、代扣税及实发合计等；二是用于录入各产品负担的工资费用，其工资项目是"分配计入工资"。

工资项目设置包括工资项目的增加、修改和删除，其增加的流程是：

以账套主管的身份登录 T3 软件，在"工资"选项中的"设置"子选项中执行"工资项目设置"命令，如图 1-76 所示；进入"工资项目设置"对话框中，单击"增加"按钮，在默认的工资项目下增加一空白行，在蓝色部分录入工资项目名称、类型、长度、小数定义及增减项，录完一项后单击"增加"按钮，保存上一行信息的同时，进入下一行工资项目的录入操作；依次增加如图 1-77 所示的工资总额、养老保险、医疗保险、失业保险、住房公积金、计税工资、扣款合计、分配计入工资等工资项目，完成后单击"确认"按钮，在保存信息的同时退出工资项目的设置。

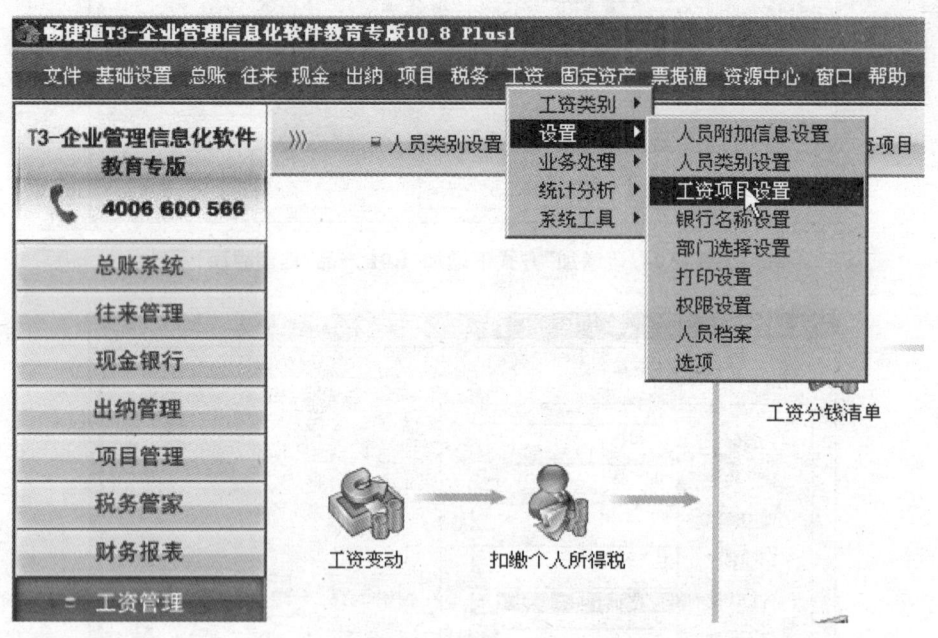

图 1-76 "工资项目设置"命令路径界面

需要说明的是：代扣税、实发合计两个工资项目是系统预置，不能删除的，如果进行删除操作，会导致工资系统的崩溃；自定义设置的工资项目均为数字类型，长度均设为 10 位，小数位设置为 2 位，增减项按图 1-77 所示确定。工资项目的排列顺序决定工资变动标题栏的顺序，一般按计算实发工资的顺序排列，而分配计入工资这个工资项目排在最后一列。

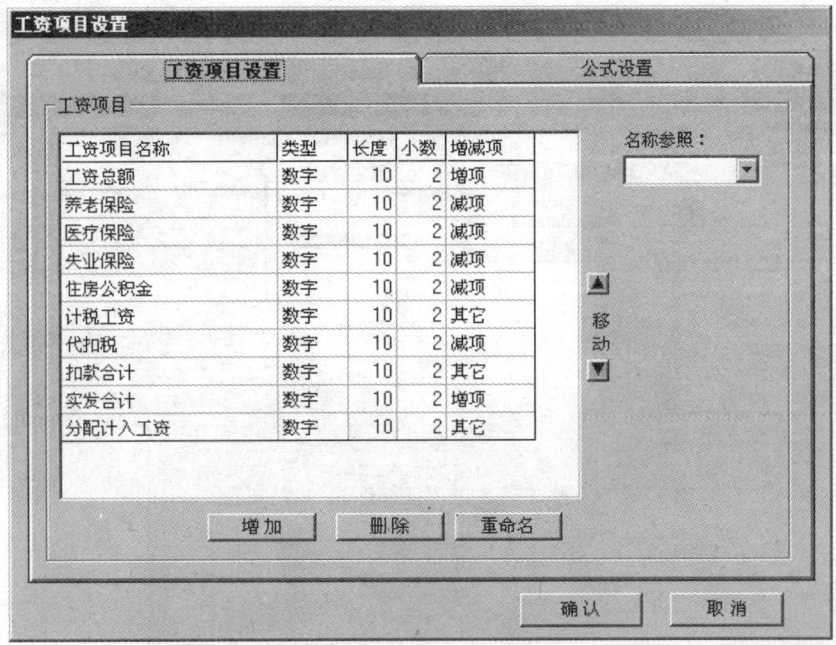

图 1-77 工资项目设置结束时"工资项目设置"界面

4）工资项目计算公式的设置

本公司按照会计政策设置工资项目的计算公式，如表 1-9 所示，便于工资数据的自动计算。

表 1-9   工资项目计算公式一览表

工资项目	计算公式
养老保险	工资总额×0.08
医疗保险	如果工资总额＝0,0;否则,工资总额×0.02＋10
失业保险	工资总额×0.005
住房公积金	工资总额×0.1
计税工资	如果工资总额＝0,0;否则,工资总额－养老保险－医疗保险－失业保险－住房公积金＋10
扣款合计	养老保险＋医疗保险＋失业保险＋住房公积金＋代扣税
实发合计	工资总额－扣款合计

工资项目计算公式增加的一般流程是：

（1）以账套主管的身份登录 T3 软件，在"工资"选项中的"设置"子选项中执行"工资项目设置"命令，如图 1-76 所示。

（2）进入"工资项目设置"对话框中，选择右侧的"公式设置"，进入"公式设置"对话框中，如图 1-78 所示。

（3）单击左侧工资项目下的"增加"按钮，在工资项目中会增加一个空白栏，在空白栏上双击鼠标，选择需要进行公式设置的工资项目，如扣款合计。

（4）在右侧会出现"扣款合计公式定义"字样，在空白栏中进行具体公式的设置：养老保

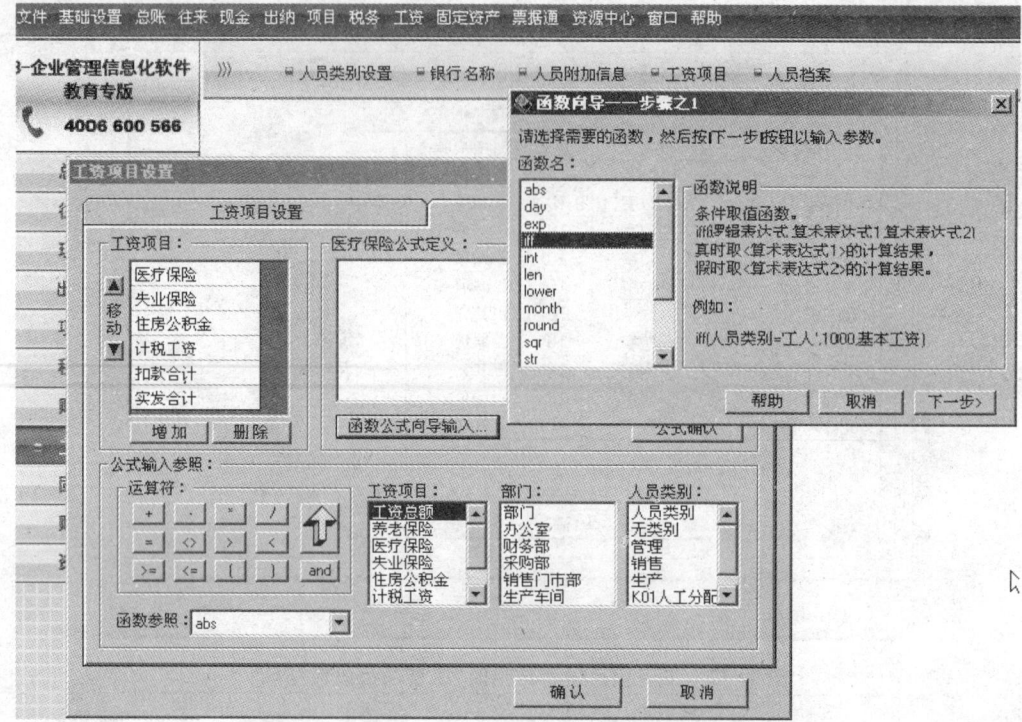

图 1-78 "函数向导——步骤之 1"选择"iff"函数界面

险＋医疗保险＋失业保险＋住房公积金＋代扣税,其中公式中涉及的工资项目可在显示的"工资项目"中选择确定,但"代扣税"项目必须手动输入;运算符则在左下的运算符中选择;完成一个公式的设置后必须单击"公式确认",一是检查公式是否有误;二是作暂时的保存工作,若不作公式确认,则公式设置无效。

(5)全部的工资项目计算公式设置完成后,退出设置前必须单击"确认"按钮,这才是真正的保存公式,若单击"取消"按钮,则这次设置的公式没有保存并退出。

需要说明的是:必须要有人员档案,才能设置公式;进行公式设置时必须充分利用软件提供的公式输入参照提供的运算符、函数等;每完成一个公式必须单击"公式确认",系统无提示的则是公式一般没有错误;若工资项目公式设置错误,则进行"工资项目"→"公式设置"界面,找到错误的工资项目后,对其左侧的公式进行修改即可;工资项目的计算公式也有排序,一般按工资项目设置的顺序排列,可减少工资变动的计算次数;设置完成退出时必须单击"确认"按钮。

以医疗保险工资项目公式设置为例进行特别说明:

第一步,进入公式设置,在工资项目下单击增加,选中医疗保险,然后单击"函数公式向导输入……"弹出"函数向导——步骤之 1",选择"iff"函数,如图 1-78 所示,进入下一步。

第二步,在弹出的"函数向导——步骤之 2"对话框中分别录入逻辑表达式、算术表达式 1 和算术表达式 2,如图 1-79 所示,单击"完成"按钮,完成该公式的设置工作。

第三步,单击"公式确认"按钮,检查该工资项目设置的公式是否有误,并作临时保存。

第四步,单击"确认"按钮,保存公式设置并返回工资界面。

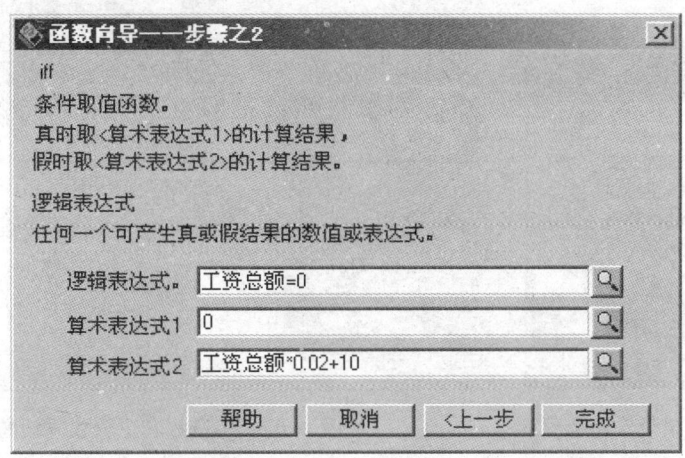

图1-79 "函数向导——步骤之2"设置"iff"函数表达式界面

5)扣缴个人所得税计税基数的设置

计税基数的确认关系到个人所得税的计算是否正确的前提条件,其具体的操作流程是:以账套主管的身份登录 T3 软件,在"工资"菜单下,进入工资"业务处理"选项,选择"扣缴所得税",如图 1-80 所示;在打开的"栏目选择"对话框中,对应工资项目选择"计税工资",单击"确认"按钮,完成计税工资基数的设置工作,如图 1-81 所示。

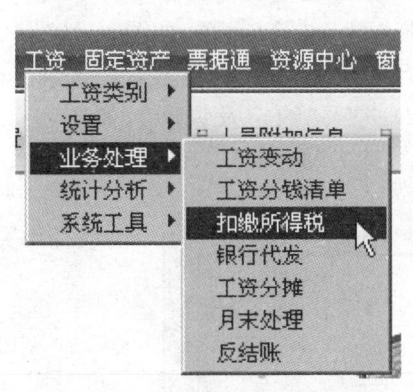

图1-80 设置计税基数路径界面

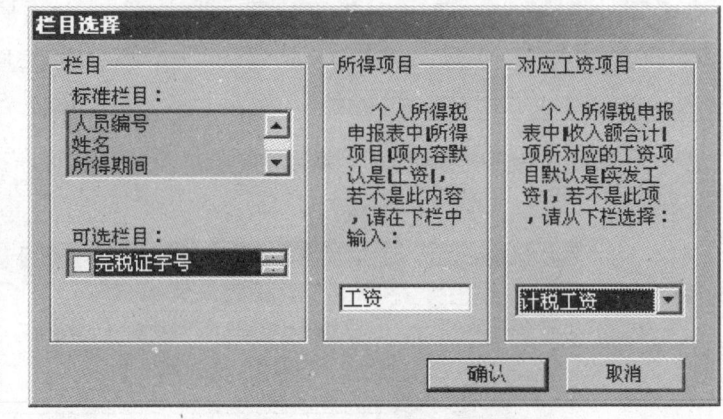

图1-81 设置计税基数界面

6)设置编号为"302102"的会计拥有工资账套主管权限

这个设置是保证总账会计在工资业务发生后,有足够的权限完成工资系统的各项操作,完成工资业务的核算工作。

设置工资账套主管权限的流程是:以账套主管的身份登录 T3 软件后,进入"工资"中的"设置"选项,选择"权限设置",如图 1-82 所示。然后在打开的"权限设置"对话框中,单击"修改"按钮,在工资类别主管复选框中打"√",完成后单击保存,如图 1-83 所示,最后单击"退出"按键,返回到工资界面。

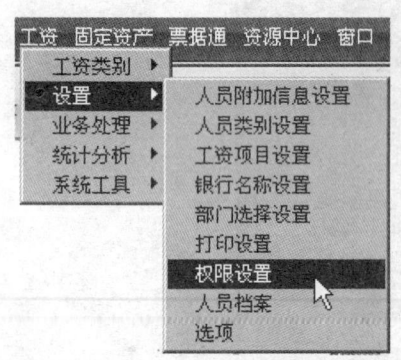

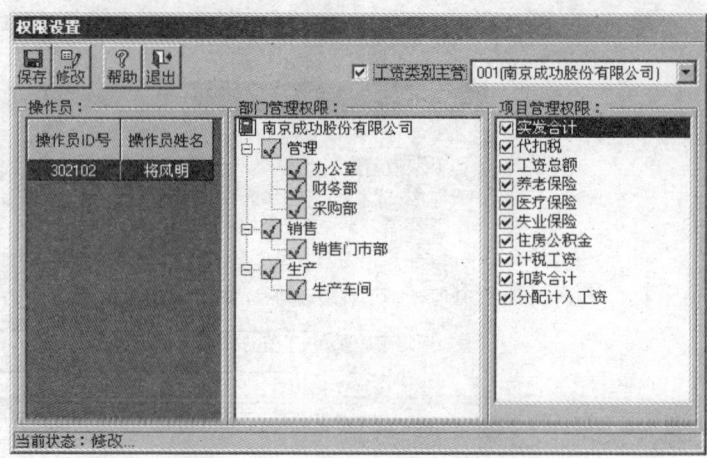

图 1-82 工资账套权限设置路径界面 　　**图 1-83 工资账套主管权限设置界面**

（四）固定资产系统的初始设置

固定资产的初始设置包括固定资产系统的启用设置和固定资产的基础设置。

1. 固定资产系统的启用设置

固定资产系统的启用，系统会采用"固定资产初始化向导"的引导方式完成设置，必须要在其他子系统关闭的状态下才能进行设置，具体流程如下：

（1）以账套主管的身份登录 T3 软件，选择"固定资产"菜单，如图 1-84 所示，进行初始化的设置，单击"是"。

（2）进入"约定及说明"，如图 1-85 所示，选中"我同意"，单击下一步。

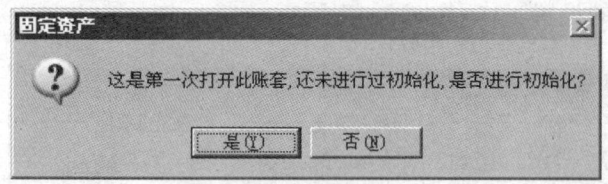

图 1-84 初始化固定资产选择界面

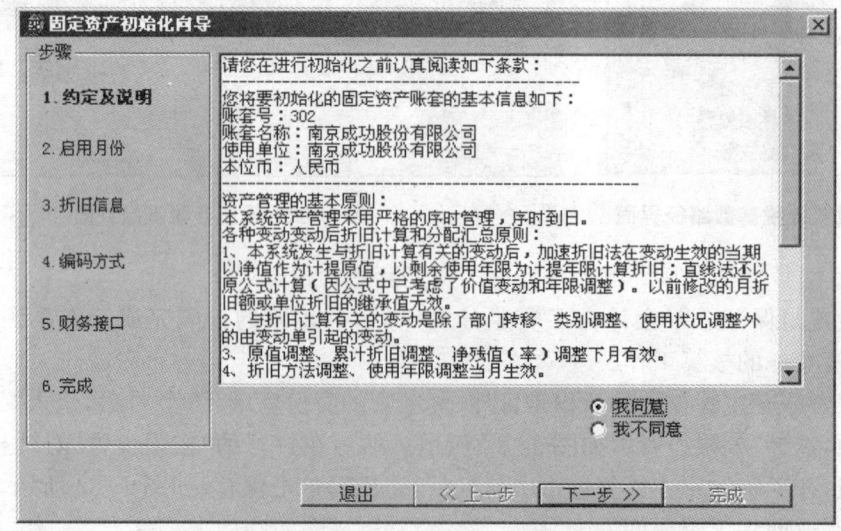

图 1-85 固定资产初始化向导——约定及说明界面

（3）进入"启用月份"，如图 1-86 所示，默认，单击下一步。

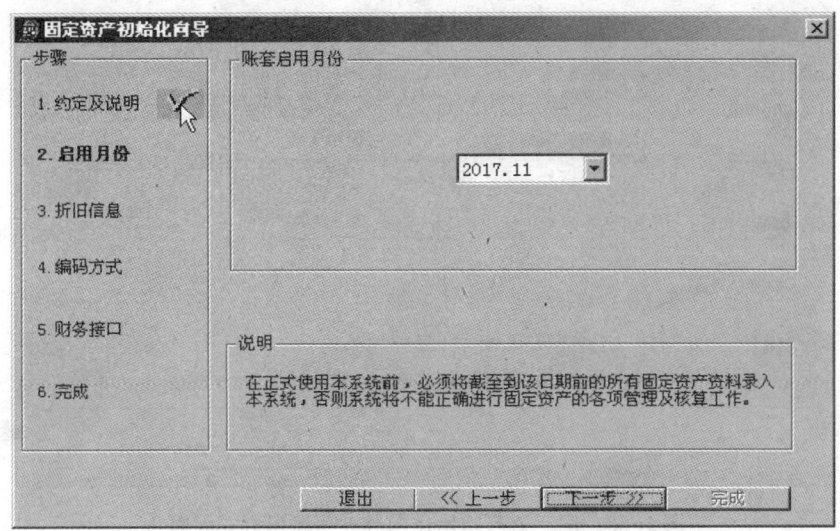

图 1-86 固定资产初始化向导——账套启用月份界面

（4）进入折旧信息，选择折旧方法为"平均年限法（一）"，其他默认，如图 1-87 所示，单击下一步。

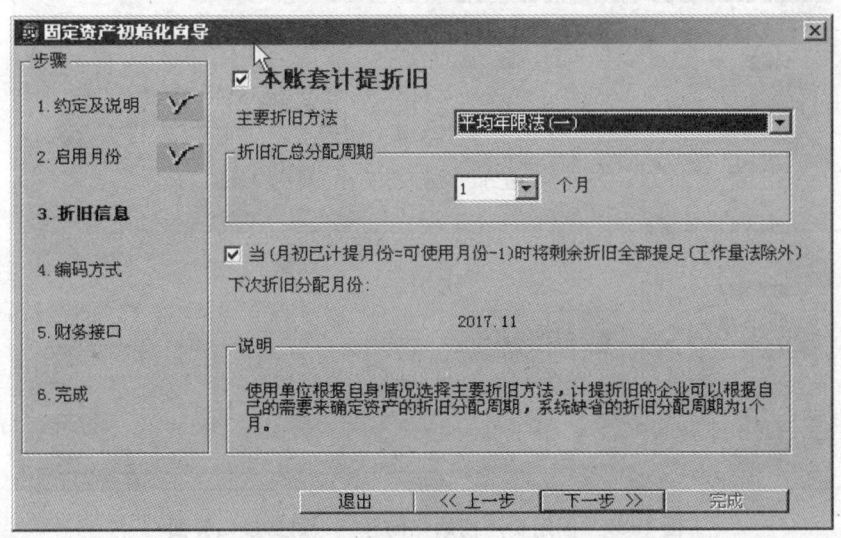

图 1-87 固定资产初始化向导——折旧信息界面

需要说明的是：折旧信息的设置也可在固定资产初始化完成后，在固定资产的设置——"选项"中进行更改。

（5）进入编码方式，选择编码长度为"1212"，选择自动编码，规则为"类别编码＋部门编号＋序号"的方式，序号长度为 3 位，如图 1-88 所示，进入下一步。

需要说明的是：资产类别编码方式的设置也可在固定资产初始化完成后，在固定资产的设置——"选项"中进行更改，但设置成自动编码方式下则不允许修改。

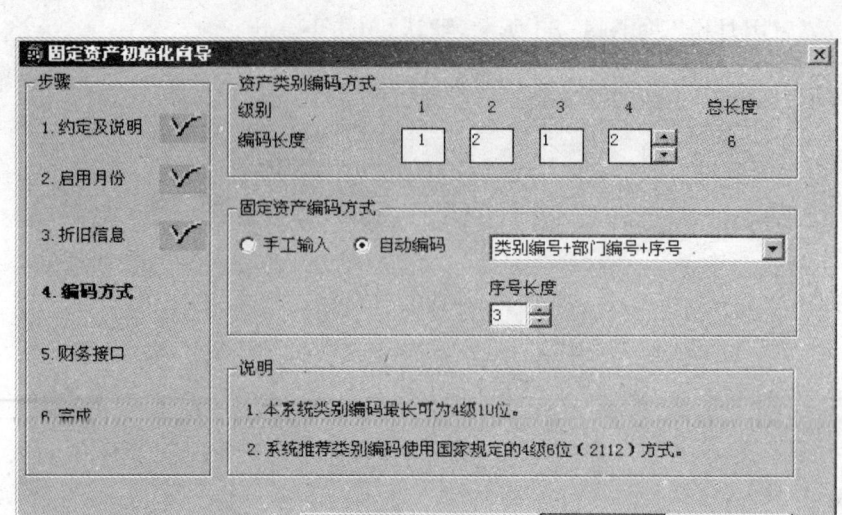

图 1-88　固定资产初始化向导——编码方式界面

（6）进入财务接口，选择与财务系统进行对账，并选择相应的对账科目，如图 1-89 所示，进入下一步。

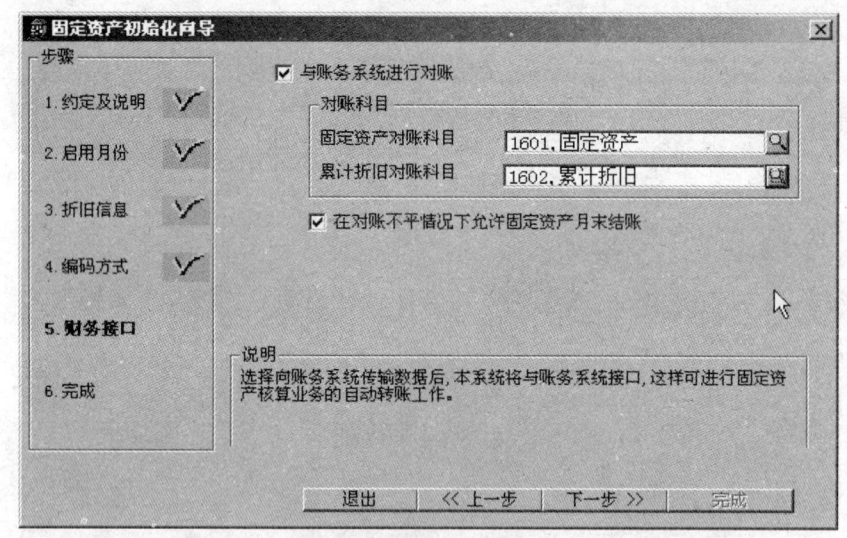

图 1-89　固定资产初始化向导——财务接口界面

需要注意的是：对账科目只能通过查询的方式选择确认，不允许直接录入科目代码或名称。

（7）进入完成阶段，查看相关信息，如图 1-90 所示，单击"完成"按钮，弹出"是否完成初始化"的对话框，如图 1-91 所示，单击"是"，系统提示"已成功完成固定资产初始化"，如图 1-92 所示，单击"确定"按钮。

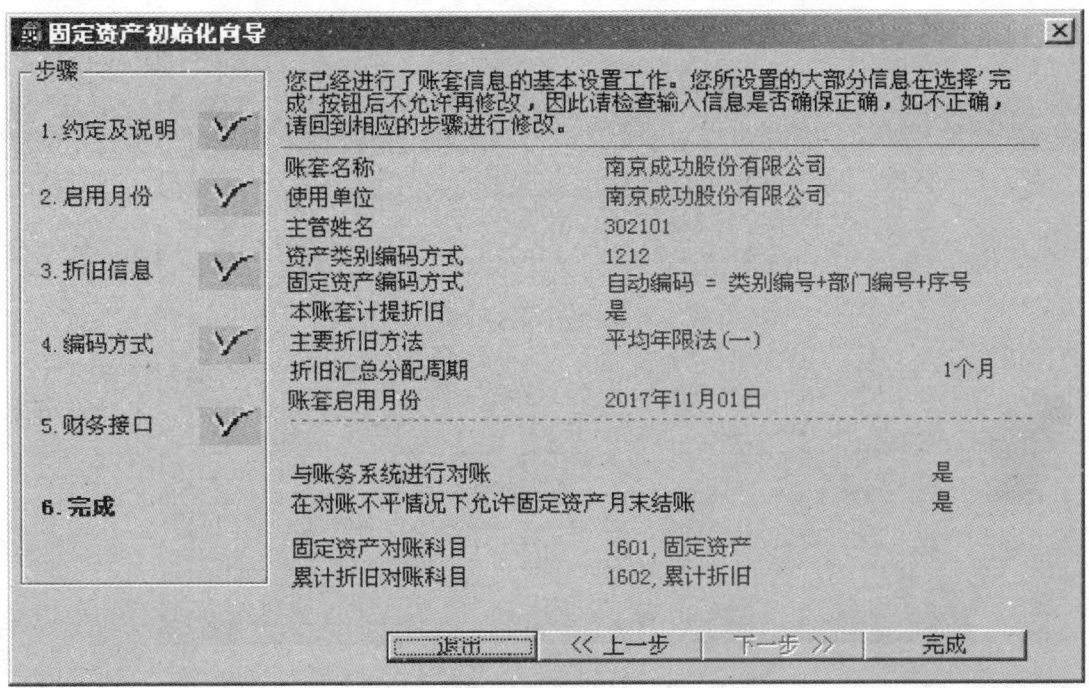

图 1-90　固定资产初始化向导——完成界面

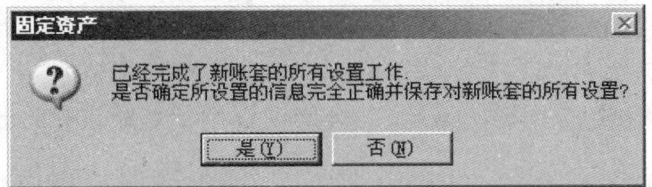

图 1-91　固定资产初始化向导完成后是否保存设置的选择界面

图 1-92　固定资产初始完成成功后系统提示界面

2. 固定资产基础设置

固定资产系统的基础设置主要包括选项的设置、资产类别的设置和部门对应折旧科目的设置等。

1) 选项设置

其流程是：进入"固定资产"中的"设置"，选择"选项"，如图 1-93 所示，完成可纳税调整的增加方式、固定资产与累计折旧缺省入账科目及可抵扣税额入账科目的设置。

需要说明的是：

(1) 有些固定资产选项既可以在固定资产系统启用时设置，也可以在固定资产启用后在选项设置中完成。

(2) 固定资产的编码如果是自动编码的，在固定资产启用时一经设置，在启用后在此模式下是不能修改的，但可改变为手工模式。

(3) 如果不设置"可纳税调整的增加方式"及"可抵扣税额入账科目"，生成凭证时无法自动生成"应交税费——应交增值税——进项税额"科目。

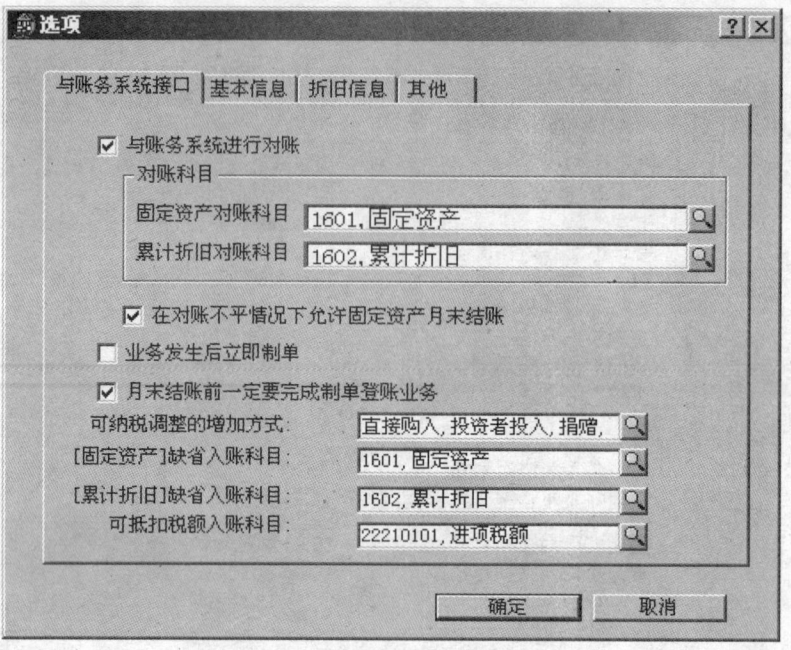

图 1-93 "选项"设置界面

(4) 勾选"在对账不平情况下允许固定资产月末结账",则表示固定资产子系统进行月末结账时,首先与财务总账中指定的对账科目"固定资产"及"累计折旧"分别进行核对,如果核对不平衡,系统提示后,仍然完成固定资产子系统进行月末结账,若在此项不勾选,则表示如果两个系统核对不平衡,系统提示后,不允许固定资产子系统进行月末结账。

(5) 勾选"业务发生后立即制单",资产卡片保存后将自动生成记账凭证,且记账凭证中的会计分录不得修改。

2) 资产类别的设置

根据表 1-6 资料完成,其流程是:以账套主管的身份登录 T3 软件,进入"固定资产"菜单中的"设置",选择"资产类别",然后按固定资产政策分类增加资产类别,如图 1-94 所示,每增加一个资产类别,单击"保存"命令,保存信息后自动进入下一个资产类别的录入工作;全部资产类别录入完成后如图 1-95 所示,单击"退出"命令,返回到固定资产系统界面。

3) 部门对应折旧科目的设置

其具体流程是:以账套主管的身份登录 T3 软件,进入"固定资产"菜单中的"设置"选项,选择"部门对应折旧科目",进入部门对应折旧科目的设置界面,如图 1-96 所示;选中部门"1 管理",单击"操作"命令,在折旧科目中录入"管理费用——折旧费"科目,然后保存,如图 1-97 所示,对管理所属的各部门均设置了折旧费用科目,使用"刷新"命令可以查询出结果;其他销售、生产依次设置,完成后如图 1-98 所示。

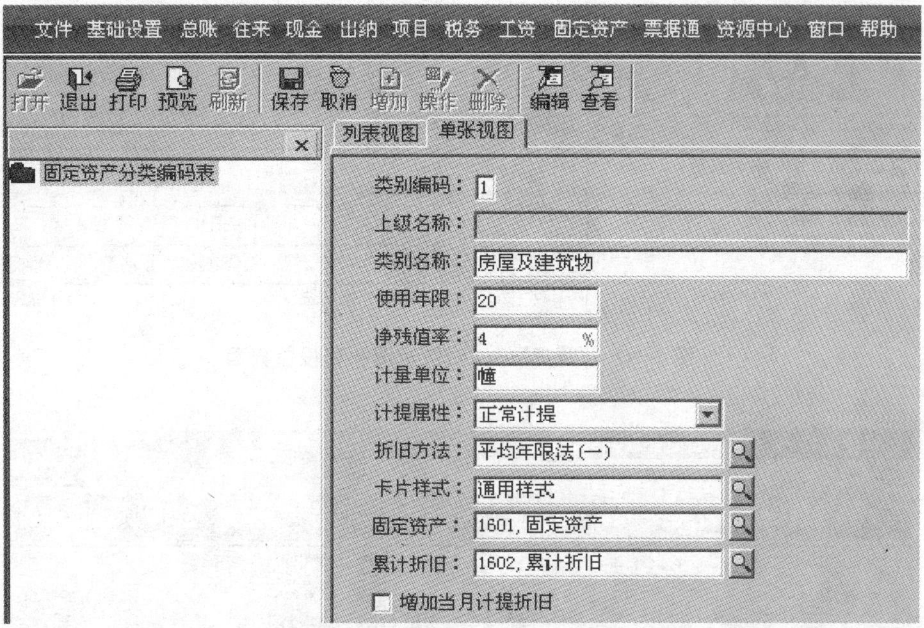

图 1-94　固定资产类别设置界面

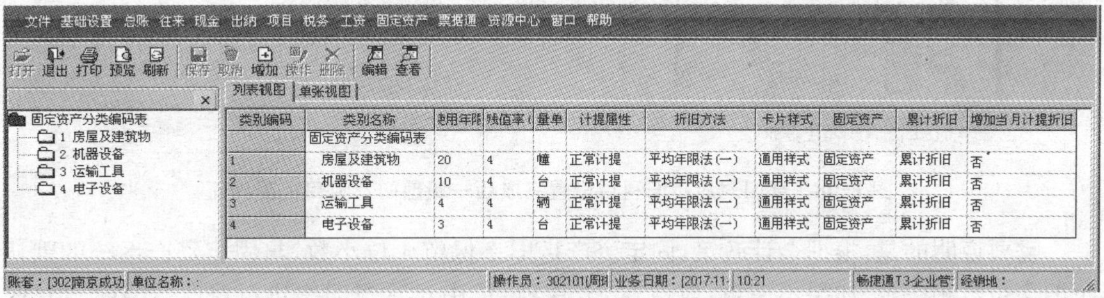

图 1-95　固定资产类别设置完成后视图界面

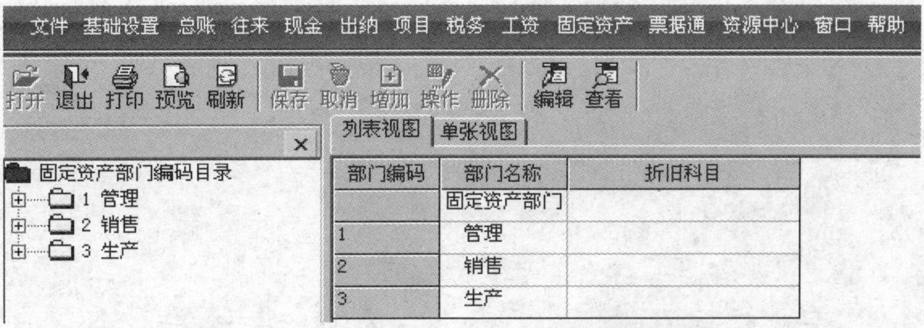

图 1-96　部门对应折旧科目设置界面

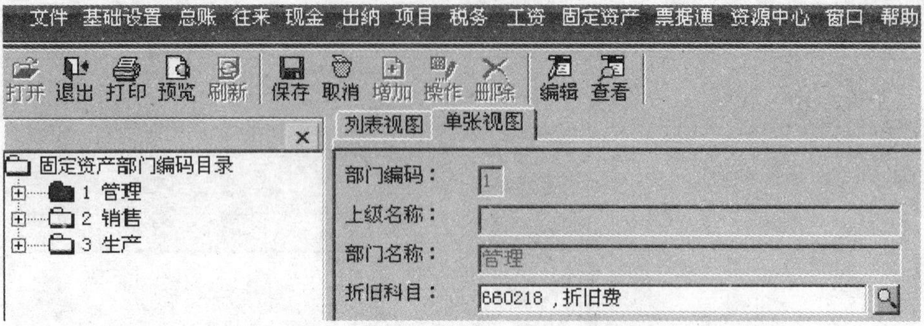

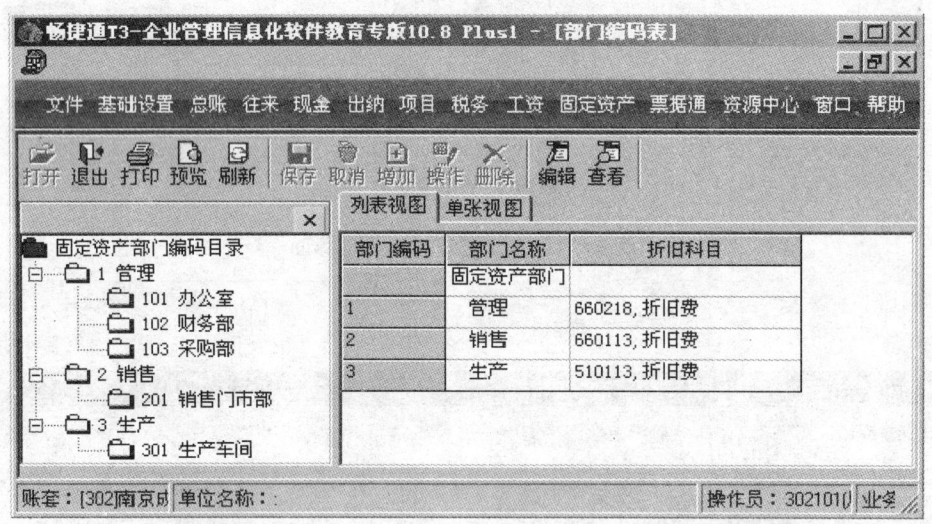

图 1-97　"管理"部门对应折旧科目设置界面

图 1-98　部门对应折旧科目设置完成后一级部门及科目视图界面

需要说明的是：根据会计政策，固定资产折旧率保留 4 位小数，与固定资产系统的默认折旧率位数相一致，如果不一致，应该在"卡片项目"中对月折旧率进行修改"操作"；另外，除熟练掌握固定资产及工资管理系统正常的增加操作外，还要熟练掌握固定资产及工资管理系统中基础设置的修改及删除的操作。

第二部分

企业基本经济业务会计电算化处理(一)

在第一部分的基础上,以南京成功股份有限公司设立当月(11月)发生的经济业务为例,对其会计电算化处理进行讲解。

【业务1】 2017年11月1日,取得原始凭证2张。

表 2-1-1

中国建设银行客户专用回单

币别:人民币　　　　　　2017　年11月01日　　　流水号 320120027J0500810041

付款人	全称	江苏未来股份有限公司	收款人	全称	南京成功股份有限公司
	账号	41622124674738		账号	41622124757264
	开户行	中国建设银行南京市玄武区支行		开户行	中国建设银行南京市建邺区支行
金　额		(大写)人民币 捌佰万元整			(小写)￥8000000.00
凭证种类		网银	凭证号码		
结算方式		转账	用途		投资款

打印柜员:320125584257
打印机构:中国建设银行南京市建邺区支行
打印卡号:41622124757264

第二联贷方(回单)

打印时间:2017-11-01　　　交易柜员:320125584268　　　交易机构:320174834

表 2-1-1 是中国建设银行客户专用回单的第二联贷方回单联,此联应作为收款方收到款项的记账依据。该原始凭证注明,"付款人"是江苏未来股份有限公司,"收款人"是本公司,"账号"为 41622124757264,这表明江苏未来股份有限公司通过电子汇款方式向本公司账号为 41622124757264 的基本户划入了款项。进行会计核算时,应记入"银行存款——建行 41622124757264"科目的借方;同时,该原始凭证注明的其他内容表明,江苏未来股份有限公司支付的款项是对本公司的投资款,进行会计核算时,应记入"股本——江苏未来股份有限公司"科目的贷方。

表 2-1-2

中国建设银行客户专用回单

币别：人民币　　　　　　　2017 年 11 月 01 日　　流水号 320120027J0500810021

付款人	全称	江苏明星股份有限公司	收款人	全称	南京成功股份有限公司
	账号	41622124517852		账号	41622124757264
	开户行	中国建设银行南京市秦淮区支行		开户行	中国建设银行南京市建邺区支行
金额		（大写）人民币 贰佰万元整		（小写）￥2000000.00	
凭证种类		电汇凭证	凭证号码		
结算方式		电子汇划汇入	用途	投资款	

打印柜员：320125584257
打印机构：中国建设银行南京市建邺区支行
打印卡号：41622124757264

（中国建设银行 电子回单 专用章）

第二联贷方（回单）

打印时间：2017-11-01　　　交易柜员：320125584268　　　交易机构：320145249

表 2-1-2 是中国建设银行客户专用回单的第二联贷方回单联，此联应作为收款方收到款项的记账依据。该原始凭证注明，"付款人"是江苏明星股份有限公司，"收款人"是本公司，"账号"为 41622124757264，这表明江苏明星股份有限公司通过电子汇款方式向本公司账号为 41622124757264 的基本户划入了款项。进行会计核算时，应记入"银行存款——建行 41622124757264"科目的借方；同时，该原始凭证注明的其他内容表明，江苏明星股份有限公司支付的款项是对本公司的投资款，进行会计核算时，应记入"股本——江苏明星股份有限公司"科目的贷方。

因此，该笔业务在 T3 系统中的操作流程如下：

（1）以"302102 会计将风明"的身份于"2017-11-01"登录。进入"总账"→"凭证"，单击"填制凭证"，打开记账凭证编制界面。

（2）单击"增加"按钮，增加一空白凭证，凭证类型、凭证编号、制单日期自动生成；附单据数录入："2"。

（3）输入摘要："接受投资"。

（4）输入借方科目名称，点击选中"100201"科目，单击"确定"按钮，如图 2-1 所示，录入结算方式等信息（注：结算票号在本教材中均按编号后 8 位录入处理），完成会计科目的新增和输入，如图 2-2 所示，输入借方金额："8 000 000.00"；回车换行后再录入第二张收款科目："100201"，录入结算方式等信息，如图 2-3 所示，借方金额录入"2 000 000.00"。

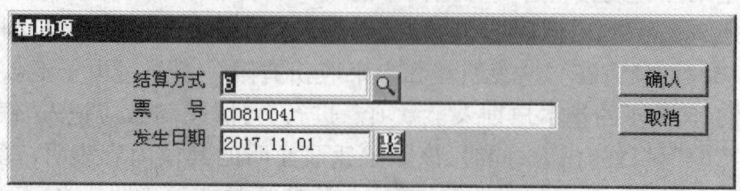

图 2-1　银行存款辅助核算项目录入界面

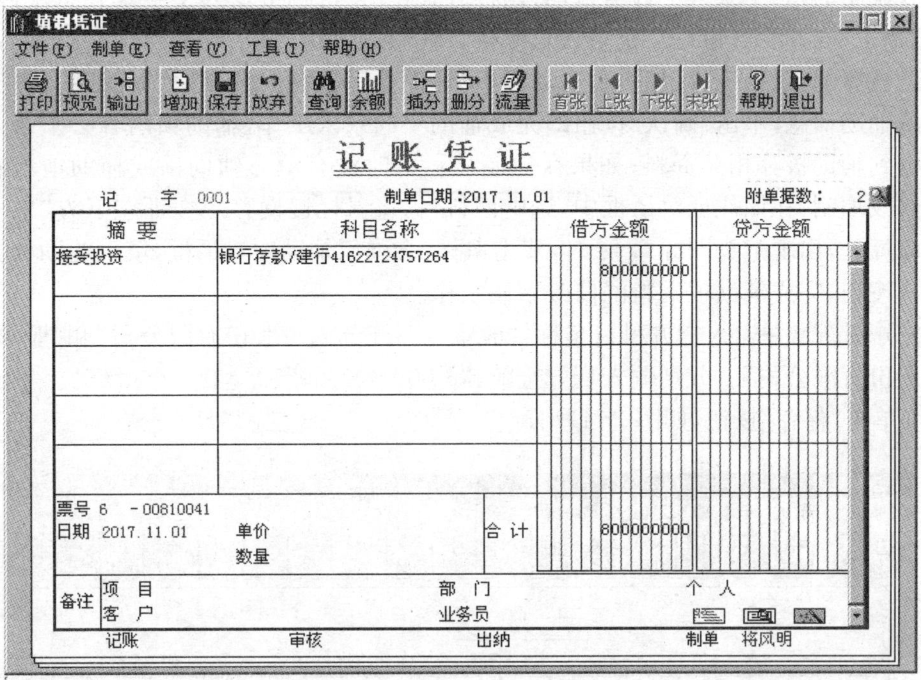

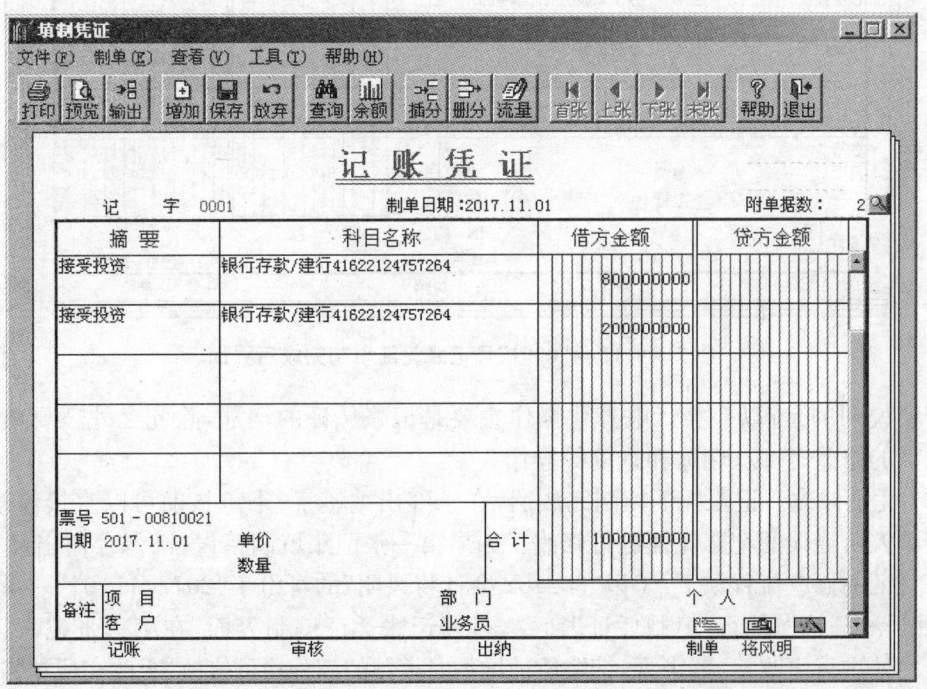

图 2-2　填制凭证第一行银行存款明细科目、辅助核算项目及借方金额等信息界面

图 2-3　填制凭证第二行银行存款明细科目、辅助核算项目及借方金额等信息界面

需要说明的是：①录入会计科目，有两种方式：一是可直接输入文字录入总账科目然后查询，选择正确的明细科目；二是录入总账科目代码，然后查找正确的明细科目。②凡是科目有辅助核算的，录入该科目后，会自动弹出"辅助项"对话框，根据原始凭证的信息资料录入相应的辅助信息，单击"确认"按钮即完成辅助项的录入工作，辅助项内容必须录入，否则无法查询到辅助核算相关资料；如果在填制该科目时没有填写辅助项或辅助项填制错误，可进行修改填制，在该凭证对话框中，选中该科目，将鼠标慢慢移至凭证左下方"票号日期"等辅助核算处，出现笔头图标 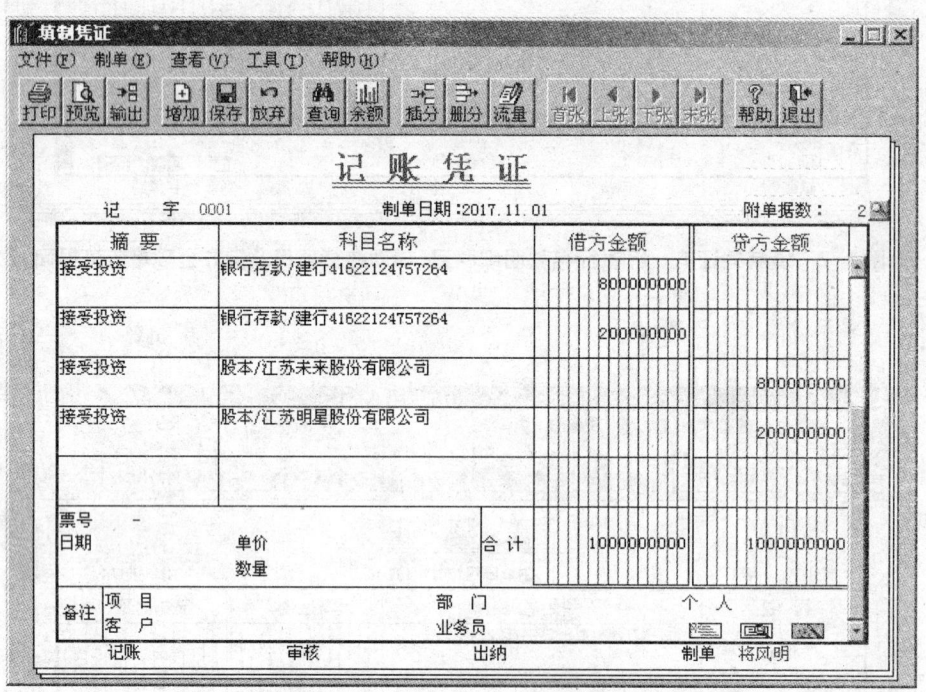 时，双击鼠标，会弹出辅助项对话框，填入辅助核算信息，单击确认按钮，完成辅助项资料的修改填制工作。

（5）分别新增并输入贷方科目名称："股本——江苏未来股份有限公司"和"股本——江苏明星股份有限公司"。分别输入贷方金额："8 000 000.00"和"2 000 000.00"。

（6）单击"保存"按钮，如图 2-4 所示。

图 2-4　11 月"0001"号记账凭证填制完成后界面

需要说明的是：以上会计电算化操作主要是记账凭证的增加，除此之外还要熟练掌握记账凭证的修改、作废、删除和查询等操作。

（1）凭证修改。记账凭证填制完成后，在未经出纳签字、未审核前可以直接修改，必须由原制单人对错误的记账凭证进行修改。如果第一张记账填制错误，已保存退出 T3 软件，则记账凭证的修改流程如下：①以"302102 会计将风明"的身份于"2017-11-01"登录。②进入"总账"→"凭证"，执行"填制凭证"命令，打开记账凭证编制界面，在第一张记账凭证中，将错误之处进行更改，一般来说，记账凭证增加时填制的部分均可修改，更改完成单击"保存"按钮，记账凭证修改完成，若不是第一张凭证进行修改，在打开填制凭证的界面后通过"首页""上一页""下一页"等翻页功能或通过查询命令的方式找到需要修改的凭证进行修改。

（2）凭证作废。具体操作如下：①单击"凭证"下的"填制凭证"选项，打开"填制凭证"对话框，找到要作废的记账凭证。②在"填制凭证"对话框中，选择"制单"菜单下的"作废/恢复"命令，凭证左上角显示"作废"字样，表示已将该凭证作废；该凭证的作废操作主要是在凭证上作个"作废"的标记，并没有进行物理上的删除；可通过"制单"菜单下的"作废/恢复"命令恢复为有效凭证。

（3）凭证删除。作废凭证不想保留，可以通过凭证整理功能彻底删除，并将其他未记账凭证进行重新编号。操作流程是：①单击"凭证"下的"填制凭证"选项，打开"填制凭证"对话框。②在"填制凭证"对话框中，选择"制单"菜单下的"整理凭证"命令，系统弹出"作废凭证表"对话框。③双击"作废凭证表"需删除凭证的"删除"栏，然后单击"确定"按钮，系统弹出"是否还需要整理凭证断号"提示框，选择"确定"按钮，系统删除凭证并对凭证号重新整理。凭证的作废和整理往往同时进行，组合起来就是对凭证删除的完整操作。

（4）凭证查询。单击"凭证"下的"查询凭证"选项，打开"凭证查询"对话框，单击"确定"按钮，屏幕显示凭证一览表，然后在表中查到需要查询的凭证，双击，则屏幕上显示该张凭证内容。

【业务 2】　2017 年 11 月 1 日，取得原始凭证 3 张。

表 2-2-1

中国建设银行　　　业 务 收 费 凭 证

币别：人民币　　　　　2017 年 11 月 01 日　　　　　流水号：3201420J050816

付款人 南京成功股份有限公司			账号 41622124757264		
项目名称	工本费	手续费	电子汇划费	邮电费	金　额
现金支票	200.00		0.00	0.00	200.00
转账支票	200.00				200.00
		中国建设银行 南京市建邺区支行			
金额（大写）肆佰元整					￥400.00
付款方式	银行转账		2017-11-01		
			办讫 (01)		

会计主管　　　　授权　　　　　复核　　　　　录入郑松涛

第二联 客户回单

表 2-2-1 是中国建设银行业务收费凭证的第二联客户回单联，此联应作为付款方支付款项的记账依据。该原始凭证注明，"付款人"是本公司，"账号"为 41622124757264，"项目名称"是现金支票和转账支票，"金额"分别为 200 元，这表明本公司从账号为41622124757264 的基本户支付了款项。进行会计核算时，应分别记入"银行存款——建行41622124757264"科目的贷方。

表 2-2-2

表 2-2-3

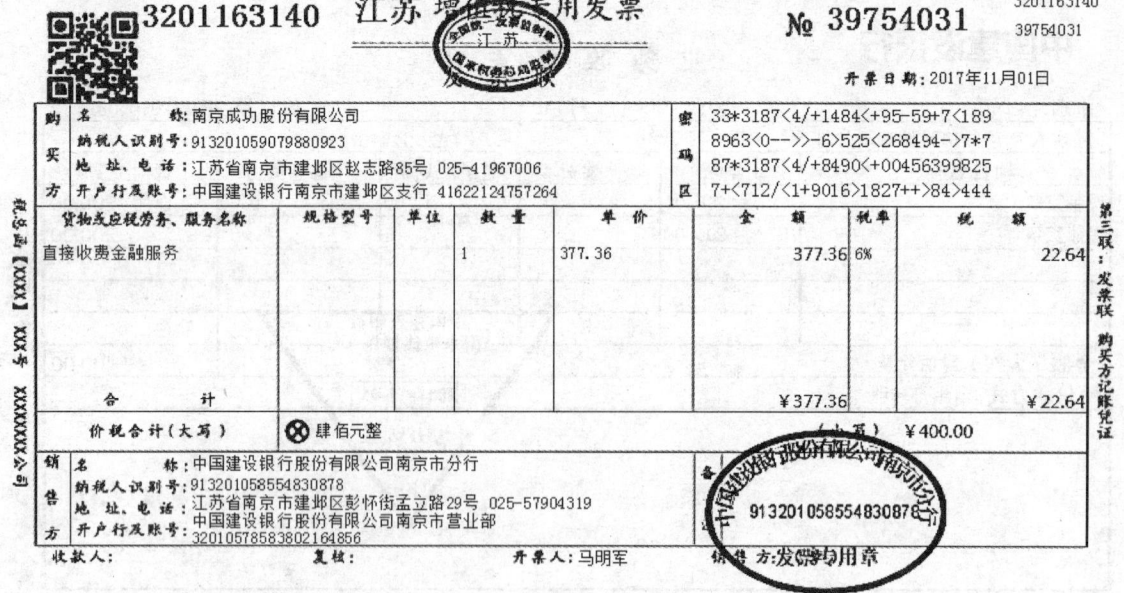

　　表 2-2-2 是江苏增值税专用发票的第二联抵扣联,此联应作为购买方抵扣进项税额的依据。该抵扣联不能作为记账凭证的附件,专门用于在规定期限内到税务机关办理认证或在平台办理勾选确认,并在认证通过或勾选确认的次月申报期内,向主管税务机关申报抵扣进项税额。

　　表 2-2-3 是江苏增值税专用发票的第三联发票联,此联应作为购买方的记账依据,该原始凭证注明,"购买方"是本公司,"销售方"是中国建设银行股份有限公司南京市营业部,

"货物或应税劳务、服务名称"是直接收费金融服务,这表明本公司取得了中国建设银行股份有限公司南京市营业部的金融服务。进行会计核算时,"金额"应记入"财务费用——工本及手续费"科目的借方,"税额"应记入"应交税费——应交增值税——进项税额"科目的借方。

该笔业务在 T3 系统中的操作流程如下:

(1) 以 302102 会计将风明的身份于"2017-11-01"登录。进入"总账"→"凭证",单击"填制凭证",打开记账凭证编制界面。

(2) 单击"增加"按钮,增加一空白凭证,凭证类型、凭证编号、制单日期自动生成;附单据数录入:"2"。

(3) 输入摘要:"购买空白支票"。

(4) 输入借方科目名称:"财务费用——工本及手续费",输入借方金额:"377.36";输入借方科目名称:"应交税费——应交增值税——进项税额",输入借方金额:"22.64"。

(5) 分两行输入贷方科目名称:"银行存款——建行 41622124757264",结算方式为其他,结算票据号均为"0J050816",分别输入贷方金额:"200.00"和"200.00"。

(6) 单击"保存"按钮,如图 2-5 所示。

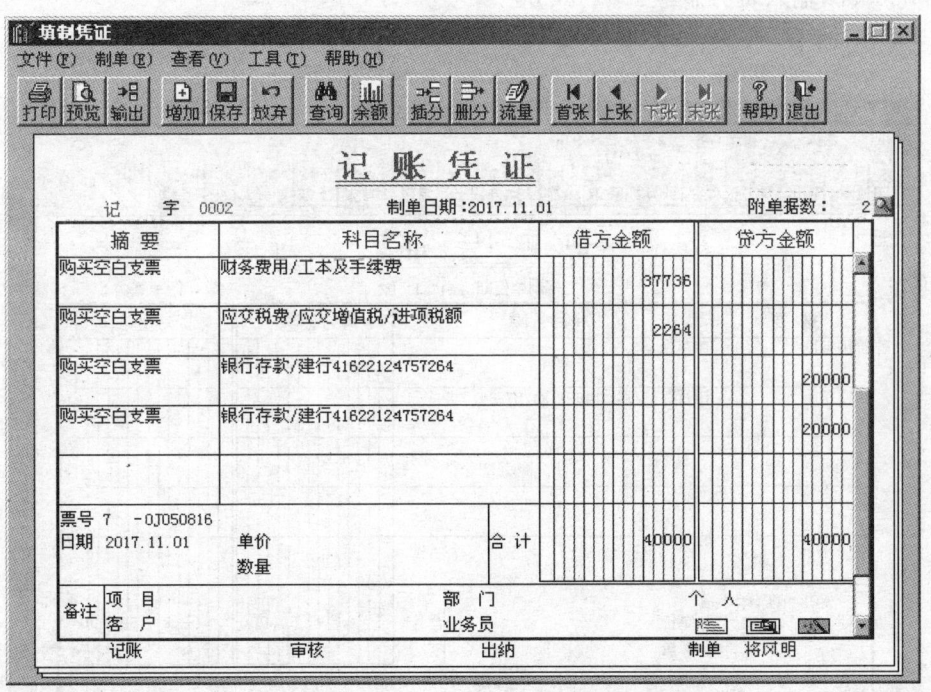

图 2-5　11 月"0002"号记账凭证填制完成后界面

【业务3】 2017 年 11 月 2 日,取得原始凭证 1 张。

表 2-3-1

表 2-3-1 是中国建设银行现金支票存根,应作为付款方支付款项的记账依据。该原始凭证注明,"付款行账号"为41622124757264,这表明本公司已将款项从账号为41622124757264 的基本户上划出,进行会计核算时,应记入"银行存款——建行 41622124757264"科目的贷方;同时,"收款人"为本公司,"用途"是备用金,这表明本公司提取了现金,进行会计核算时,应记入"库存现金"科目的借方。

因此,该笔业务在 T3 系统中的操作流程如下:

(1)以"302102 会计将风明"的身份于"2017-11-02"登录。进入"总账"→"凭证",单击"填制凭证",打开记账凭证编制界面。

(2)单击"增加"按钮,增加一空白凭证,凭证类型、凭证编号、制单日期自动生成;附单据数录入:"1"。

(3)输入摘要:"提现备用"。

(4)输入借方科目名称:"库存现金",输入借方金额:"5 000.00"。

(5)输入贷方科目名称:"银行存款——建行 41622124757264",结算方式:现金支票,票号:09336335,输入贷方金额:"5 000.00"。

(6)单击"保存"按钮,如图 2-6 所示。

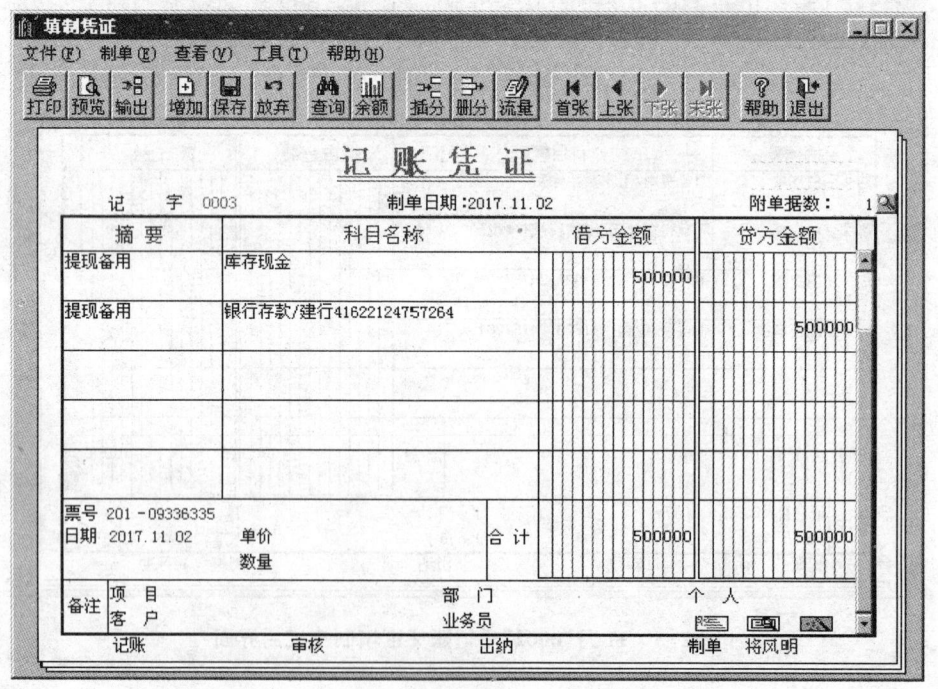

图 2-6 11 月"0003"号记账凭证填制完成后界面

【业务 4】 2017 年 11 月 2 日,取得原始凭证 3 张。

表 2-4-1

表 2-4-2

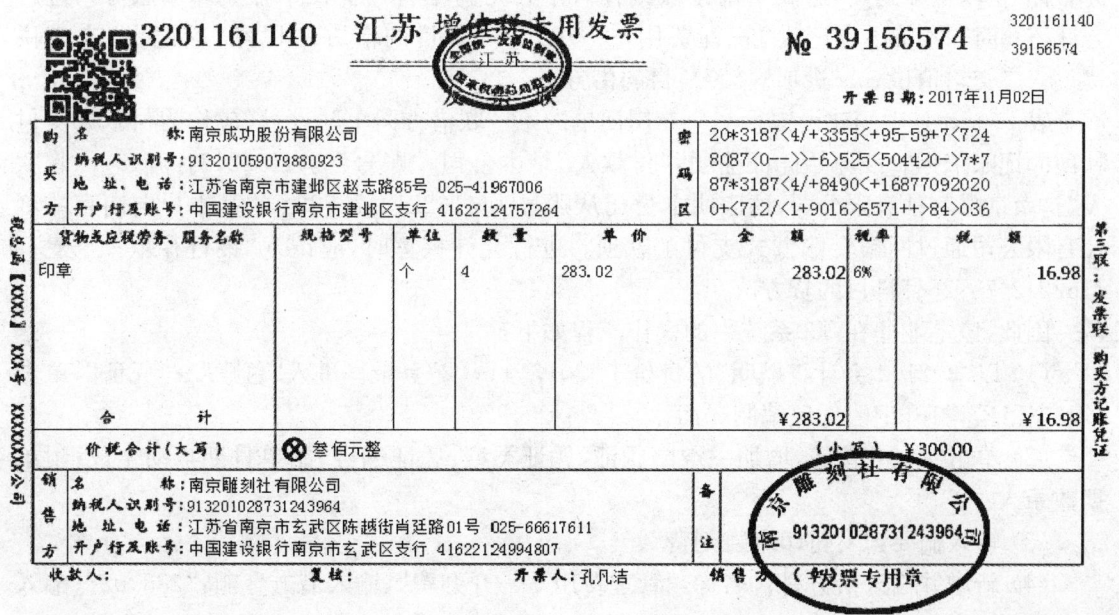

表 2-4-3

中国建设银行客户专用回单

币别：人民币　　　　　　　　2017 年 11 月 02 日　　流水号 320120027J0500810010

付款人	全称	南京成功股份有限公司	收款人	全称	南京雕刻社有限公司
	账号	41622124757264		账号	41622124994807
	开户行	中国建设银行南京市建邺区支行		开户行	中国建设银行南京市玄武区支行
金　额		（大写）人民币 叁佰元整		（小写）￥300.00	
凭证种类		网银	凭证号码		
结算方式		转账	用途		印章费

打印柜员：320125584257
打印机构：中国建设银行南京市建邺区支行回单
打印卡号：41622124757264

打印时间：2017-11-02　　　交易柜员：320125584268　　　交易机构：320110544

表 2-4-1 是江苏增值税专用发票的第二联抵扣联，此联应作为购买方抵扣进项税额的依据。该抵扣联不能作为记账凭证的附件，专门用于在规定期限内到税务机关办理认证或在平台办理勾选确认，并在认证通过或勾选确认的次月申报期内，向主管税务机关申报抵扣进项税额。

表 2-4-2 是江苏增值税专用发票的第三联发票联，此联应作为购买方的记账依据，该原始凭证注明，"购买方"是本公司，"销售方"是南京雕刻社有限公司，"货物或应税劳务、服务名称"是印章雕刻费，这表明南京雕刻社有限公司为本公司提供了雕刻印章服务。进行会计核算时，"金额"应记入"管理费用——开办费"科目的借方，"税额"应记入"应交税费——应交增值税——进项税额"科目的借方。

表 2-4-3 是中国建设银行客户专用回单的第一联借方回单联，此联应作为付款方支付款项的记账依据。该原始凭证注明，"付款人"是本公司，"账号"为 41622124757264，"收款人"是南京雕刻社有限公司，这表明本公司从账号为 41622124757264 的基本户向南京雕刻社有限公司通过网银转账方式支付了款项。进行会计核算时，应记入"银行存款——建行 41622124757264"科目的贷方。

因此，该笔业务在 T3 系统中的操作流程如下：

（1）以"302102 会计将风明"的身份于"2017-11-02"登录。进入"总账"→"凭证"，单击"填制凭证"，打开记账凭证编制界面。

（2）单击"增加"按钮，增加一空白凭证，凭证类型、凭证编号、制单日期自动生成；附单据数录入："2"。

（3）输入摘要："支付印章雕刻费"。

（4）新增并输入借方科目名称："管理费用——开办费"，输入借方金额："283.02"；输入借方科目名称："应交税费——应交增值税——进项税额"，输入借方金额："16.98"。

（5）输入贷方科目名称："银行存款——建行 41622124757264"，输入贷方金额："300.00"。

（6）单击"保存"按钮，如图 2-7 所示。

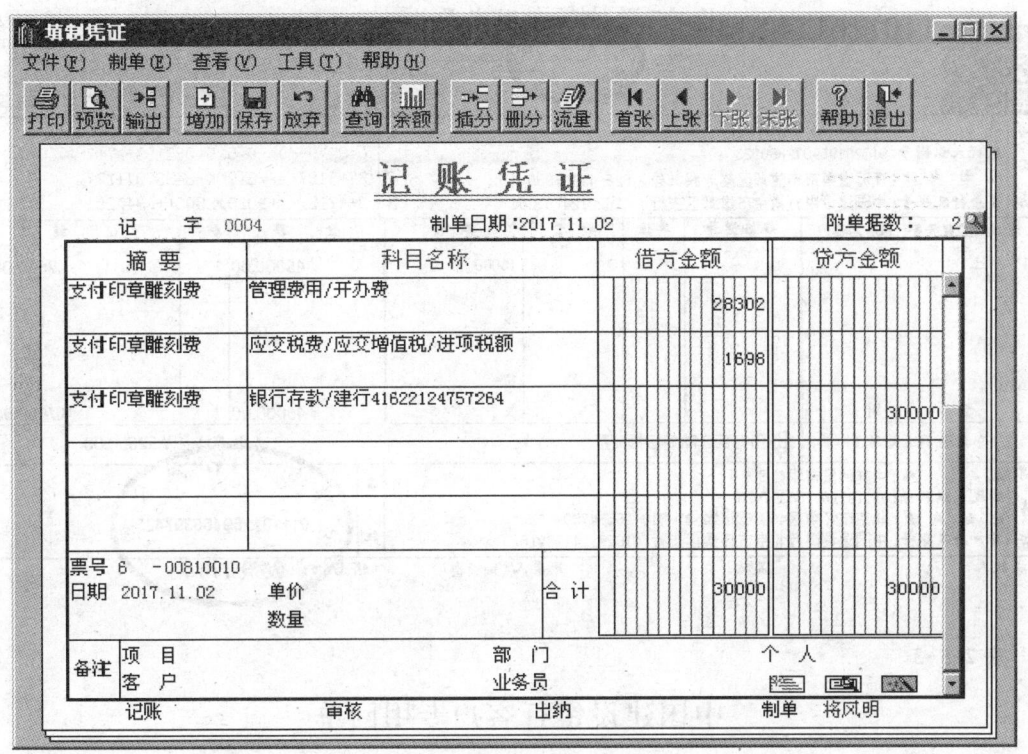

图 2-7　11 月"0004"号记账凭证填制完成后界面

【业务5】　2017 年 11 月 2 日，取得原始凭证 4 张。

表 2-5-1

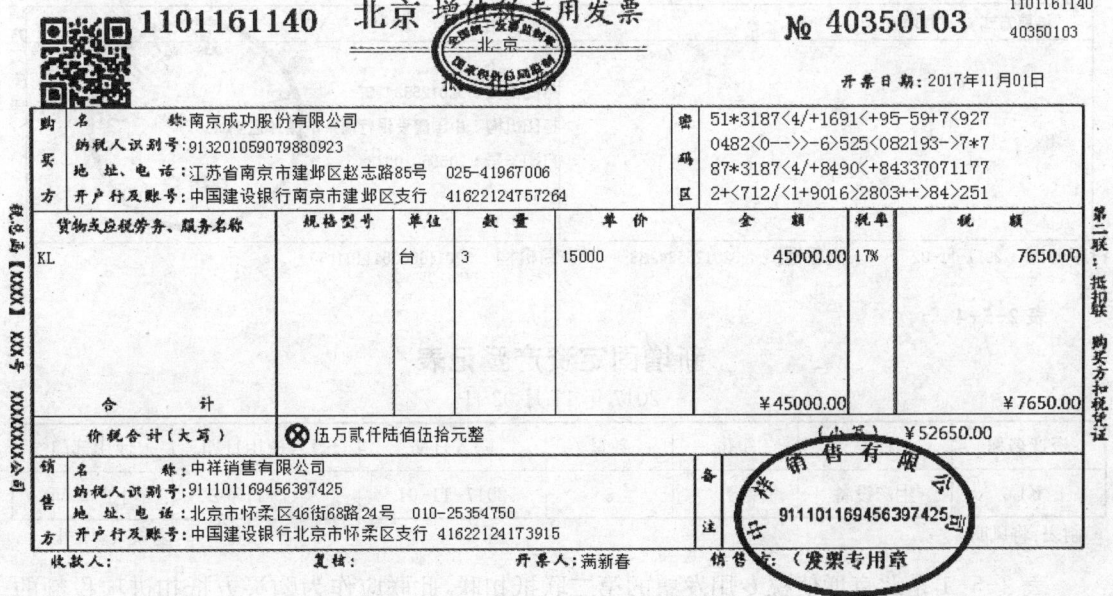

表 2-5-2

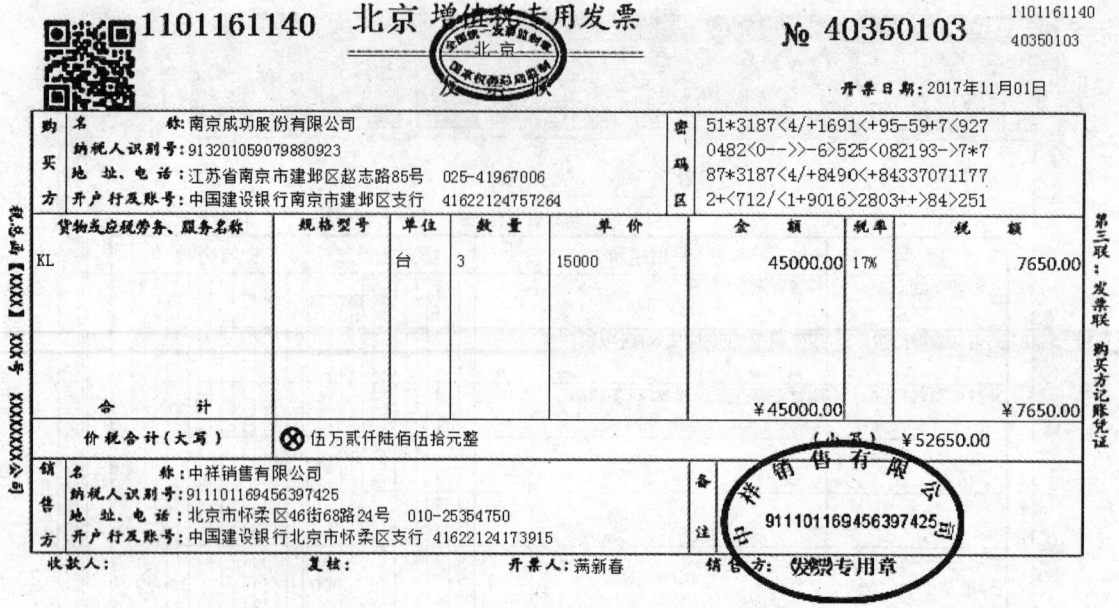

表 2-5-3

中国建设银行客户专用回单

币别：人民币　　　　　　　　　2017 年 11 月 02 日　　　流水号 320120027J0500810071

付款人	全称	南京成功股份有限公司	收款人	全称	中祥销售有限公司
	账号	41622124757264		账号	41622124173915
	开户行	中国建设银行南京市建邺区支行		开户行	中国建设银行北京市怀柔区支行
金额	（大写）人民币 伍万贰仟陆佰伍拾元整			（小写）￥52650.00	
凭证种类	网银		凭证号码		
结算方式	转账		用途	转账	

打印柜员：320125584257
打印机构：中国建设银行南京市建邺区支行/回单
打印卡号：105950203788

打印时间：2017-11-02　　　交易柜员：320125584268　　　交易机构：320110500541104150

表 2-5-4

新增固定资产登记表

2017 年 11 月 02 日

资产名称	种类	单位	数量	购入日期	投入使用日期	使用部门
KL	生产设备	台	3	2017-11-01	2017-11-02	生产车间

制表:将风明　　　　　　　　　　　　　　　　　　　　　　　　复核人:周琳

　　表 2-5-1 是北京增值税专用发票的第二联抵扣联，此联应作为购买方抵扣进项税额的

依据。该抵扣联不能作为记账凭证的附件,专门用于在规定期限内到税务机关办理认证或在平台办理勾选确认,并在认证通过或勾选确认的次月申报期内,向主管税务机关申报抵扣进项税额。

表 2-5-2 是北京增值税专用发票的第三联发票联,此联应作为购买方的记账依据。该原始凭证注明,"购买方"是本公司,"销售方"是中祥销售有限公司,"货物或应税劳务、服务名称"是 KL,这表明本公司从中祥销售有限公司购买了 KL 设备。

表 2-5-3 是中国建设银行客户专用回单的第一联借方回单联,此联应作为付款方支付款项的记账依据。该原始凭证注明,"付款人"是本公司,"账号"为 41622124757264,"收款人"是中祥销售有限公司,这表明本公司从账号为 41622124757264 的基本户向中祥销售有限公司通过网银转账方式支付了款项。进行会计核算时,应记入"银行存款——建行41622124757264"科目的贷方。

表 2-5-4 是新增固定资产登记表,此表应作为固定资产增加的记账依据。该原始凭证注明,"资产名称"是 KL,"种类"是机器设备,"使用部门"是生产车间,"购入日期"与"投入使用日期"均为 2017 年 11 月 2 日,这表明本公司的生产车间投入使用 3 台不需要安装的生产设备 KL。根据表 2-5-2,进行会计核算时,"金额"应记入"固定资产"科目的借方,"税额"应记入"应交税费——应交增值税——进项税额"科目的借方。

因此,该笔业务在 T3 系统中的操作流程如下:

(1)以"302102 会计将风明"的身份于"2017-11-02"登录。如图 2-8 所示,进入"固定资产"→"卡片管理",点击"资产增加",双击"机器设备"按钮,进入资产卡片录入界面。

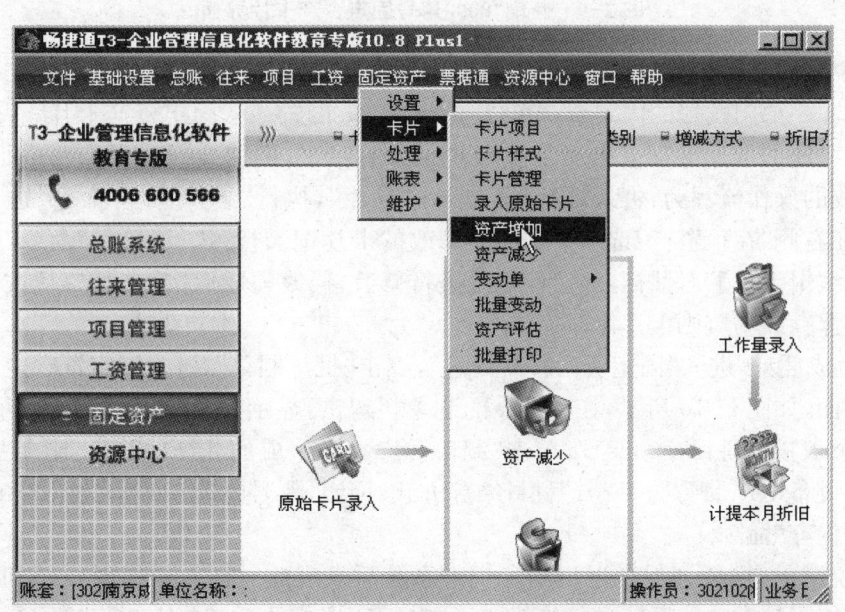

图 2-8　当月增加固定资产卡片命令路径界面

(2)资产卡片界面已有数据的项目包括:资产分类编码、资产分类名称、使用年限、折旧方法和开始使用日期;录入固定资产名称:"KL",在"使用部门"图标上双击后选择:"生产车间",固定资产编号、对应折旧科目自动生成;双击"增加方式"选择:"直接购入",双击使用状况选择"在用",原值录入:"45 000",预计净残值率、净值的数据均自动生成;可抵扣税额录入:"7 650";单击"保存"按钮,系统会显示"卡片保存成功"字样,自动进入下一个卡片录入界面,若不需继续增加,单击"取消"命令,按系统提示进行操作即可。增加后的卡片如图 2-9 所示。

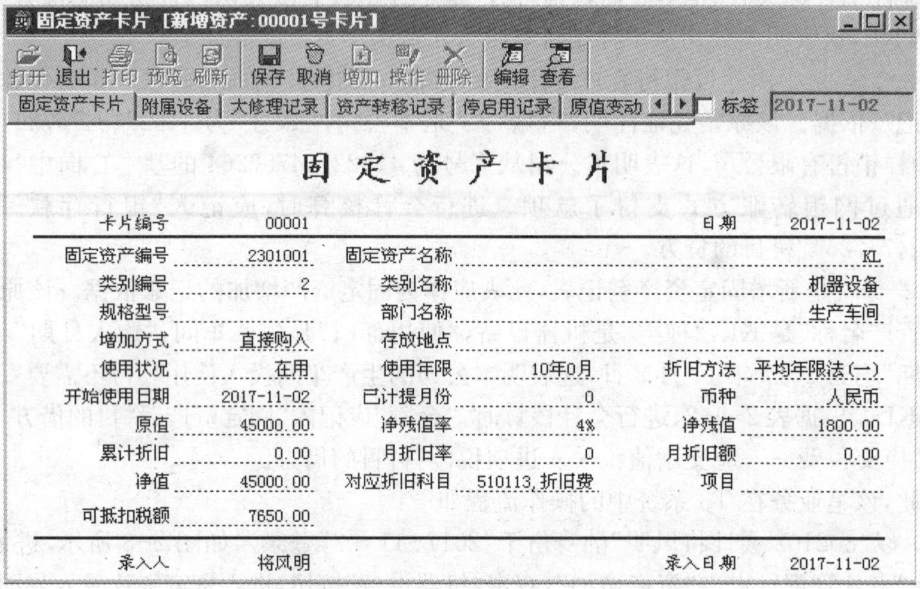

图 2-9　新增"00001"号固定资产卡片界面

需要说明的是:①每一项固定资产都应该设置一张固定资产卡片;在实际工作中,为简化核算,为同一部门购置的固定资产可以按合计数量设置一张固定资产卡片。②卡片修改操作:如果增加的卡片保存退出后发现卡片录入有错误,则需要对错误卡片进行修改。此时卡片修改的操作流程为:进入"固定资产"→"卡片",执行"卡片管理"命令,进入"卡片管理"界面,在右侧"在役资产"选项下选中需修改的卡片记录行,执行"操作"命令,进入"固定资产卡片【编辑卡片】"对话框,对错误之处进行修改,修改完成后,单击"保存"按钮,系统会显示"卡片保存成功",则卡片修改完成。

(3)生成凭证,进入"固定资产"→"处理",点击"批量制单",进入固定资产生成凭证"制单选择"界面,如图 2-10 所示,在记录 1 的制单栏双击,显示"Y";如图 2-11 所示,点击"制单设置",录入贷方科目"100201",单击"制单"命令,在生成的凭证中录入:附单据数:3 张,摘要:购入设备 KL;贷方"100201"科目结算方式:网银,票号:00810071,如图 2-12 所示,完成后单击"保存"命令。

需要说明的是:凭证保存退出固定资产系统后发现此凭证生成错误,该凭证可以进行修改,但不能直接在总账系统进行修改,必须在凭证生成的系统(固定资产系统)查明原因后分别进行处理。导致固定资产记账凭证错误的原因一般有两种:一是生成的凭证编辑错误造成的;二是由于卡片的填制错误,造成凭证的错误。这两种错误修改的方法是不同的。

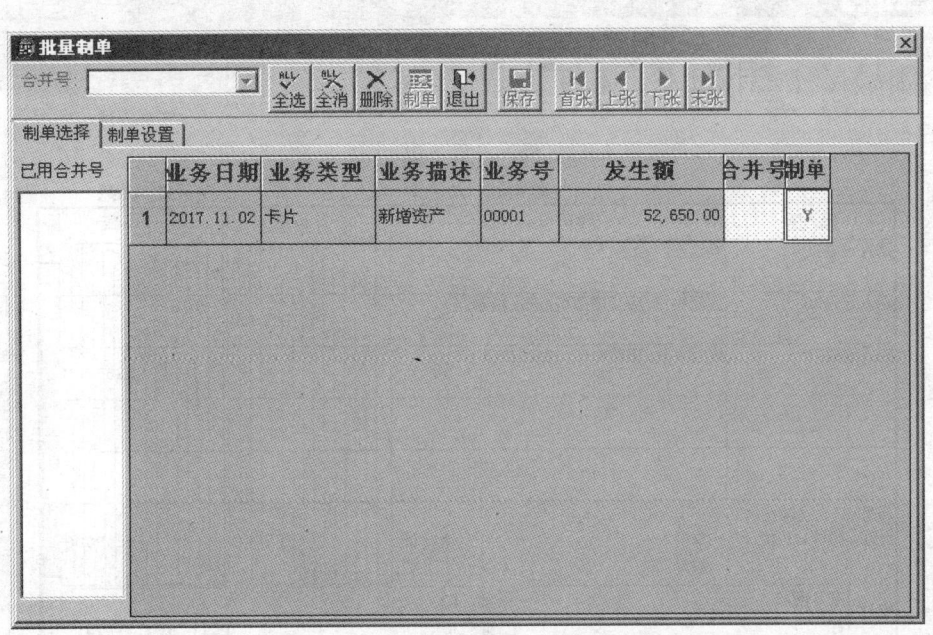

图 2-10　批量制单选择"制单"界面

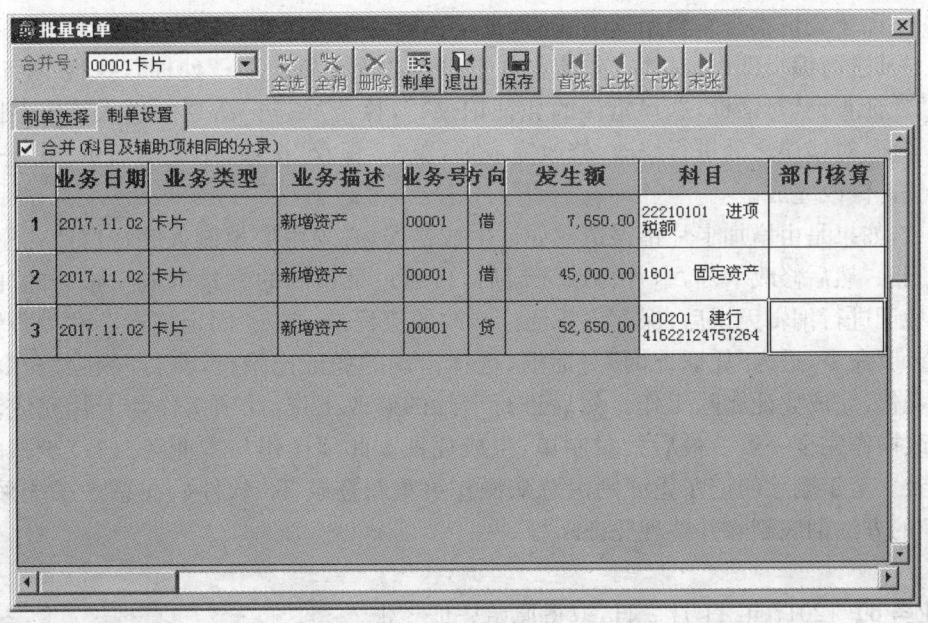

图 2-11　批量制单科目设置界面

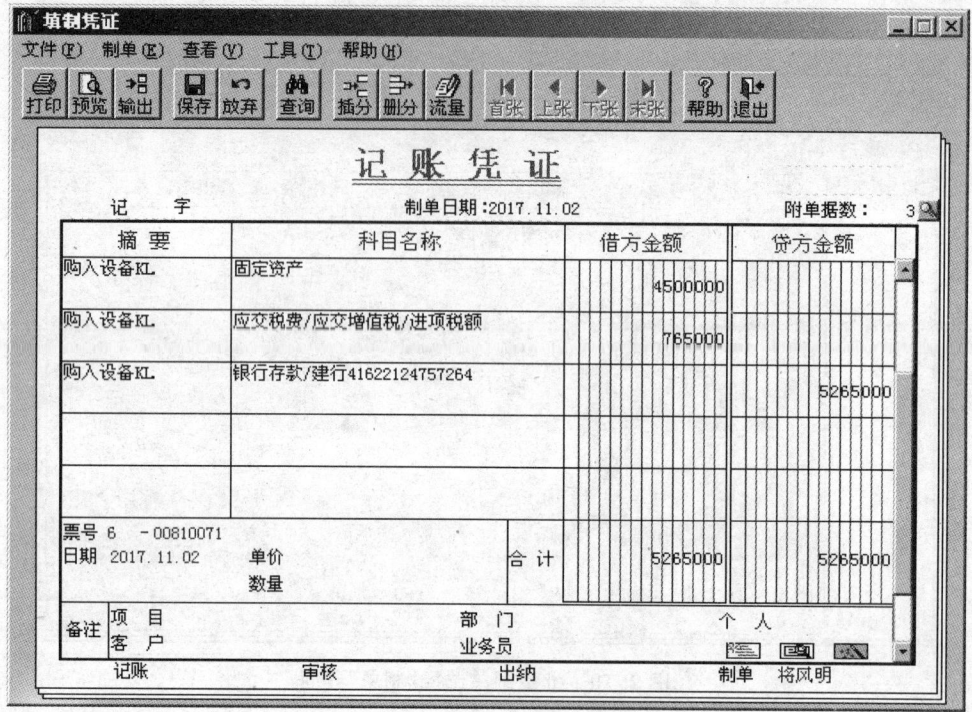

图 2-12 11 月"0005"号记账凭证编辑完成时界面

第一,由于凭证本身编辑错误造成的,直接在固定资产系统中查询到错误的凭证,由原填制人对其进行编辑即可,具体操作流程如下:进入"固定资产"→"处理",执行"凭证查询"命令→"凭证查询"对话框,选择错误的凭证记录行,执行"编辑"命令→进入该"记账凭证"的编辑界面,对错误之处进行修改,修改完成后,单击"保存"按钮,系统会显示"凭证保存成功",则凭证修改完成。

第二,如果是由增加卡片错误造成凭证生成错误,必须由原填制人完成修改,把生成的凭证先删除,然后修改卡片,卡片修改完成后,再通过批量制的方式生成一张新的凭证,对生成的凭证进行编辑无误后,保存该凭证。修改的流程是:进入"固定资产"→"处理",执行"凭证查询"命令,进入"凭证查询"对话框,选择错误的凭证记录行,执行"删除"命令,按系统提示操作,完成凭证删除工作。然后进行卡片的修改工作,此项工作与卡片完成注明的卡片修改操作完全一致。最后批量制单,生成凭证。此项操作与本业务"(3)"步骤的操作完全一致。至于删除的记账凭证则由总账操作员重新登录 T3 软件后在总账系统采用"凭证整理"的方法彻底删除并整理凭证断号。

【**业务 6**】 2017 年 11 月 2 日,取得原始凭证 3 张。

表 2-6-1

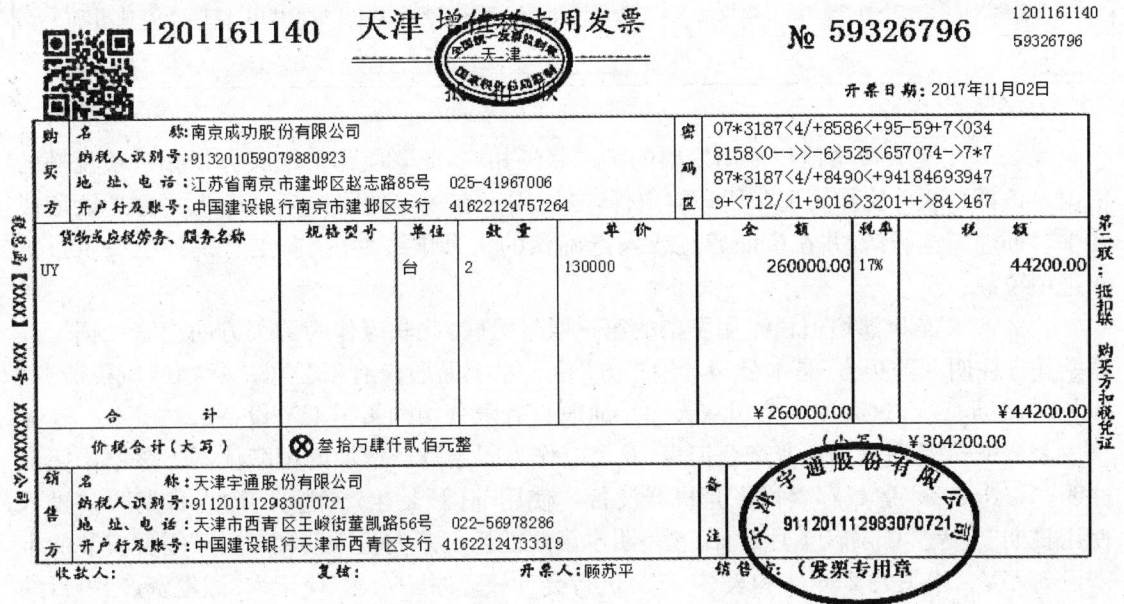

表 2-6-2

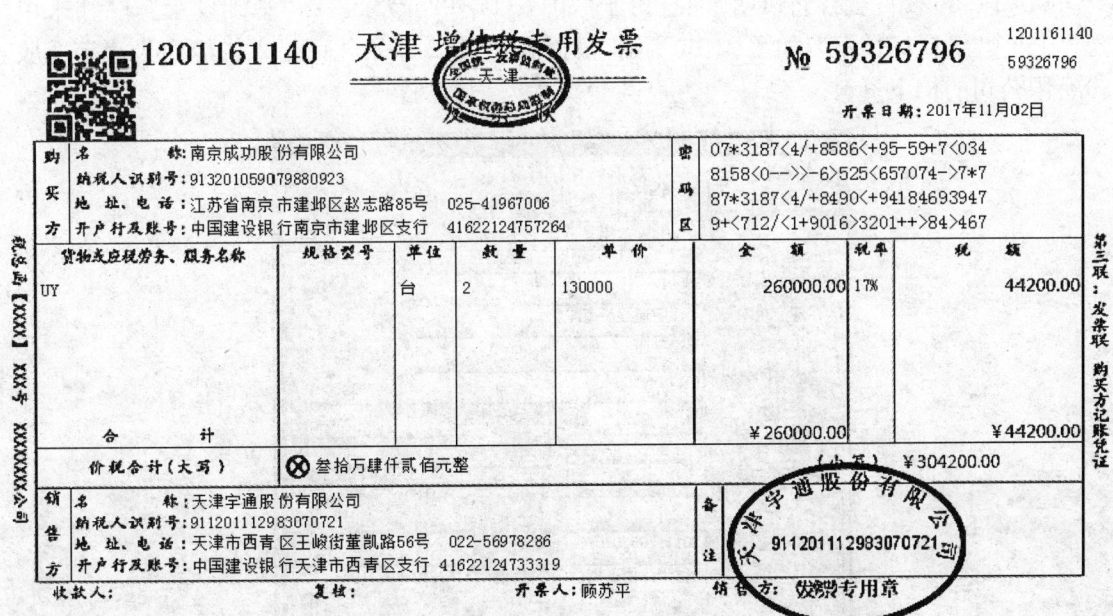

表 2-6-3

新增固定资产登记表

2017 年 11 月 02 日

资产名称	种类	单位	数量	购入日期	投入使用日期	使用部门
UY	生产设备	台	2	2017-11-02	2017-11-02	生产车间

制表:将风明　　　　　　　　　　　　　　　　　　　　　　　　复核人:周琳

　　表 2-6-1 是天津增值税专用发票的第二联抵扣联,此联应作为购买方抵扣进项税额的依据。该抵扣联不能作为记账凭证的附件,专门用于在规定期限内到税务机关办理认证或在平台办理勾选确认,并在认证通过或勾选确认的次月申报期内,向主管税务机关申报抵扣进项税额。

　　表 2-6-2 是天津增值税专用发票的第三联发票联,此联应作为购买方的记账依据。该原始凭证注明,"购买方"是本公司,"销售方"是天津宇通股份有限公司,"货物或应税劳务、服务名称"是 UY,这表明本公司从天津宇通股份有限公司购买了 UY 设备。

　　表 2-6-3 是新增固定资产登记表,此表应作为固定资产增加的记账依据。该原始凭证注明,"资产名称"是 UY,"种类"是机器设备,"使用部门"是生产车间,"购入日期"与"投入使用日期"均为 2017 年 11 月 2 日,这表明本公司的生产车间投入使用 2 台不需要安装的生产设备 UY。根据表 2-6-2 和表 2-6-3,进行会计核算时,"金额"应记入"固定资产"科目的借方,"税额"应记入"应交税费——应交增值税——进项税额"科目的借方。由于无付款记录,因此贷方科目为"应付账款——供应商"。

　　该笔业务在 T3 系统中的操作流程如下:

　　(1) 以"302102 会计将风明"的身份于"2017-11-02"登录。在"基础设置"→"往来单位"中选中"供应商档案",如图 2-13 所示,根据表 2-6-2 原始凭证录入供应商天津宇通股份有限公司的档案资料。

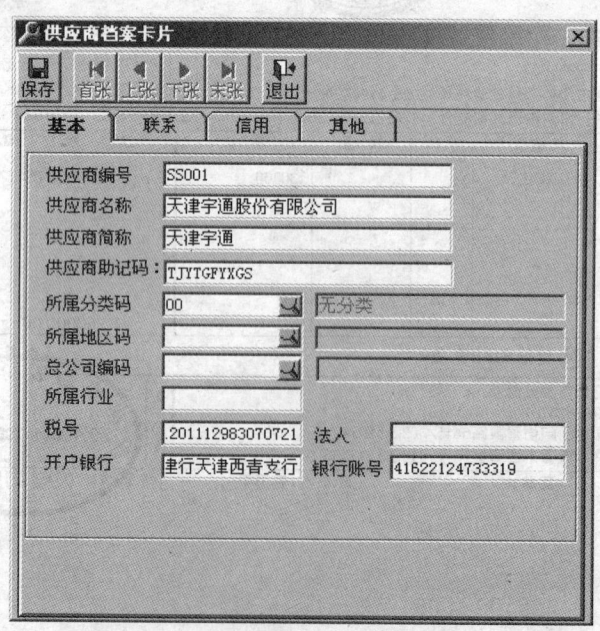

图 2-13　供应商"天津宇通"档案基本信息录入界面

（2）如图 2-8 所示，进入"固定资产"→"卡片管理"，点击"资产增加"，单击"机器设备"按钮，进入资产卡片录入界面。

需要说明的是：供应商或客户档案必须填制的项目有基本中的"编号""名称""简称""税号""开户银行"和"银行账号"；联系中的"地址""电话"等信息，其中编号、简称自定，其他信息按原始凭证提供的录入。

（3）资产卡片界面已有数据的项目包括：资产分类编码、资产分类名称、使用年限、折旧方法和开始使用日期；录入固定资产名称："UY"，在"使用部门"图标上双击后选择："生产车间"，固定资产编号、对应折旧科目自动生成；双击"增加方式"选择："直接购入"，双击使用状况选择"在用"，原值录入："260 000"，预计净残值率、净残值与净值的数据均自动生成；可抵扣税额录入："44 200"；单击"保存"按钮，如图 2-14 所示。

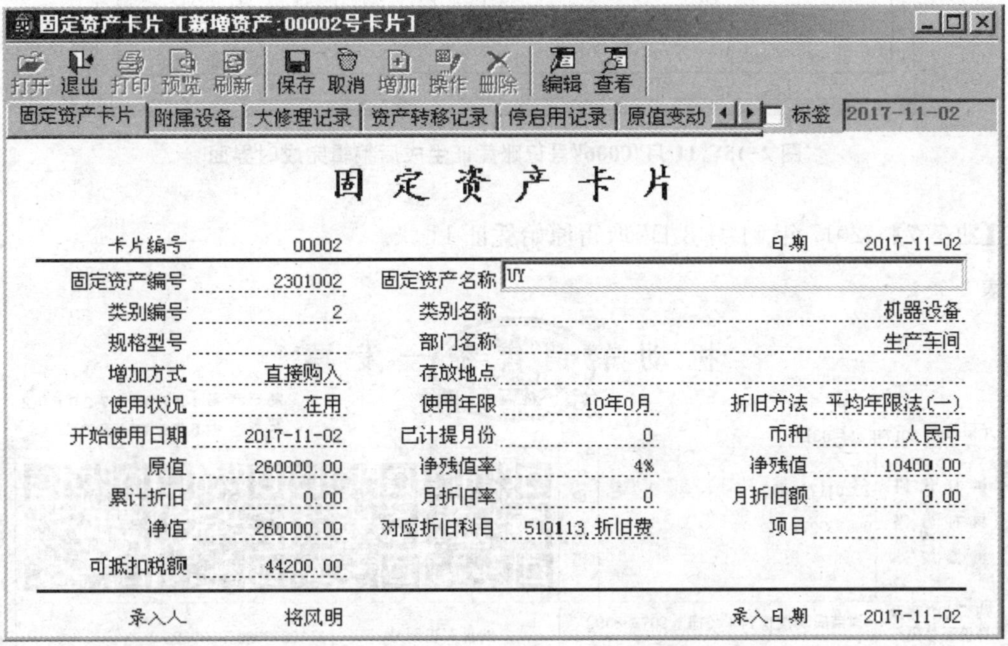

图 2-14　新增"00002"号资产卡片界面

（4）生成凭证，进入"固定资产"——"处理"，点击"批量制单"，进入固定资产生成凭证"制单选择"界面，在记录 1 的制单栏双击，显示"Y"；点击"制单设置"，录入贷方科目"220202"，供应商选择"天津宇通"；单击"制单"命令，在生成的凭证中录入：附单据数：2 张，摘要：购入设备 UY；如图 2-15 所示，完成后单击"保存"命令。

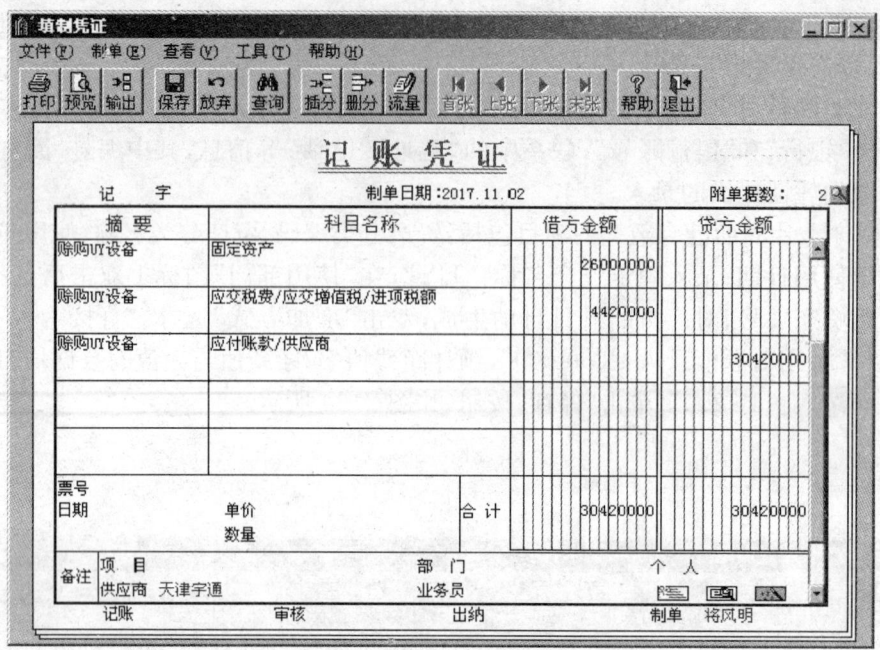

图 2-15　11 月"0006"号记账凭证生成后编辑完成时界面

【业务 7】　2017 年 11 月 3 日,取得原始凭证 11 张。

表 2-7-1

机 动 车 销 售 统 一 发 票

发 票 联

发票代码 132011720002

发票号码 09633527

开票日期 2017年11月03日					
机 打 代 码	132011720002	税控码			
机 打 号 码	09633527				
机 器 编 号					
购买方名称及身份证号码/组织机构代码	南京成功股份有限公司　907988092	纳税人识别号	913201059079880923		
车辆类型	汽车	厂牌型号	东风雪铁龙	产 地	南京市
合格证号	GWD003570564205	进口证明书号		商检单号	
发动机号码	P450785	车辆识别代号/车架号码	LVGBM51K6FG630031		
价税合计	⊗贰拾壹万零陆佰元整			小写￥210600.00	
销货单位名称	南京明都汽车销售有限公司		电话	025-44160063	
纳税人识别号	913201021618756424		账号	41622124459581	
地 址	江苏省南京市玄武区苗文街陈焕路42号		开户银行	中国建设银行南京市玄武区支行	
增值税税率或征收率	17%	增值税税额	￥30600.00	主管税务机关及代码	南京市玄武区国家税务局 1320102
不含税价	小写￥180000.00	完税凭证号码		吨位 0	限乘人数 5
销货单位盖章		开票人 任敏		备注:一车一票	

表2-7-2

机动车销售统一发票

抵 扣 联

发票代码 132011720002
发票号码 09633527

开票日期 2017年11月03日

机打代码	132011720002	税控码				
机打号码	09633527					
机器编号						

购买方名称及身份证号码/组织机构代码	南京成功股份有限公司 907988092		纳税人识别号	913201059079880923	
车辆类型	汽车	厂牌型号	东风雪铁龙	产 地	南京市
合格证号	GWD003570564205	进口证明书号		商检单号	
发动机号码	P450785	车辆识别代号/车架号码	LVGBM51K6FG630031		
价税合计	⊗ 贰拾壹万零陆佰元整			小写 ¥210600.00	
销货单位名称	南京明都汽车销售有限公司			44160063	
纳税人识别号	913201021618756424		帐 号	41622124759581	
地 址	江苏省南京市玄武区苗文街陈焕路42号		开户银行	中国建设银行南京市玄武区支行	
增值税税率或征收率	17%	增值税税额	¥30600.00	主管税务机关及代码	南京市玄武区国家税务局 1320102
不含税价	小写 ¥180000.00	完税凭证号码		吨位 0	限乘人数 5

销货单位盖章   开票人 任敏   备注：一车一票

（印章：南京明都汽车销售有限公司 913201021618756424 发票专用章）

表2-7-3

南京市政府非税收入一般缴款书

财准印 2017 号   No 06094268

执收单位代码：006111

执收单位名称：南京市公安局交通巡逻警察支队   收款日期 2017 年 11 月 03 日

缴款人	全 称	南京成功股份有限公司	收款人	全 称	南京市政府非税收入专户	流水号	00000122
	账 号	41622124757264		账 号	41001432100111		
	开户银行	中国建设银行南京市建邺区支行		开户银行	中国建设银行南京市建邺区支行		

代理银行网点代码		开票方式		缴款方式		

项目执行码	收费项目名称	单位	标 准	数量	金额（小写）	
0675	机动车号牌工本费		汽车号牌（反光）100.00元	1	100.00	复核
0677	机动车行驶证工本费		机动车行驶证20.00元	1	20.00	记账
0684	机动车登记证书工本费		机动车证书工本费30.00元	1	30.00	
合计人民币（大写）壹佰伍拾元整					¥150.00	开户行签章
备注：						

执收单位（盖章）：   经办人：谷克强

85

表 2-7-4

中华人民共和国
税收通用缴款书

校验码：0618321　　　　　　　　　国

纳税人编码：907988092
隶属关系：区
注册类型：有限责任公司　　填发日期：2017 年 11 月 03 日

国税缴电：№61906822
南京市国家税务局车辆购置税征
收管理分局

征收机关：

缴款单位（人）	代　码	913201059079880923	预算科目	编码	1011601
	全　称	南京成功股份有限公司		名称	车辆购置税
	开户银行	中国建设银行南京市建邺区支行		级次	中央100%
	账　号	41622124757264	收款国库		国家金库南京市建邺区支库

税款所属时期 2017 年 11 月 03 日 至 2017 年 11 月 30 日　税款限缴时期 2018 年 01 月 02 日

品目名称	课税数量	计税金额或销售收入	税率或单位税额	已缴或扣除额	实缴金额
车辆购置税		180000.00	10%		18000.00

金额合计	（大写）人民币壹万捌仟元整		￥18000.00

缴款单位（人）　主管税务机关
（盖章）　　　　（盖章）
征税专用章
经办人（章）　填票人（章）　国库（银行）盖章　年　月　日

上列款项已收妥并划转收款单位账户。
中国建设银行
南京市建邺区支行
2017-11-03
办讫
（01）
备注

无银行收讫章无效

第一联（收据）国库（经收处）收款盖章后退缴款单位（人）作完税凭证

逾期不缴按说法规定加收滞纳金。

表 2-7-5

3201161140　　　## 江苏增值税专用发票　　　№ 02014820

3201161140
02014820

开票日期：2017年11月03日

购买方	名　称：南京成功股份有限公司 纳税人识别号：913201059079880923 地址、电话：江苏省南京市建邺区赵志路85号 025-41967006 开户行及账号：中国建设银行南京市建邺区支行 41622124757264	密码区	55*3187<4/+9835<+95-59+7<213 1512<0--->>-6>525<873945->7*7 87*3187<4/+8490<+42818332542 6+<712/<1+9016>3311++>84>012

货物或应税劳务、服务名称	规格型号	单位	数量	单价	金额	税率	税额
交强险		年	1	900.00	900.00	6%	54.00
合　计					￥900.00		￥54.00

价税合计（大写）	⊗ 玖佰伍拾肆元整	（小写）￥954.00

销售方	名　称：江苏平安保险股份有限公司 纳税人识别号：913201051449279991 地址、电话：江苏省南京市建邺区李博街王军路37号 025-89234561 开户行及账号：中国建设银行江苏省南京市建邺区支行 41671222228415	备注	保单号：7329685370351201714149 车牌号：苏 91320105144927999[保险费：60.00 受益期限：2017年01 月01日至2017年12月31日 江苏平安保险股份有限公司 发票专用章

收款人：　　　复核：　　　开票人：张新华　　　销售方：（章）

第二联：抵扣联　购买方扣税凭证

税总函【XXXX】XXX号 XXXXXXXXXX公司

表 2-7-6

3201161140　　**江苏 增值税专用发票**　　№ 02014820　　3201161140　02014820

（江苏）

开票日期：2017年11月03日

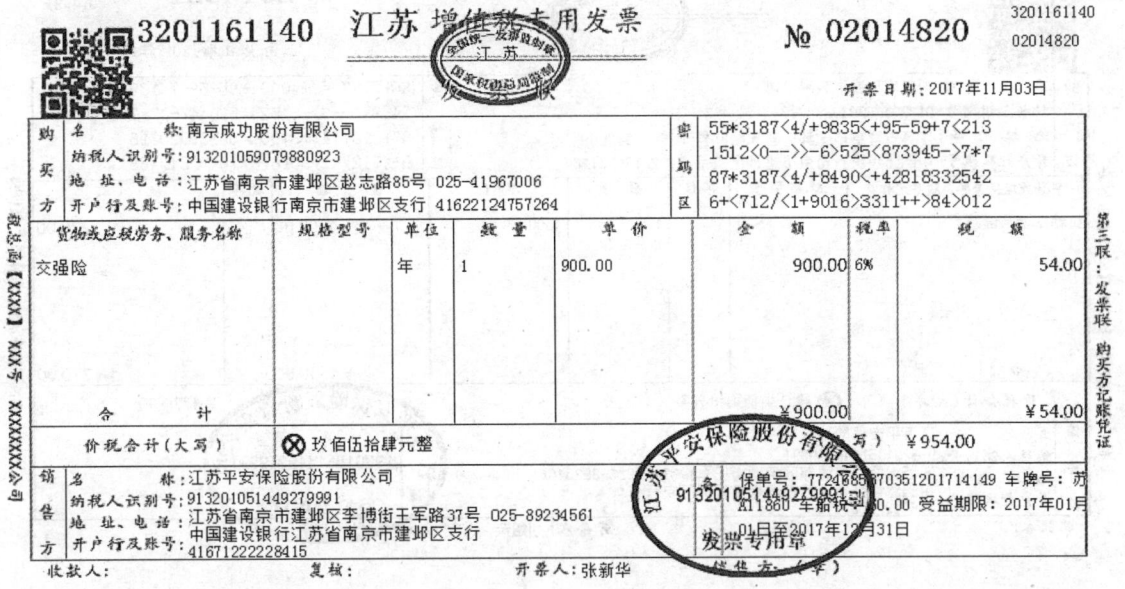

购买方	名　称：南京成功股份有限公司
	纳税人识别号：913201059079880923
	地　址、电话：江苏省南京市建邺区赵志路85号 025-41967006
	开户行及账号：中国建设银行南京市建邺区支行 41622124757264

密码区
55*3187<4/+9835<+95-59+7<213
1512<0-->>-6>525<873945<>7*7
87*3187<4/+8490<+42818332542
6+<712/<1+9016>3311++>84>012

货物或应税劳务、服务名称	规格型号	单位	数量	单价	金额	税率	税额
交强险		年	1	900.00	900.00	6%	54.00
合　　计					¥900.00		¥54.00

| 价税合计(大写) | ⊗玖佰伍拾肆元整 | （小写） ¥954.00 |

销售方	名　称：江苏平安保险股份有限公司
	纳税人识别号：913201051449279991
	地　址、电话：江苏省南京市建邺区李博街王军路37号 025-89234561
	开户行及账号：中国建设银行江苏省南京市建邺区支行 41671222228415

备注：保单号：7724388870351201714149 车牌号：苏
A11860 车船税：30.00 受益期限：2017年01月
01日至2017年12月31日

江苏平安保险股份有限公司
913201051449279991
发票专用章

收款人：　　　　复核：　　　　开票人：张新华　　　销售方：（章）

第三联：发票联 购买方记账凭证

表 2-7-7

3201161140　　**江苏 增值税专用发票**　　№ 2014821　　3201161140　2014821

（江苏）

开票日期：2017年11月03日

购买方	名　称：南京成功股份有限公司
	纳税人识别号：913201059079880923
	地　址、电话：江苏省南京市建邺区赵志路85号 025-41967006
	开户行及账号：中国建设银行南京市建邺区支行 41622124757264

密码区
30*3187<4/+4000<+95-59+7<139
2439<0-->>-6>525<520447->7*7
87*3187<4/+8490<+56539920316
9+<712/<1+9016>6770++>84>488

货物或应税劳务、服务名称	规格型号	单位	数量	单价	金额	税率	税额
机动车辆综合险		年	1	4500.00	4500.00	6%	270.00
合　　计					¥4500.00		¥270.00

| 价税合计(大写) | ⊗肆仟柒佰柒拾元整 | （小写） ¥4770.00 |

销售方	名　称：江苏平安保险股份有限公司
	纳税人识别号：913201051449279991
	地　址、电话：江苏省南京市建邺区李博街王军路37号 025-89234561
	开户行及账号：中国建设银行江苏省南京市建邺区支行 41671222228415

备注：

江苏平安保险股份有限公司
913201051449279991
发票专用章

收款人：　　　　复核：　　　　开票人：刘绍荣　　　销售方：（章）

第二联：抵扣联 购买方扣税凭证

表 2-7-8

3201161140　**江苏增值税专用发票**　№ 2014821

3201161140
2014821

开票日期：2017年11月03日

购买方		
名　称：南京成功股份有限公司		
纳税人识别号：913201059079880923		
地　址、电话：江苏省南京市建邺区赵志路85号　025-41967006		
开户行及账号：中国建设银行南京市建邺区支行　41622124757264		

密码区

30*3187<4/+4000<+95-59+7<139
2439<0-->>-6>525<520447->7*7
87*3187<4/+8490<+56539920316
9+<712/<1+9016>6770++>84>488

货物或应税劳务、服务名称	规格型号	单位	数量	单价	金额	税率	税额
机动车辆综合险		年	1	4500.00	4500.00	6%	270.00
合　计					¥4500.00		¥270.00

价税合计（大写）　⊗肆仟柒佰柒拾元整　　　¥4770.00

销售方		
名　称：江苏平安保险股份有限公司		
纳税人识别号：913201051449279991		
地　址、电话：江苏省南京市建邺区李博街王军路37号　025-89234561		
开户行及账号：中国建设银行江苏省南京市建邺区支行　41671222228415		

收款人：　　　复核：　　　开票人：刘绍荣　　　销售方：（章）

第三联：发票联　购买方记账凭证

表 2-7-9

中华人民共和国
印花税票销售凭证

地

地印字　13567544　号

填发日期：2017　年11　月03　日

购买单位	南京成功股份有限公司		购买人			
	购　买　印　花　税　票					
面值种类	数　量	金　额	面值种类	数　量	金　额	
壹角票			伍元票			
贰角票			拾元票			
伍角票			伍拾元票	1	50.00	
壹元票			壹百元票			
	2	4.00	总　计		54.00	

金额总计（大写）：零佰　零拾　零万　零仟　零佰　伍拾　肆元　零角　零分

销售单位　　　售票人　　　备
征税专用章　　刘用生
（盖章）　　　（盖章）　　　注

撕毁、涂改号码无效

第二联（收据）购票单位作报销凭证

表 2-7-10

表 2-7-11

新增固定资产登记表

2017 年 11 月 03 日

资产名称	种类	单位	数量	购入日期	投入使用日期	使用部门
汽车	运输工具	辆	1	2017-11-03	2017-11-03	办公室

制表人:将风明   复核人:周琳

表 2-7-1 是机动车销售统一发票的第一联发票联,此联应作为购买方的记账依据。该原始凭证注明,"购买方"是本公司,"销货单位名称"是南京明都汽车销售有限公司,"车辆类型"是小汽车,这表明本公司从南京明都汽车销售有限公司购买了东风雪铁龙小汽车1辆。

表 2-7-2 是机动车销售统一发票的第二联抵扣联,此联应作为购买方抵扣进项税额的依据。该抵扣联不能作为记账凭证的附件,专门用于在规定期限内到税务机关办理认证或在平台办理勾选确认,并在认证通过或勾选确认的次月申报期内,向主管税务机关申报抵扣进项税额。

表 2-7-3 是南京市政府非税收入一般缴款书的第二联收据联,此联应作为核算固定资产的记账依据。该原始凭证注明,"缴款人"是本公司,"收款人"是南京市政府非税收入账户,"收费项目名称"是机动车号牌工本费、机动车行驶证工本费和机动车登记证书工本费,这表明本公司购买小汽车时发生上述三项费用。

表 2-7-4 是中华人民共和国税收通用缴款书的第一联收据联,此联应作为缴款单位的完税依据。该原始凭证注明,"缴款单位"是本公司,"品目名称"是车辆购置税,这表明本公司购买小汽车时发生了车辆购置税。

表 2-7-5 是江苏增值税专用发票的第二联抵扣联,此联应作为购买方抵扣进项税额的依据。该抵扣联不能作为记账凭证的附件,专门用于在规定期限内到税务机关办理认证或在平台办理勾选确认,并在认证通过或勾选确认的次月申报期内,向主管税务机关申报抵扣进项税额。

表 2-7-6 是江苏增值税专用发票的第三联发票联,此联应作为购买方的记账依据。该

原始凭证注明,"购买方"是本公司,"销售方"是江苏平安保险股份有限公司,"货物或应税劳务、服务名称"是交强险,这表明本公司从江苏平安保险股份有限公司购买了小汽车的交强险。备注栏中注明"车船税"是 60 元,这表明本公司购买了小汽车的车船税。

表 2-7-7 是江苏增值税专用发票的第二联抵扣联,此联应作为购买方抵扣进项税额的依据。该抵扣联不能作为记账凭证的附件,专门用于在规定期限内到税务机关办理认证或在平台办理勾选确认,并在认证通过或勾选确认的次月申报期内,向主管税务机关申报抵扣进项税额。

表 2-7-8 是江苏增值税专用发票的第三联发票联,此联应作为购买方的记账依据。该原始凭证注明,"购买方"是本公司,"销售方"是江苏平安保险股份有限公司,"货物或应税劳务、服务名称"是机动车辆综合险,这表明本公司从江苏平安保险股份有限公司购买了小汽车的机动车辆综合险。

表 2-7-9 是中华人民共和国印花税票销售凭证第二联,此联应作为核算固定资产的记账依据。该原始凭证注明,"缴款人"是本公司,"收款人"是南京市建邺区地方税务局,"收费项目名称"是购买印花税票,这表明本公司购买小汽车时发生印花税费用。

表 2-7-10 是中国建设银行转账支票存根,应作为付款方支付款项的记账依据。该原始凭证注明,"收款人"是南京明都汽车销售有限公司,"用途"是支付购车相关款项,"付款行账号"为 41622124757264,这表明本公司已将款项从账号为 41622124757264 的基本户转出。进行会计核算时,应记入"银行存款——建行 41622124757264"科目的贷方。

表 2-7-11 是新增固定资产登记表,此表作为固定资产增加的记账依据。该原始凭证注明,"资产名称"是本田小汽车,"种类"是运输工具,"使用部门"是办公室,"购入日期"与"投入使用日期"均为 2017 年 11 月 3 日,这表明本公司的办公室投入使用一辆小汽车。进行会计核算时,根据表 2-7-1,"不含税价"应记入"固定资产——运输工具(汽车)"科目的借方,"税额"应记入"应交税费——应交增值税——进项税额"科目的借方;根据表 2-7-3,机动车号牌工本费、机动车行驶证工本费和机动车登记证书工本费应记入"固定资产——运输工具(汽车)"科目的借方;根据表 2-7-4,车辆购置税应记入"固定资产——运输工具(汽车)"科目的借方;根据表 2-7-6,由于交强险的受益期间为一个年度,故"金额"应记入"预付账款——汽车保险费"科目的借方,"税额"应记入"应交税费——应交增值税——进项税额"科目的借方。"车船税"应记入"税金及附加——车船税"科目的借方;根据表 2-7-8,由于机动车辆综合险的受益期间为一个年度,故"金额"应记入"预付账款——汽车保险费"科目的借方,"税额"应记入"应交税费——应交增值税——进项税额"科目的借方。根据表 2-7-9,印花税费应记入"固定资产——运输工具(汽车)"科目的借方。

该笔业务在 T3 系统中的操作流程如下:

(1) 以"302102 会计将凤明"的身份于"2017-11-03"登录。进入"固定资产"→"卡片管理",点击"资产增加",单击"运输工具"按钮,进入资产卡片录入界面。

(2) 资产卡片界面已有数据的项目包括:资产分类编码、资产分类名称、使用年限、折旧方法和开始使用日期;录入固定资产名称:"汽车",在"使用部门"图标上双击后选择:"办公室",固定资产编号、对应折旧科目自动生成;双击"增加方式"选择:"直接购入",双击使用状况选择"在用",原值录入:"198 204",预计净残值率、净残值与净值的数据均自动生成;可抵扣税额录入:"30 924";单击"保存"按钮,如图 2-16 所示。

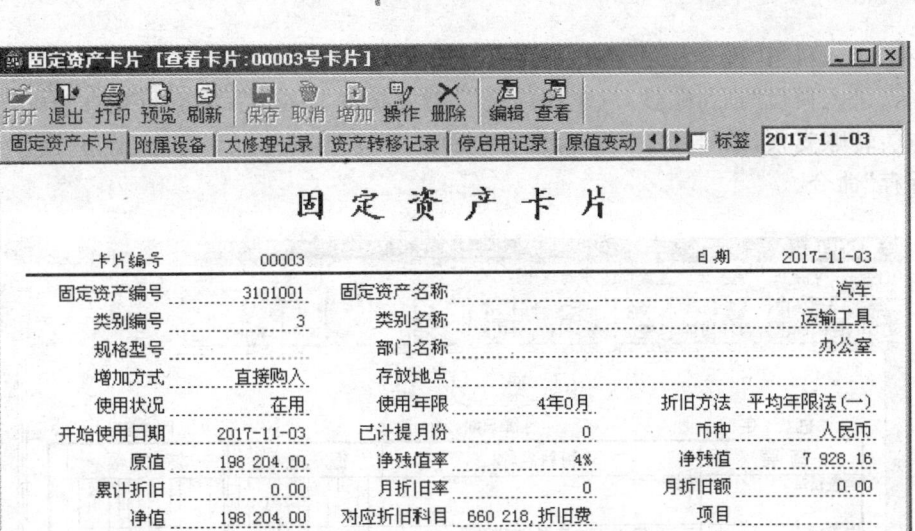

图 2-16 新增"00003"号资产卡片界面

(3) 生成凭证,进入"固定资产"→"处理",点击"批量制单",进入固定资产生成凭证"制单选择"界面,在记录 1 的制单栏双击,显示"Y";点击"制单设置",录入贷方科目"100201",单击"制单"命令,生成如图 2-17 所示的凭证。

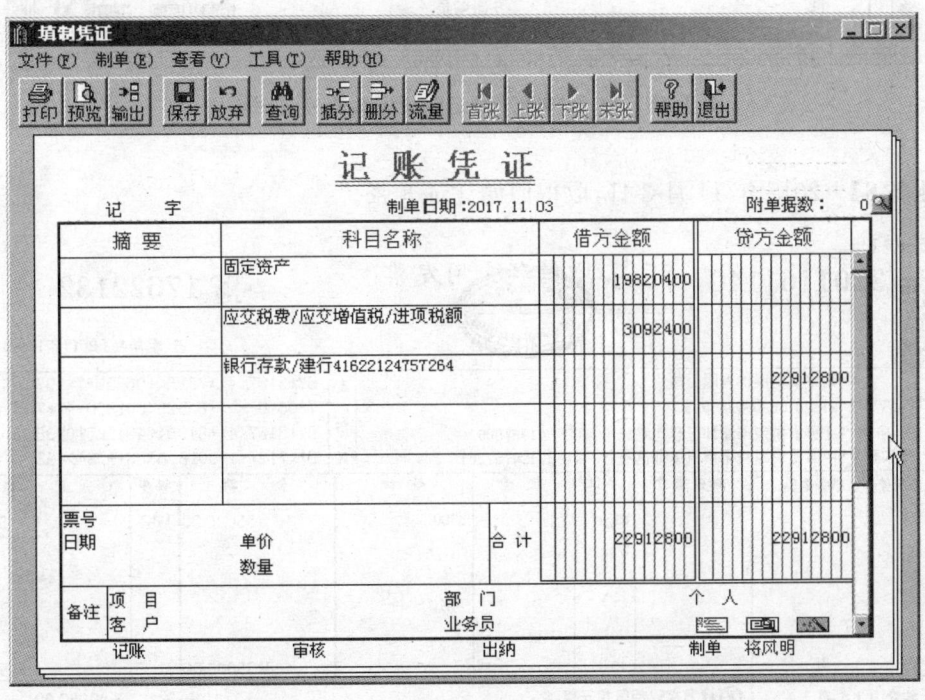

图 2-17 "0007"号记账凭证生成后界面

在生成的凭证中录入:附单据数:8 张,摘要:购入轿车;分录第三行点击"插分"命令,插入一空行，录入科目"税金及附加/车船税"，借方金额"60"；分录第四行点击"插分"命令，插入一空行，录入科目"预付账款/汽车保险费"，借方金额"5 400"；第五行贷方"100201"科目结算方式：转账支票，票号：00210912，贷方金额录入"234 588.00"，如图 2-18 所示，完成后单击"保存"命令。

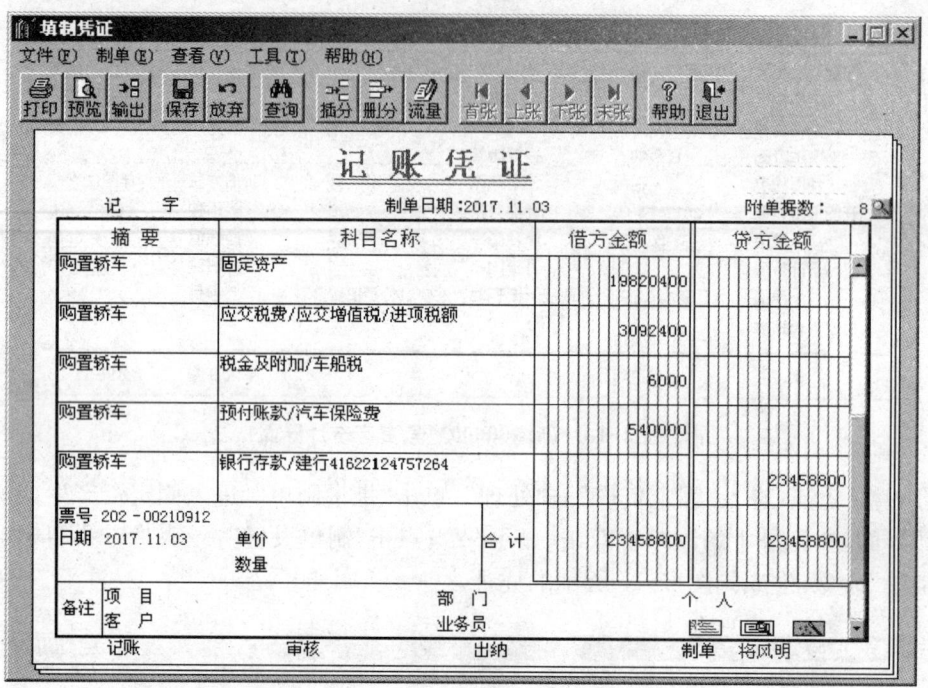

图 2-18　11 月"0007"号记账凭证编辑完成时界面

【业务8】　2017 年 11 月 3 日，取得原始凭证 8 张。

表 2-8-1

江苏 增值税专用发票									

3201161140　　　№ 17622132

开票日期：2017年11月03日

购买方	名　称：南京成功股份有限公司 纳税人识别号：913201059079880923 地址、电话：江苏省南京市建邺区赵志路85号　025-41967006 开户行及账号：中国建设银行南京市建邺区支行　41622124757264					密码区	57*3187<4/+7315<+95-59+7<197 7806<0-->-6>525<501890->7*7 87*3187<4/+8490<+49416510398 8+<712/<1+9016>6383++>84>463		
货物或应税劳务、服务名称	规格型号	单位	数量	单价	金　额		税率	税　额	
HP电脑		台	7	5000	35000.00		17%	5950.00	
合　计					￥35000.00			￥5950.00	
价税合计（大写）	⊗ 肆万零玖佰伍拾元整						（小写）　￥40950.00		
销售方	名　称：南京珠江电脑有限公司 纳税人识别号：91320105323064S797 地址、电话：江苏省南京市建邺区刘泽街王志路66号　025-69375271 开户行及账号：中国建设银行南京市建邺区支行　41622124466839					备注			
收款人：		复核：			开票人：冯春明	销售方：（发票专用章）			

表 2-8-2

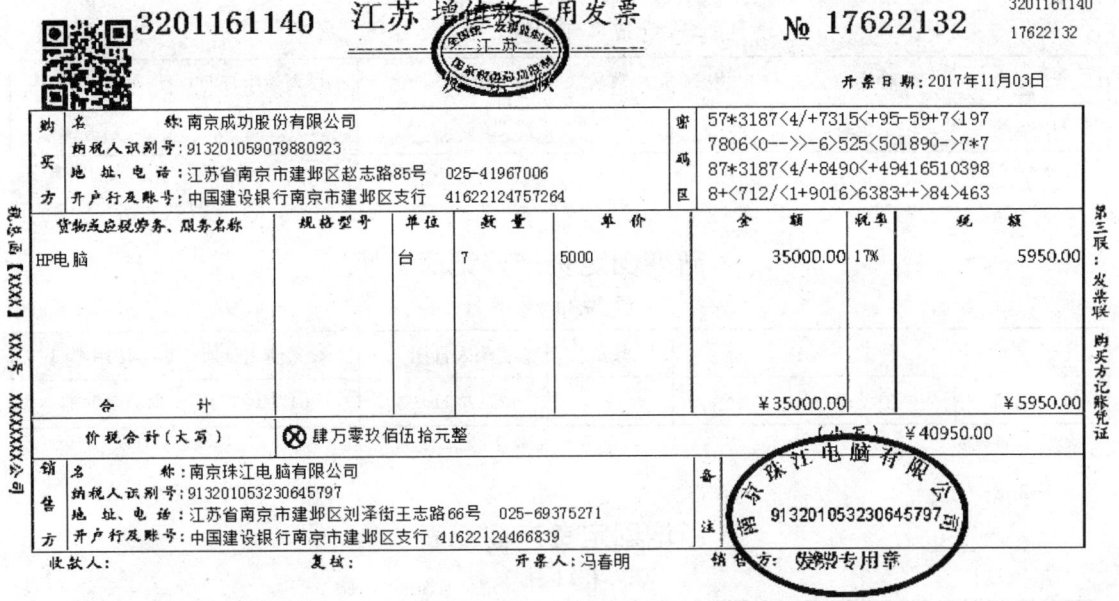

	3201161140	江苏 增值税 专用发票		№ 17622132			3201161140 17622132

开票日期: 2017年11月03日

购买方	名 称: 南京成功股份有限公司	密码区	57*3187<4/+7315<+95-59+7<197 7806<0-->>-6>525<501890->7*7 87*3187<4/+8490<+49416510398 8<712/<1>9016>6383++>84>463
	纳税人识别号: 913201059079880923		
	地 址、电 话: 江苏省南京市建邺区赵志路85号 025-41967006		
	开户行及账号: 中国建设银行南京市建邺区支行 41622124757264		

货物或应税劳务、服务名称	规格型号	单位	数量	单价	金额	税率	税额
HP电脑		台	7	5000	35000.00	17%	5950.00
合 计					¥35000.00		¥5950.00

价税合计(大写)	⊗ 肆万零玖佰伍拾元整		(小写) ¥40950.00

销售方	名 称: 南京珠江电脑有限公司	备注	
	纳税人识别号: 913201053230645797		
	地 址、电 话: 江苏省南京市建邺区刘泽街王志路66号 025-69375271		
	开户行及账号: 中国建设银行南京市建邺区支行 41622124466839		

收款人: 复核: 开票人: 冯春明 销售方: 发票专用章

第三联: 发票联 购买方记账凭证

表 2-8-3

中国建设银行客户专用回单

币别: 人民币	2017 年 11 月 03 日	流水号 320120027J0500810036

付款人	全称	南京成功股份有限公司	收款人	全称	南京珠江电脑有限公司
	账号	41622124757264		账号	41622124466839
	开户行	中国建设银行南京市建邺区支行		开户行	中国建设银行南京市建邺区支行

金 额	(大写) 人民币 肆万零玖佰伍拾元整		(小写) ¥40950.00
凭证种类	网银	凭证号码	
结算方式	转账	用途	转账

打印柜员: 320125584257
打印机构: 中国建设银行南京市建邺区支行回单
打印卡号: 105242233620

第一联 借方(回单)

打印时间: 2017-11-03 交易柜员: 320125584268 交易机构: 320110500541104147

表 2-8-4

新增固定资产登记表

2017 年 11 月 03 日

资产名称	种类	单位	数量	购入日期	投入使用日期	使用部门
HP 电脑	电子设备	台	2	2017-11-03	2017-11-03	办公室

制表人: 将风明 复核人: 周琳

表 2-8-5

新增固定资产登记表

2017 年 11 月 03 日

资产名称	种类	单位	数量	购入日期	投入使用日期	使用部门
HP 电脑	电子设备	台	2	2017-11-03	2017-11-03	财务部

制表人：将风明　　　　　　　　　　　　　　　　　　　　　　　　　　复核人：周琳

表 2-8-6

新增固定资产登记表

2017 年 11 月 03 日

资产名称	种类	单位	数量	购入日期	投入使用日期	使用部门
HP 电脑	电子设备	台	1	2017-11-03	2017-11-03	采购部

制表人：将风明　　　　　　　　　　　　　　　　　　　　　　　　　　复核人：周琳

表 2-8-7

新增固定资产登记表

2017 年 11 月 03 日

资产名称	种类	单位	数量	购入日期	投入使用日期	使用部门
HP 电脑	电子设备	台	1	2017-11-03	2017-11-03	销售门市部

制表人：将风明　　　　　　　　　　　　　　　　　　　　　　　　　　复核人：周琳

表 2-8-8

新增固定资产登记表

2017 年 11 月 03 日

资产名称	种类	单位	数量	购入日期	投入使用日期	使用部门
HP 电脑	电子设备	台	1	2017-11-03	2017-11-03	生产车间

制表人：将风明　　　　　　　　　　　　　　　　　　　　　　　　　　复核人：周琳

表 2-8-1 是江苏增值税专用发票的第二联抵扣联，此联应作为购买方抵扣进项税额的依据。该抵扣联不能作为记账凭证的附件，专门用于在规定期限内到税务机关办理认证或在平台办理勾选确认，并在认证通过或勾选确认的次月申报期内，向主管税务机关申报抵扣进项税额。

表 2-8-2 是江苏增值税专用发票的第三联发票联，此联应作为购买方的记账依据。该原始凭证注明，"购买方"是本公司，"销售方"是南京珠江电脑有限公司，"货物或应税劳务、服务名称"是 HP 电脑，这表明本公司从南京珠江电脑有限公司购买了 7 台 HP 电脑。

表 2-8-3 是中国建设银行转账支票存根，应作为付款方支付款项的记账依据。该原始凭证注明，"收款人"是南京珠江电脑有限公司，"用途"是支付购买 HP 电脑款，"付款行账号"为 41622124757264，这表明本公司已将款项从账号为 41622124757264 的基本户转出。进行会计核算时，应记入"银行存款——建行 41622124757264"科目的贷方。

表 2-8-4 至表 2-8-8 是新增固定资产登记表，此表作为固定资产增加的记账依据。该原始凭证注明，"资产名称"是 HP 电脑，"种类"是电子设备，"使用部门"分别是办公室、财务

部、采购部、销售门市部和生产车间,"购入日期"与"投入使用日期"均为 2017 年 11 月 3 日,
这表明本公司的上述各部门分别投入使用了 HP 电脑。根据表 2-8-2 和表 2-8-3,进行会
计核算时,"金额"应记入"固定资产"科目的借方,"税额"应记入"应交税费——应交增值
税——进项税额"科目的借方。

(1) 以"302102 将风明"的身份于"2017-11-03"登录。进入"固定资产"→"卡片管理",
单击"资产增加",点击"电子设备",进入资产卡片录入界面。

(2) 资产卡片界面已有数据的项目包括:资产分类编码、资产分类名称、使用年限、折旧
方法和开始使用日期;录入固定资产名称:"HP 电脑",在"使用部门"图标上双击后选择:
"办公室",固定资产编号、对应折旧科目自动生成;双击"增加方式"选择:"直接购入",双击
使用状况选择"在用",原值录入:"10 000",预计净残值率、净残值与净值的数据均自动生
成;可抵扣税额录入:"1 700";单击"保存"按钮,如图 2-19 所示。

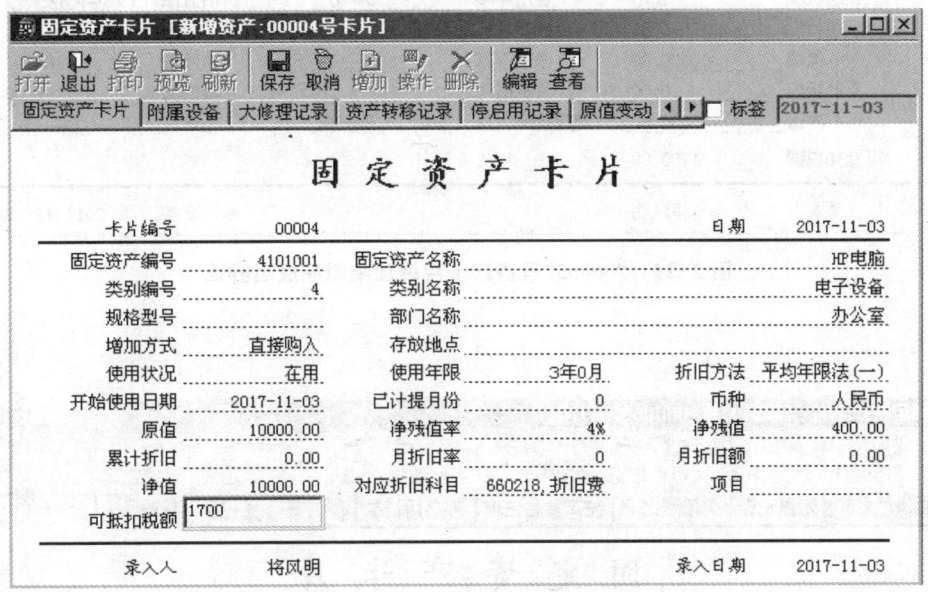

图 2-19 新增"00004"号资产卡片界面

(3) 以"00004"号资产卡片为模板,复制一张卡片,如图 2-20 所示;复制的卡片只需要
修改部门为"财务部",其资产编号会自动进行修改,如图 2-21 所示;至于其他部门的资产
卡片可以类似复制,注意复制后的卡片除了修改部门外,还必须修改原值和可抵扣税额。
如图 2-22 至图 2-24 所示,对应折旧科目和资产编号均随着部门的改变而自动改变。

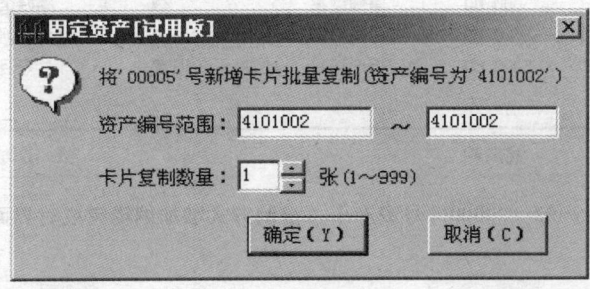

图 2-20 复制增加"00005"号卡片对话框界面

固定资产卡片 [编辑卡片:00005号卡片]

打开 退出 打印 预览 刷新 保存 取消 增加 操作 删除 编辑 查看

固定资产卡片 | 附属设备 | 大修理记录 | 资产转移记录 | 停启用记录 | 原值变动 ◀ ▶ ☐ 标签 2017-11-03

固 定 资 产 卡 片

卡片编号	00005		日期	2017-11-03
固定资产编号	4102001	固定资产名称		HP电脑
类别编号	4	类别名称		电子设备
规格型号		部门名称		财务部
增加方式	直接购入	存放地点		
使用状况	在用	使用年限	3年0月	折旧方法 平均年限法(一)
开始使用日期	2017-11-03	已计提月份	0	币种 人民币
原值	10000.00	净残值率	4%	净残值 400.00
累计折旧	0.00	月折旧率	0	月折旧额 0.00
净值	10000.00	对应折旧科目	660218,折旧费	项目
可抵扣税额	1700.00			

录入人　将风明　　　　　　　　　　　　　　录入日期　2017-11-03

图 2-21　"00005"号资产卡片增加编辑完成后界面

固定资产卡片 [编辑卡片:00006号卡片]

打开 退出 打印 预览 刷新 保存 取消 增加 操作 删除 编辑 查看

固定资产卡片 | 附属设备 | 大修理记录 | 资产转移记录 | 停启用记录 | 原值变动 ◀ ▶ ☐ 标签 2017-11-03

固 定 资 产 卡 片

卡片编号	00006		日期	2017-11-03
固定资产编号	4103001	固定资产名称	HP电脑	
类别编号	4	类别名称		电子设备
规格型号		部门名称		采购部
增加方式	直接购入	存放地点		
使用状况	在用	使用年限	3年0月	折旧方法 平均年限法(一)
开始使用日期	2017-11-03	已计提月份	0	币种 人民币
原值	5000.00	净残值率	4%	净残值 200.00
累计折旧	0.00	月折旧率	0	月折旧额 0.00
净值	5000.00	对应折旧科目	660218,折旧费	项目
可抵扣税额	850.00			

录入人　将风明　　　　　　　　　　　　　　录入日期　2017-11-03

图 2-22　"00006"号资产卡片复制方式增加编辑完成时界面

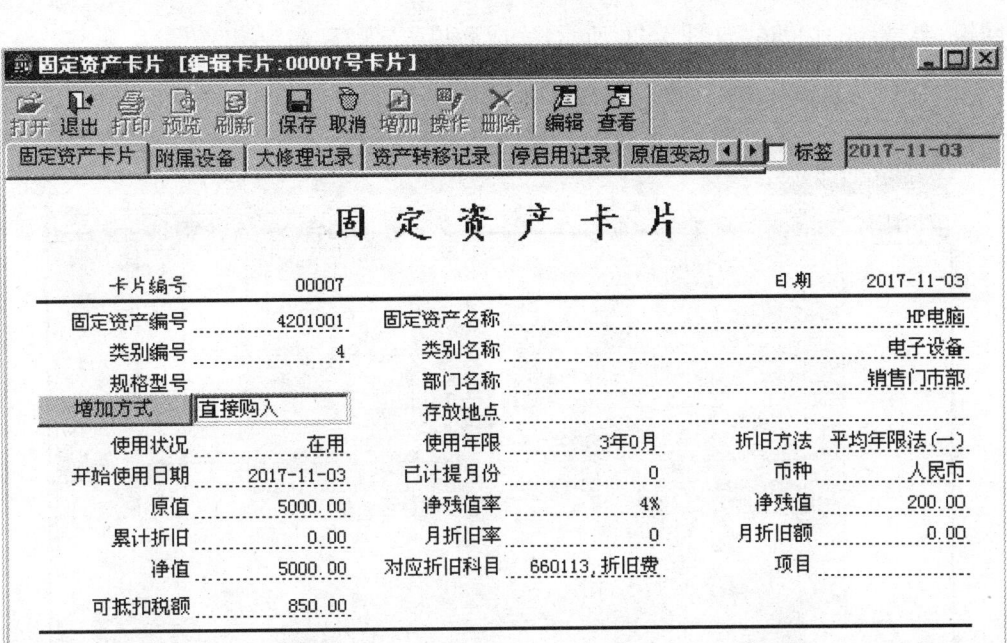

图 2-23　"00007"号卡片复制方式增加编辑完成时界面

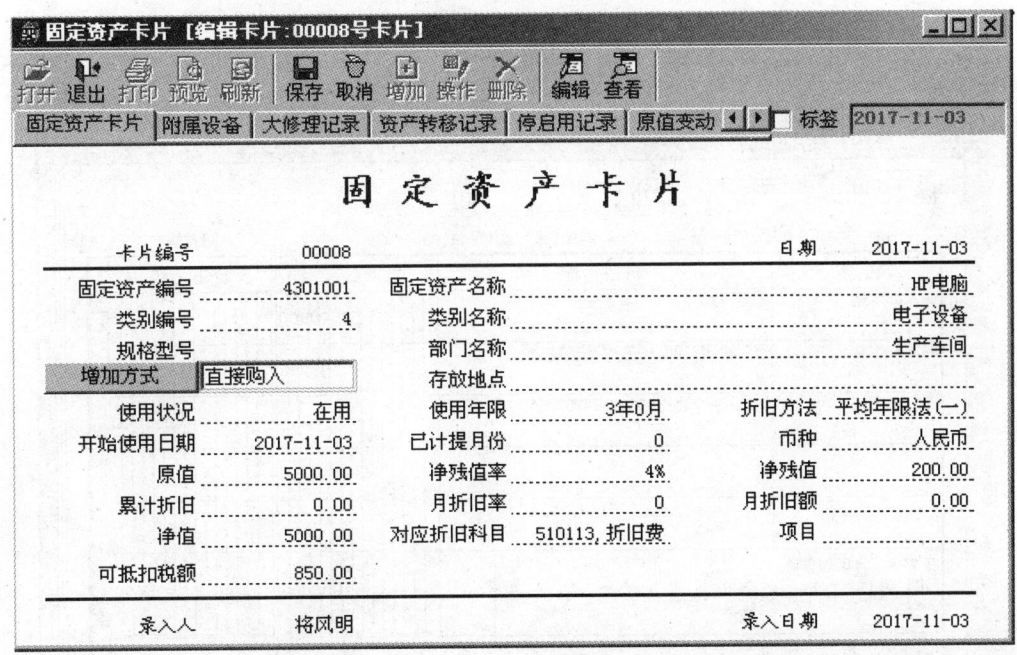

图 2-24　"00008"号卡片复制方式增加编辑完成时界面

(4)生成凭证,进入"固定资产"→"处理",点击"批量制单",进入固定资产生成凭证"制单选择"界面,在记录 1 到 5 的制单栏双击,显示"Y",合并号统一为"1",如图 2-25 所示,单击"全选"按钮;点击"制单设置",录入凡空白行均录入贷方科目"100201",单击"制单"命令;在生成的凭证中录入:附单据数:7 张,摘要:购入 HP 电脑;贷方"100201"科目结算方式:网银,票号:00810036,如图 2-26 所示,完成后单击"保存"命令。

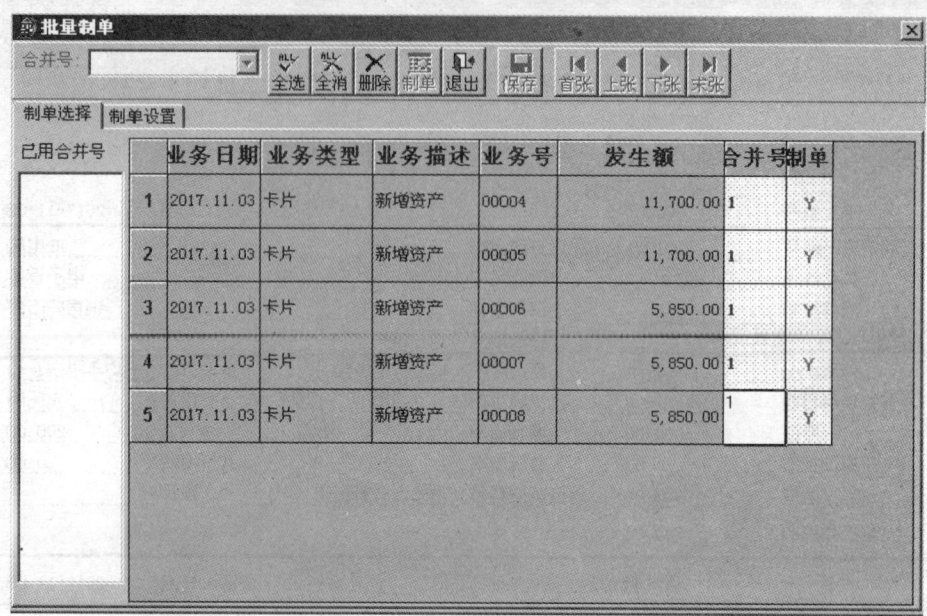

图 2-25 "00004"—"00008"资产卡片增加后批量制单方式下合并选择界面

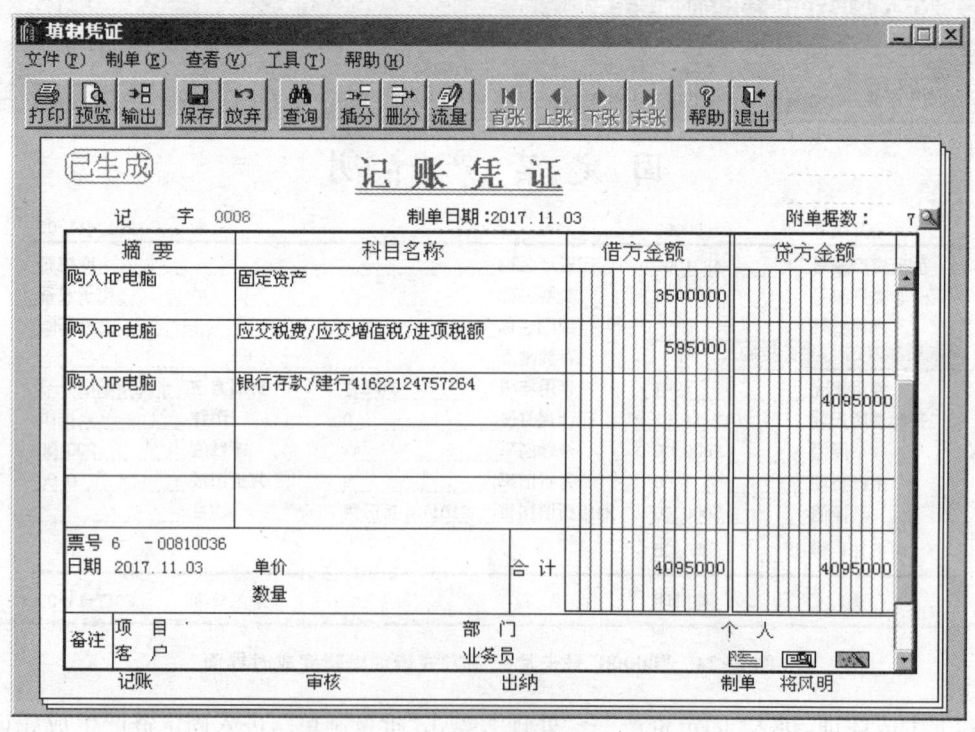

图 2-26 11 月"0008"号记账凭证保存后的界面

【业务 9】 2017 年 11 月 3 日,取得原始凭证 3 张。

表 2-9-1

表 2-9-2

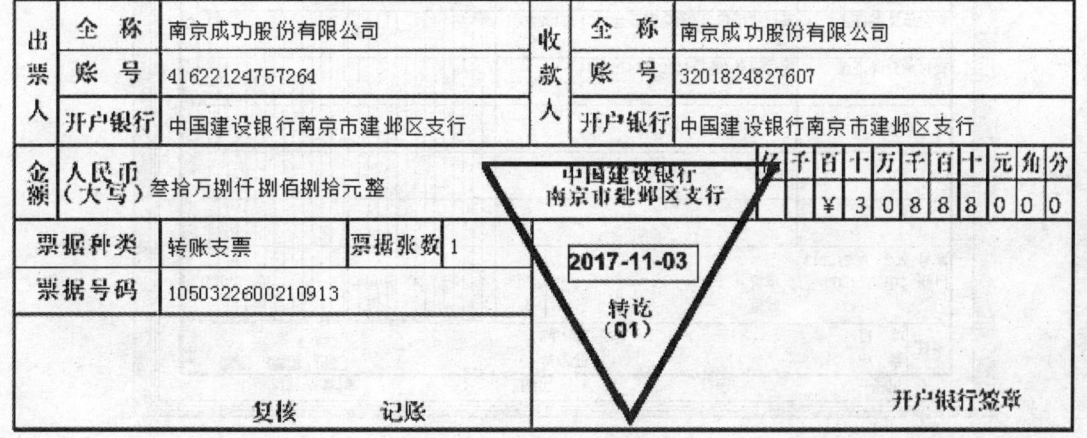

表 2-9-3

表 2-9-1 是中国建设银行转账支票存根，应作为付款方支付款项的记账依据。该原始凭证注明，"收款人"是本公司，"用途"是支付承兑保证金，"付款行账号"为41622124757264，这表明本公司已将款项从账号为 41622124757264 的基本户转出。

表 2-9-2 是中国建设银行进账单的回单联，此联也应作为付款方支付款项的记账依据。该原始凭证注明，"出票人"和"收款人"均为本公司，"出票人账号"为 41622124757264，这表明本公司已将款项从账号为 41622124757264 的基本户划出。根据表 2-9-1 和表 2-9-2，进行会计核算时，应记入"银行存款——建行 41622124757264"科目的贷方。

表 2-9-3 是中国建设银行进账单的收款通知联，此联应作为收款人收到款项的记账依据。该原始凭证注明，"出票人"和"收款人"均为本公司，"收款人账号"为 3201824827607，这表明本公司账号为 3201824827607 的银行承兑保证金户上已收到从账户为41622124757264 的基本户上划转的款项。进行会计核算时，应记入"其他货币资金——承兑保证金 3201824827607"科目的借方。

该笔业务在 T3 系统中的操作流程如下：

（1）以"302102 会计将风明"的身份于"2017-11-03"登录。进入"总账"→"凭证"，单击"填制凭证"，打开记账凭证编制界面。

（2）单击"增加"按钮，增加一空白凭证，凭证类型、凭证编号、制单日期自动生成；附单据数录入："3"。

（3）输入摘要："支付承兑保证金"。

（4）输入借方科目名称："其他货币资金——承兑保证金 3201824827607"，输入借方金额："308 880.00"。

（5）输入贷方科目名称："银行存款——建行 41622124757264"，输入结算方式：转账支票，票号：00210913；贷方金额："308 880.00"。

（6）单击"保存"按钮，如图 2-27 所示。

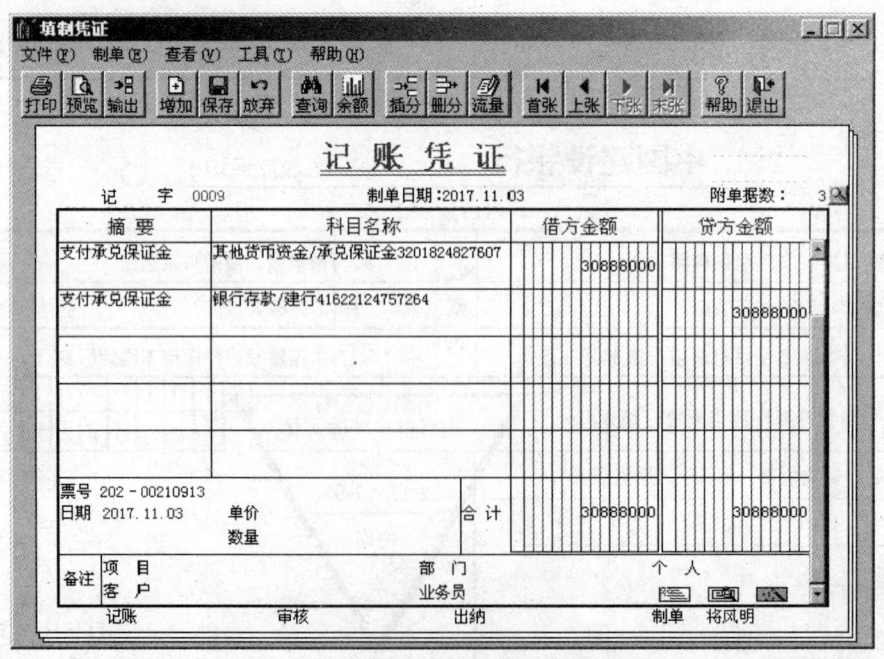

图 2-27　11 月"0009"号记账凭证填制完成后界面

【业务 10】 2017 年 11 月 3 日，取得原始凭证 3 张。

表 2-10-1

中国建设银行　　　　业 务 收 费 凭 证

币别：人民币　　　　　　　2017 年 11 月 03 日　　　　流水号：90281788

付款人 南京成功股份有限公司			账号 41622124757264		
项目名称	工本费	手续费	电子汇划费	邮电费	金 额
银行承兑		154.44			154.44
金额（大写）壹佰伍拾肆元肆角肆分					￥154.44
付款方式	银行转账				

中国建设银行
南京市建邺区支行
2017-11-03
办讫
（01）

会计主管　　　　授权　　　　　复核　　　　　　　录入 杜也力

表 2-10-2

3201163140　　江苏 增值税专用发票　　№ 00003455　　3201163140　00003455

开票日期：2017年11月03日

购买方	名　称：南京成功股份有限公司 纳税人识别号：913201059079880923 地址、电话：江苏省南京市建邺区赵志路85号 025-41967006 开户行及账号：中国建设银行南京市建邺区支行 41622124757264				密码区	54*3187〈4/+8077〈+95-59+7〈447 7348〈0-->>-6〉525〈437331-〉7*7 87+3187〈4/+8490〈+93472407801 2+〈712/〈1+9016〉2481++〉84〉214		
货物或应税劳务、服务名称	规格型号	单位	数 量	单 价	金 额	税率	税 额	
直接收费金融服务			1	145.70	145.70	6%	8.74	
合　　计					￥145.70		￥8.74	
价税合计（大写）	⊗壹佰伍拾肆元肆角肆分				（小写） ￥154.44			
销售方	名　称：中国建设银行股份有限公司南京市分行 纳税人识别号：913201058554830878 地址、电话：江苏省南京市建邺区彭怀街孟立路29号 025-57904319 开户行及账号：中国建设银行股份有限公司南京市营业部 3201057858302164856							

收款人：　　　　　复核：　　　　开票人：陈焕东　　　销售方：发票专用章

中国建设银行股份有限公司南京市分行
91320105855483087□
发票专用章

101

表 2-10-3

3201163140	江苏 增值税专用发票		№ 00003455	3201163140 00003455

开票日期：2017年11月03日

购买方	名　　称：南京成功股份有限公司 纳税人识别号：913201059079880923 地址、电话：江苏省南京市建邺区赵志路85号 025-41967006 开户行及账号：中国建设银行南京市建邺区支行 41622124757264	密码区	54*3187<4/+8077<+95-59+7<447 7348<0—>>-6>525<437331->7*7 87*3187<4/+8490<+93472407801 2+<712/<1+9016>2481++>84>214

货物或应税劳务、服务名称	规格型号	单位	数量	单价	金额	税率	税额
直接收费金融服务			1	145.70	145.70	6%	8.74
合　　计					¥145.70		¥8.74

价税合计（大写）	⊗ 壹佰伍拾肆元肆角肆分	（小写）¥154.44

销售方	名　　称：中国建设银行股份有限公司南京市分行 纳税人识别号：913201058554830878 地址、电话：江苏省南京市建邺区彭怀街孟立路29号 025-57904319 开户行及账号：中国建设银行股份有限公司南京市营业部 3201057858380216485	备注

收款人：　　　复核：　　　开票人：陈焕东　　　销售方（章）

（发票专用章：中国建设银行服务有限公司南京分公司 913201058554830976）

表 2-10-1 是中国建设银行业务收费凭证的第二联客户回单联，此联应作为付款方支付款项的记账依据。该原始凭证注明，"付款人"是本公司，"账号"为 41622124757264，"项目名称"是银行承兑手续费，"金额"为 154.44 元，这表明本公司从账号为 41622124757264 的基本户支付了款项。进行会计核算时，应分别记入"银行存款——建行 41622124757264"科目的贷方。

表 2-10-2 是江苏增值税专用发票的第二联抵扣联，此联应作为购买方抵扣进项税额的依据。该抵扣联不能作为记账凭证的附件，专门用于在规定期限内到税务机关办理认证或在平台办理勾选确认，并在认证通过或勾选确认的次月申报期内，向主管税务机关申报抵扣进项税额。

表 2-10-3 是江苏增值税专用发票的第三联发票联，此联应作为购买方的记账依据，该原始凭证注明，"购买方"是本公司，"销售方"是中国建设银行股份有限公司南京市分行，"货物或应税劳务、服务名称"是直接收费金融服务，这表明本公司取得了中国建设银行股份有限公司南京市分行的金融服务。进行会计核算时，"金额"应记入"财务费用——工本及手续费"科目的借方，"税额"应记入"应交税费——应交增值税——进项税额"科目的借方。

该笔业务在 T3 系统中的操作流程如下：

（1）以"302102 会计将风明"的身份于"2017-11-03"登录。进入"总账"→"凭证"，单击"填制凭证"，打开记账凭证编制界面。

（2）单击"增加"按钮，增加一空白凭证，凭证类型、凭证编号、制单日期自动生成；附单据数录入："2"。

（3）输入摘要："支付承兑手续费"。

（4）输入借方科目名称："财务费用——工本及手续费"，输入借方金额："145.70"；输入借方科目名称:"应交税费——应交增值税——进项税额",输入借方金额:"8.74"。

(5)输入贷方科目名称:"银行存款——建行 41622124757264",结算方式为其他,结算票据号为"90281788",输入贷方金额:"154.44"。

(6)单击"保存"按钮,如图 2-28 所示。

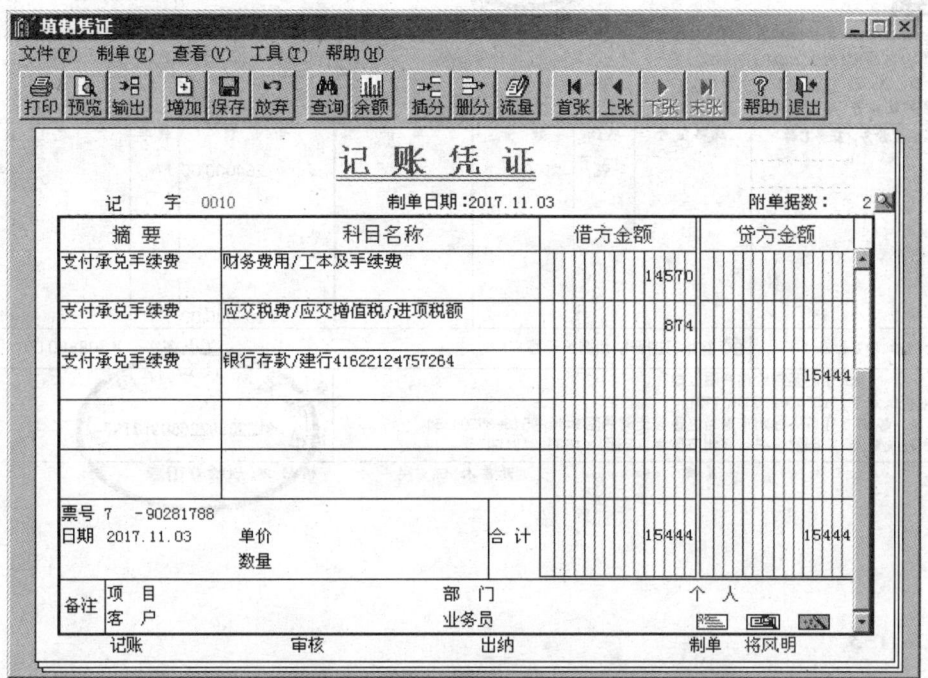

图 2-28 11 月"0010"号记账凭证填制完成后界面

【业务 11】 2017 年 11 月 3 日,取得原始凭证 4 张。

表 2-11-1

表 2-11-2

| | 江苏 增值税专用发票 | № 25029438 | 3203161140
25029438 |

3203161140

开票日期: 2017年11月03日

| 购买方 | 名　称: 南京成功股份有限公司
纳税人识别号: 913201059079880923
地　址、电话: 江苏省南京市建邺区赵志路85号　025-41967006
开户行及账号: 中国建设银行南京市建邺区支行　41622124757264 | 密码区 | 49*3187<4/+4761<+95-59+7<376
8776<0-->>-6>525<683566->7*7
87*3187<4/+8490<+20288803320
4+<712/<1+9016>3626++>84>049 |

货物或应税劳务、服务名称	规格型号	单位	数　量	单　价	金　额	税率	税　额
RP		千克	22000	12	264000.00	17%	44880.00
合　　计					￥264000.00		￥44880.00
价税合计(大写)		⊗ 叁拾万捌仟捌佰捌拾元整			(小写)　￥308880.00		

| 销售方 | 名　称: 江苏芜霖股份有限公司
纳税人识别号: 91320302255091 7797
地　址、电话: 江苏省徐州市鼓楼区鲁俊街蔡秀路14号　0516-35204864
开户行及账号: 中国建设银行徐州市鼓楼区支行　41622124715473 | | 江苏芜霖股份有限公司
91320302255091 7797
发票专用章 |

收款人:　　　　复核:　　　　开票人: 陈义民　　　　销售方:

第三联: 发票联　购买方记账凭证

表 2-11-3

收 料 单

供应单位: 江苏芜霖股份有限公司　　　　2017 年 11 月 03 日　　　　编号 SL09733

材料编号	名称	单位	规格	数　量		实际成本			
				应收	实收	单价	发票价格	运杂费	总价
1000201	RP	千克		22 000	22 000				
备注:									

第二联记账联

收料人: 张福平　　　　　　　　　　　　　　　　交料人: 钟国钊

表 2-11-4

银行承兑汇票(存根)

3　　10503251
　　48441863

出票日期　(大写)　贰零壹柒　年　壹拾壹月　零叁　日

出票人全称	南京成功股份有限公司	收款人	全　称	江苏芜霖股份有限公司
出票人账号	41622124757264		账　号	41622124715473
付款行名称	中国建设银行南京市建邺区支行		开户银行	中国建设银行徐州市鼓楼区支行

出票金额	人民币(大写)　叁拾万捌仟捌佰捌拾元整	亿	千	百	十	万	千	百	十	元	角	分
				¥	3	0	8	8	8	0	0	0

汇票到期日 (大写)	贰零壹捌年零贰月零叁日	付款行	行号	105005411041
承兑协议编号	YHCD1448		地址	江苏省南京市建邺区彭怀街孟立路29号

密押

备注：　　　　　复核　　经办

此联申出票人存查

　　表 2-11-1 是江苏增值税专用发票的第二联抵扣联,此联应作为购买方抵扣进项税额的依据。该抵扣联不能作为记账凭证的附件,专门用于在规定期限内到税务机关办理认证或在平台办理勾选确认,并在认证通过或勾选确认的次月申报期内,向主管税务机关申报抵扣进项税额。

　　表 2-11-2 是江苏增值税专用发票的第三联发票联,此联应作为购买方的记账依据。该原始凭证注明,"购买方"是本公司,"销售方"是江苏芜霖股份有限公司,"货物或应税劳务、服务名称"是 RP,这表明本公司从江苏芜霖股份有限公司购买了材料 RP。

　　表 2-11-3 是收料单的第二联记账联,此联应作为收到材料的记账依据。该原始凭证注明,"供应单位"是江苏芜霖股份有限公司,"名称"是 RP,"数量"为 22 000 千克,这表明本公司向江苏芜霖股份有限公司购买的原材料 RP 已经全部验收入库。根据表 2-10-2 和表 2-10-3,进行会计核算时,"金额"应分别记入"原材料——RP"科目的借方,"税额"应记入"应交税费——应交增值税——进项税额"科目的借方。

　　表 2-11-4 是银行承兑汇票(存根)联,此联应作为付款方结算货款的记账依据。该原始凭证的内容表明,"出票人"是本公司,"收款人"是江苏芜霖股份有限公司,"出票日期"是贰零壹柒年壹拾壹月零叁日,"汇票到期日"是贰零壹捌年零贰月零叁日,"出票金额"是308 880元,这表明本公司开出了一张期限为 3 个月、金额为 308 880 元的银行承兑汇票用于支付货款。进行会计核算时,应记入"应付票据——江苏芜霖股份有限公司"科目的贷方。

　　因此,该笔业务在 T3 系统中的操作流程如下:

　　(1) 以"302102 会计将风明"的身份于"2017-11-03"登录。如图 2-29 所示,在基础设置→往来单位中增加供应商档案;然后进入"总账"→"凭证",单击"填制凭证",打开记账凭证编制界面。

　　(2) 单击"增加"按钮,增加一空白凭证,凭证类型、凭证编号、制单日期自动生成;附单据数录入:"3"。

(3) 输入摘要:"以银行承兑汇票采购材料,料已入库"。

(4) 录入会计科目"原材料",如图 2-30 所示。在辅助信息对话框输入数据,数量:"22 000.00",单价:"12.00",存货名称:"RP"。单击"确定"按钮,借方金额自动生成。

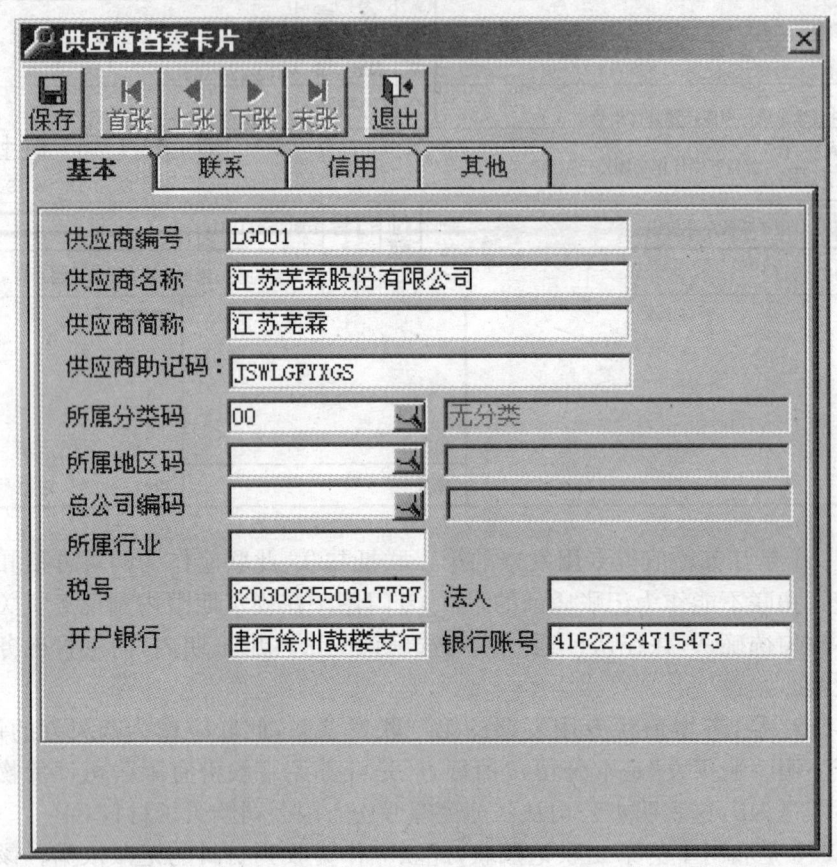

图 2-29　供应商"江苏芜霖"卡片基本信息录入界面

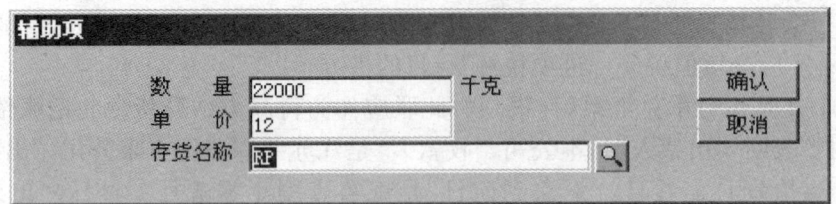

图 2-30　原材料科目辅助核算信息录入界面

(5) 输入借方科目名称:"应交税费——应交增值税——进项税额",输入借方金额:"44 880.00"。

(6) 贷方科目名称:"应付票据",如图 2-31 所示,录入银行承兑汇票上的信息,输入贷方金额:"308 880.00"。

(7) 单击"保存"按钮,如图 2-32 所示。

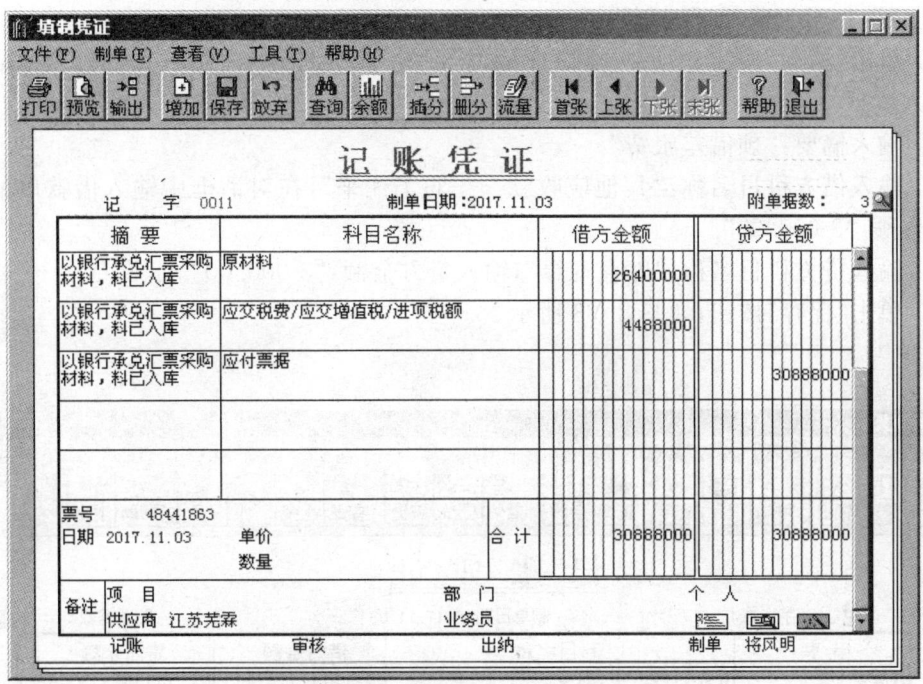

图 2-31　应付票据科目辅助核算信息录入界面

图 2-32　11 月"0011"号记账凭证填制完成后界面

【业务 12】　2017 年 11 月 8 日,取得原始凭证 1 张。

表 2-12-1

借款单

2017　年 11 月 08 日　　　　　　　　　　NO 209813

借款人：张玉林	所属部门：销售门市	
借款用途：出差借款	现金付讫	
借款金额：人民币(大写) 叁仟元整	¥3000.00	
部门负责人审批 同意张玉林2017-11-08	借款人(签章)： 张玉林2017-11-08	
财务部门审核： 同意周琳2017-11-08		
单位负责人批示： 同意	签字李胜利 2017-11-08	
核销记录：		

107

表 2-12-1 是借款单的第一联付款联,此联应作为付款方支付款项的记账依据。该原始凭证注明,"借款人"是张玉林,"所属部门"是销售门市部,"借款用途"是出差借款,这表明本公司办公室职工张玉林预借了差旅费,进行会计核算时,"借款金额"应记入"其他应收款——职工往来"科目的借方;同时,该原始凭证上盖有"现金付讫"章,表明该借款公司已经用现金支付,进行会计核算时,应记入"库存现金"科目的贷方。

因此,该笔业务在 T3 系统中的操作流程如下:

(1) 以"302102 会计将风明"的身份于"2017-11-08"登录。进入"总账"→"凭证",单击"填制凭证",打开记账凭证编制界面。

(2) 单击"增加"按钮,增加一空白凭证,凭证类型、凭证编号、制单日期自动生成;附单据数录入:"1"。

(3) 输入摘要:"预借差旅费"。

(4) 输入借方科目名称:"其他应收款——职工往来",在对话框中输入借款单信息,输入借方金额:"3 000.00"。

(5) 输入贷方科目名称:"库存现金",输入贷方金额:"3 000.00"。

(6) 单击"保存"按钮,如图 2-33 所示。

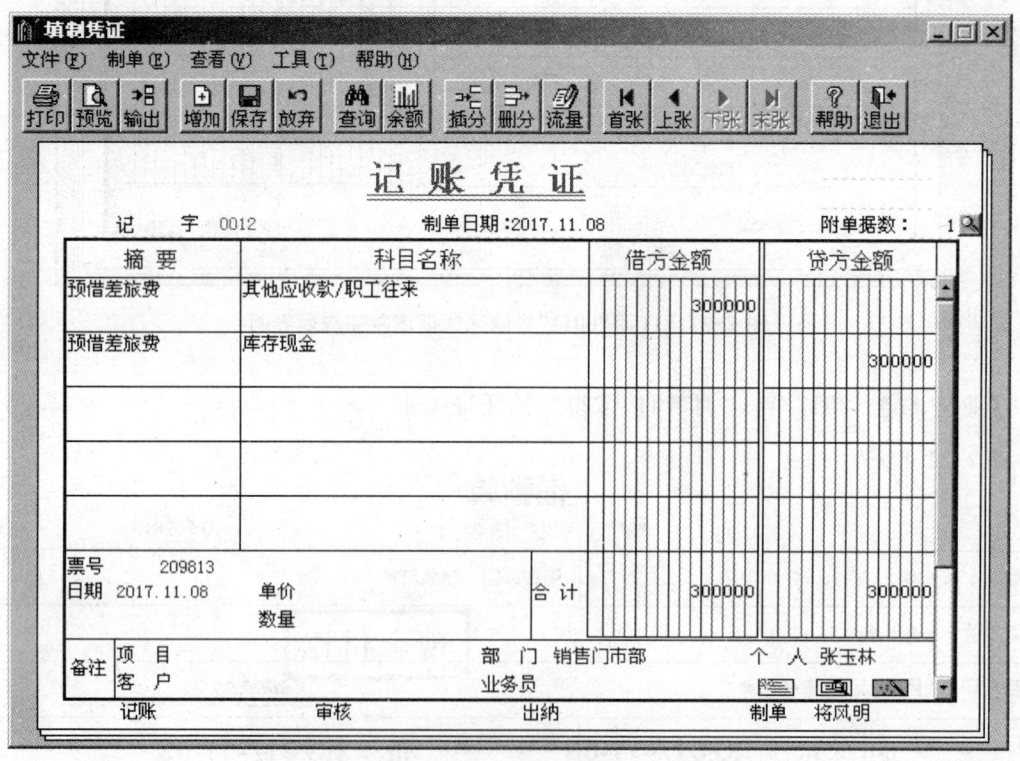

图 2-33 11 月"0012"号记账凭证填制完成后界面

【业务 13】 2017 年 11 月 10 日,取得原始凭证 2 张。

表 2-13-1

中国建设银行客户专用回单

币别：人民币   2017 年 11 月 10 日   流水号 320120027J0500810054

付款人	全称	南京成功股份有限公司	收款人	全称	江苏省电力股份有限公司南京市分公司
	账号	41622124757264		账号	41247650539692
	开户行	中国建设银行南京市建邺区支行		开户行	中国建设银行江苏省南京市建邺区支行
金 额		（大写）人民币 壹拾贰万元整			（小写）￥120000.00
凭证种类		网银		凭证号码	
结算方式		转账		用途	预付电费

打印柜员：320125584257
打印机构：中国建设银行南京市建邺区支行回单
打印卡号：41622124757264

第一联借方（回单）

打印时间：2017-11-10   交易柜员：320125584268   交易机构：320110500541104113

表 2-13-2

供电公司收款凭证

收款日期：2017-11-10 09:41:58

用电总户号	32018632852
用电户名	南京成功股份有限公司
用电地址	江苏省南京市建邺区赵志**85号
摘 要	负控购电现金
金额（大写）	壹拾贰万元整
金额（小写）	￥120000.00

第一收据联

开票人：孙振敏

　　表 2-13-1 是中国建设银行客户专用回单的第一联借方回单，此联应作为付款方支付款项的记账依据。该原始凭证注明，"付款人"是本公司，"账号"为 41622124757264，这表明本公司已通过账号 41622124757264 的基本户支付了款项，进行会计核算时，应记入"银行存款——建行 41622124757264"科目的贷方；同时，"收款人"是江苏省电力股份有限公司南京市分公司，"用途"是预付电费，这表明本公司向江苏省电力股份有限公司南京市分公司预付了电费。

　　表 2-13-2 是供电公司收款凭证的收据联，此联也应作为付款方支付款项的记账依据。该原始凭证注明，"用电户名"是本公司，"金额"为 120 000 元，这表明江苏省电力股份有限

公司南京市分公司已经收到款项。根据表 2-13-1 和表 2-13-2,进行会计核算时,应记入"预付账款——供应商"科目的借方。

因此,该笔业务在 T3 系统中的操作流程如下:

(1)以"302102 会计将风明"的身份于"2017-11-10"登录。进入"总账"→"凭证",单击"填制凭证",打开记账凭证编制界面。

(2)单击"增加"按钮,增加一空白凭证,凭证类型、凭证编号、制单日期自动生成;附单据数录入:"2"。

(3)输入摘要:"预付电费"。

(4)输入借方科目名称:"预付账款——供应商",输入对话框供应商信息(供应商需在基础设置——往来单位——供应商档案中录入,如图 2-34 所示),录入借方金额:"120 000.00"。

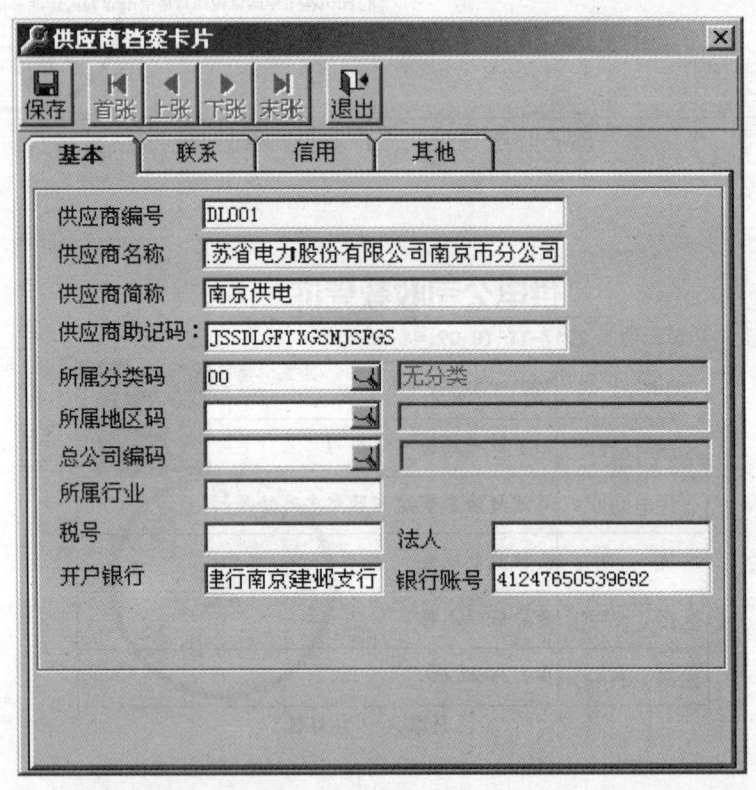

图 2-34　供应商"南京供电"档案基本信息录入界面

(5)输入贷方科目名称:"银行存款——建行 41622124757264",输入结算方式及票号,贷方金额:"120 000.00",如图 2-35 所示。

(6)单击"保存"按钮。

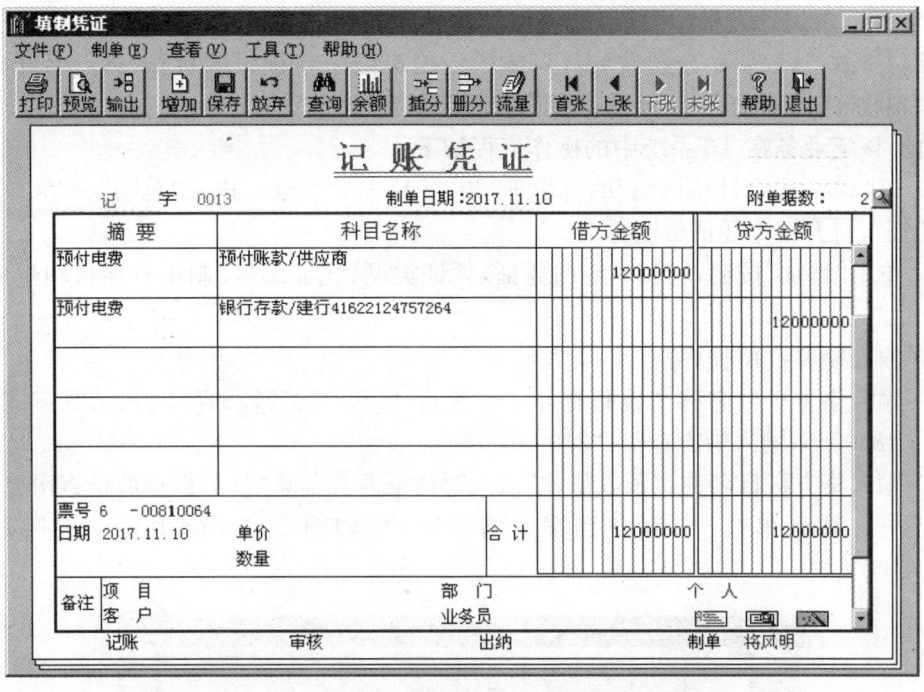

图 2-35　11 月"0013"号记账凭证填制完成后界面

【业务 14】　共 1 张原始凭证,于 11 月 14 日取得。

表 2-14-1

中国建设银行客户专用回单

币别:人民币　　　　　　　　2017　年 11 月 14 日　　流水号 320120027J0500810065

付款人	全称	江苏欲德股份有限公司	收款人	全称	南京成功股份有限公司
	账号	41622124218833		账号	41622124757264
	开户行	中国建设银行南京市下关区支行		开户行	中国建设银行南京市建邺区支行
金　额		(大写)人民币 贰拾壹万元整		(小写)￥210000.00	
凭证种类		网银	凭证号码		
结算方式		转账	用途		预付货款

打印柜员:320125584257
打印机构:中国建设银行南京市建邺区支行
打印卡号:41622124757264

第二联贷方(回单)

打印时间:2017-11-14　　　交易柜员:320125584268　　　交易机构:320115469

　　表 2-14-1 是中国建设银行客户专用回单的第二联贷方回单,此联应作为收款方收取款项的记账依据。该原始凭证注明,"收款人"是本公司,"账号"是 41622124757264,这表明本公司已收到款项并存入账号 41622124757264 的基本户,进行会计核算时,应记入"银行存

款——建行 41622124757264"科目的借方;同时,"付款人"是江苏欲德股份有限公司,"用途"是预付货款,这表明本公司收到江苏欲德股份有限公司预付的货款,进行会计核算时,应记入"预收账款"辅助账"江苏欲德股份有限公司"科目的贷方。

因此,该笔业务在 T3 系统中的操作流程如下:

(1) 以"302102 会计将风明"的身份于"2017-11-14"登录。进入"总账"→"凭证",单击"填制凭证",打开记账凭证编制界面。

(2) 单击"增加"按钮,增加一空白凭证,凭证类型、凭证编号、制单日期自动生成;附单据数录入:"1"。

(3) 输入摘要:"预收货款"。

(4) 输入借方科目名称:"银行存款——建行 41622124757264",输入结算方式:网银,票据号:00810065;输入借方金额:"210 000.00"。

(5) 输入贷方科目名称:"预收账款"录入对话框客户信息"江苏欲德股份有限公司"(在基础设置——往来单位——客户档案中增加客户,如图 2-36 所示),输入贷方金额:"210 000.00"。

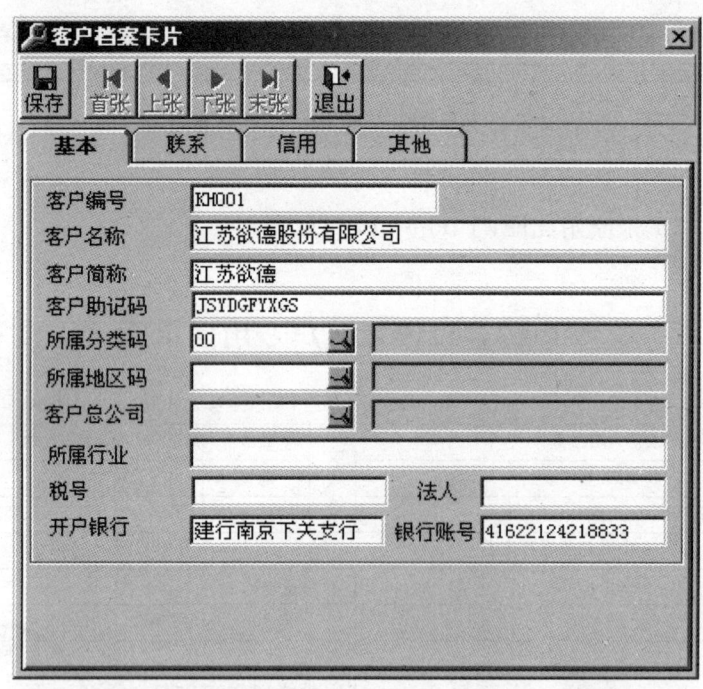

图 2-36　客户"江苏欲德"档案基本信息录入界面

(6) 单击"保存"按钮,如图 2-37 所示。

备注:往来款项的核算,在 T3 系统里有两种核算方式,以上采用的是在往来科目下设置客户或供应商辅助核算方式,还有一种是设置以客户或供应商名称为主的二级明细科目的形式进行处理,下面介绍这一种核算方式,具体操作步骤如下:

(1) 进入"基础设置"→"财务",点击"会计科目",进入会计科目编辑界面。

(2) 单击"增加"按钮,录入二级科目编码,科目名称为客户或供应商名称,单击确定,即完成了明细科目的编辑工作。

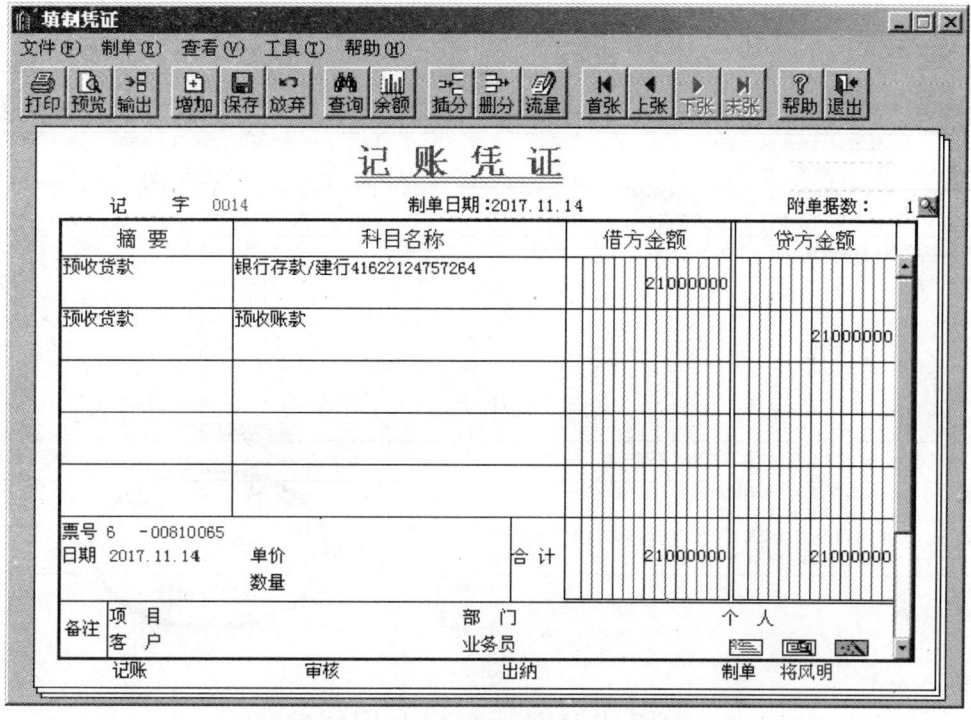

图 2-37　11 月"0014"号记账凭证填制完成后界面

【业务 15】　2017 年 11 月 20 日,取得原始凭证 3 张。

表 2-15-1

货物或应税劳务、服务名称	规格型号	单位	数量	单价	金　额	税率	税　额
宣传册设计费		笔	1	20000.00	20000.00	6%	1200.00
合　计					¥20000.00		¥1200.00

江苏 增值税专用发票　№ 55212156　3201161140

开票日期:2017年11月20日

购买方 名称:南京成功股份有限公司　纳税人识别号:913201059079880923　地址、电话:江苏省南京市建邺区赵志路85号 025-41967006　开户行及账号:中国建设银行南京市建邺区支行 41622124757264

价税合计(大写) 贰万壹仟贰佰元整　(小写) ¥21200.00

销售方 名称:南京红月广告有限公司　纳税人识别号:91320104541907633　地址、电话:江苏省南京市秦淮区姜小街傅保路10号 025-52578964　开户行及账号:中国建设银行南京市秦淮区支行 4162124087132

收款人:　复核:　开票人:张利宾　销售方:(发票专用章)

113

表 2-15-2

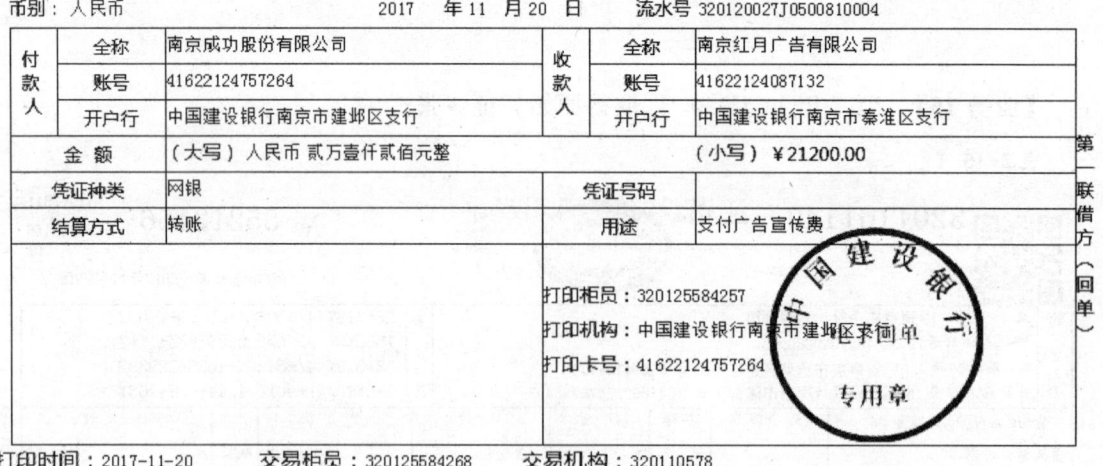

表 2-15-3

中国建设银行客户专用回单

币别：人民币   2017 年 11 月 20 日   流水号 320120027J0500810004

付款人	全称	南京成功股份有限公司	收款人	全称	南京红月广告有限公司
	账号	41622124757264		账号	41622124087132
	开户行	中国建设银行南京市建邺区支行		开户行	中国建设银行南京市秦淮区支行
金 额		（大写）人民币 贰万壹仟贰佰元整		（小写）￥21200.00	
凭证种类		网银	凭证号码		
结算方式		转账	用途		支付广告宣传费
			打印柜员：320125584257 打印机构：中国建设银行南京市建邺区支行 打印卡号：41622124757264		

打印时间：2017-11-20   交易柜员：320125584268   交易机构：320110578

    表 2-15-1 是江苏增值税专用发票的第二联抵扣联，此联应作为购买方抵扣进项税额的依据。该抵扣联不能作为记账凭证的附件，专门用于在规定期限内到税务机关办理认证或在平台办理勾选确认，并在认证通过或勾选确认的次月申报期内，向主管税务机关申报抵扣进项税额。

    表 2-15-2 是江苏增值税专用发票的第三联发票联，此联应作为购买方的记账依据。该原始凭证注明，"购买方"是本公司，"销售方"是南京红月广告有限公司，"货物或应税劳务、服务名称"是宣传册设计费，这表明本公司通过南京红月广告有限公司进行了广告设计。进行会计核算时，"金额"应记入"销售费用——广告宣传费"科目的借方，"税额"应记

入"应交税费——应交增值税——进项税额"科目的借方。

表 2-15-3 是中国建设银行客户专用回单的第一联借方回单,此联应作为付款方支付款项的记账依据。该原始凭证注明,"付款人"是本公司,"账号"为 41622124757264,这表明本公司已通过账号 41622124757264 的基本户支付了款项,进行会计核算时,应记入"银行存款——建行 41622124757264"科目的贷方。

因此,该笔业务在 T3 系统中的操作流程如下:

(1) 以"302102 会计将风明"的身份于"2017-11-20"登录。进入"总账"→"凭证",单击"填制凭证",打开记账凭证编制界面。

(2) 单击"增加"按钮,增加一空白凭证,凭证类型、凭证编号、制单日期自动生成;附单据数录入:"2"。

(3) 输入摘要:"支付宣传册设计费"。

(4) 输入借方科目名称:"销售费用——广告宣传费",输入借方金额:"20 000.00"。输入借方科目名称:"应交税费——应交增值税——进项税额",输入借方金额:"1 200.00"。

(5) 输入贷方科目名称:"银行存款——建行 41622124757264",输入结算方式"网银"、票据号"00810004",贷方金额:"21 200.00"。

(6) 单击"保存"按钮,如图 2-38 所示。

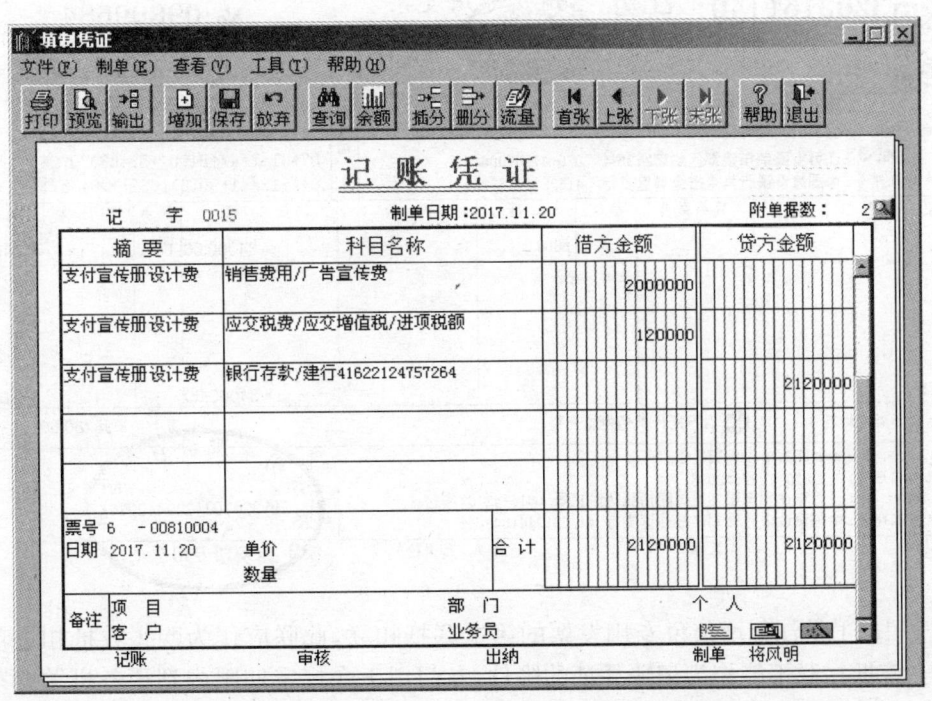

图 2-38　11 月"0015"号记账凭证填制完成后界面

【业务 16】　2017 年 11 月 25 日,取得原始凭证 2 张。

表 2-16-1

表 2-16-2

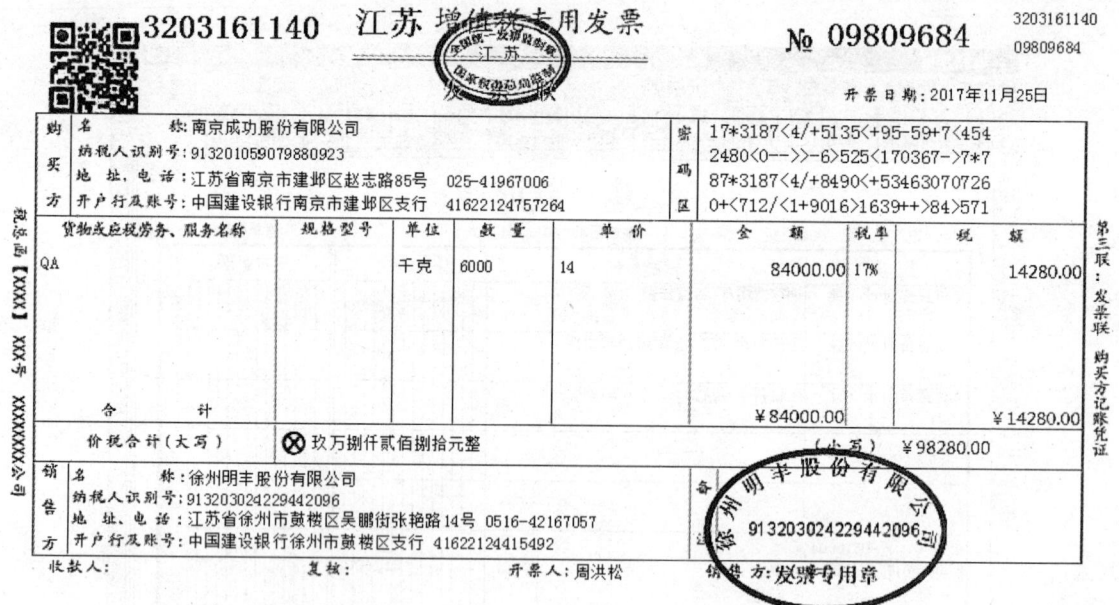

表 2-16-1 是江苏增值税专用发票的第二联抵扣联，此联应作为购买方抵扣进项税额的依据。该抵扣联不能作为记账凭证的附件，专门用于在规定期限内到税务机关办理认证或在平台办理勾选确认，并在认证通过或勾选确认的次月申报期内，向主管税务机关申报抵扣进项税额。

表 2-16-2 是江苏增值税专用发票的第三联发票联，此联应作为购买方的记账依据。该原始凭证注明，"购买方"是本公司，"销售方"是徐州明丰股份有限公司，"货物或应税劳务、服务名称"是 QA，这表明本公司向徐州明丰股份有限公司购买了原材料 QA。同时，由

于原始凭证中还没有收料单,这表明原材料尚未入库。因此,进行会计核算时,"金额"应记入"在途物资"辅助核算"QA"科目的借方,"税额"应记入"应交税费——应交增值税——进项税额"科目的借方。

由于该笔采购业务中没有相关付款的原始凭证,这表明本公司尚未支付上述购货款,进行会计核算时,上述所有款项均应记入"应付账款"中辅助核算"徐州明丰股份有限公司"科目的贷方。

因此,该笔业务在 T3 系统中的操作流程如下:

(1) 以"302102 会计将风明"的身份于"2017-11-25"登录。进入"总账"→"凭证",单击"填制凭证",打开记账凭证编制界面。

(2) 单击"增加"按钮,增加一空白凭证,凭证类型、凭证编号、制单日期自动生成;附单据数录入:"1"。

(3) 输入摘要:"采购材料,料未入库"。

(4) 输入借方科目名称:"在途物资",录入辅助核算"QA",输入数量"6 000",单价"14",借方金额自动生成:"84 000.00"。输入借方科目名称:"应交税费——应交增值税——进项税额",输入借方金额:"14 280.00"。

(5) 输入贷方科目名称:"应付账款"在供应商选项中追溯到供应商档案,增加并选择"徐州明丰股份有限公司",如图 2-39 所示,输入贷方金额:"98 280.00"。

(6) 单击"保存"按钮,如图 2-40 所示。

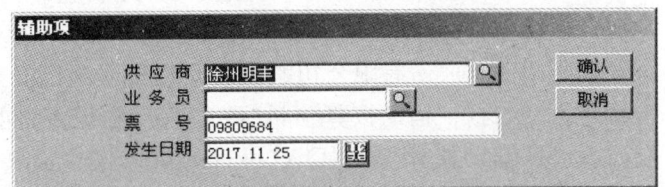

图 2-39 应付账款科目辅助核算信息录入界面

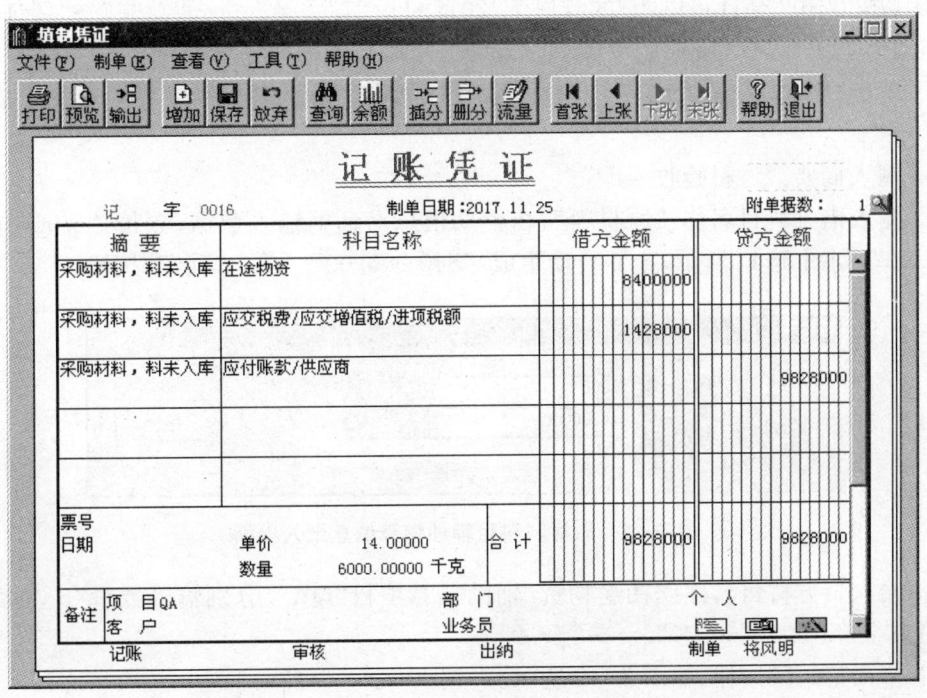

图 2-40 11 月"0016"号记账凭证填制完成后界面

【业务 17】 2017 年 11 月 27 日，取得原始凭证 1 张。

表 2-17-1

收 料 单

供应单位：徐州明丰股份有限公司　　　　2017 年 11 月 27 日　　　　编号 SL09735

材料编号	名称	单位	规格	数 量		实际成本			
				应收	实收	单价	发票价格	运杂费	总价
100202	QA	千克		6 000	6 000				
备注：									

收料人：张福平　　　　　　　　　　　　　　　　　　　　　　　交料人：李志华

第二联记账联

表 2-17-1 是收料单的第二联记账联，此联应作为收到材料的记账依据。该原始凭证注明，"供应单位"是徐州明丰股份有限公司，"名称"是 QA，"数量"为 6 000 千克，这表明本公司向徐州明丰股份有限公司购买的原材料 QA 已经全部验收入库。进行会计核算时，应分别记入"原材料"辅助核算项目"QA"科目的借方；同时，应将 11 月 17 日【业务 16】中的"在途物资"辅助核算项目"QA"科目的借方发生额转出，记入"在途物资"辅助核算项目"QA"科目的贷方。

因此，该笔业务在 T3 系统中的操作流程如下：

（1）以"302102 会计将风明"的身份于"2017-11-27"登录。进入"总账"→"凭证"，单击"填制凭证"，打开记账凭证编制界面。

（2）单击"增加"按钮，增加一空白凭证，凭证类型、凭证编号、制单日期自动生成；附单据数录入："1"。

（3）输入摘要："材料验收入库"。

（4）输入借方科目名称："原材料"，在辅助信息对话框输入数据，数量："6 000.00"，单价："14.00"，如图 2-41 所示，金额自动生成："840 000.00"。单击"确定"按钮。

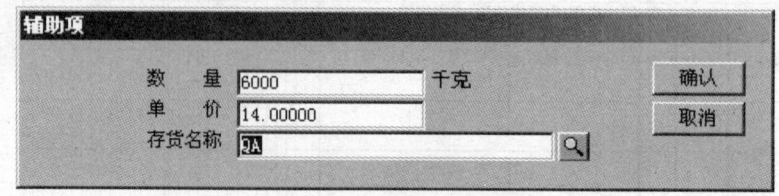

图 2-41　原材料科目辅助核算信息录入界面

（5）输入贷方科目名称："在途物资"辅助核算项目"QA"，分别输入数量"6 000"、单价"14"，贷方金额："840 000.00"。

（6）单击"保存"按钮，如图 2-42 所示。

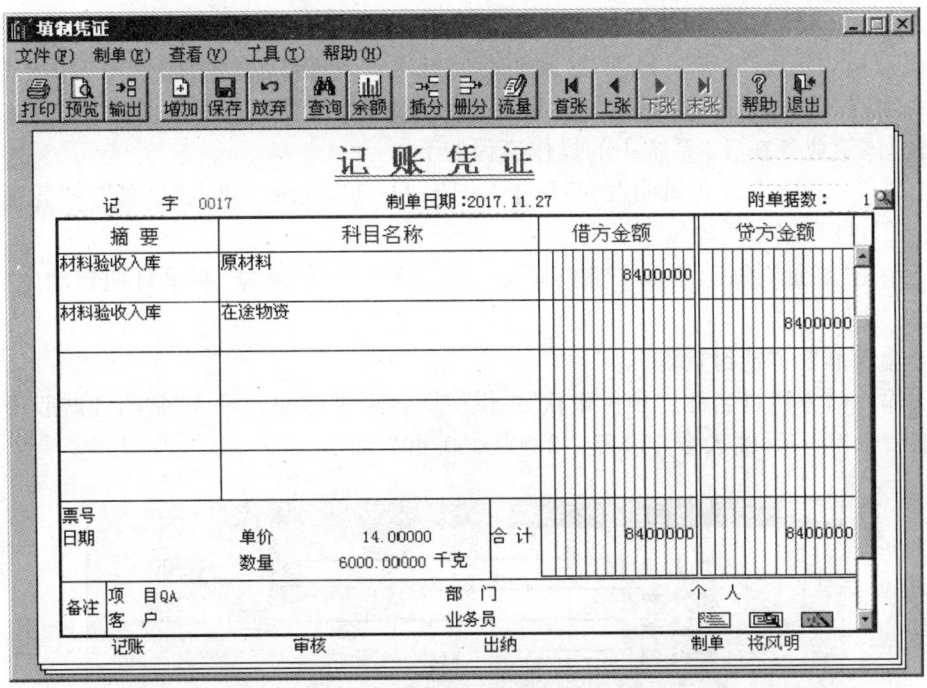

图 2-42　11 月"0017"号记账凭证填制完成后界面

【业务 18】　2017 年 11 月 30 日,取得原始凭证 1 张。

表 2-18-1

中国建设银行客户专用回单

币别：人民币　　　　　　2017　年 11 月 30 日　　流水号 320120027J0500810094

付款人	全称	南京成功股份有限公司	收款人	全称	常州佳诚股份有限公司
	账号	41622124757264		账号	41622124427582
	开户行	中国建设银行南京市建邺区支行		开户行	中国建设银行常州市天宁区支行
金　额		(大写)人民币 贰拾万元整		(小写) ￥200000.00	
凭证种类		网银	凭证号码		
结算方式		转账	用途		预付款
			打印柜员：320125584257 打印机构：中国建设银行南京市建邺区支行 打印卡号：41622124757264		

第一联 借方（回单）

打印时间：2017-11-30　　交易柜员：320125584268　　交易机构：320110500541104177

　　表 2-18-1 是中国建设银行网银凭证的第二联客户回单联,此联应作为付款人支付款项的记账依据。该原始凭证注明,"付款人"是本公司,"账号"为 41622124757264,这表明本公司已将款项从账号为 41622124757264 的基本户转出。进行会计核算时,应记入"银行存

款——建行 41622124757264"科目的贷方。同时,原始凭证中还注明,"收款人"是常州佳诚股份有限公司,"用途"是预付货款,这表明本公司向常州佳诚股份有限公司预付了货款,进行会计核算时,应记入"预付账款"辅助核算项目"常州佳诚股份有限公司"科目的借方。

因此,该笔业务在 T3 系统中的操作流程如下:

(1)以"302102 会计将风明"的身份于"2017-11-30"登录。进入"总账"→"凭证",单击"填制凭证",打开记账凭证编制界面。

(2)单击"增加"按钮,增加一空白凭证,凭证类型、凭证编号、制单日期自动生成;附单据数录入:"1"。

(3)输入摘要:"预付货款"。

(4)输入借方科目名称:"预付账款"在供应商往来中增加并录入"常州佳诚股份有限公司",如图 2-43 所示,输入借方金额:"2 000 000.00"。

图 2-43　预付账款科目辅助核算信息录入界面

(5)输入贷方科目名称:"银行存款——建行 41622124757264",输入结算方式:网银,票据号 00810094,贷方金额:"2 000 000.00"。

(6)单击"保存"按钮,如图 2-44 所示。

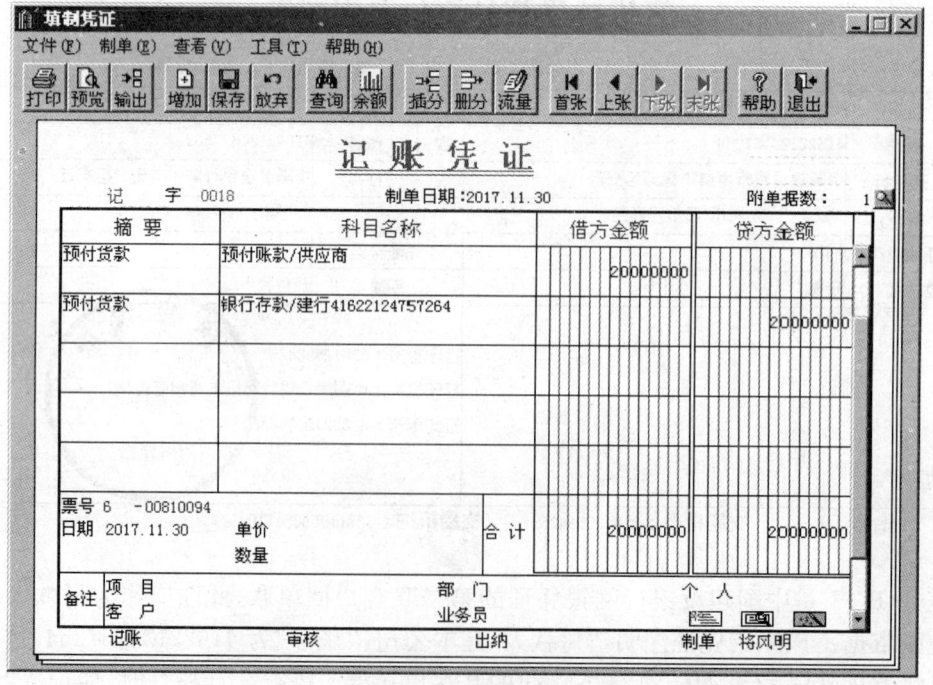

图 2-44　11 月"0018"号记账凭证填制完成后界面

【业务19】 2017 年 11 月 30 日,取得原始凭证 2 张。

表 2-19-1

工资计算表

2017 年 11 月 30 日

员工姓名	所属部门	职 务	应付工资
李胜利	办公室	总经理、法人	7 000
周长虹	办公室	主任	6 500
于成功	办公室	办事员	5 500
张福平	办公室	仓库保管员	3 800
周 琳	财务部	经理	4 100
将风明	财务部	总账会计	5 000
陈雨涵	财务部	出纳	3 000
强洪森	采购部	经理	4 500
李 娟	采购部	采购员	3 700
张玉林	销售门市部	经理	4 800
李晓明	销售门市部	销售员	3 600
周络顺	生产车间	经理	4 800
李 亚	生产车间	生产人员	4 500
蒋明洁	生产车间	生产人员	4 300
黄忆成	生产车间	生产人员	3 800
周永海	生产车间	生产人员	3 800
李永波	生产车间	生产人员	3 600
蒋 敏	生产车间	生产人员	4 200
李洁洪	生产车间	生产人员	3 600
周 强	生产车间	生产人员	3 400
吴敏洁	生产车间	生产人员	4 300
陈立生	生产车间	生产人员	3 200
合 计			95 000

制表:将风明   审核:周琳

表 2-19-2

11 月工资分配表

2017 年 11 月 30 日

应借账户	直接计入	分配计入			合 计
		生产工时	分配率	分配金额	
生产成本——K01		800		12 384	12 384
——S02		1 700		26 316	26 316
合 计		2 500	15.48	38 700	38 700

（续表）

应借账户	直接计入	分配计入			合　计
		生产工时	分配率	分配金额	
制造费用	4 800				4 800
管理费用	43 100				43 100
销售费用	8 400				8 400
合计	56 300				95 000

制表：将风明　　　　　　　　　　　　　　　　　　　　　　　审核：周琳

　　表 2-19-1 是 11 月工资及应扣款项计算表。表 2-19-2 是工资费用分配表,此表应作为期末计算分配工资费用的记账依据。该原始凭证注明的内容表明,本月支付给职工的工资总额是 95 000 元,进行会计核算时,"应付工资"合计金额应记入"应付职工薪酬——工资"科目的贷方;同时,生产 K01、S02 产品分别发生了工资费用 12 384 元和 26 316 元,应分别记入"生产成本——直接人工"中辅助核算项目"K01"和"S02"科目的借方;此外,生产车间、管理部门和专设销售机构分别发生了工资费用 4 800 元、43 100 元和 8 400 元,进行会计核算时,应分别记入"制造费用——工资""管理费用——工资"和"销售费用——工资"科目的借方。

　　因此,该笔业务在 T3 系统中的操作流程如下:

　　（1）以"302102 会计将风明"的身份登录。进入"工资"→"业务处理",选中"工资变动",根据表 2-19-1 资料录入各职工的工资总额,然后单击鼠标右键,选择重新计算,重复多次操作,直到各工资项目数据不再变化为止,如图 2-45 所示。

工 资 变 动

姓名	部门	人员类别	工资总额	养老保险	医疗保险	失业保险	住房公积金	计税工资	代扣税	扣款合计	实发合计	分配计入工资
李胜利	办公室	管理	7,000.00	560.00	150.00	35.00	700.00	5,565.00	101.50	1,546.50	5,453.50	
周长虹	办公室	管理	6,500.00	520.00	140.00	32.50	650.00	5,167.50	61.75	1,404.25	5,095.75	
于成功	办公室	管理	5,500.00	440.00	120.00	27.50	550.00	4,372.50	26.18	1,163.68	4,336.32	
张福平	办公室	管理	3,800.00	304.00	86.00	19.00	380.00	3,021.00		789.00	3,011.00	
周琳	财务部	管理	4,100.00	328.00	92.00	20.50	410.00	3,259.50		850.50	3,249.50	
将风明	财务部	管理	5,000.00	400.00	110.00	25.00	500.00	3,975.00	14.25	1,049.25	3,950.75	
陈雨涵	财务部	管理	3,000.00	240.00	70.00	15.00	300.00	2,385.00		625.00	2,375.00	
强洪森	采购部	管理	4,500.00	360.00	100.00	22.50	450.00	3,577.50	2.33	934.83	3,565.17	
李娟	采购部	管理	3,700.00	296.00	84.00	18.50	370.00	2,941.50		768.50	2,931.50	
张玉林	销售门市部	销售	4,800.00	384.00	106.00	24.00	480.00	3,816.00	9.48	1,003.48	3,796.52	
李晓明	销售门市部	销售	3,600.00	288.00	82.00	18.00	360.00	2,862.00		748.00	2,852.00	
周络顺	生产车间	管理	4,800.00	384.00	106.00	24.00	480.00	3,816.00	9.48	1,003.48	3,796.52	
李亚	生产车间	生产	4,500.00	360.00	100.00	22.50	450.00	3,577.50	2.33	934.83	3,565.17	
蒋明洁	生产车间	生产	4,300.00	344.00	96.00	21.50	430.00	3,418.50		891.50	3,408.50	
黄忆成	生产车间	生产	3,800.00	304.00	86.00	19.00	380.00	3,021.00		789.00	3,011.00	
周永海	生产车间	生产	3,800.00	304.00	86.00	19.00	380.00	3,021.00		789.00	3,011.00	
李永波	生产车间	生产	3,600.00	288.00	82.00	18.00	360.00	2,862.00		748.00	2,852.00	
蒋敏	生产车间	生产	4,200.00	336.00	94.00	21.00	420.00	3,339.00		871.00	3,408.50	
李洁洪	生产车间	生产	3,600.00	288.00	82.00	18.00	360.00	2,862.00		748.00	2,852.00	
周强	生产车间	生产	3,400.00	272.00	78.00	17.00	340.00	2,703.00		707.00	2,693.00	
吴敏洁	生产车间	生产	4,300.00	344.00	96.00	21.50	430.00	3,418.50		891.50	3,408.50	
陈立生	生产车间	生产	3,200.00	256.00	74.00	16.00	320.00	2,544.00		666.00	2,534.00	
K01产品	生产车间	K01人工分配										
S02产品	生产车间	S02人工分配										

图 2-45　工资变动录入工资总额计算后的结果界面

　　（2）在"工资变动"中通过计算,生产工人工资合计 38 700 元,根据工时比例,其中 K01 产品负担工资费用 12 384 元,S02 产品负担工资费用 26 316 元,将金额录入工资变动两个产品所对应的"分配计入工资"项目中,如图 2-46 所示。

工资变动

人员编号	姓名	部门	人员类别	代扣税	扣款合计	实发合计	分配计入工资
101001	李胜利	办公室	管理	101.50	1,546.50	5,453.50	
101002	周长虹	办公室	管理	61.75	1,404.25	5,095.75	
101003	于成功	办公室	管理	26.18	1,163.68	4,336.32	
101004	张福平	办公室	管理		789.00	3,011.00	
102005	周琳	财务部	管理		850.50	3,249.50	
102006	将凤明	财务部	管理	14.25	1,049.25	3,950.75	
102007	陈雨涵	财务部	管理		625.00	2,375.00	
103008	强洪森	采购部	管理	2.33	934.83	3,565.17	
103009	李娟	采购部	管理		768.50	2,931.50	
201010	张玉林	销售门市部	销售	9.48	1,003.48	3,796.52	
201011	李晓明	销售门市部	销售		748.00	2,852.00	
301012	周绪顺	生产车间	管理	9.48	1,003.48	3,796.52	
301113	李亚	生产车间	生产	2.33	934.83	3,565.17	
301114	蒋明洁	生产车间	生产		891.50	3,408.50	
301115	黄忆成	生产车间	生产		789.00	3,011.00	
301116	周永海	生产车间	生产		789.00	3,011.00	
301117	李永波	生产车间	生产		748.00	2,852.00	
301118	蒋敏	生产车间	生产		871.00	3,329.00	
301119	李洁洪	生产车间	生产		748.00	2,852.00	
301120	周强	生产车间	生产		707.00	2,693.00	
301121	吴敏洁	生产车间	生产		891.50	3,408.50	
301122	陈立生	生产车间	生产		666.00	2,534.00	
3012A1	K01产品	生产车间	K01人工分配				12,384.00
3013B1	S02产品	生产车间	S02人工分配				26,316.00

过滤器：所有项目

图2-46　工资变动录入分配计入工资项目数据后界面

（3）退出工资变动，退出时要求进行工资计算和汇总。

（4）进行工资分摊的设置，进入"工资"→"业务处理"，选中"工资分摊"如图2-47所示，单击"工资分摊设置"按钮，进入"分摊类型设置"对话框，单击"增加"按钮，弹出"分摊计提比例设置"对话框，在"计提类型名称"中录入"分配工资费用"，"分摊计提比例"默认"100％"，单击"下一步"；弹出"分摊构成设置"对话框，如图2-48所示，在第一行中，进行"管理"部门的费用项目设置："部门名称"中选择办公室、财务部和采购部，确定，"人员类别"选择"管理"，"项目"为"工资总额"，借方科目选择"管理费用——工资"，贷方科目选择"应付职工薪酬——工资"。

在第二行中进行销售门市部的费用项目设置："部门名称"中选择销售门市部，确定，"人员类别"选择"销售"，"项目"为"工资总额"，借方科目选择"销售费用——工资"，贷方科目选择"应付职工薪酬——工资"。

在第三行中进行生产车间管理人员的费用项目设置："部门名称"中选择生产车间，确定，"人员类别"选择"管理"，"项目"为"工资总额"，借方科目选择"制造费用——工资"，贷方科目选择"应付职工薪酬——工资"。

在第四行中进行"K01"产品工资费用分摊设置："部门名称"中选择生产车间，确定，"人员类别"选择"K01人工分配"，"项目"为"分配计入工资"，借方科目选择"生产成本——直接人工"，贷方科目选择"应付职工薪酬——工资"。

在第五行中进行"S02"产品工资费用分摊设置："部门名称"中选择生产车间，确定，"人员类别"选择"S02 人工分配","项目"为"分配计入工资",借方科目选择"生产成本——直接人工",贷方科目选择"应付职工薪酬——工资"。

完成所有部门工资费用分摊的设置,如图 2-49 所示,单击"完成"按钮,返回"分摊类型设置"对话框,单击"返回"按钮,返回"工资分摊"对话框。

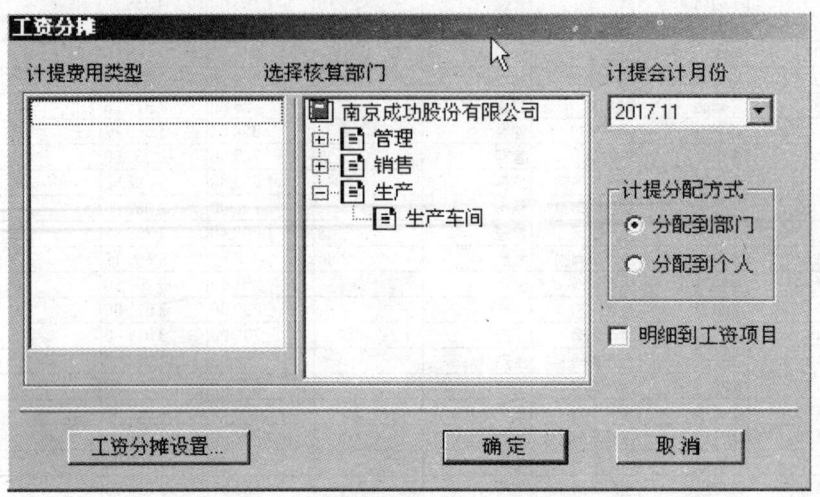

图 2-47 "工资分摊"打开后界面

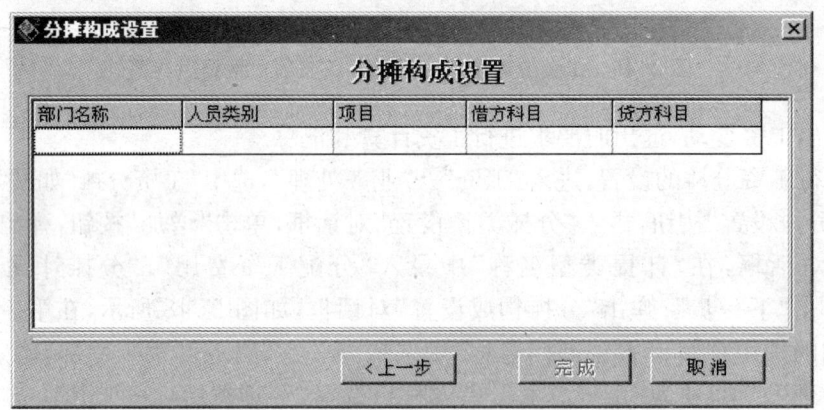

图 2-48 工资费用分摊详细设置打开后界面

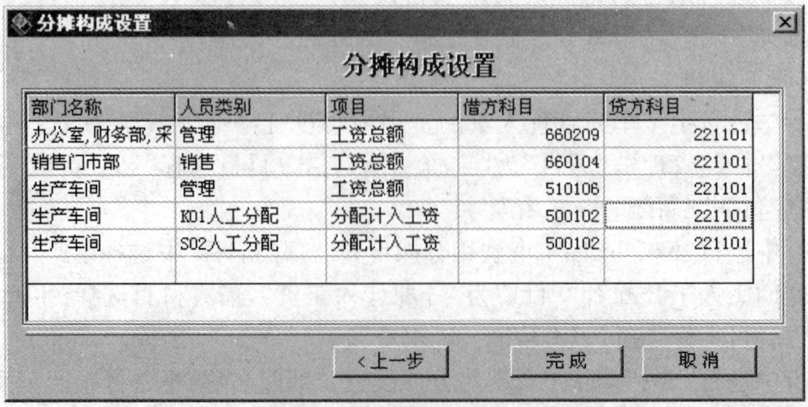

部门名称	人员类别	项目	借方科目	贷方科目
办公室,财务部,采	管理	工资总额	660209	221101
销售门市部	销售	工资总额	660104	221101
生产车间	管理	工资总额	510106	221101
生产车间	K01人工分配	分配计入工资	500102	221101
生产车间	S02人工分配	分配计入工资	500102	221101

图 2-49 工资费用分摊详细设置完成后界面

(5) 工资费用凭证的生成,在"工资分摊"对话框中,在"分配工资费用"复选框中打"√",选择所有的核算部门,以分配到部门,明细到工资项目的要求,如图 2-50 所示,单击"确定"按钮,显示"分配工资费用一览表",在"合并科目相同、辅助荐相同的分录"复选框中打"√",如图 2-51 所示,选中"制单"命令,生成分配工资费用的记账凭证。

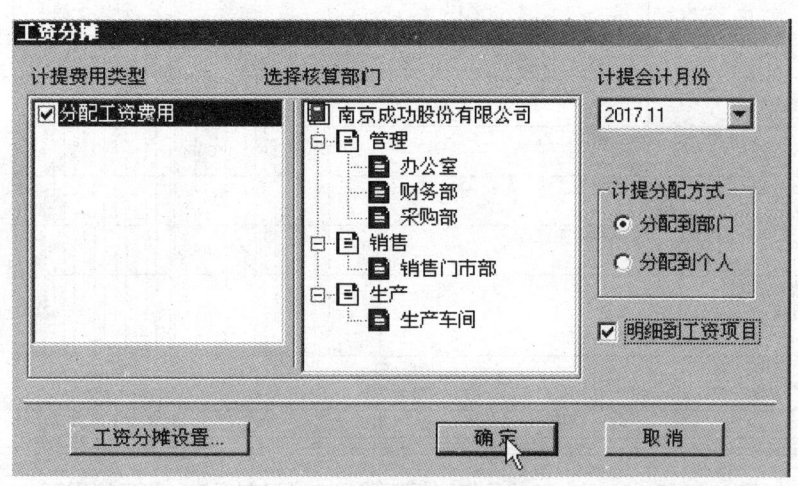

图 2-50 工资费用凭证生成前各项设置及选择界面

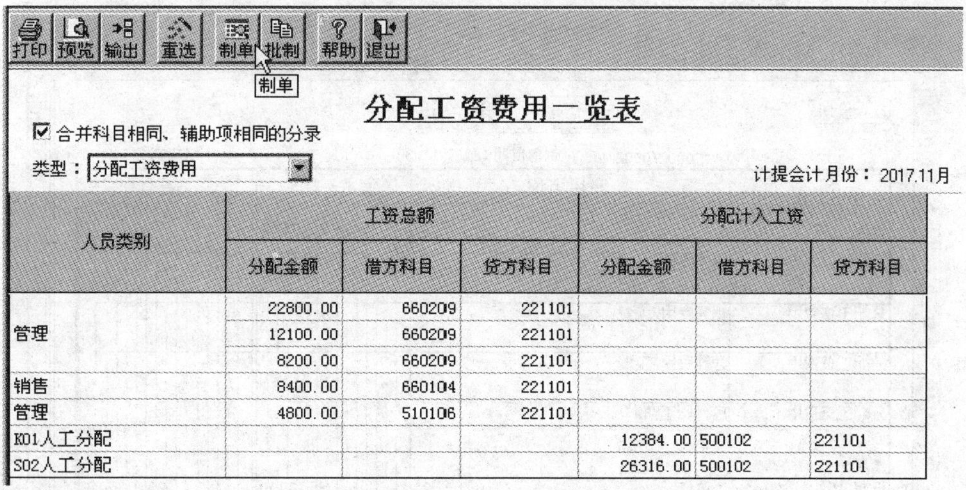

分配工资费用一览表

☑ 合并科目相同、辅助项相同的分录

类型:分配工资费用   计提会计月份:2017.11月

人员类别	工资总额			分配计入工资		
	分配金额	借方科目	贷方科目	分配金额	借方科目	贷方科目
管理	22800.00	660209	221101			
	12100.00	660209	221101			
	8200.00	660209	221101			
销售	8400.00	660104	221101			
管理	4800.00	510106	221101			
K01人工分配				12384.00	500102	221101
S02人工分配				26316.00	500102	221101

图 2-51 "分配工资费用"凭证生成前金额、借贷科目及科目合并设置等信息界面

(6) 记账凭证的编辑与保存,生成的记账凭证类型默认为"记";凭证自动编号;制单日期自动生成;附单据数录入:"2"。在第一行借方科目名称:"生产成本——直接人工",下移打开对话框,录入项目名称"K01";在第二行借方科目名称:"生产成本——直接人工",下移打开对话框,录入项目名称"S02";单击"保存"按钮,如图 2-52-1 和图 2-52-2 所示。

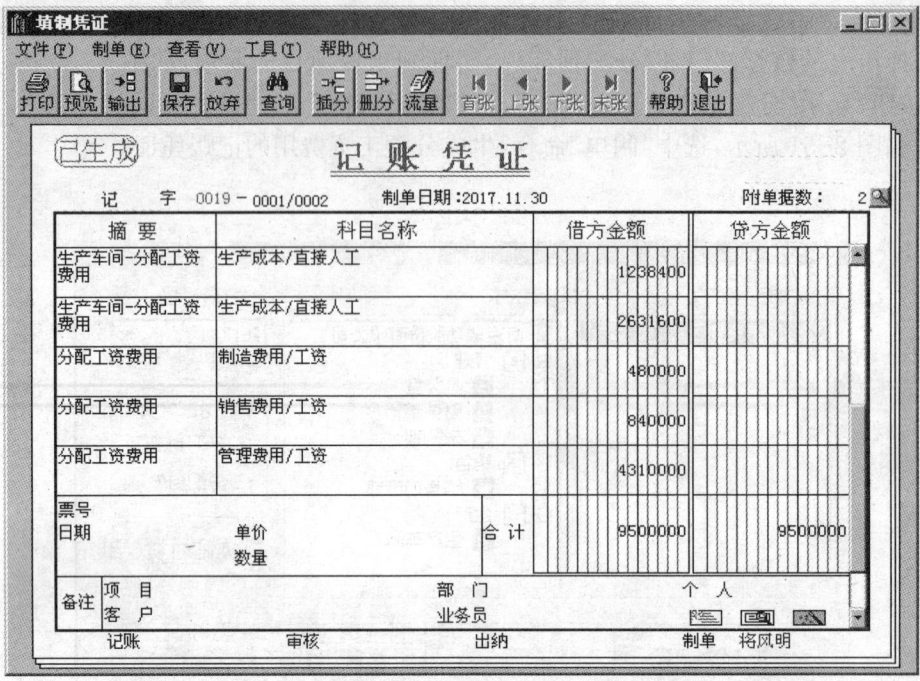

图 2-52-1 11 月"0019"号记账凭证编辑完成保存后第一张凭证界面

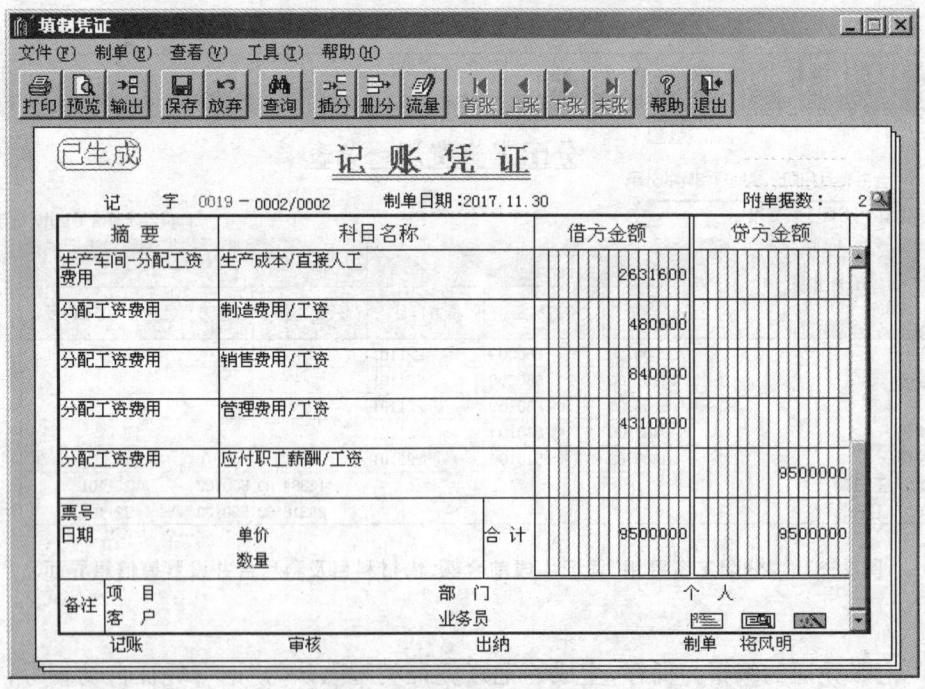

图 2-52-2 11 月"0019"号记账凭证保存后第二张凭证界面

需要说明的是:记账凭证生成后,在保存前,还必须根据原始凭证、项目核算要求等对记账凭证进行编辑,如附件、生产成本——直接人工的具体项目(按项目代码依次排列确定)等,在保存前必须检查记账凭证没有任何错误。若该记账凭证保存后发现凭证错误,则要查明原因进行处理,一般工资系统生成的凭证错误原因有三种:一是生成的凭证本身错误,与其他工资系统的内容无关;二是生成的凭证是由于工资分摊设置造成的;三是生成的凭证是工资变动表中的错误造成的。

第一,由于凭证编辑造成工资系统记账凭证错误,不能直接在总账系统进行修改,也不能在生成凭证的工资系统进行修改,而必须由原填制人在凭证生成的系统(工资系统)中删除原错误凭证后,重新生成正确的记账凭证。具体操作流程是:进入工资系统的"统计分析"选项,执行"凭证查询"命令→进入"凭证查询"对话框,选择错误凭证的记录→执行"删除"命令,按系统提示可完成凭证的删除工作→按本业务"(5)""(6)"两项的操作进行生成及编辑正确凭证的处理工作。

第二,由于工资分摊设置错误导致生成的凭证错误,此错误的更正流程是:首先由原填制人删除生成的凭证,删除凭证操作参考"第一"的凭证删除流程,以工资账套主管的身份登录 T3 软件,在"工资"菜单的"业务处理"选项中执行"工资分摊"命令,在打开的"工资分摊"对话框下单击"工资分摊设置",弹出"分摊类型设置"界面,选择错误的工资分摊设置,单击"修改"命令,然后按教材第一部分工资分摊设置的步骤和方法进行正确的设置,按本业务"(5)""(6)"两项的操作进行生成及编辑正确凭证的处理工作。

第三,由于工资变动内容错误造成生成凭证错误,其错误更正流程是:首先,由原填制人删除生成的凭证,删除凭证操作参考"第一"的凭证删除流程→查明工资变动错误原因,一般有人员类别设置错误、工资项目计算公式设置错误以及工资基本数据录入错误等原因。如果是前两项错误造成的,按教材第一部分"工资"的相应基础设置修改的方式进行操作;如果是工资基本数据录入错误造成的,则以工资账套主管的身份登录 T3 软件,在"工资"菜单的"业务处理"选项中执行"工资变动"命令,在打开的"工资变动"界面找出录入错误的数据,直接进行修改,此项操作参考本业务"(1)"的步骤进行,按本业务"(5)""(6)"两项的操作进行生成及编辑正确凭证的处理工作。

【业务 20】 2017 年 11 月 30 日,取得原始凭证 1 张。

表 2-20-1

五险一金计算表
2017 年 11 月 30 日

应借账户	工资总额	养老保险	医疗保险	失业保险	工伤保险	生育保险	住房公积金	五险一金合计
生产成本——K01	12 384	2 476.8	1 114.56	123.84	61.92	61.92	1 238.4	5 077.44
——S02	26 316	5 263.2	2 368.44	263.16	131.58	131.58	2 631.6	10 789.56
合　计	38 700	7 740	3 483	387	193.5	193.5	3 870	15 867
制造费用	4 800	960	432	48	24	24	480	1 968
管理费用	43 100	8 620	3 879	431	215.5	215.5	4 310	17 671
销售费用	8 400	1 680	756	84	42	42	840	3 444
合　计	95 000	19 000	8 550	950	475	475	9 500	38 950

制表:将风明　　　　　　　　　　　　　　　　　　　　　　　　审核:周琳

表 2-20-1 是五险一金计算表,此表应作为期末计算分配五险一金的记账依据。该原始凭证注明的内容表明,本月应承担的五险一金合计数为 38 950 元,进行会计核算时,合计金额应分别记入"应付职工薪酬——社会保险费""应付职工薪酬——设定提存计划"和"应付职工薪酬——住房公积金"科目的贷方;同时,生产 K01、S02 产品分别发生了五险一金费用为 5 077.44 元和 10 789.56 元,进行会计核算时,应分别记入"生产成本——直接人工"辅助核算"K01"和"S02"科目的借方;此外,生产车间、管理部门和专设销售机构分别发生了五险一金费用为 1 968 元、17 671 元和 3 444 元,应分别记入"制造费用——五险一金""管理费用——五险一金"和"销售费用——五险一金"科目的借方。

该笔业务在 T3 系统中的操作流程有两种方式。

一是分别五险一金进行工资的分摊设置,分别生成五张记账凭证。其具体操作流程如下:

(1) 以"302102 会计将凤明"的身份登录。进入"工资"→"业务处理",单击"工资分摊",进行计提养老保险分摊的设置,其中"分摊计提比例设置"对话框中设置的比例为"20%";其"分摊构成设置"如图 2-53 所示。

分摊构成设置

部门名称	人员类别	项目	借方科目	贷方科目
办公室,财务部,采	管理	工资总额	660211	22110401
销售门市部	销售	工资总额	660106	22110401
生产车间	管理	工资总额	510108	22110401
生产车间	K01人工分配	分配计入工资	500102	22110401
生产车间	S02人工分配	分配计入工资	500102	22110401

< 上一步   完成   取消

图 2-53 计提养老保险工资分摊详细设置界面

(2) 计提养老保险凭证的生成,在"工资分摊"对话框中,在"计提养老保险"复选框中打"√",选择所有的核算部门,以分配到部门,明细到工资项目的要求,单击"确定"按钮,显示"计提养老保险一览表",在"合并科目相同、辅助荐相同的分录"复选框中打"√",选中"制单"命令,生成计提养老保险的记账凭证。

(3) 记账凭证的修改与保存,生成的记账凭证类型默认;凭证自动编号;制单日期默认;附单据数录入:"1"。在第一行借方科目名称:"生产成本——直接人工",下移打开对话框,录入项目名称"K01";在第二行借方科目名称:"生产成本——直接人工",下移打开对话框,录入项目名称"S02";修改完成单击"保存"按钮,如图 2-54-1 和图 2-54-2 所示。

(4) 计提医疗保险的分摊设置和凭证的生成,重复(1)~(3)的步骤,进行工资分摊设置时,计提比例改为 9%,计提名称为"计提医疗保险",在"分摊构成设置"如图 2-55 所示中贷方科目定义为"22110301";生成的凭证如图 2-56-1 和图 2-56-2 所示。

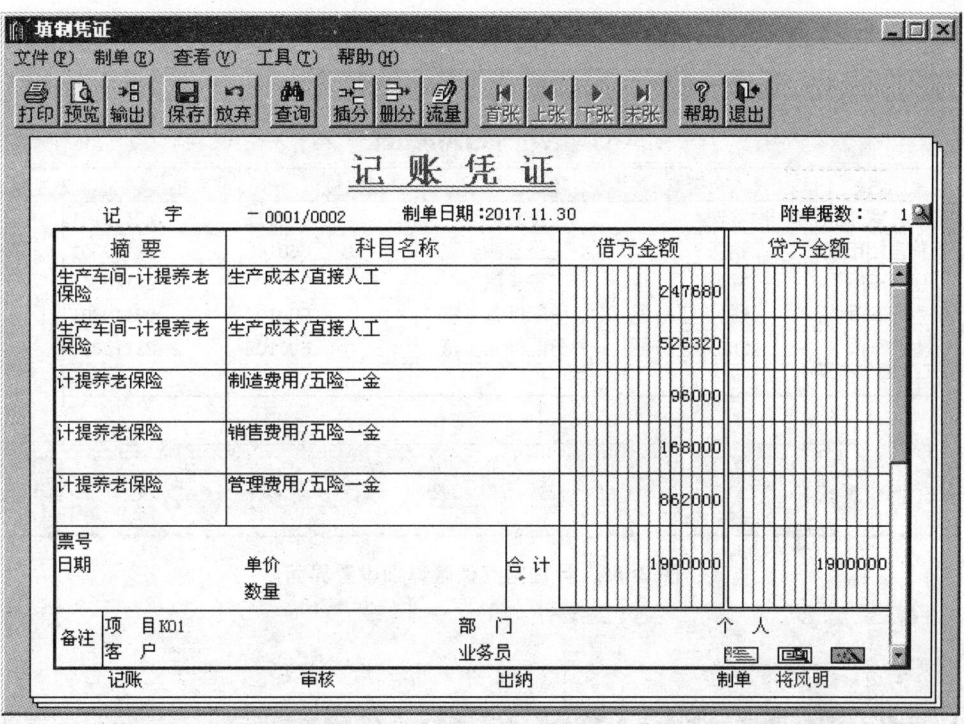

图 2-54-1 计提养老保险记账凭证生成编辑完成后第一张凭证界面

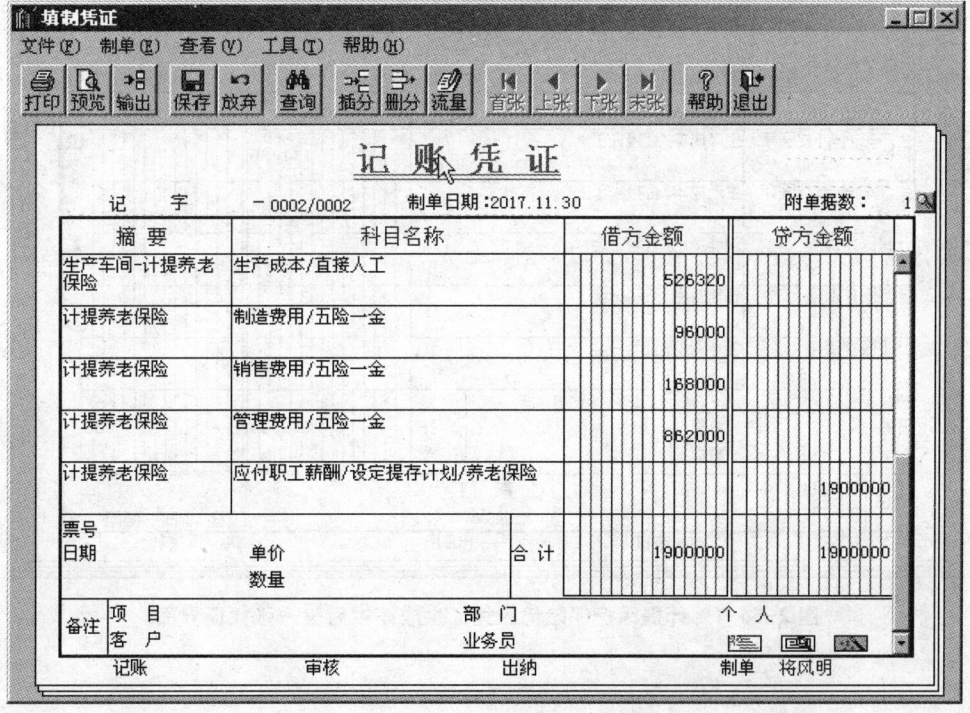

图 2-54-2 计提养老保险记账凭证生成编辑完成后第二张凭证界面

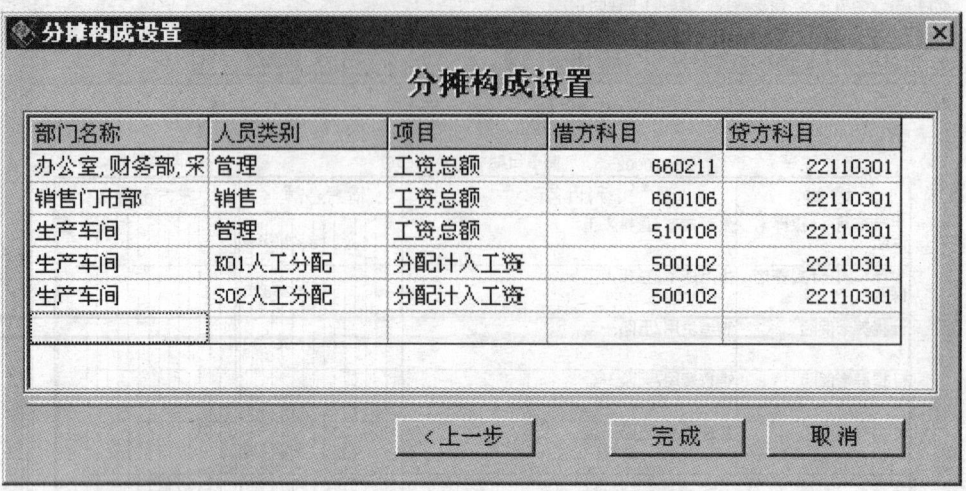

图 2-55　计提医疗保险详细设置界面

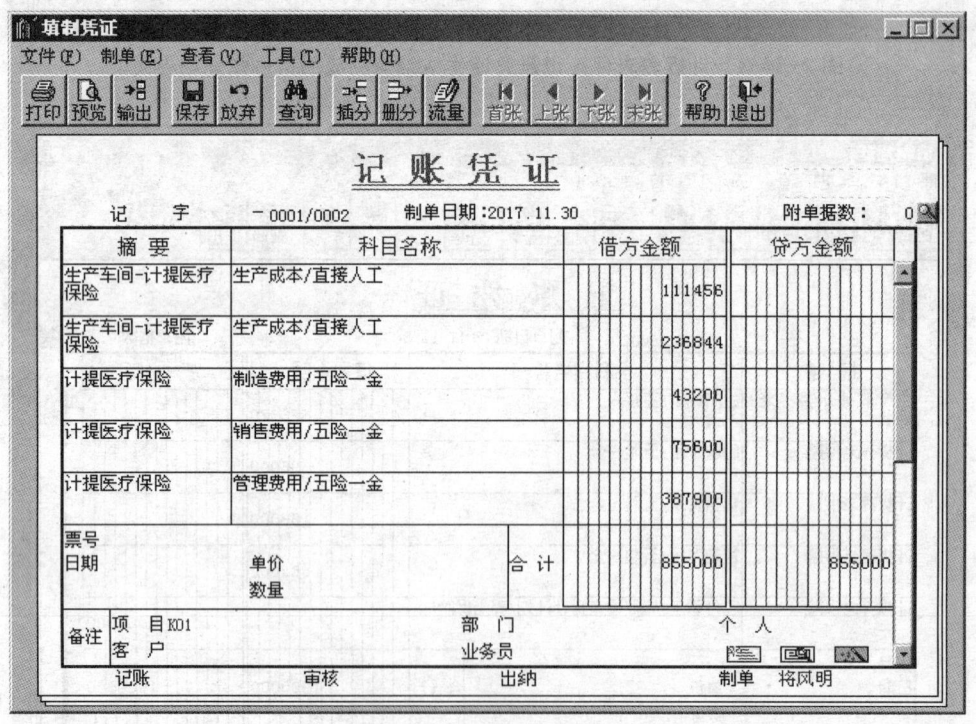

图 2-56-1　计提医疗保险记账凭证生成编辑后第一张凭证界面

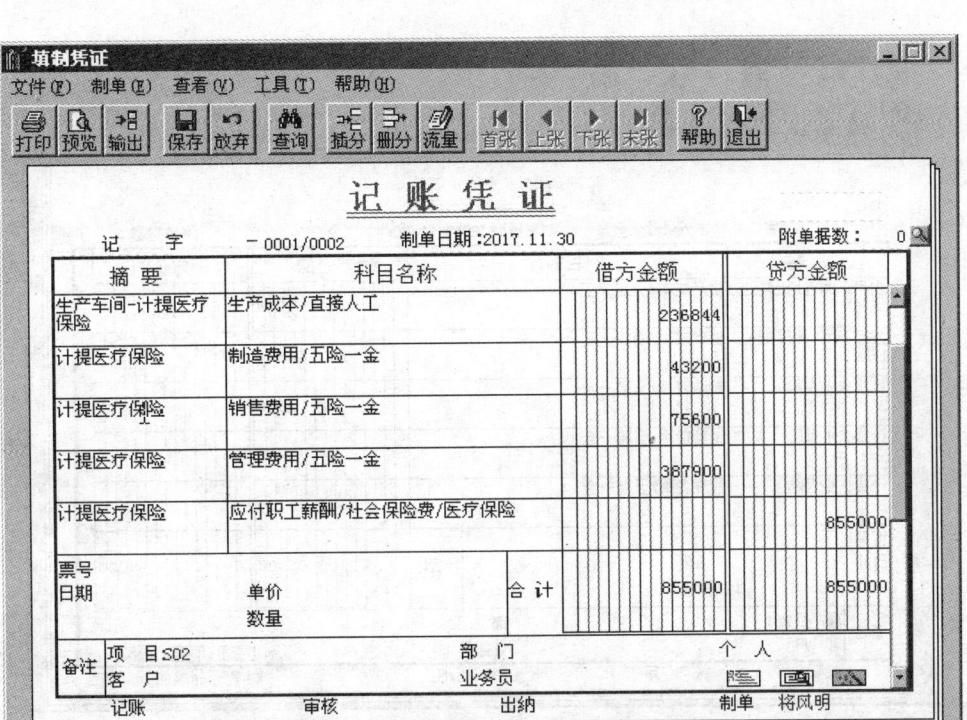

图 2-56-2 计提医疗保险凭证生成编辑后第二张凭证界面

(5) 计提失业保险的分摊设置和凭证的生成,重复(1)～(3)的步骤,进行工资分摊设置时,计提比例改为1%,计提名称为"计提失业保险",在"分摊构成设置"如图 2-57 所示中贷方科目定义为"22110402";生成的凭证,如图 2-58-1 和图 2-58-2 所示。

分摊构成设置

部门名称	人员类别	项目	借方科目	贷方科目
办公室,财务部,采	管理	工资总额	660211	22110402
销售门市部	销售	工资总额	660106	22110402
生产车间	管理	工资总额	510108	22110402
生产车间	K01人工分配	分配计入工资	500102	22110402
生产车间	S02人工分配	分配计入工资	500102	22110402

〈上一步　　完成　　取消

图 2-57 计提失业保险详细设置界面

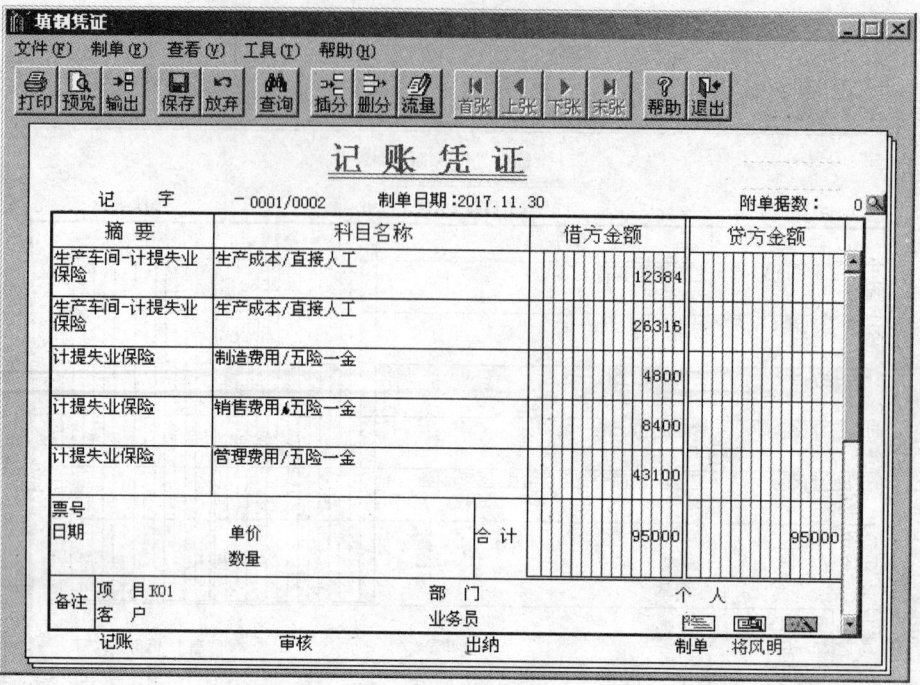

图 2-58-1　计提失业保险凭证生成编辑后第一张凭证界面

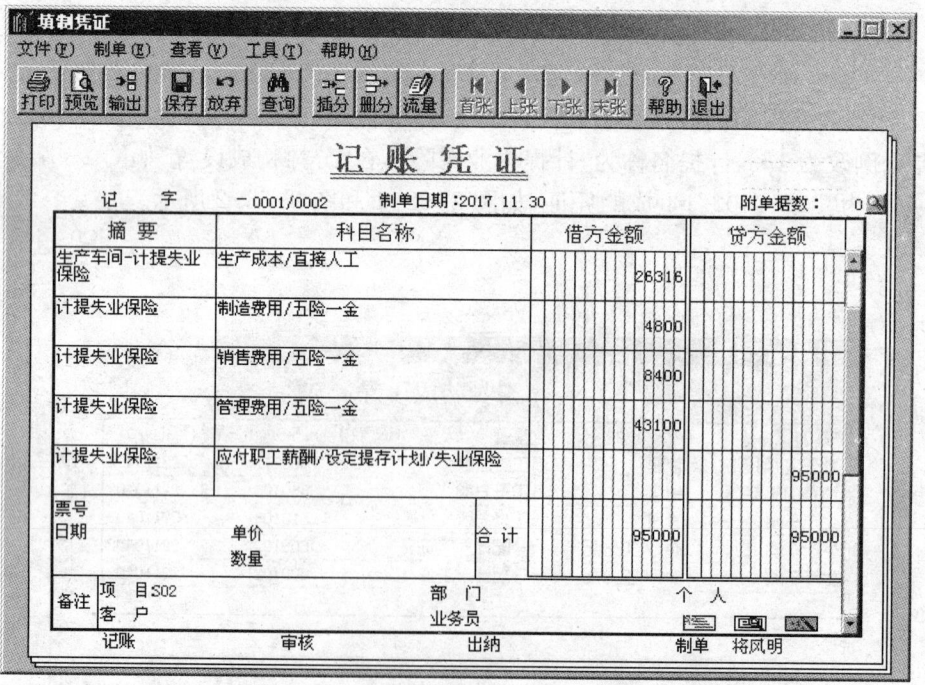

图 2-58-2　计提失业保险凭证生成编辑后第二张凭证界面

(6) 计提工伤保险的分摊设置和凭证的生成,重复(1)～(3)的步骤,进行工资分摊设置时,计提比例改为0.5%,计提名称为"计提工伤保险",在"分摊构成设置"如图2-59所示中贷方科目定义为"22110303";生成的凭证如图2-60-1和图2-60-2所示。

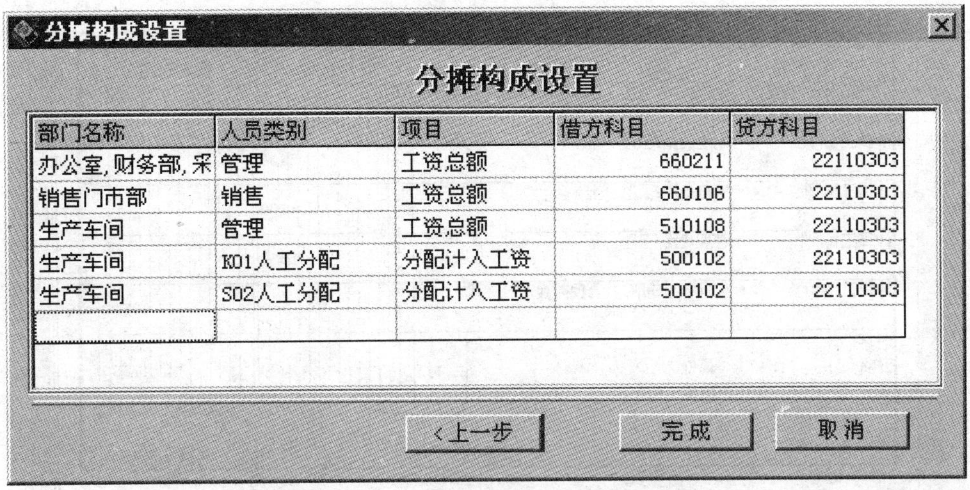

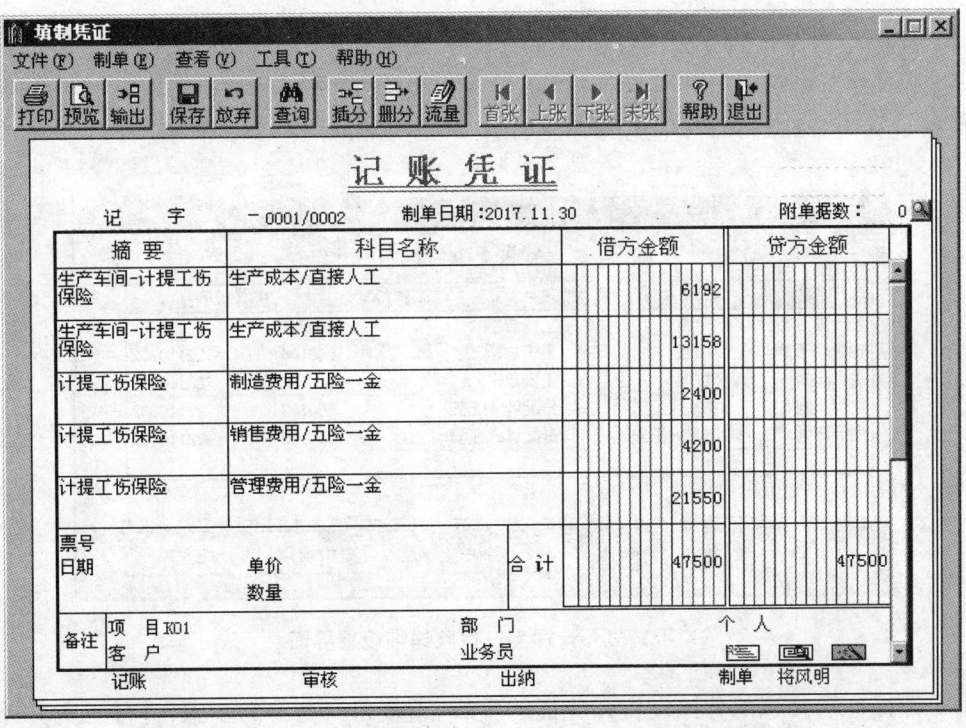

图 2-59 计提工伤保险详细设置界面

图 2-60-1 计提工伤保险凭证生成编辑后第一张凭证界面

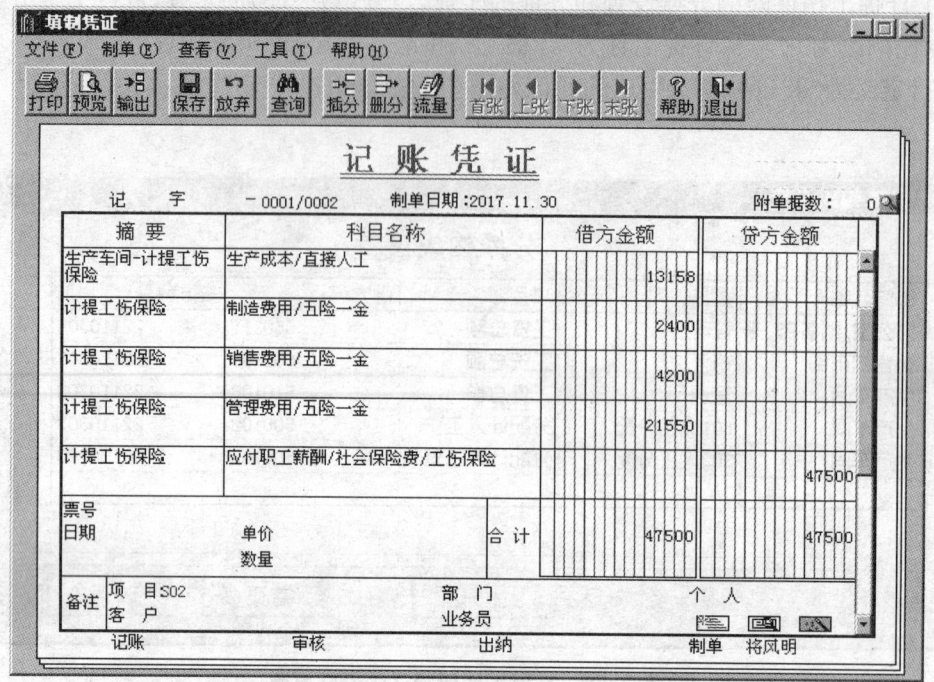

图 2-60-2　计提工伤保险凭证生成编辑后第二张凭证界面

（7）计提生育保险的分摊设置和凭证的生成，重复（1）～（3）的步骤，进行工资分摊设置时，计提比例改为 0.5%，计提名称为"计提生育保险"，在"分摊构成设置"如图 2-61 所示中贷方科目定义为"22110302"；生成的凭证如图 2-62-1 和图 2-62-2 所示。

分摊构成设置

部门名称	人员类别	项目	借方科目	贷方科目
办公室,财务部,采	管理	工资总额	660211	22110302
销售门市部	销售	工资总额	660106	22110302
生产车间	管理	工资总额	510108	22110302
生产车间	K01人工分配	分配计入工资	500102	22110302
生产车间	S02人工分配	分配计入工资	500102	22110302

〈上一步　　　完成　　　取消

图 2-61　计提生育保险详细设置界面

（8）计提住房公积的分摊设置和凭证的生成，重复（1）～（3）的步骤，进行工资分摊设置时，计提比例改为 10%，计提名称为"计提住房公积"，在"分摊构成设置"如图 2-63 所示中贷方科目定义为"221105"；生成的凭证如图 2-64-1 和图 2-64-2 所示。

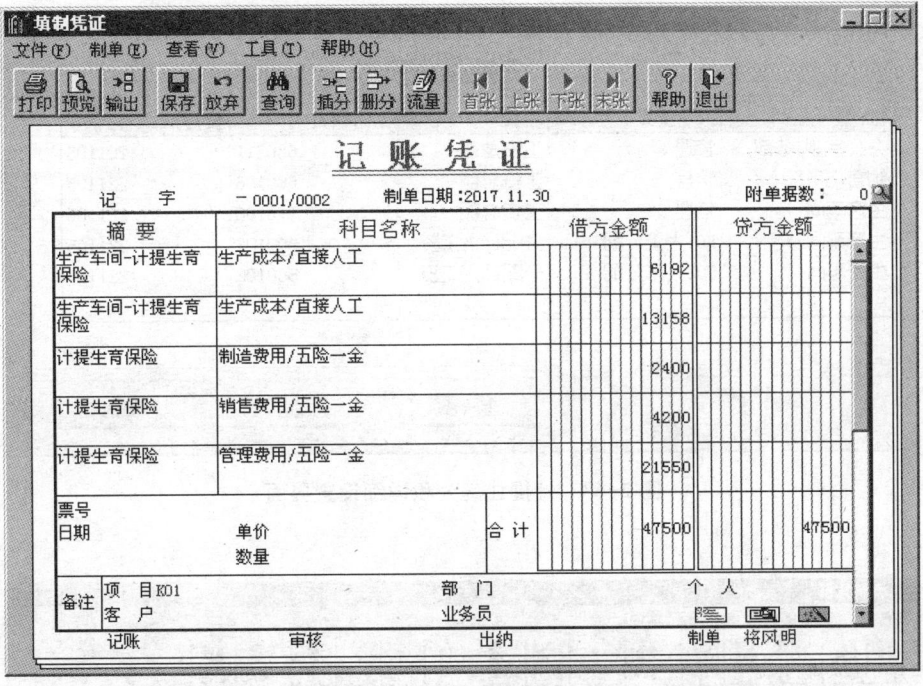

图 2-62-1　计提生育保险凭证生成编辑后第一张凭证界面

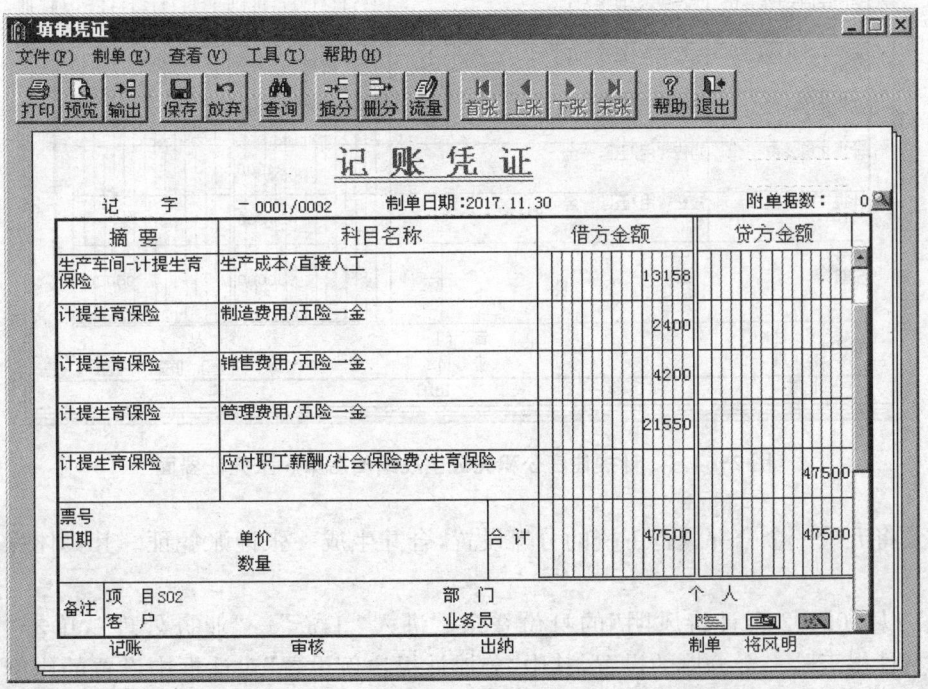

图 2-62-2　计提生育保险凭证生成编辑后第二张凭证界面

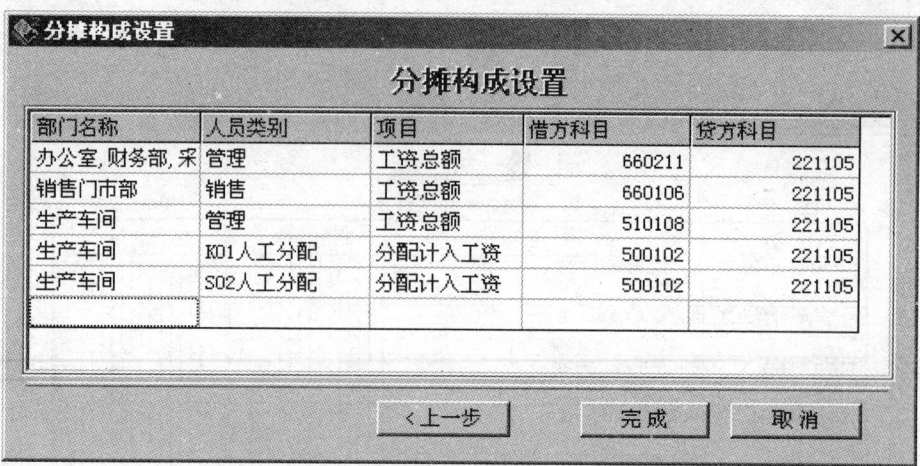

图 2-63 计提住房公积详细设置界面

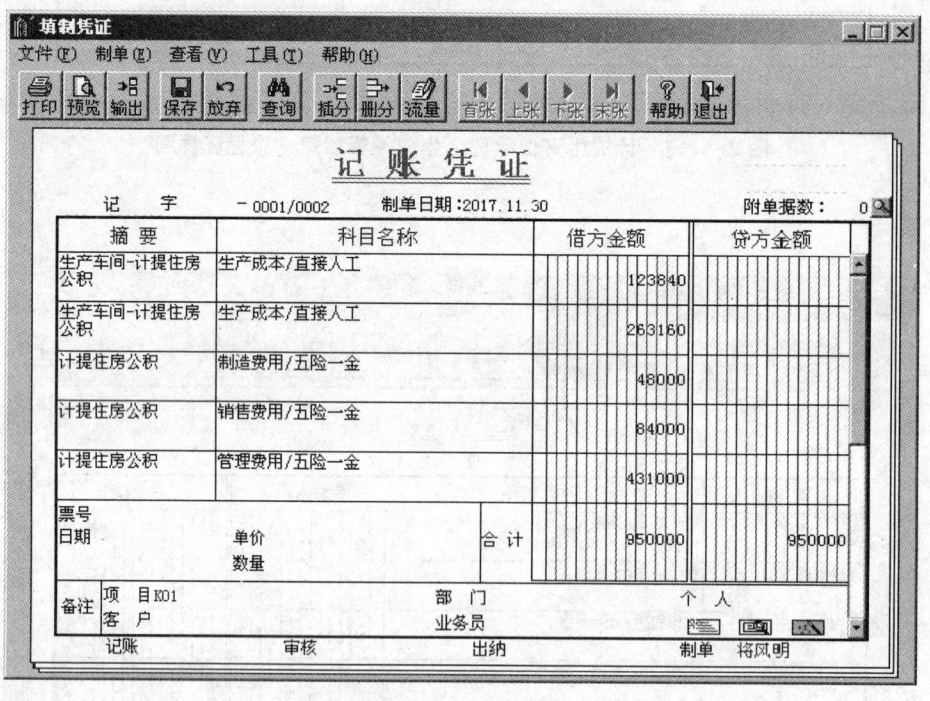

图 2-64-1 计提住房公积凭证生成编辑后第一张凭证界面

　　二是将五险一金合并进行工资的分摊设置，合并生成一张记账凭证。其具体操作流程如下：

　　（1）以"302102 会计将风明"的身份登录。进入"工资"→"业务处理"，单击"工资分摊"，进行计提五险一金分摊的设置，其中"分摊计提比例设置"对话框中设置的比例是五险一金占工资总额的比例之和，为"41％"；"分摊构成设置"如图 2-65 所示。

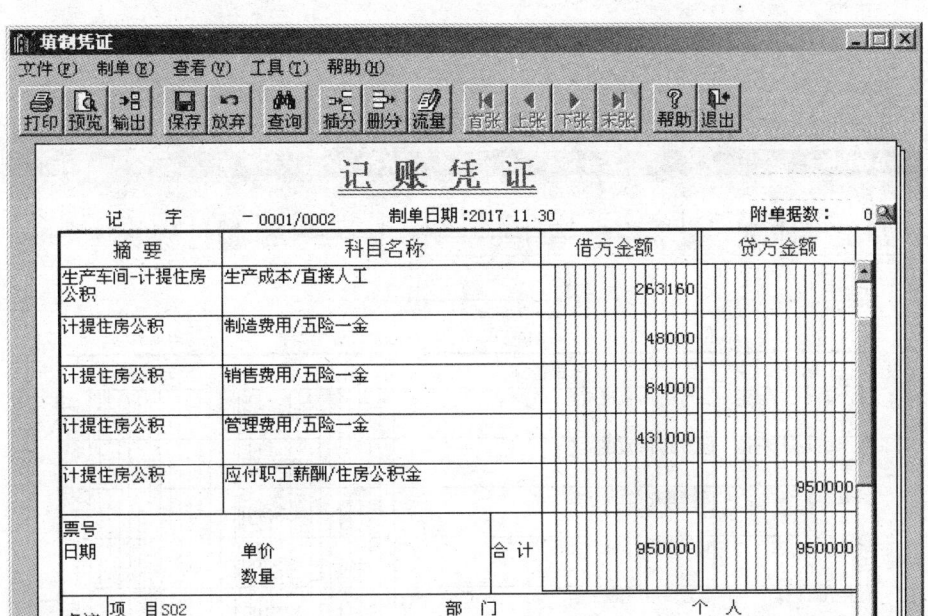

图 2-64-2 计提住房公积凭证生成编辑后第二张凭证界面

分摊构成设置

部门名称	人员类别	项目	借方科目	贷方科目
办公室,财务部	管理	工资总额	660211	22110301
采购部	管理	工资总额	660211	22110302
销售门市部	销售	工资总额	660106	22110303
生产车间	管理	工资总额	510108	22110402
生产车间	K01人工分配	分配计入工资	500102	22110401
生产车间	S02人工分配	分配计入工资	500102	221105

〈上一步 完成 取消

图 2-65 计提五险一金详细设置界面

　　(2)计提五险一金凭证的生成,在"工资分摊"对话框中,在"计提五险一金"复选框中打"√",选择所有的核算部门,以分配到部门,明细到工资项目的要求,单击"确定"按钮,显示"计提五险一金一览表",在"合并科目相同、辅助荐相同的分录"复选框中打"√",选中"制单"命令,生成计提五险一金的记账凭证。

　　(3)记账凭证的修改与保存,生成的记账凭证类型默认为"记";凭证自动编号;制单日期自动为:"2017-11-30";附单据数录入:"1"。在第一行借方科目名称:"生产成本——直接人工",下移打开对话框,录入项目名称"K01";在第二行借方科目名称:"生产成本——直接人工",下移打开对话框,录入项目名称"S02";贷方科目应付职工薪酬——社会保险费、设定提存计划和住房公积金等科目分别按表 2-20-1 的合计金额进行修改。修改完成单击"保存"按钮,如图 2-66-1 至图 2-66-3 所示。

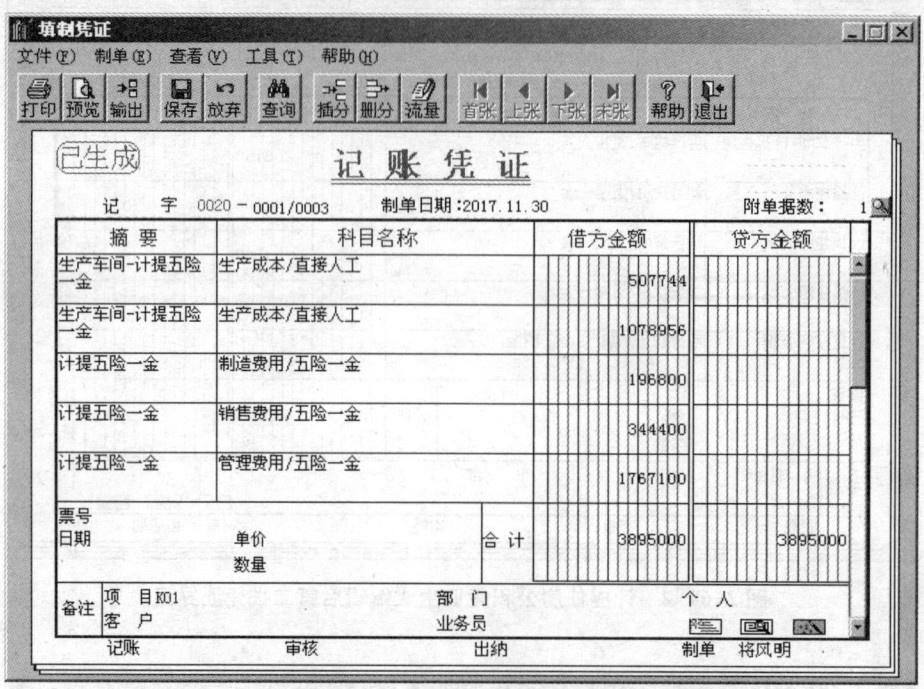

图 2-66-1　11 月计提五险一金凭证保存后第一张凭证界面

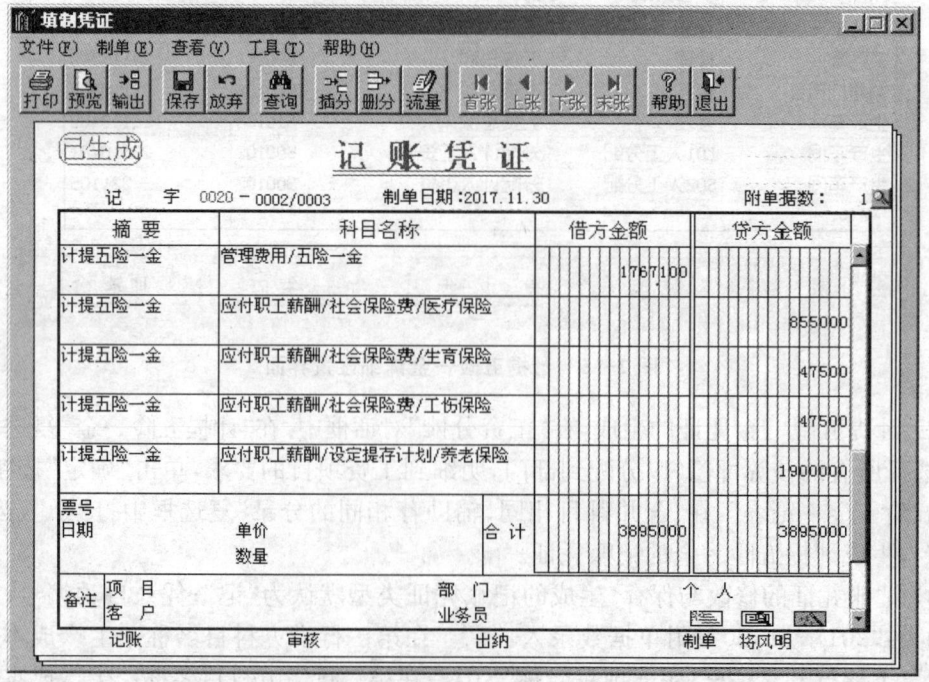

图 2-66-2　11 月计提五险一金凭证保存后第二张凭证界面

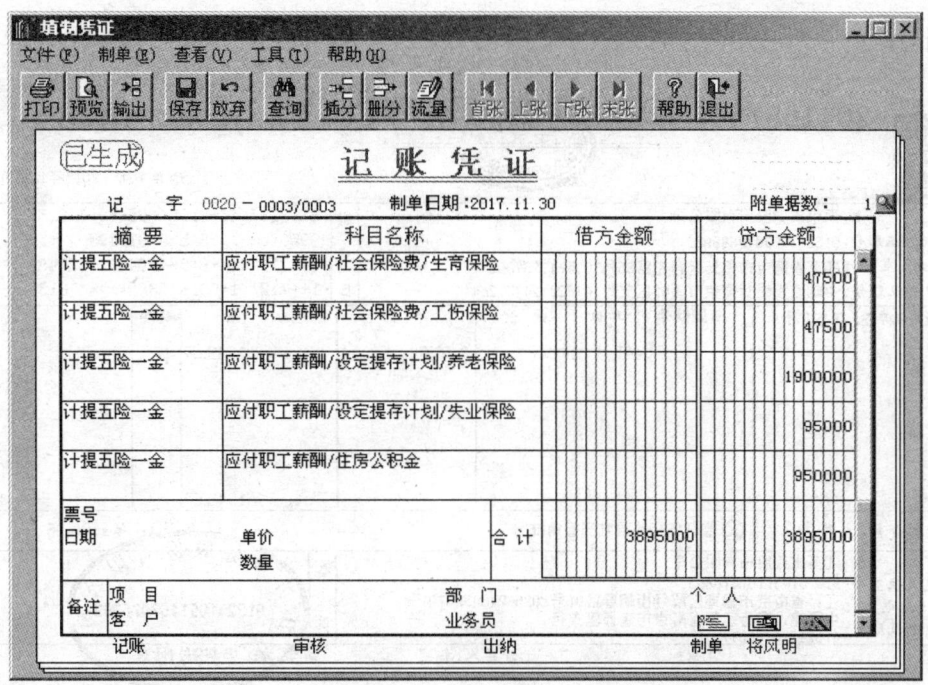

图 2-66-3　11 月计提五险一金凭证保存后第三张凭证界面

【业务 21】　2017 年 11 月 30 日,取得原始凭证 5 张。

表 2-21-1

3201165140	江苏 增值税 专用发票	№ 87356772	3201165140 87356772

开票日期:2017年11月30日

购买方	名　称: 南京成功股份有限公司 纳税人识别号:913201059079880923 地　址、电话:江苏省南京市建邺区赵志路85号 025-41967006 开户行及账号:中国建设银行南京市建邺区支行 4162212475 7264	密码区	83*3187<4/+9195<+95-59+7<825 9950<0-->-6>525<919495->7*7 87*3187<4/+8490+644 21432548 1+<712/<1+9016>5868++>84>613

货物或应税劳务、服务名称	规格型号	单位	数量	单价	金　额	税率	税　额
水费		吨	420	3.689702	1549.67	3%	46.49
合　　计					¥1549.67		¥46.49

价税合计(大写)	⊗壹仟伍佰玖拾陆元壹角陆分	(小写)　¥1596.16

销售方	名　称:江苏水务股份有限公司 纳税人识别号:91320105 1167476863 地　址、电话:江苏省南京市建邺区解红街胡春路01号 025-246439372 开户行及账号:中国建设银行江苏省南京市建邺区支行 41621526485817	备注	(发票专用章)

收款人:	复核:	开票人:杨军	销售方:(章)

表 2-21-2

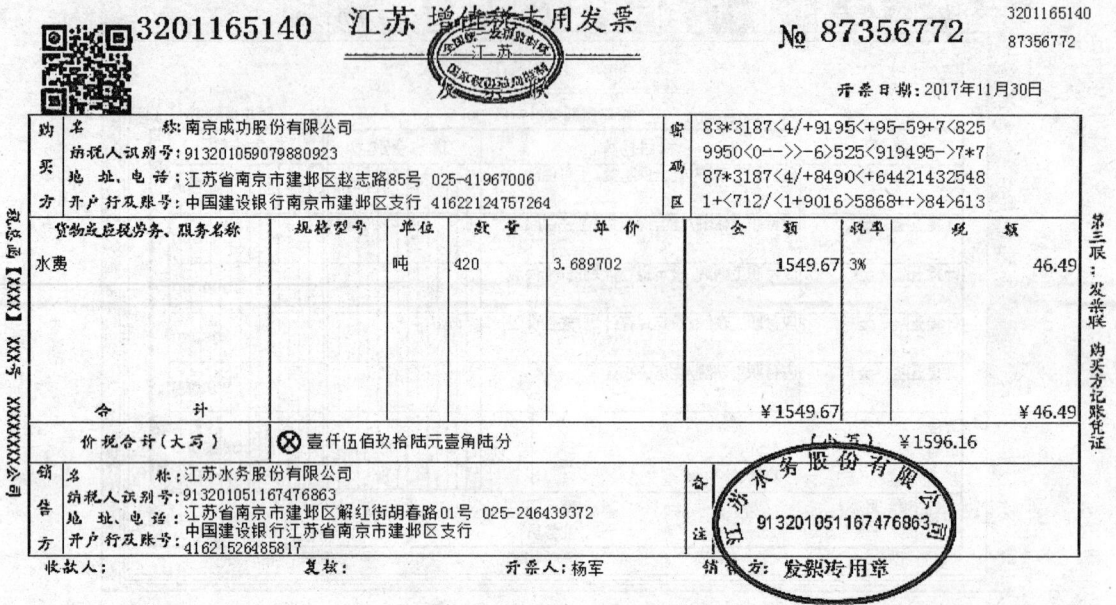

表 2-21-3

表 2-21-4

水费分配表

2017 年 11 月 30 日

部　门	吨	自来水单价	自来水分配金额	污水处理费单价	污水处理费金额	合计分配金额
办公室	5	3.689 702	18.45	1.35	6.75	25.20
财务部	3	3.689 702	11.07	1.35	4.05	15.12
采购部	2	3.689 702	7.38	1.35	2.70	10.08
销售门市部	10	3.689 702	36.9	1.35	13.5	50.4
车间	400	3.689 702	1 475.87	1.35	540	2 015.87
合　计	420	3.689 702	1 549.67	1.35	567	2 116.67

制表:将风明　　　　　　　　　　　　　　　　　　　　　　　　　　审核:周琳

表 2-21-5

中国建设银行客户专用回单

币别:人民币　　　　　　2017 年 11 月 30 日　　　流水号 320120027J0500810006

付款人	全称	南京成功股份有限公司	收款人	全称	江苏水务股份有限公司
	账号	41622124757264		账号	41621526485817
	开户行	中国建设银行南京市建邺区支行		开户行	中国建设银行江苏省南京市建邺区支行
金　额		(大写)人民币 贰仟壹佰陆拾叁元壹角陆分		(小写)￥2163.16	
凭证种类		网银	凭证号码		
结算方式		转账	用途		支付水费

打印柜员:320125584257

打印机构:中国建设银行南京市建邺区支行回单

打印卡号:41622124757264

第一联借方(回单)

打印时间:2017-11-30　　交易柜员:320125584268　　交易机构:320110546

　　表 2-21-1 是江苏增值税专用发票的第二联抵扣联,此联应作为购买方抵扣进项税额的依据。该抵扣联不能作为记账凭证的附件,专门用于在规定期限内到税务机关办理认证或在平台办理勾选确认,并在认证通过或勾选确认的次月申报期内,向主管税务机关申报抵扣进项税额。

　　表 2-21-2 是江苏增值税专用发票的第三联发票联,此联应作为购买方的记账依据。该原始凭证注明,"购买方"是本公司,"销售方"是江苏南京水务股份有限公司,"货物或应税劳务、服务名称"是水费,这表明本公司在生产经营过程中使用了自来水。

　　表 2-21-3 是江苏增值税普通发票的第二联发票联,此联应作为购买方的记账依据。该原始凭证注明,"购买方"是本公司,"销售方"是江苏南京水务股份有限公司,"货物或应税劳务、服务名称"是污水处理费,这表明本公司在生产经营过程中使用自来水而发生污水处理费。根据表 2-21-2 和表 2-21-3,进行会计核算时,"金额"的合计数应根据使用部门分配记入成本、费用等科目的借方,"税额"记入"应交税费——应交增值税——进项税额"科

目的借方。

表 2-21-4 是水费分配表,此表应作为分配水费的记账依据。该原始凭证的内容表明,管理部门(包括办公室、财务部和采购部)、专设销售机构和生产车间分配的金额,应分别记入"管理费用——水电费""销售费用——水电费"和"制造费用——水电费"科目的借方。

表 2-21-5 是中国建设银行客户专用回单的第一联借方回单,此联应作为付款方支付款项的记账依据。该原始凭证注明,"付款人"是本公司,"账号"是 41622124757264,这表明本公司已通过账号 41622124757264 的基本户支付了款项,进行会计核算时,应记入"银行存款——建行 41622124757264"科目的贷方。

因此,该笔业务在 T3 系统中的操作流程如下:

(1) 以"302102 会计将风明"的身份于"2017-11-30"登录。进入"总账"→"凭证",单击"填制凭证",打开记账凭证编制界面。

(2) 单击"增加"按钮,增加一空白凭证,凭证类型、凭证编号、制单日期自动生成;附单据数录入:"4"。

(3) 输入摘要:"分配本月水费"。

(4) 输入借方科目名称:"管理费用——水电费",输入借方金额:"50.40";输入借方科目名称:"销售费用——水电费",输入借方金额:"50.40";输入借方科目名称:"制造费用——水电费",输入借方金额:"2015.87";输入借方科目名称:"应交税费——应交增值税——进项税额",输入借方金额:"46.49"。

(5) 输入贷方科目名称:"银行存款——建行 41622124757264",输入结算方式:网银,票据号:00810006,贷方金额:"2 163.16"。

(6) 单击"保存"按钮,如图 2-67 所示。

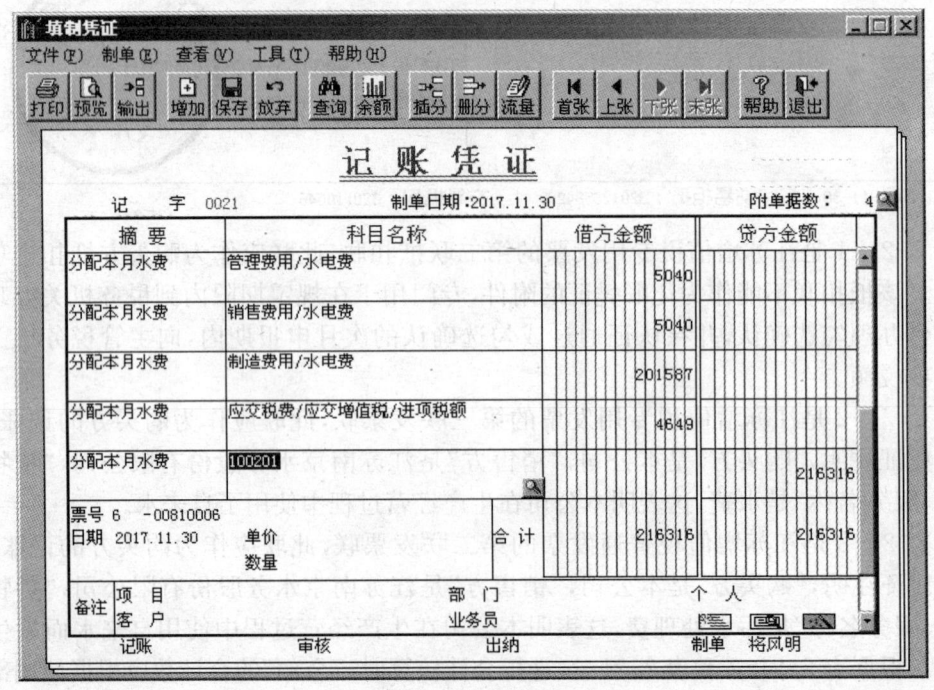

图 2-67 11 月"0021"号记账凭证填制完成后界面

【业务 22】 2017 年 11 月 30 日,取得原始凭证 3 张。

表 2-22-1

表 2-22-2

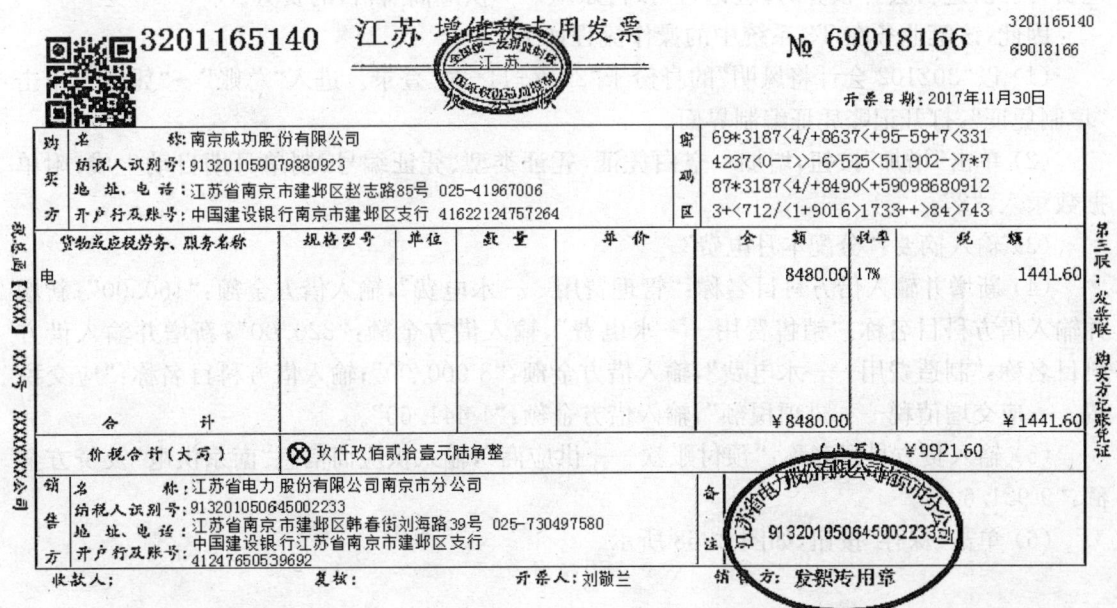

表 2-22-3

电费分配表

2017 年 11 月 30 日

部 门	耗用数量	单位成本	金额（元）
办公室、财务部和采购部	100		160
销售门市部	200		320
车间	5 000		8 000
合 计	5 300	1.6	8 480

制表：将风明   审核：周琳

表 2-22-1 是江苏增值税专用发票的第二联抵扣联，此联应作为购买方抵扣进项税额的依据。该抵扣联不能作为记账凭证的附件，专门用于在规定期限内到税务机关办理认证或在平台办理勾选确认，并在认证通过或勾选确认的次月申报期内，向主管税务机关申报抵扣进项税额。

表 2-22-2 是江苏增值税专用发票的第三联发票联，此联应作为购买方的记账依据。该原始凭证注明，"购买方"是本公司，"销售方"是江苏省电力股份有限公司南京市分公司，"货物或应税劳务、服务名称"是电，这表明本公司在生产经营过程中使用了电。进行会计核算时，"金额"的应根据使用部门分配记入成本、费用等科目的借方，"税额"记入"应交税费——应交增值税——进项税额"科目的借方。

表 2-22-3 是电费分配表，此表应作为分配电费的记账依据。该原始凭证的内容表明，管理部门（包括办公室、财务部和采购部）、专设销售机构和生产车间分配的金额，应分别记入"管理费用——水电费""销售费用——水电费"和"制造费用——水电费"科目的借方。

此外，本业务中没有支付款项的原始凭证，而 11 月 10 日【业务 13】中，本公司已预付了电费，因此，进行会计核算时，应记入"预付账款——供应商"科目的贷方。

因此，该笔业务在 T3 系统中的操作流程如下：

（1）以"302102 会计将风明"的身份于"2017-11-30"登录。进入"总账"→"凭证"，单击"填制凭证"，打开记账凭证编制界面。

（2）单击"增加"按钮，增加一空白凭证，凭证类型、凭证编号、制单日期自动生成；附单据数录入："2"。

（3）输入摘要："分配本月电费"。

（4）新增并输入借方科目名称："管理费用——水电费"，输入借方金额："160.00"；新增并输入借方科目名称："销售费用——水电费"，输入借方金额："320.00"；新增并输入借方科目名称："制造费用——水电费"，输入借方金额："8 000.00"；输入借方科目名称："应交税费——应交增值税——进项税额"，输入借方金额："1 441.60"。

（5）输入贷方科目名称："预付账款——供应商"，输入供应商信息"南京供电"及贷方金额："9 921.60"。

（6）单击"保存"按钮，如图 2-68 所示。

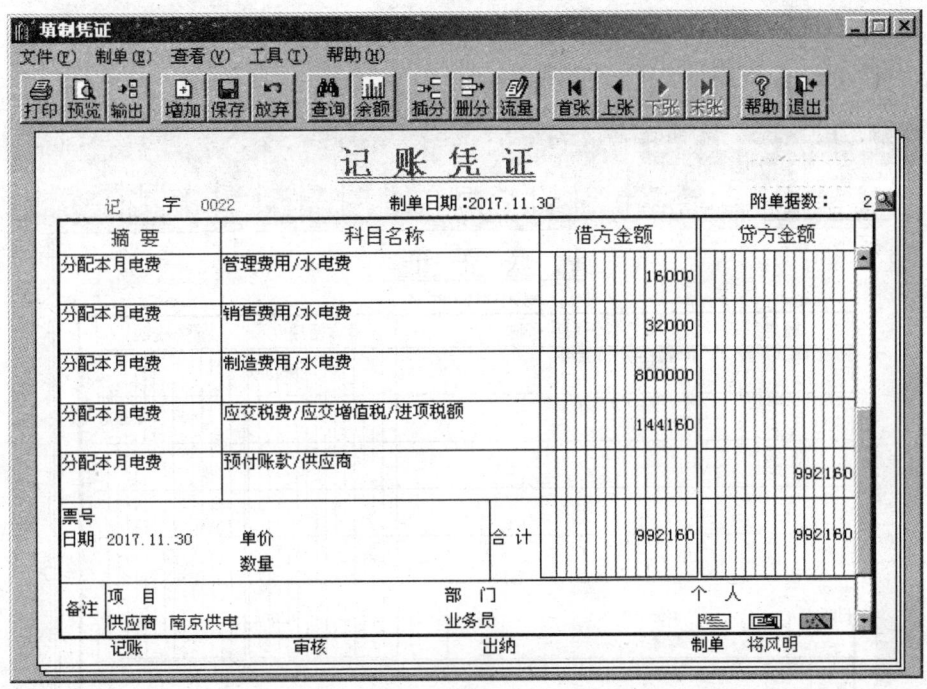

图 2-68 11 月"0022"号记账凭证填制完成后界面

【业务 23】 2017 年 11 月 30 日,取得原始凭证 1 张。

表 2-23-1

保险费摊销计算表

2017 年 11 月 30 日

部 门	金 额	摊销期限	本期金额
办公室	5 400	12	450
合 计	5 400		450

制表:将风明 审核:周琳

表 2-23-1 是汽车保险费摊销表,此表应作为确认本期保险费摊销金额的记账依据。该原始凭证的内容表明,本公司管理部门(办公室)本月应承担的保险费为 450 元,进行会计核算时,应记入"管理费用——汽车费用"科目的借方;同时,11 月 2 日【业务 7】,本公司已预付了汽车保险费,故摊销保险费时,应记入"预付账款——汽车保险费"科目的贷方。

因此,该笔业务在 T3 系统中的操作流程如下:

(1)以"302102 会计将风明"的身份于"2017-11-30"登录。进入"总账"→"凭证",单击"填制凭证",打开记账凭证编制界面。

(2)单击"增加"按钮,增加一空白凭证,凭证类型、凭证编号、制单日期自动生成;附单据数录入:"1"。

(3)输入摘要:"摊销汽车保险费"。

(4)新增并输入借方科目名称:"管理费用——汽车费用",输入借方金额:"450.00"。

（5）输入贷方科目名称："预付账款——汽车保险费"，输入贷方金额："450.00"。

（6）单击"保存"按钮，如图 2-69 所示。

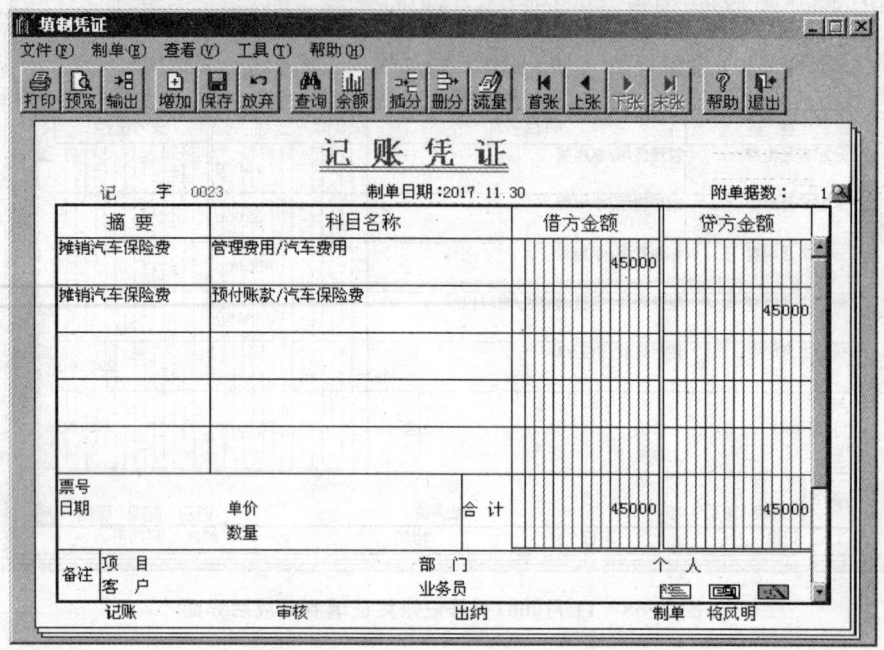

图 2-69 11 月"0023"号记账凭证填制完成后界面

【业务 24】 2017 年 11 月 30 日，取得原始凭证 1 张。

表 2-24-1

原材料发出汇总表

2017 年 11 月 30 日

产品 \ 类别	RP 材料			QA 材料			合计
	数量	单价	金额	数量	单价	金额	
K01 产品	18 000	12	216 000				216 000
S02 产品				5 000	14	70 000	70 000
合 计							

制表：将风明　　　　　　　　　　　　　　　　　　　　　　　　审核：周琳

表 2-24-1 是原材料发出汇总表，此表应作为期末计算分配原材料费用的记账依据。该原始凭证的内容表明，本月发出原材料 RP 和 QA 的成本分别为 216 000 元和 70 000 元，进行会计核算时，应分别记入"原材料——RP"和"原材料——QA"科目的贷方；同时，生产 K01、S02 产品发生原材料费用分别为 216 000 元和 70 000 元，进行会计核算时，应分别记入"生产成本——直接材料"辅助核算项目"K01"和"S02"科目的借方。

因此，该笔业务在 T3 系统中的操作流程如下：

（1）以"302102 会计将风明"的身份于"2017-11-30"登录。进入"总账"→"凭证"，单击"填制凭证"，打开记账凭证编制界面。

（2）单击"增加"按钮，增加一空白凭证，凭证类型、凭证编号、制单日期自动生成；附单据数录入："1"。

（3）输入摘要："结转发出材料成本"。

（4）输入借方科目名称："生产成本——直接材料"，核算项目"K01"及借方金额："216 000.00"；借方科目名称："生产成本——直接材料"，输入核算项目"S02"及借方金额："70 000.00"。

（5）输入贷方科目名称："原材料"，在辅助信息对话框中输入项目"RP"数据，数量："18 000.00"，单价："12.00"，金额："216 000.00"，单击"确定"按钮；输入贷方科目名称："原材料"，在辅助信息对话框中输入项目"QA"数据，数量："5 000.00"，单价："14.00"，金额："70 000.00"，单击"确定"按钮。

（6）单击"保存"按钮，如图 2-70 所示。

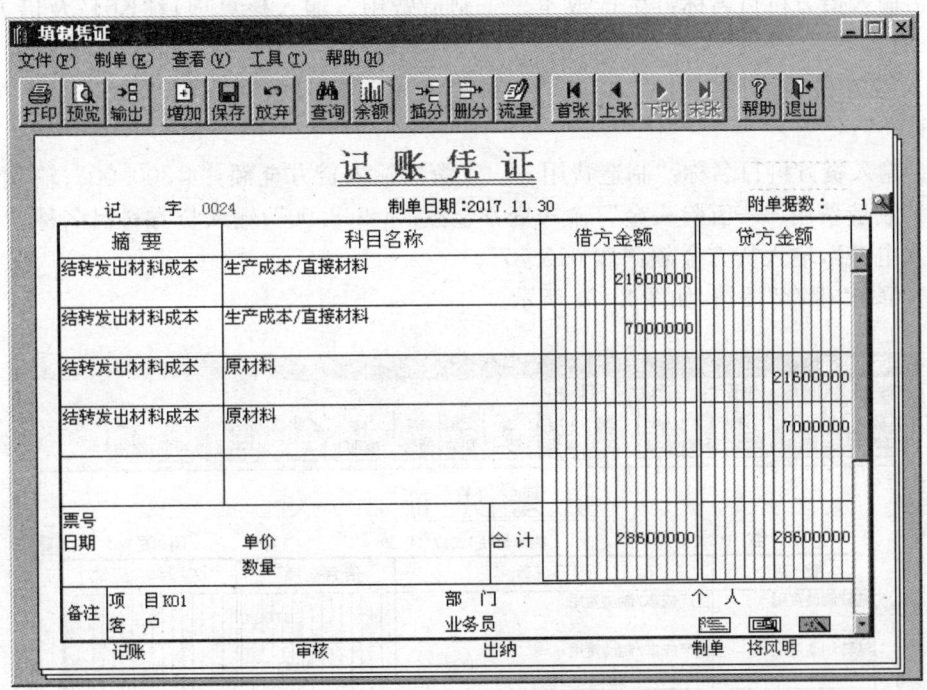

图 2-70　11 月"0024"号记账凭证填制完成后界面

【业务 25】 2017 年 11 月 30 日，取得原始凭证 1 张。

表 2-25-1

制造费用分配表

2017 年 11 月 30 日

产品名称	生产工时	分配率	分配金额
K01 产品	800		5 370.84
S02 产品	1 700		11 413.03
合　计	2 500	6.713 548	16 783.87

制表：将风明　　　　　　　　　　　　　　　　　　　　　　　　审核：周琳

表 2-25-1 是制造费用分配表,此表应作为期末计算分配制造费用的记账依据。该原始凭证的内容表明,本月生产 K01、S02 产品应承担的制造费用分别为 5 370.84 元和 11 413.03 元,进行会计核算时,应分别记入"生产成本——制造费用"核算项目"K01"和"S02"科目的借方;同时,还表明本月发生的制造费用 16 783.87 元已分配结转,进行会计核算时,应记入"制造费用"各明细科目的贷方。

因此,该笔业务在 T3 系统中的操作流程如下:

(1) 以"302102 会计将风明"的身份于"2017-11-30"登录。进入"总账"→"凭证",单击"填制凭证",打开记账凭证编制界面。

(2) 单击"增加"按钮,增加一空白凭证,凭证类型、凭证编号、制单日期自动生成;附单据数录入:"1"。

(3) 输入摘要:"结转制造费用"。

(4) 输入借方科目名称:"生产成本——制造费用",输入核算项目"K01"及借方金额:"5 370.84";

输入借方科目名称:"生产成本——制造费用",输入核算项目"S02"及借方金额:"11 413.03"。

(5) 输入贷方科目名称:"制造费用——工资",输入贷方金额:"4 800.00";输入贷方科目名称:"制造费用——五险一金",输入贷方金额:"1 968.00";输入贷方科目名称:"制造费用——水电费",输入贷方金额:"10 015.87"。

(6) 单击"保存"按钮,如图 2-71 所示。

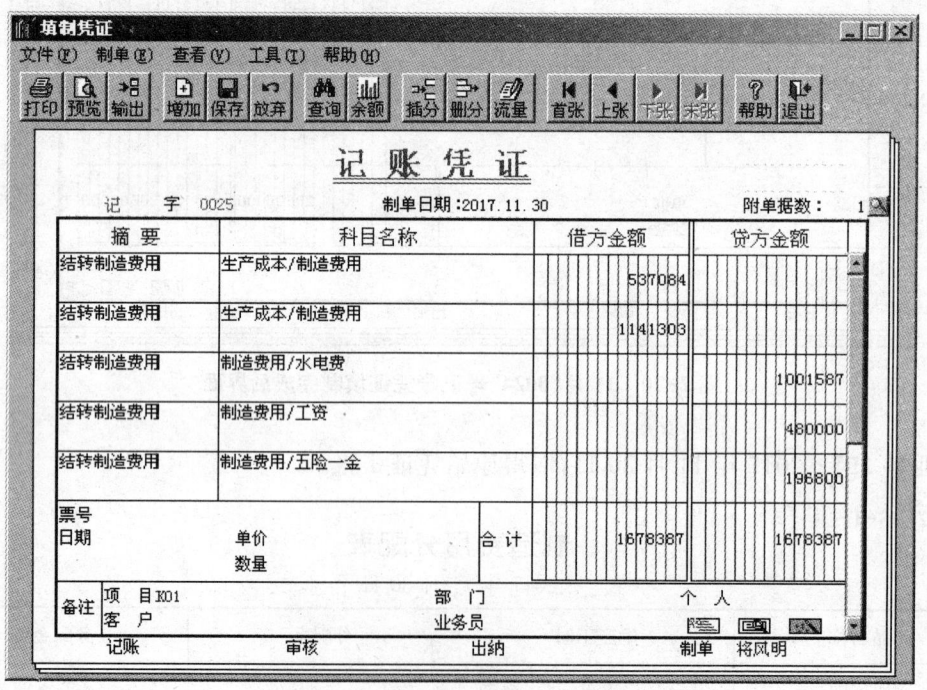

图 2-71 11 月"0025"号记账凭证填制完成后界面

需要说明的是:制造费用总额或明细科目金额的数据信息,可通过账簿查询的方式取得。具体操作是在总账菜单下，执行"账簿查询"中的"余额表"命令，弹出"发生额及余额查询条件"对话框，在第一个科目空白栏处录入"5101"或"制造费用"，在"包含未记账凭证"复选框中打√；然后单击"确认"按钮，打开"发生额及余额表"，第一行显示"制造费用"科目的信息，其借方发生额合计是制造费用总额；选中第一行，单击"明细"命令，打开"制造费用明细账"，提供了制造费用明细科目及其费用金额。

【业务26】　2017年11月30日，取得原始凭证3张。

表 2-26-1

产成品入库汇总表

2017年11月30日　　　　　　　　　　　　　　　　编号:0182201

产品编号	名称	规格	计量单位	数量	单价	金额	备注
	K01产品		件	30 000	7.96	238 832.28	
	S02产品		件	2 500	47.41	118 518.59	

制表:将风明　　　　　　　　　　　　　　　　　　　　　　　审核:周琳

表 2-26-2

产品成本计算单

2017年11月30日

产品:K01产品　　　　　　　　本月完产品　30 000　　　月末在产品　　0

项　目	直接材料	直接人工	制造费用	合计
月初在产品成本	0	0	0	0
本月生产费用	216 000	17 461.44	5 370.84	238 832.28
生产费用合计	216 000	17 461.44	5 370.84	238 832.28
完工产品成本	216 000	17 461.44	5 370.84	238 832.28
月末在产品成本	0	0	0	0

制表:将风明　　　　　　　　　　　　　　　　　　　　　　　审核:周琳

表 2-26-3

产品成本计算单

2017年11月30日

产品:S02产品　　　　　　　　本月完产品　2 500　　　月末在产品　　0

项　目	直接材料	直接人工	制造费用	合计
月初在产品成本	0	0	0	0
本月生产费用	70 000	37 105.56	11 413.03	118 518.59
生产费用合计	70 000	37 105.56	11 413.03	118 518.59
完工产品成本	70 000	37 105.56	11 413.03	118 518.59
月末在产品成本	0	0	0	0

制表:将风明　　　　　　　　　　　　　　　　　　　　　　　审核:周琳

表 2-26-1 是产成品入库单的第二联记账联,此联应作为完工产品验收入库的记账依据。该原始凭证的内容表明,本月本公司有 30 000 件 K01 产品和 2 500 件 S02 产品已经完工验收入库,进行会计核算时,应分别记入"库存商品"辅助项目"K01"和"S02"科目的借方。

表 2-26-2 是产品成本计算单,此单应作为期末结转完工产品成本的记账依据。该原始凭证的内容表明,本月完工 K01 产品的成本 238 832.28 元应予以结转,进行会计核算时,应记入"K01"项目相关的"生产成本"各明细科目的贷方。

表 2-26-3 是产品成本计算单,此单应作为期末结转完工产品成本的记账依据。该原始凭证的内容表明,本月完工 S02 产品的成本 118 518.59 元应予以结转,进行会计核算时,应记入"S02"项目相关的"生产成本"各明细科目的贷方。

因此,该笔业务在 T3 系统中的操作流程如下:

(1) 以"302102 会计将风明"的身份于"2017-11-30"登录。进入"总账"→"凭证",单击"填制凭证",打开记账凭证编制界面。

(2) 单击"增加"按钮,增加一空白凭证,凭证类型、凭证编号、制单日期自动生成;附单据数录入:"3"。

(3) 输入摘要:"结转完工产品成本"。

(4) 输入借方科目名称:"库存商品",如图 2-72 所示,在辅助信息对话框中输入"K01"项目数据,数量:"30 000.00",金额:"238 832.28",单击"确定"按钮,如图 2-73 所示;输入借方科目名称:"库存商品",在辅助信息对话框中输入"S02"项目数据,数量:"2 500.00",金额:"118 518.59",单击"确定"按钮。

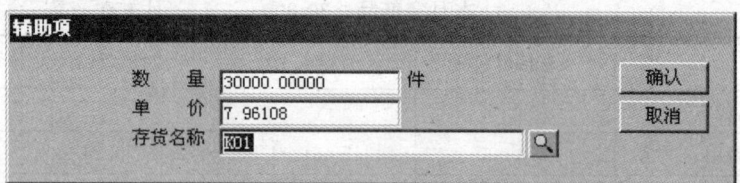

图 2-72　库存商品"K01"辅助核算项信息录入界面(单价是自动生成的)

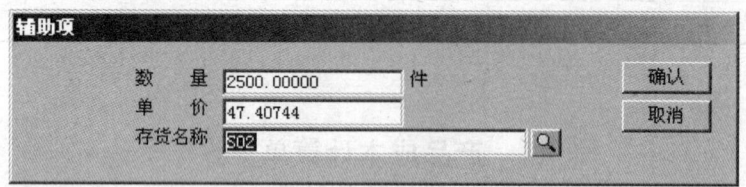

图 2-73　库存商品"S02"辅助核算信息录入界面(单价是自动生成的)

(5) 输入贷方科目名称:"生产成本——直接材料",输入项目"K01"及贷方金额:"216 000.00";输入贷方科目名称:"生产成本——直接人工",输入项目"K01"及贷方金额:"1 7461.44";输入贷方科目名称:"生产成本——制造费用",输入项目"K01"及贷方金额:"5 370.84";输入贷方科目名称:"生产成本——直接材料",输入项目"S02"及贷方金额:"70 000.00";输入贷方科目名称:"生产成本——直接人工",输入项目"S02"及贷方金额:"37 105.56";输入贷方科目名称:"生产成本——制造费用",输入项目"S02"及贷方金额:"11 413.03"。

(6) 单击"保存"按钮,如图 2-74-1 和图 2-74-2 所示。

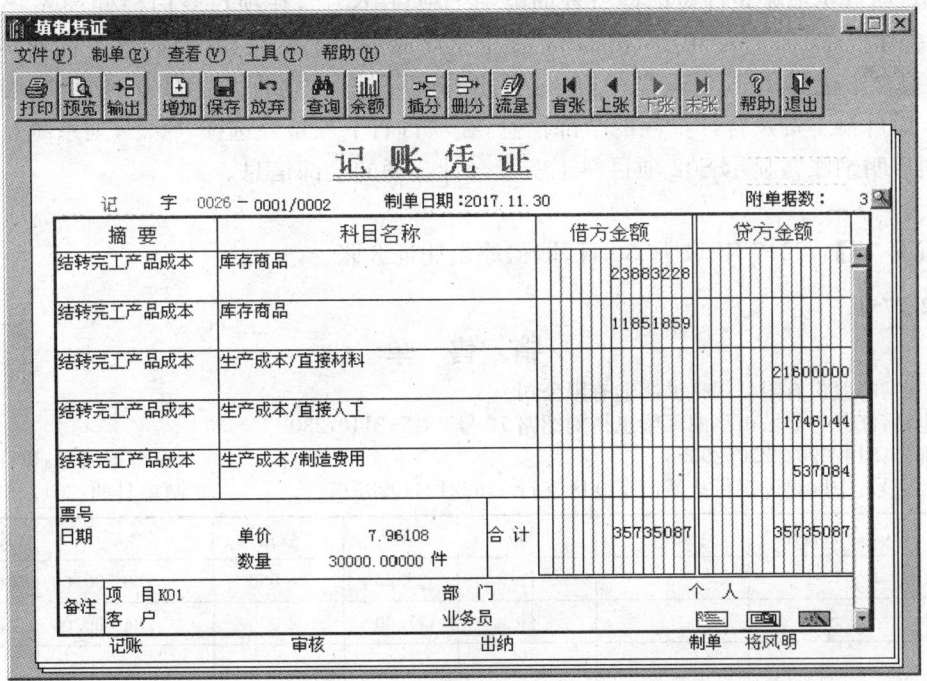

图 2-74-1　11 月"0026"号记账凭证填制完成后第一张凭证界面

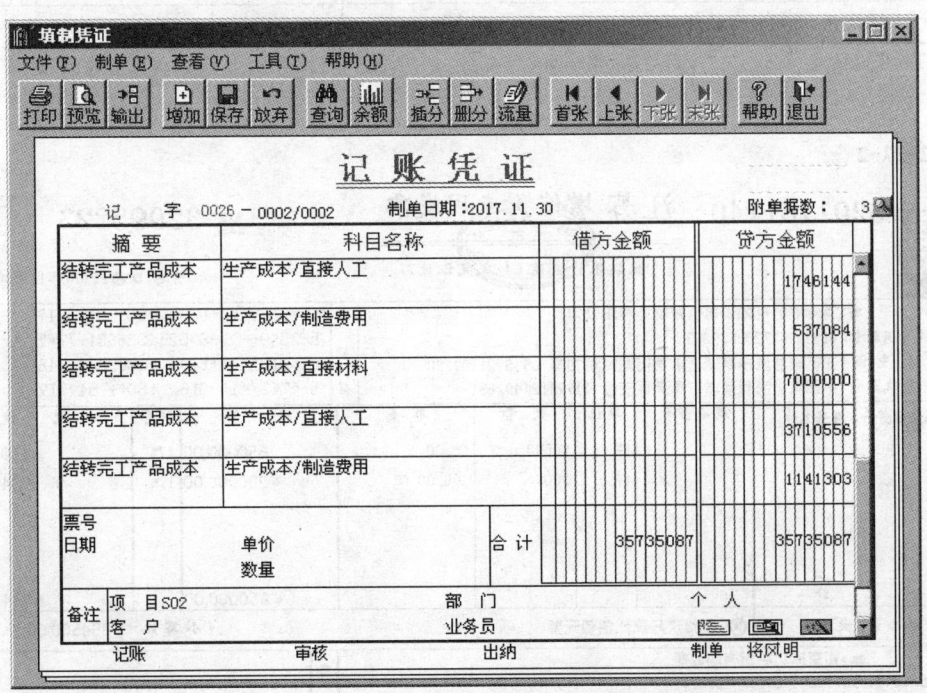

图 2-74-2　11 月"0026"号记账凭证填制完成后第二张凭证界面

需要说明的是:生产成本按产品对象的料工费等金额信息,可通过"项目"查询的方式取得,具体操作如下:在"项目"菜单下,"账簿"选项的"项目明细账"中执行"项目明细账"命令,弹出"项目明细账条件对话框";查询第一个项目"K01",在项目空白栏处录入"K01",在科目处保留"500101""500102""500103"三个生产成本明细科目,其余科目左移到科目范围中,在"包含未记账凭证"复选框中打√,单击"确认"按钮,则打开了"K01项目明细账",显示 K01 项目料工费及合计金额的全部信息;在项目右下三角处选择"S02",则系统自动打开"S02 项目明细账",显示 S02 项目料工费及合计金额的全部信息。

【业务 27】 2017 年 11 月 30 日,取得原始凭证 3 张。

表 2-27-1

销　售　单

购货单位:雪峰股份有限公司机械制造有限公司
地址和电话:江苏省盐城市亭湖区梁惠街刘绍路 70 号 0515-21107230
纳税识别号:913209027290529353
开户行及账号:中国建设银行盐城市亭湖区支行 41622124492851

单据编号:XS09861
制单日期:2017-11-30

编码	产品名称	规格	单位	单价	数量	金额	备注
280982	K01		件	29.25	26 000	760 500.00	含税价
280983	S02		件	117.00	2 000	234 000.00	含税价
合　计	人民币(大写):玖拾玖万肆仟伍佰元整				—	￥994 500.00	

会计联

销售经理:张玉林　　　经手人:李晓明　　　会计:将风明　　　签收人:赵海飞

表 2-27-2

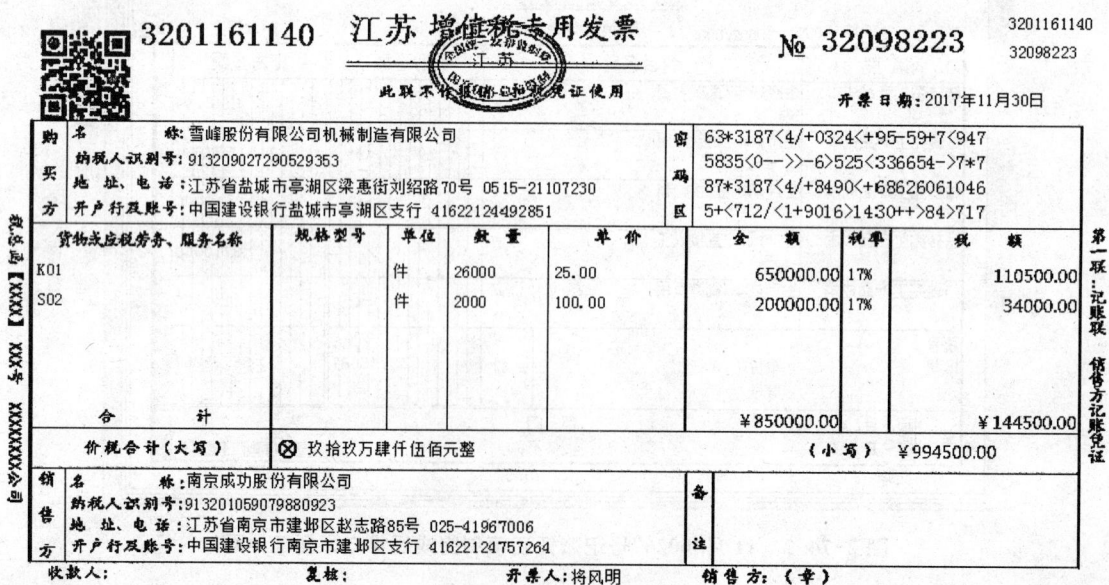

表 2-27-3

中国建设银行客户专用回单

币别：人民币 　　　　　　2017 年 11 月 30 日 　　　流水号 320120027J0500810060

付款人	全称	雪峰股份有限公司机械制造有限公司	收款人	全称	南京成功股份有限公司
	账号	41622124492851		账号	41622124757264
	开户行	中国建设银行盐城市亭湖区支行		开户行	中国建设银行南京市建邺区支行
金额		〔大写〕人民币 玖拾玖万肆仟伍佰元整		〔小写〕 ￥994500.00	
凭证种类		网银	凭证号码		
结算方式		转账	用途		货款

打印柜员：320125584257
打印机构：中国建设银行南京市建邺区支行
打印卡号：4162212475726

第二联贷方（回单）

打印时间：2017-11-30 　　　交易柜员：320125584268 　　　交易机构：320198578

　　表 2-27-1 是销售单的会计联，此联应作为销售方发货的记账依据。该原始凭证注明，"销售方"是本公司，"购买方"是雪峰股份有限公司，"产品名称"是 K01 和 S02，这表明本公司已将 K01 和 S02 产品发货给雪峰股份有限公司。

　　表 2-27-2 是江苏增值税专用发票的第一联记账联，此联应作为销售方的记账依据。该原始凭证注明，"销售方"是本公司，"购买方"是雪峰股份有限公司，"货物或应税劳务、服务名称"是 K01 和 S02，这表明本公司销售了 K01 和 S02 产品给雪峰股份有限公司。销售产品是本公司的主营业务，因此，进行会计核算时，"金额"应分别记入"主营业务收入"科目的核算项目"K01"和"S02"的贷方，"税额"应记入"应交税费——应交增值税——销项税额"科目的贷方。

　　表 2-27-3 是中国建设银行客户专用回单的第二联贷方回单，此联应作为收款方收取款项的记账依据。该原始凭证注明，"收款人"是本公司，"账号"是 41622124757264，这表明本公司已收到款项并存入账号 41622124757264 的基本户，进行会计核算时，应记入"银行存款——建行 41622124757264"科目的借方。

　　因此，该笔业务在 T3 系统中的操作流程如下：

　　(1) 以"302102 会计将风明"的身份于"2017-11-30"登录。进入"总账"→"凭证"，单击"填制凭证"，打开记账凭证编制界面。

　　(2) 单击"增加"按钮，增加一空白凭证，凭证类型、凭证编号、制单日期自动生成；附单据数录入："3"。

　　(3) 输入摘要："销售产品，收到货款"。

　　(4) 输入借方科目名称："银行存款——建行 41622124757264"，输入结算方式：网银，结算票据号：00810060，借方金额："994 500.00"。

　　(5) 输入贷方科目名称："主营业务收入"，输入项目"K01"销售数量"26 000"，单价"25.00"，如图 2-75 所示，自动生成贷方金额："650 000.00"；输入贷方科目名称："主营业务收入"，输入项目"S02"销售数量"2 000"，单价"100.00"，自动生成贷方金额："200 000.00"

（注：若金额在借方，按空格键可将借方金额转移到贷方）；输入贷方科目名称："应交税费——应交增值税——销项税额"，输入贷方金额："144 500.00"。

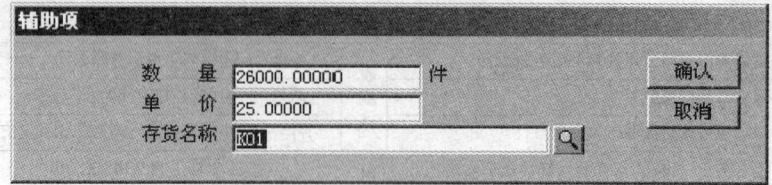

图 2-75　主营业务收入科目辅助核算信息录入界面

（6）单击"保存"按钮，如图 2-76 所示。

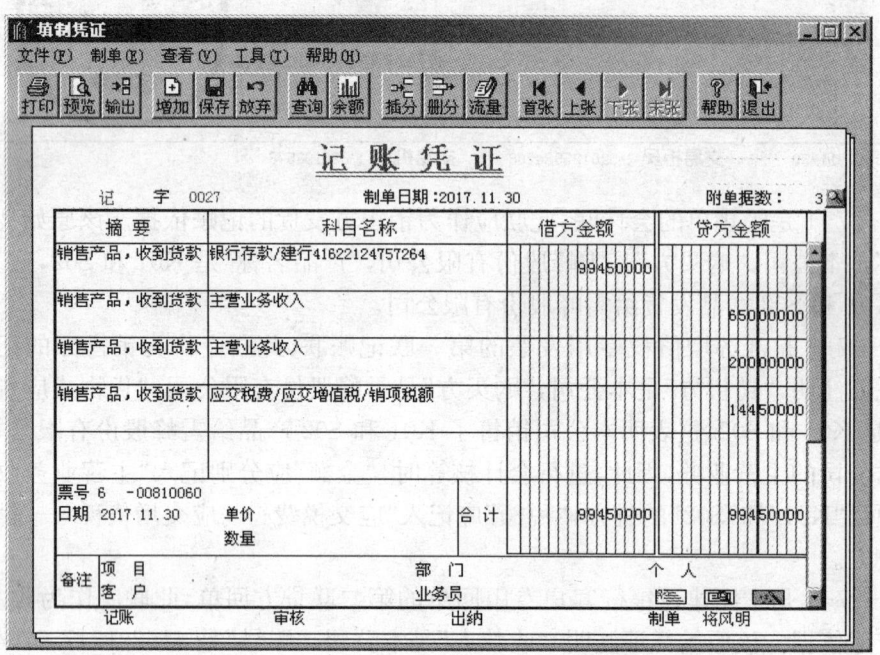

图 2-76　11 月"0027"号记账凭证填制完成后界面

【业务 28】　2017 年 11 月 30 日，取得原始凭证 2 张。

表 2-28-1

单位产品成本计算表

2017 年 11 月 30 日

产品名称	本月完工产品		加权平均单价
	数量	金额	
K01 产品	30 000	238 838.42	7.96
S02 产品	2 500	118 531.65	47.41

制表：将风明　　　　　　　　　　　　　　　　　　　　　　　　　审核：周琳

表 2-28-2

产品销售成本计算表

2017 年 11 月 30 日

产品名称	销售数量(件)	单位成本(元)	总成本(元)
K01 产品	26 000	7.96	206 960
S02 产品	2 000	47.41	94 820
			301 780

制表:将风明　　　　　　　　　　　　　　　　　　　　　　　　审核:周琳

　　表 2-28-1 是单位产品成本计算表,此表作为期末计算产成品销售成本的记账依据。该原始凭证注明的内容表明,K01、S02 产品的单位销售成本分别为 7.96 元和 47.41 元。

　　表 2-28-2 是产品销售成本计算表,此表也作为期末计算产成品销售成本的记账依据。该原始凭证注明的内容表明,本公司本月销售 K01、S02 产品总成本分别为 206 960 元和 94 820 元,进行会计核算时,应分别记入"主营业务成本"科目的辅助核算项目"K01"和"S02"的借方。

　　此表也作为确定本期发出产成品的记账依据。进行会计核算时,应分别记入"库存商品"科目辅助核算项目"K01"和"S02"的贷方。

　　因此,该笔业务在 T3 系统中的操作流程如下:

　　(1) 以"302102 会计将风明"的身份于"2017-11-30"登录。进入"总账"→"期末"→"转账定义",单击"销售成本结转",如图 2-77 所示,打开"销售成本结转"定义界面。

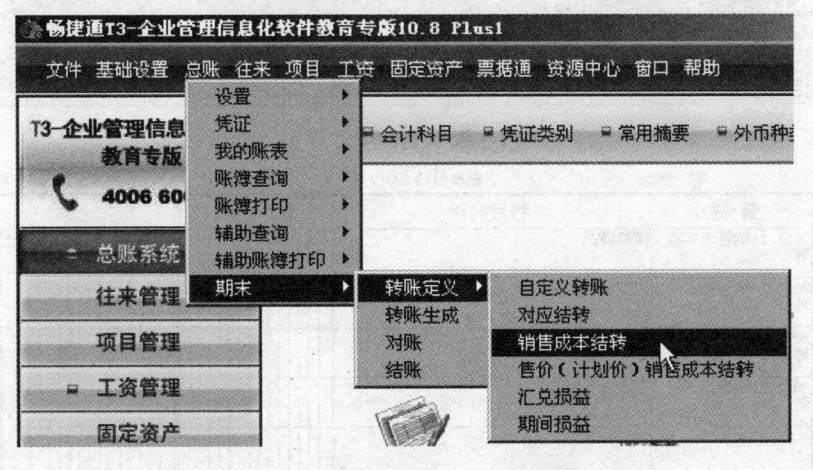

图 2-77　销售成本结转命令路径界面

　　(2) 在"销售成本结转设置"界面中分别录入库存商品科目"1405",商品销售收入科目"6001"和商品销售成本科目"6401",如图 2-78 所示,单击确定按钮。

　　需要说明的是:商品科目、商品销售收入科目和商品销售成本科目的下级科目的结构必须相同,且都不能带往来辅助核算,本案例这三个科目均设置为"存货核算"辅助核算项目,无下级科目,且进行了必要的数量核算,才能满足销售成本结转设置的条件。其他如自

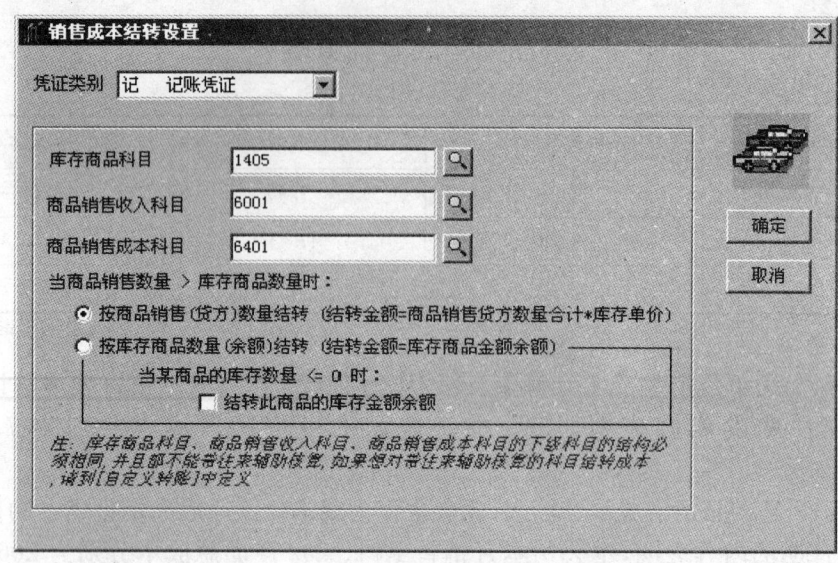

图 2-78　销售成本结转科目设置界面

定义结转的设置与结转等操作将在中级会计电算化实务操作教材中进行讨论。

（3）生成并编辑凭证，进入"总账"→"期末"→"转账生成"，选中销售成本结转，在"包含未记账凭证"复选框中打"√"，点击"确定"按钮，出现"销售成本结转一览表"，单击"确定"按钮，生成一张凭证，在该凭证中附单据数录入"2"，各金额项均按单价保留 2 位小数进行调整，完成后单击保存。已完成的凭证如图 2-79 所示。

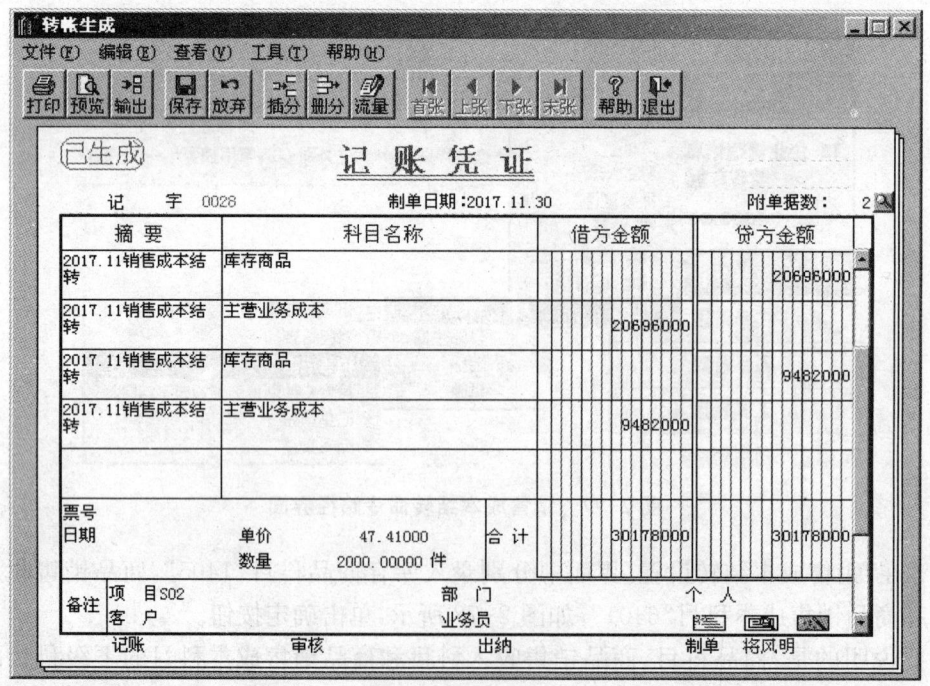

图 2-79　11 月"0028"号记账凭证保存后界面

【业务 29】　2017 年 11 月 30 日,取得原始凭证 1 张。

表 2-29-1

所得税计算表

2017 年 11 月 30 日

行次	项　目	本期金额
1	一、按照实际利润额预缴	
2	营业收入	850 000
3	营业成本	301 780
4	利润总额	453 708.12
5	加:特定业务计算的应纳税所得额	
6	减:不征税收入和税基减免应纳税所得额	
7	固定资产加速折旧(扣除)调减额	
8	弥补以前年度亏损	
9	实际利润额(4 行+5 行−6 行−7 行−8 行)	453 708.12
10	税率(25%)	25%
11	应纳所得税额	113 427.03

制表:将风明　　　　　　　　　　　　　　　　　　　　　　　　　审核:周琳

表 2-29-1 是月度应交所得税计算表,此表应作为期末计算本期应交所得税费用的记账依据。该原始凭证注明的内容表明,本公司本月发生了所得税费用 113 427.03 元,进行会计核算时,应记入"所得税费用"科目的借方;同时,应记入"应交税费——应交所得税"科目的贷方。

　　因此,该笔业务在 T3 系统中的操作流程如下:

　　(1) 以"302102 会计将风明"的身份于"2017-11-30"登录。进入"总账"→"凭证",单击"填制凭证",打开记账凭证编制界面。

　　(2) 单击"增加"按钮,增加一空白凭证,凭证类型、凭证编号、制单日期自动生成;附单据数录入:"1"。

　　(3) 输入摘要:"计算并结转应交企业所得税"。

　　(4) 输入借方科目名称:"所得税费用",输入借方金额:"113 427.03"。

　　(5) 新增并输入贷方科目名称:"应交税费——应交所得税",输入贷方金额:"113 427.03"。

　　(6) 单击"保存"按钮,如图 2-80 所示。

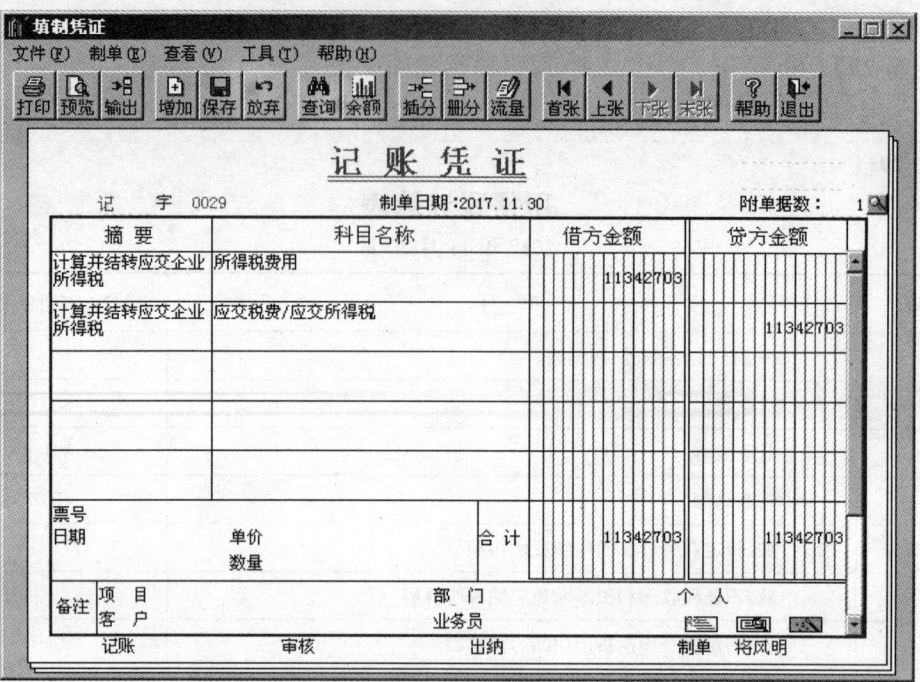

图 2-80　11 月"0029"号记账凭证填制完成后界面

【业务 30】　2017 年 11 月 30 日,取得原始凭证 1 张。

表 2-30-1

损益类科目发生额表

2017 年 11 月 30 日

账户名称	借方发生额	贷方发生额
主营业务收入		850 000
其他业务收入		
营业外收入		
投资收益		
公允价值变动损益		
主营业务成本	301 780	
其他业务成本		
税金及附加	60	
管理费用	61 714.42	
销售费用	32 214.4	
财务费用	523.06	
营业外支出		
资产减值损失		
所得税费用	113 427.03	
合　计	509 718.91	850 000

制表:将风明   审核:周琳

158

表 2-30-1 是损益类科目发生额表,此表应作为期末结转损益类科目的记账依据。该原始凭证注明的内容表明,本公司本月收入类科目发生额合计为 850 000 元,期末结转时,应从"主营业务收入"各明细科目的借方转入"本年利润"科目的贷方。

　　同时,本公司本月费用类科目发生额合计为 509 718.91 元,应分别从"主营业务成本""税金及附加""管理费用""销售费用""财务费用"各明细科目和"所得税费用"科目的贷方转入"本年利润"科目的借方。

　　因此,该笔业务在 T3 系统中的操作流程如下:

　　(1) 以"302102 会计将风明"的身份于"2017-11-30"登录。进入"总账"→"期末"→"转账定义",单击"期间损益",打开期间损益结转设置界面,输入本年利润科目"4103",如图 2-81 所示。

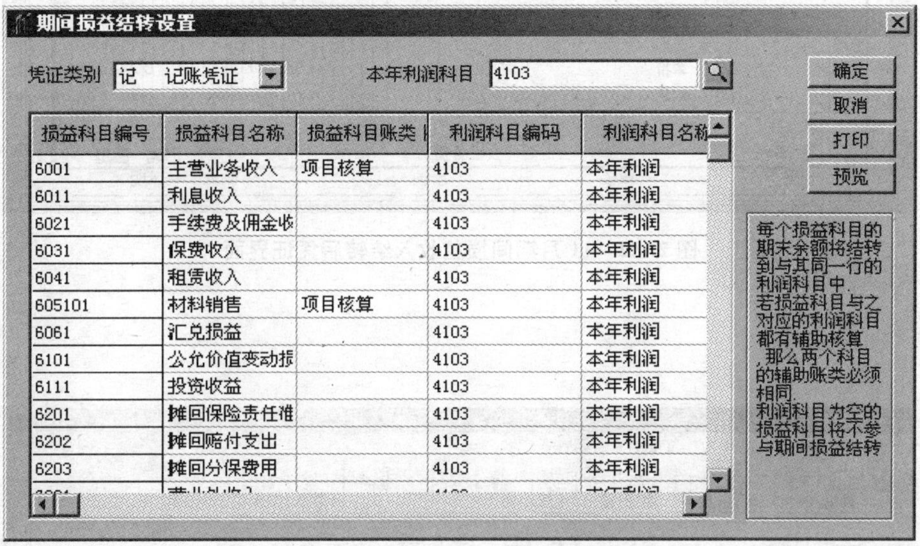

损益科目编号	损益科目名称	损益科目账类	利润科目编码	利润科目名称
6001	主营业务收入	项目核算	4103	本年利润
6011	利息收入		4103	本年利润
6021	手续费及佣金收		4103	本年利润
6031	保费收入		4103	本年利润
6041	租赁收入		4103	本年利润
605101	材料销售	项目核算	4103	本年利润
6061	汇兑损益		4103	本年利润
6101	公允价值变动损		4103	本年利润
6111	投资收益		4103	本年利润
6201	摊回保险责任准		4103	本年利润
6202	摊回赔付支出		4103	本年利润
6203	摊回分保费用		4103	本年利润

凭证类别 记 记账凭证　本年利润科目 4103　确定　取消　打印　预览

每个损益科目的期末余额将结转到与其同一行的利润科目中。若损益科目与之对应的利润科目都有辅助核算,那么两个科目的辅助账类必须相同。利润科目为空的损益科目将不参与期间损益结转

图 2-81　期间损益结转科目设置界面

　　(2) 进入"总账"→"期末"→"转账生成",选中"期间损益结转"单选框,结转月份自动为"2017.11",类型选择"收入","包含未记账凭证"复选框打"√",单击"全选"按钮,然后单击"确定"按钮,生成凭证后,输入附单据数:"1"。单击"保存"按钮,如图 2-82 所示。

　　(3) 在"转账生成"界面,其他条件与(2)保持一致的情况下,类型选择"支出",单击"确定"按钮,生成凭证,直接保存,如图 2-83-1 至图 2-83-3 所示。

　　需要说明的是:将损益类科目转入"本年利润"科目有两种方式:一种是损益结转设置完成后按"全部"损益科目,生成一张凭证;另一种是损益结转设置完成后分别按"收入"和"支出"分别结转。本案例是采用分别结转的方式进行处理,附件一般放在第一张生成的凭证上,后面的凭证附件则为 0。

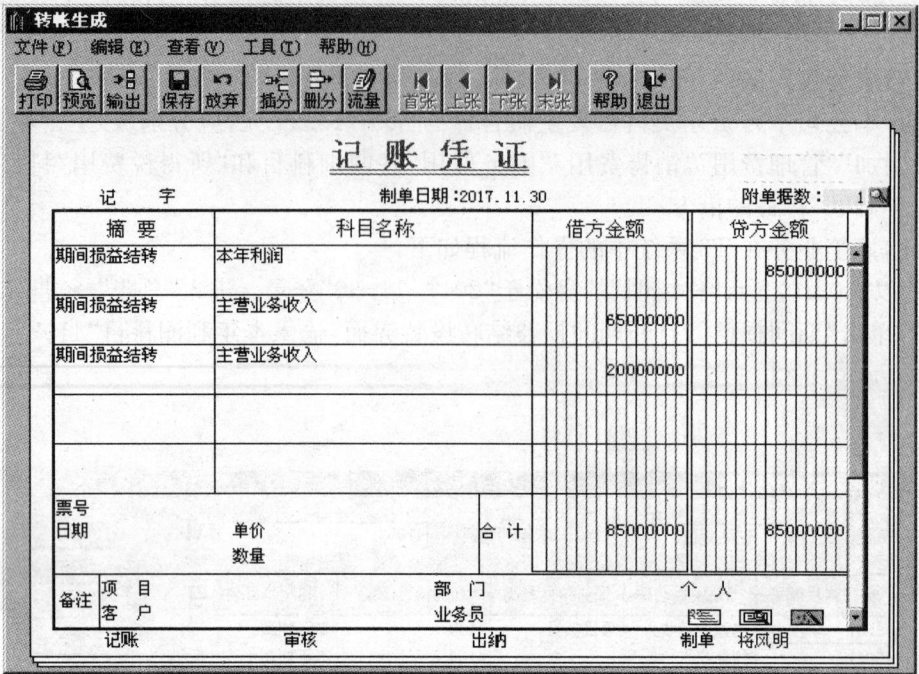

图 2-82　11 月期间损益收入结转后凭证界面

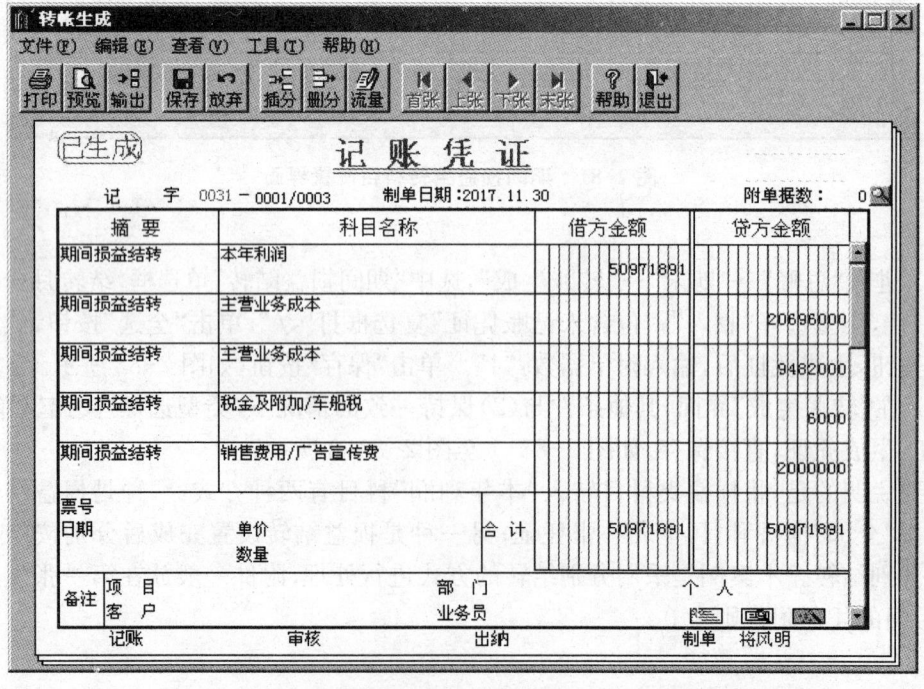

图 2-83-1　11 月期间损益支出结转后第一张凭证界面

初级会计电算化实务操作教程 **T3** 版

160

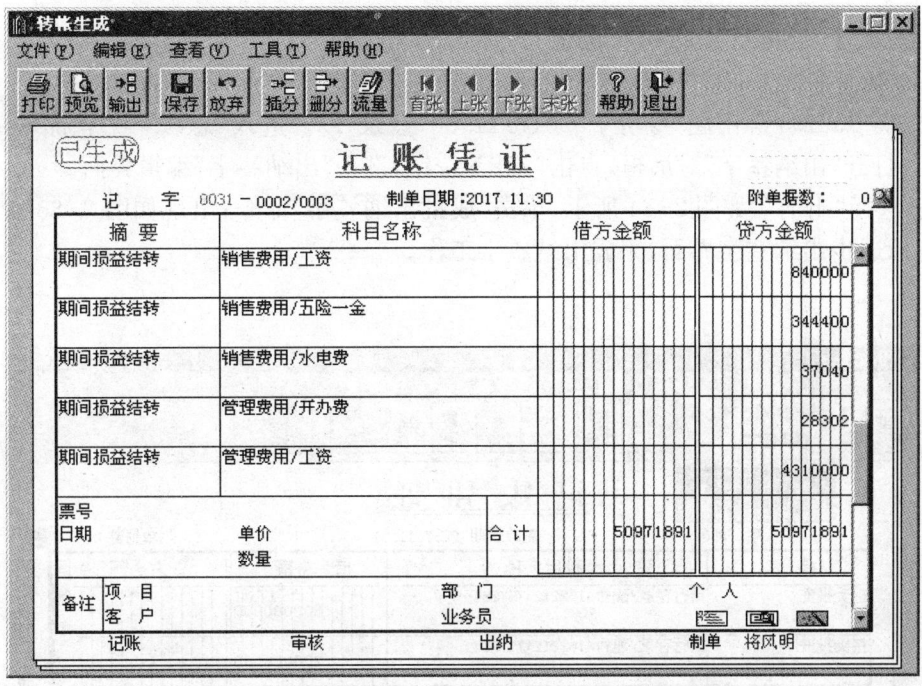

图 2-83-2 11月期间损益支出结转后第二张凭证界面

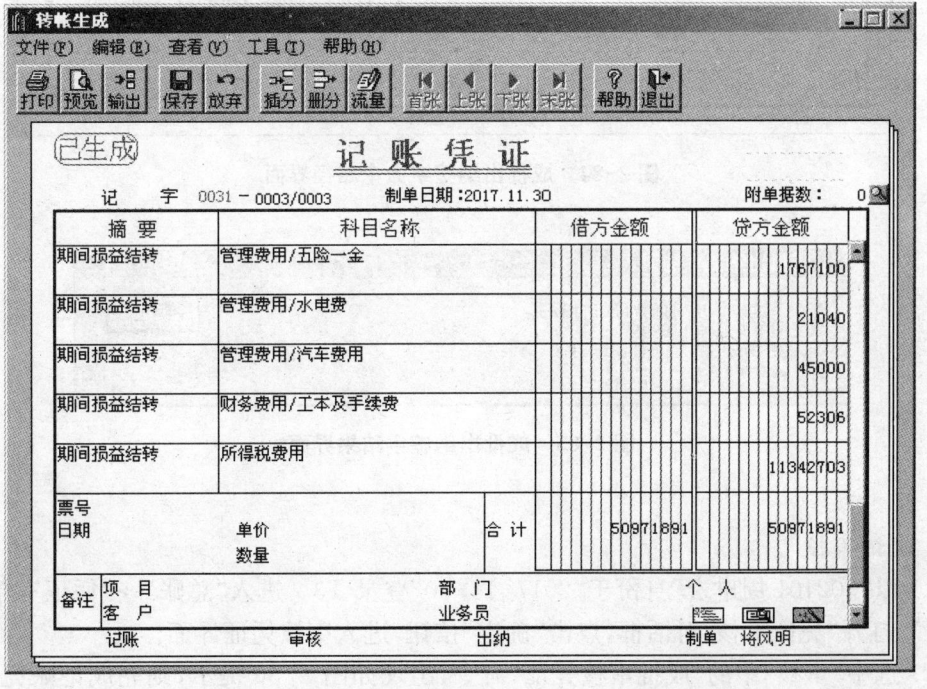

图 2-83-3 11月期间损益支出结转后第三张凭证界面

【业务 31】 记账凭证的期末处理

1. 出纳签字

（1）以"302103 陈雨涵"身份于"2017.11.30"登录 T3。进入"总账"→"凭证"，单击"出纳签字"，打开"出纳签字"对话框，点击"确定"按钮，进入"出纳签字"编辑界面。

（2）选择"出纳"，如图 2-84 所示，单击"成批出纳签字"命令；出现如图 2-85 所示的提示，确定后退出出纳签字界面，完成出纳签字工作。

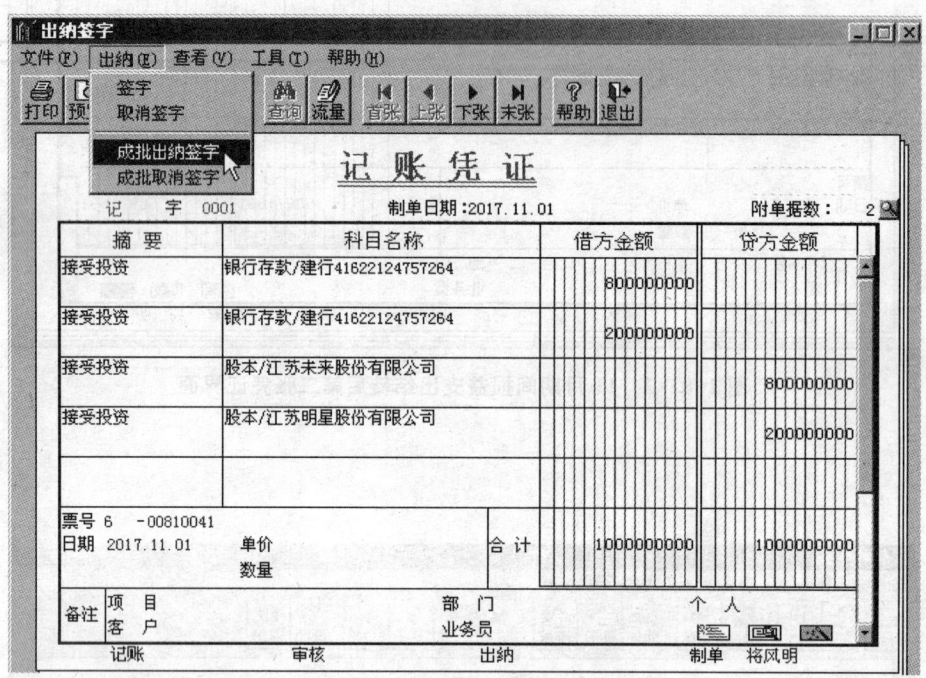

图 2-84　成批出纳签字命令路径界面

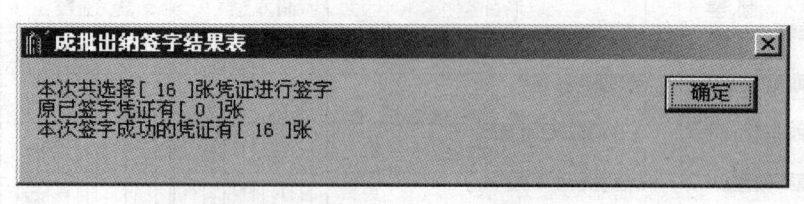

图 2-85　成批出纳签字结果界面

2. 凭证审核

（1）以"302101 周琳宏"身份于"2017-11-30"登录 T3。进入"总账"→"凭证"，单击"审核凭证"，打开"凭证审核"对话框，点击"确定"按钮，进入审核凭证界面。

（2）选中"审核"中的"成批审核凭证"命令，出现如图 2-86 提示，则完成记账凭证审核工作。

图 2-86 成批审核凭证后结果界面

3. 凭证记账

以"302101 周琳宏"身份于"2017-11-30"登录。进入"总账"→"凭证",单击"记账",打开"记账"对话框,单击"全选"按钮,然后选择"下一步",出现"记账报告";选择"下一步",点击"记账"按钮,出现期初试算平衡表,显示"试算结果平衡";选择"确认"按钮,完成凭证记账工作。

4. 结账

(1)以"302101 周琳宏"身份于"2017-11-30"登录。在"固定资产"→"业务处理"中选择"计提本月折旧"命令,由系统进行计提本月折旧处理,处理完成后在"固定资产"→"业务处理"中选择"月末结账"命令,单击"开始结账"按钮,由系统完成固定资产结账的操作;需要说明的是,固定资产结账成功的关键需满足两个条件:一是固定资产系统已计提本月折旧并完成了全部凭证的生成操作;二是总账系统已记账,与固定资产进行对账的两个科目核对正确(系统显示"平衡"字样)。

(2)进行工资系统的结账工作。在"工资"→"业务处理"中选择"月末处理",按系统提示完成工资月末处理的工作(提示:出现清零选项时选"否",其他出现的选项均选"是")。

(3)期末对账。在"总账"→"期末"中选择"对账",出现"对账"对话框,在"2017.11"的"是否对账"栏单击"选择"命令打"√",然后执行"对账"命令,对账完成,会在"2017.11"这一行的对账日期显示"2017.11.30",对账结果为"正确"。

(4)总账期末结账。在"总账"→"期末"中选择"结账",按系统提示进行操作,由系统自动完成结账工作,一般经过"开始结账""核对账簿""月度工作报告"和"完成结账"四个阶段。若期末结账不成功,则通过"月度工作报告"可找出原因。

【业务 32】 编制资产负债表

以系统内已有的报表模板,结合最新的报表样式,完成报表的编辑和计算工作。具体操作如下:

(1)以"302101 周琳宏"身份于"2017-11-30"登录 T3 软件。单击左侧"财务报表",打开财务报表窗口,选择"文件"中的"新建"命令,进入"新建"界面。选择"一般企业(2007 新会计准则)",如图 2-87 所示,双击"模板"中的"资产负债表",打开资产负债表模板,在"格式"状态下可以修改报表模板,包括报表结构和公式单元,修改完成后,单击"文件"中"另存为"按钮,在指定路径下保存为"南京成功 2017 资产负债表. rep"。

其中需要修改的项目公式是"未分配利润",如图 2-88 显示未分配利润项目期末余额公式的修改结果,图 2-89 显示未分配利润项目年初余额公式的修改结果,所有者权益合计及负债与所有者权益总计等表内计算公式因项目的增加必须随之进行修改,修改完成后保存。

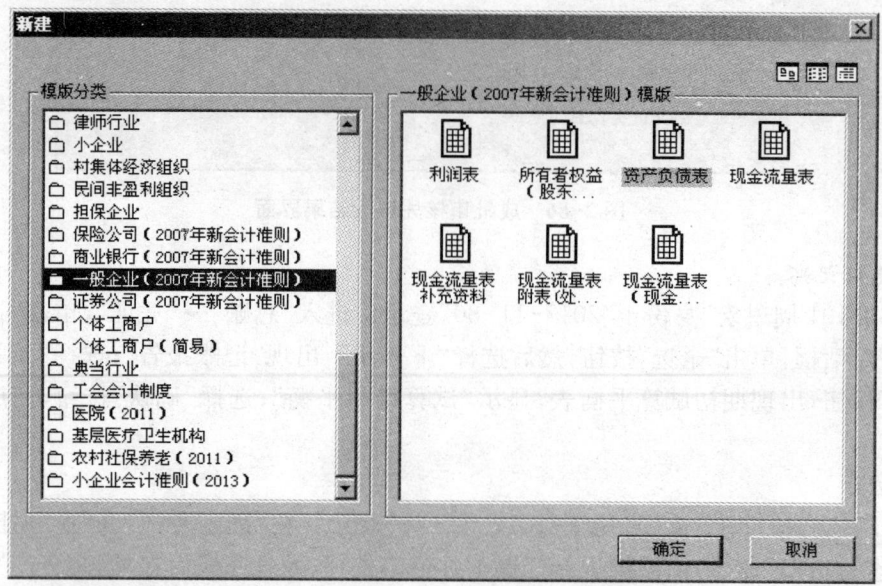

图 2-87　新建企业报表模板选择界面

图 2-88　期末未分配利润项目公式定义界面

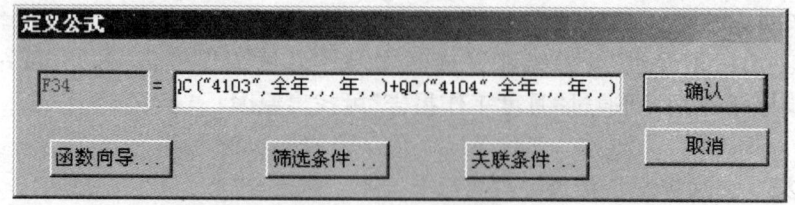

图 2-89　年初未分配利润项目公式定义界面

　　需要说明的是：由于"本年利润"科目的数额到了年终结转时一次性全部转入"利润分配——未分配利润"科目中，因而从每年 1～11 月，该科目存在期末余额，从性质上归入利润分配项目；从资产负债表期初金额虽然定义上是"年初余额"，但如果账套是从中期开始的话，期初"本年利润"也是有余额的，那么无论是期初还是期末，未分配利润项目必须要进行单元格公式的修改，一般包括"本年利润"和"利润分配"两个科目的余额，且在公式里按科目代码从小到大排序。

　　（2）生成"资产负债表"数据，单击资产负债表左下"格式"，变换成"数据"状态，在"数据"菜单下选择"关键字"中的"录入"，如图 2-90 所示；按图 2-91 所示录入相应关键字，单击"确认"按钮，重算报表，保存报表完成报表数据的生成工作，详细数据见资产负债表。

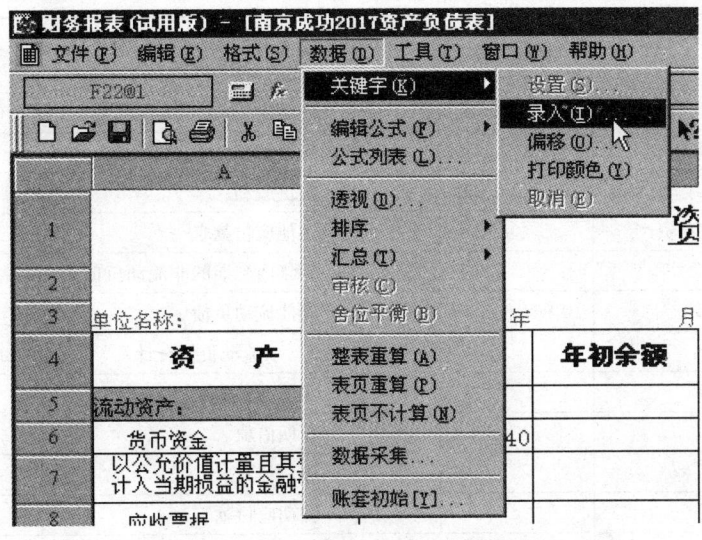

图 2-90 资产负债表录入关键字命令路径界面

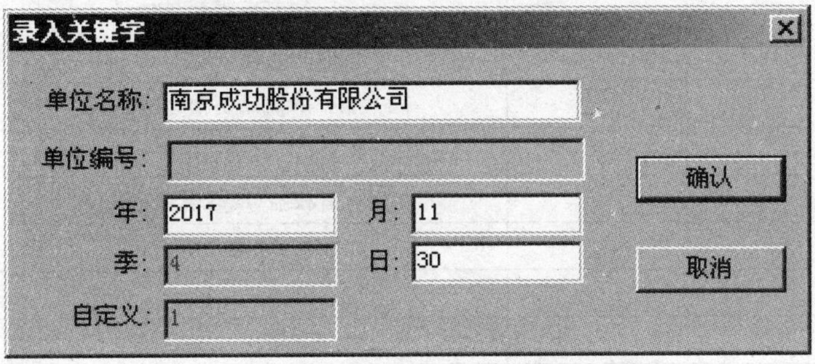

录入关键字

单位名称:	南京成功股份有限公司
单位编号:	
年: 2017	月: 11
季: 4	日: 30
自定义: 1	

图 2-91 资产负债表录入关键字界面

表 2-32-1

资 产 负 债 表

会企 01 表

单位名称:南京成功股份有限公司　　2017 年 11 月 30 日　　单位:元

资　产	期末余额	年初余额	负债及所有者权益（或股东权益）	期末余额	年初余额
流动资产:			流动负债:		
货币资金	10 529 094.40		短期借款		
以公允价值计量且其变动计入当期损益的金融资产			以公允价值计量且其变动计入当期损益的金融负债		
应收票据			应付票据	308 880.00	
应收账款			应付账款	402 480.00	
预付款项	315 028.40		预收款项	210 000.00	
应收利息			应付职工薪酬	133 950.00	

（续表）

资　产	期末余额	年初余额	负债及所有者权益（或股东权益）	期末余额	年初余额
应收股利			应交税费	107 306.58	
其他应收款	3 000.00		应付利息		
存货	117 570.87		应付股利		
一年内到期的非流动资产			其他应付款		
其他流动资产			一年内到期的非流动负债		
流动资产合计	10 964 693.67		其他流动负债		
非流动资产：			流动负债合计	1 162 616.58	
可供出售金融资产			非流动负债：		
持有至到期投资			长期借款		
长期应收款			应付债券		
长期股权投资			长期应付款		
投资性房地产			专项应付款		
固定资产	538 204.00		预计负债		
在建工程			递延所得税负债		
工程物资			其他非流动负债		
固定资产清理			非流动负债合计		
生产性生物资产			负债合计	1 162 616.58	
油气资产			所有者权益（或股东权益）：		
无形资产			实收资本（或股本）	10 000 000.00	
开发支出			资本公积		
商誉			减：库存股		
长期待摊费用			盈余公积		
递延所得税资产			未分配利润	340 281.09	
其他非流动资产			其他综合收益		
非流动资产合计	538 204.00		所有者权益（或股东权益）合计	10 340 281.09	
资产总计	11 502 897.67		负债和所有者权益（或股东权益）总计	11 502 897.67	

公司法定代表人：李胜利　　　　主管会计工作负责人：李胜利　　　　会计机构负责人：周琳

【业务 33】 编制利润表

（1）以"302101 周琳"身份于"2017-11-30"登录。单击左侧"财务报表"，打开财务报表窗口，选择"文件"中的"新建"命令，进入"新建"界面。选择"一般企业（2007 新会计准则）"，如图 2-87 所示。双击"模板"中的"利润表"，打开利润表模板，在"格式"状态下可以修改报表模板，包括报表结构和公式单元，修改完成后，单击"文件"中"另存为"按钮，在指定路径下保存为"南京成功 2017 利润表. rep"，其中需要修改的项目公式是"营业利润"，如图 2-92 显示营业利润项目本期余额公式的修改结果，其他一些大项计算公式因项目的增加必须随之进行修改，修改完成后保存。

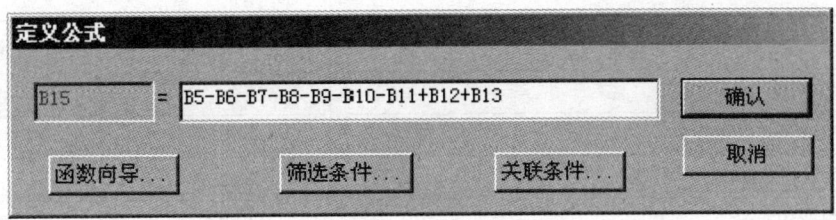

图 2-92 营业利润项目本期金额公式定义界面

(2) 生成"利润表"数据,单击利润表左下"格式",变换成"数据"状态,在"数据"菜单下选择"关键字"中的"录入",按图 2-93 所示录入相应关键字,单击"确认"按钮,重算报表,保存报表完成报表数据的生成工作,具体数据详见表 2-33-1 利润表。

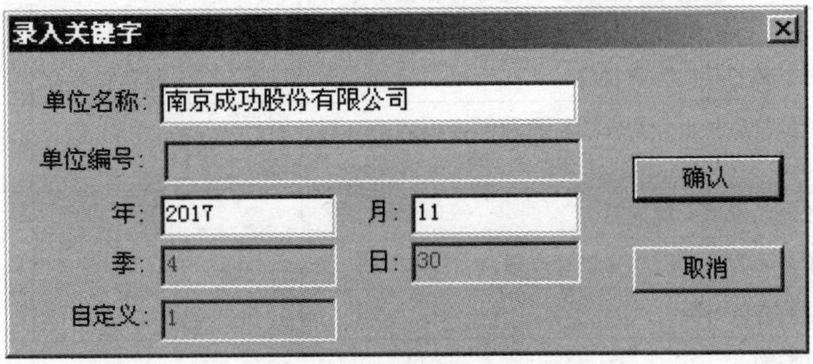

图 2-93 利润表关键字录入信息界面

表 2-33-1

利 润 表

会企 02 表

单位名称:南京成功股份有限公司 　　　　　2017 年 11 月 　　　　　单位:元

项　目	本期金额	上期金额
一、营业收入	850 000.00	
减:营业成本	301 780.00	
税金及附加	60.00	
销售费用	32 214.40	
管理费用	61 714.42	
财务费用	523.06	
资产减值损失		
加:公允价值变动收益(损失以"－"填列)		
投资收益(损失以"－"填列)		
其中:对联营企业和合营企业的投资收益		
二、营业利润(亏损以"－"号填列)	453 708.12	
加:营业外收入		

（续表）

项　　目	本期金额	上期金额
减:营业外支出		
其中:非流动资产处置损失		
三、利润总额(亏损总额以"－"号填列)	453 708.12	
减:所得税费用	113 427.03	
四、净利润(净亏损以"－"号填列)	340 281.09	
五、其他综合收益的税后净额		
(一)以后不能重分类进损益的其他综合收益		
1. 重新计量设定受益计划净负债或净资产的变动		
2. 权益法下在被投资单位不能重分类进损益其他综合收益中享有的份额		
(二)以后将重分类进损益的其他综合收益		
1. 权益法下在被投资单位后将重分类进损益其他综合收益中享有的份额		
2. 可供出售金融资产公允价值变动损益		
3. 持有至到期投资重分类为可供出售金融资产损益		
4. 现金流量套期损益的有效部分		
5. 外币财务报表折算差额		
……		
六、综合收益总额	340 281.09	
七、每股收益		
(一)基本每股收益		
(二)稀释每股收益		

公司法定代表人:李胜利　　　　　主管会计工作负责人:李胜利　　　　　会计机构负责人:周琳

需要说明的是:以上资产负债表和利润表是采用调用报表模板的方式加上最新报表样式作适当调整的方式处理的。另外还有一种方式是自定义报表样式来完成报表的编辑和生成,这种方式体现报表管理最基本的操作,包括报表设计、设置关键字、报表公式编辑和报表数据处理四个部分,以下说明其操作流程。

(一) 报表设计操作流程

步骤1,设置报表尺寸。表尺寸主要用来设计报表的大小,如行数列数。在"财务报表"执行"新建"——"常用"中的"空报表"命令,打开"财务报表"编辑窗口,然后选择"格式"菜单中的"表尺寸"命令,打开"表尺寸"对话框,如图 2-94 所示,表尺寸对话框中已存在预置的数据,直接输入或单击"行数"/"列数"选择按钮,使表尺寸中的行数及列数和设计报表的行数、列数一致,单击"确认"按钮。

图 2-94　表尺寸设置界面

步骤 2,定义报表行高列宽。可通过"财务报表"编辑窗口,选择"格式"菜单中的"行高"或"列宽"命令,进行行高或列宽的调整。

步骤 3,画表格线。在表格内选择需画表格线的区域,在"格式"菜单下,执行"区域画线"命令,弹出"区域画线"对话框,如图 2-95 所示,在"区域画线"对话框中可选择合适的类型及样式,单击"确认"按钮,完成此项操作。

图 2-95　区域画线设置界面

步骤 4,定义组合单元。选择需要组合的单元格区域,单击"格式"中的"组合单元"命令,在弹出的"组合单元"对话框中单击"整体组合"按钮。

步骤 5,定义单元属性。选择一个区域,单击"格式"菜单,选择"单元属性"命令,设置单元类型,选择"单元类型"为"数值"型或"字符"型,其他属性如居中对齐等根据需要选择,单击"确定"按钮。

步骤 6,输入项目内容。根据所设计报表在对应单元中直接输入项目内容。

（二）设置关键字

操作流程：选择一行单元格，单击"数据"菜单，选择"关键字"→"设置"命令。系统弹出"设置关键字"对话框，选择其中需要列示的关键字选项，如"单位名称""年""单位编号"等，单击"确定"按钮。

（三）报表公式编辑

报表公式编辑有两种方法：一是直接输入；二是利润函数向导输入。

步骤 1，直接输入法。选择一单元格，选择"数据"菜单中"编辑公式"，单击"单元公式"命令，在弹出的"定义公式"对话框中录入需要定义的公式：如"QC（"1001"，全年，，，年，，）＋QC（"1002"，全年，，，年，，）＋QC（"1012"，全年，，，年，，）"。

步骤 2，利用函数向导。在步骤 1"定义公式"对话框后，不直接输入公式，而是单击"函数向导"按钮，选择"函数分类"列表框中的"用友账务函数"选项和"函数名"列表框中"期初（QC）"选项，单击"下一步"按钮，在打开的"用友财务函数"对话框中单击"参照"按钮，在弹出的"账务函数"对话框中选择相应的科目和账套号后，单击"确定"按钮。

步骤 3，公式审核。在"账务报表"窗口单击"数据"菜单，选择"编辑公式"下"审核公式"命令，在弹出的"审核公式"对话框中"审核关系"列表框中输入报表的勾稽关系定义公式，单击"确定"按钮，便可以自动进行审核公式处理。

（四）报表数据处理

步骤 1，进入报表数据状态，有两种方法：一是菜单进入，单击"文件"菜单，选择"打开"命令，打开所需操作的报表；二是切换报表界面格式窗口为数据窗口方式，直接在"财务报表"窗口的左下方的红色"格式"字体上单击，转换为"数据"字样，进入了报表数据状态。

步骤 2，录入关键字，单击"数据"菜单，选择"关键字"下的"录入"命令，在弹出的"录入关键字"对话框设置的账表归属单位、年、月、日等信息后，单击"确定"，在确认提示信息"是否重算第 1 页"对话框，单击"是"按钮，录入关键字成功。

步骤 3，整表重算，单击"数据"菜单，选择"表页重算"命令，确认单击"是"按钮后就可以自动计算新的数据。

第三部分

企业基本经济业务会计电算化处理(二)

在第一及第二部分的基础上,以南京成功股份有限公司持续经营的第二个月(12月)发生的基本经济业务为例,对其会计电算化处理进行讲解。

【业务1】 2017年12月1日,取得原始凭证1张。

表 3-1-1

借 款 借 据

单位编号：06278353　　　　借款日期 2017 年12月01日　　　合同编号：201712901

收款单位	名　称	南京成功股份有限公司		借款单位	名　称	南京成功股份有限公司										
	结算户账号	41924996708646			贷款户账号	41924996407591									
	开户银行	交通银行南京市建邺区支行			开户银行	交通银行南京市建邺区支行									
借款金额		人民币陆拾万元整					亿	千	百	十	万	千	百	十	元	角	分
										¥	6	0	0	0	0	0	0	0
借款原因及用途		流动资金不足借款			批准借款利率		年息 6.60 %									
	借　款　期　限															
期次	计划还款日期	√	计划还款金额													
1	2018-03-01		600000.00元													
2																
3																
备注：																

借款单位　　　李胜利　　（银行盖章）

2017-12-01　转讫（01）

表 3-1-1 是借款借据的入账通知联,此联应作为借款单位借入款项的记账依据。该原始凭证注明,"收款单位"和"借款单位"都是本公司,"收款单位结算账号"为41924996708646,"借款单位贷款账号"为41924996407591,这表明本公司借入的款项已在

账号为 41924996708646 的借款结算户进账,进行会计核算时,应记入"银行存款——交行41924996708646"科目的借方;同时,该凭证又注明"借款日期"为 2017 年 12 月 1 日,"计划还款日期"为 2017 年 3 月 1 日,这表明本公司向交通银行借入了期限为 3 个月、年利率为6.60%的短期借款。进行会计核算时,应记入"短期借款——流动资金借款"科目的贷方。

因此,该笔业务在 T3 系统中的操作流程如下:

(1) 以"302102 会计将风明"的身份于"2017-12-01"登录。进入"总账"→"凭证",单击"填制凭证",打开记账凭证编制界面。

(2) 单击"增加"按钮,增加一空白凭证,凭证类型、凭证编号及制单日期自动生成;附单据数录入:"1"。

(3) 输入摘要:"向交通银行借入为期 3 个月的借款"。

(4) 输入借方科目名称:"银行存款——交行 41924996708646",输入结算方式:其他,借方金额:"600 000.00"。

(5) 新增并输入贷方科目名称:"短期借款——流动资金借款",输入贷方金额:"600 000.00"。

(6) 单击"保存"按钮,如图 3-1 所示。

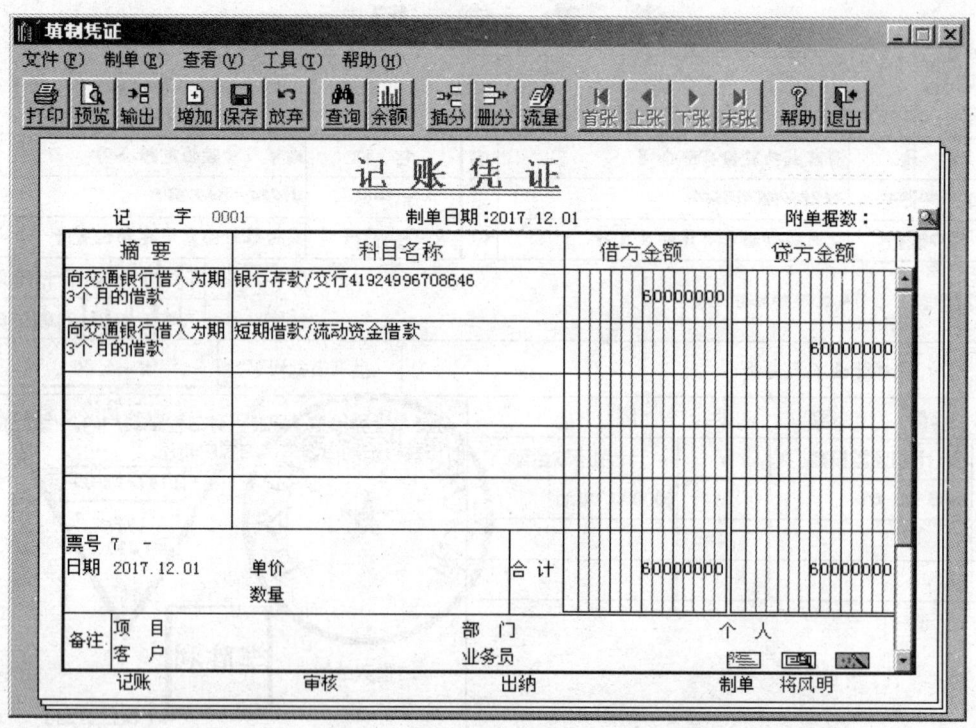

图 3-1 12 月份"0001"号记账凭证填制完成后界面

【业务 2】 2017 年 12 月 2 日,取得原始凭证 5 张。

表 3-2-1

表 3-2-2

表 3-2-3

收 料 单

供应单位:常州佳诚股份有限公司　　　　2017 年 12 月 02 日　　　　　　编号 SL09736

材料编号	名 称	单 位	规 格	数 量		实 际 成 本			
				应 收	实 收	单 价	发票价格	运杂费	总 价
1000201	RP	千克		16 000	16 000				
备注:									

收料人:张福平　　　　　　　　　　　　　　　　　　交料人:黄梓良

第二联 记账联

表 3-2-4

3201161140　江苏 增值税专用发票　　№ 14877017　　3201161140
14877017

开票日期:2017年12月02日

购买方	名　称:南京成功股份有限公司 纳税人识别号:913201059079880923 地 址、电话:江苏省南京市建邺区赵志路85号 025-41967006 开户行及账号:中国建设银行南京市建邺区支行 41622124757264	密码区	35*3187<4/+3746<+95-59+7<104 4917<0-->>-6>525<377740->7*7 87*3187<4/+8490<+72582019690 5+<712/<1+9016>3877++>84>088

货物或应税劳务、服务名称	规格型号	单位	数量	单价	金 额	税率	税 额
运费			1	4000.00	4000.00	11%	440.00
供应商垫付							
合　计					¥4000.00		¥440.00
价税合计(大写)	⊗ 肆仟肆佰肆拾元整				(小写) ¥4440.00		

销售方	名　称:跑得快物流有限公司 纳税人识别号:913201028190306615 地 址、电话:江苏省南京市玄武区韩亚街何书路04号 025-69196221 开户行及账号:中国建设银行南京市玄武区支行 41622124800570	备注	车牌号:苏A37793 货物名称:RP 91320102819030661 5

收款人:　　　　复核:　　　　开票人:胡宪丽　　　　销售方:(发票专用章

第二联:抵扣联 购买方扣税凭证

表 3-2-5

　　表 3-2-1 是江苏增值税专用发票的第二联抵扣联,此联应作为购买方抵扣进项税额的依据。该抵扣联不能作为记账凭证的附件,专门用于在规定期限内到税务机关办理认证或在平台办理勾选确认,并在认证通过或勾选确认的次月申报期内,向主管税务机关申报抵扣进项税额。

　　表 3-2-2 是江苏增值税专用发票的第三联发票联,此联应作为购买方的记账依据。该原始凭证注明,"购买方"是本公司,"销售方"是常州佳诚股份有限公司,"货物或应税劳务、服务名称"是 RP,这表明本公司向常州佳诚股份有限公司购买了 RP 原材料。

　　表 3-2-3 是收料单的第二联记账联,此联应作为收到材料的记账依据。该原始凭证注明,"供应单位"是常州佳诚股份有限公司,"名称"分别为 RP,"数量"为 16 000 千克,这表明本公司向常州佳诚股份有限公司购买的原材料 RP 已经全部验收入库。

　　根据表 3-2-2 和表 3-2-3,进行会计核算时,"金额"应分别记入"原材料"科目核算项目"RP"的借方,"税额"应记入"应交税费——应交增值税——进项税额"科目的借方。

　　表 3-2-4 是江苏增值税专用发票的第二联抵扣联,此联应作为购买方抵扣进项税额的依据。该抵扣联不能作为记账凭证的附件,专门用于在规定期限内到税务机关办理认证或在平台办理勾选确认,并在认证通过或勾选确认的次月申报期内,向主管税务机关申报抵扣进项税额。

　　表 3-2-5 是江苏增值税专用发票的第三联发票联,此联应作为购买方的记账依据。该原始凭证注明,"购买方"是本公司,"销售方"是跑得快物流有限公司,"货物或应税劳务、服务名称"是运费,这表明本公司在采购原材料 RP 过程中发生了运费。进行会计核算时,"金额"应分配记入"原材料"核算项目"RP"的借方,"税额"应记入"应交税费——应交增值税——进项税额"科目的借方。

　　此外,本业务中没有支付款项的原始凭证,而"预付账款——常州佳诚股份有限公司"科目 2017 年 11 月 30 日的借方余额 200 000 元,表明本公司已于 11 月份预付了货款。因此,进行会计核算时,应记入"预付账款——供应商"中"常州佳诚股份有限公司"项目的贷方。

因此,该笔业务在 T3 系统中的操作流程如下:

(1) 以"302102 会计将风明"的身份于"2017-12-02"登录。进入"总账"→"凭证",单击"填制凭证",打开记账凭证编制界面。

(2) 单击"增加"按钮,增加一空白凭证,凭证类型、凭证编号及制单日期自动生成;附单据数录入:"3"。

(3) 输入摘要:"采购材料,料已入库"。

(4) 输入借方科目名称:"原材料",在辅助信息对话框输入 RP 数据,如图 3-2 所示,录入数量:"16 000.00",借方录入金额:"196 000.00",单价由系统自动生成。回车到第二行,输入借方科目名称:"应交税费——应交增值税——进项税额",输入借方金额:"33 080.00"。

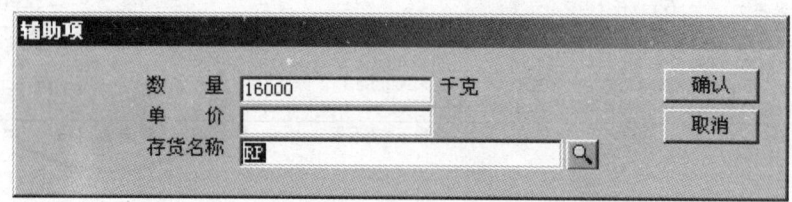

图 3-2　原材料科目辅助核算项信息次入界面

(5) 输入贷方科目名称:"预付账款——供应商"选择"常州佳诚股份有限公司",输入贷方金额:"229 080.00"。

(6) 单击"保存"按钮,如图 3-3 所示。注意,会出现如图 3-4 所示,说明预付账款出现贷方余额,其属性已改为应付账款,这时仍然单击"是"完成凭证保存工作。

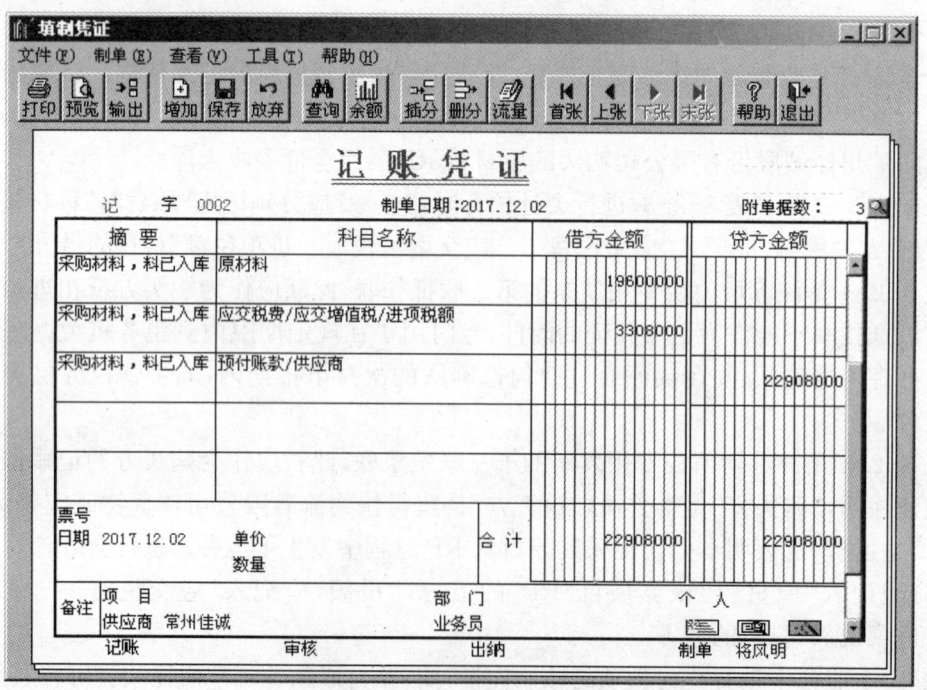

图 3-3　12 月份"0002"号记账凭证填制完成后界面

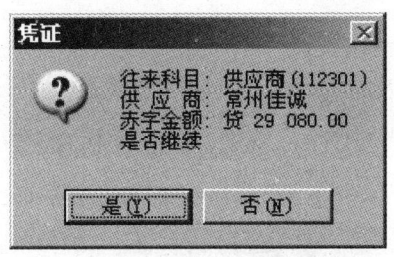

图 3-4　系统提示赤字信息界面

【业务 3】　2017 年 12 月 3 日,取得原始凭证 1 张。

表 3-3-1

中国建设银行客户专用回单

币别:人民币　　　　　　　　2017　年 12 月 03 日　　流水号 320120027J0500810093

	全称	南京成功股份有限公司		全称	常州佳诚股份有限公司
付款人	账号	41622124757264	收款人	账号	41622124427582
	开户行	中国建设银行南京市建邺区支行		开户行	中国建设银行常州市天宁区支行
金额		(大写)人民币 贰万玖仟零捌拾元整		(小写)￥29080.00	
凭证种类		网银	凭证号码		
结算方式		转账	用途		支付货款

打印柜员:320125584257
打印机构:中国建设银行南京市建邺区南门
打印卡号:41622124757264

第一联借方(回单)

打印时间:2017-12-03　　交易柜员:320125584268　　交易机构:3201105000541104186

表 3-3-1 是中国建设银行网银凭证的第二联客户回单,此联应作为汇款人支付款项的记账依据。该原始凭证注明,"汇款人"是本公司,"账号"为 41622124757264,这表明本公司已将款项从账号为 41622124757264 的基本户转出。进行会计核算时,应记入"银行存款——建行 41622124757264"科目的贷方。同时,原始凭证中还注明,"用途"是支付货款,结合 11 月 20 日【业务 18】和 12 月 2 日【业务 2】,表明本公司支付的是向常州佳诚股份有限公司购入原材料的余款。进行会计核算时,应记入"预付账款——供应商"科目中"常州佳诚股份有限公司"项目的借方。

因此,该笔业务在 T3 系统中的操作流程如下:

(1)以"302102 会计将风明"的身份于"2017-12-03"登录。进入"总账"→"凭证",单击"填制凭证",打开记账凭证编制界面。

(2)单击"增加"按钮,增加一空白凭证,凭证类型、凭证编号及制单日期自动生成;附单据数录入："1"。

（3）输入摘要："补付剩余货款"。

（4）输入借方科目名称："预付账款——供应商"如图 3-5 选择"常州佳诚"，输入借方金额："29 080.00"。

图 3-5 预付账款——供应商科目辅助核算信息录入界面

（5）输入贷方科目名称："银行存款——建行 41622124757264"，输入结算方式及票号，并录入贷方金额："29 080.00"。

（6）单击"保存"按钮，如图 3-6 所示。

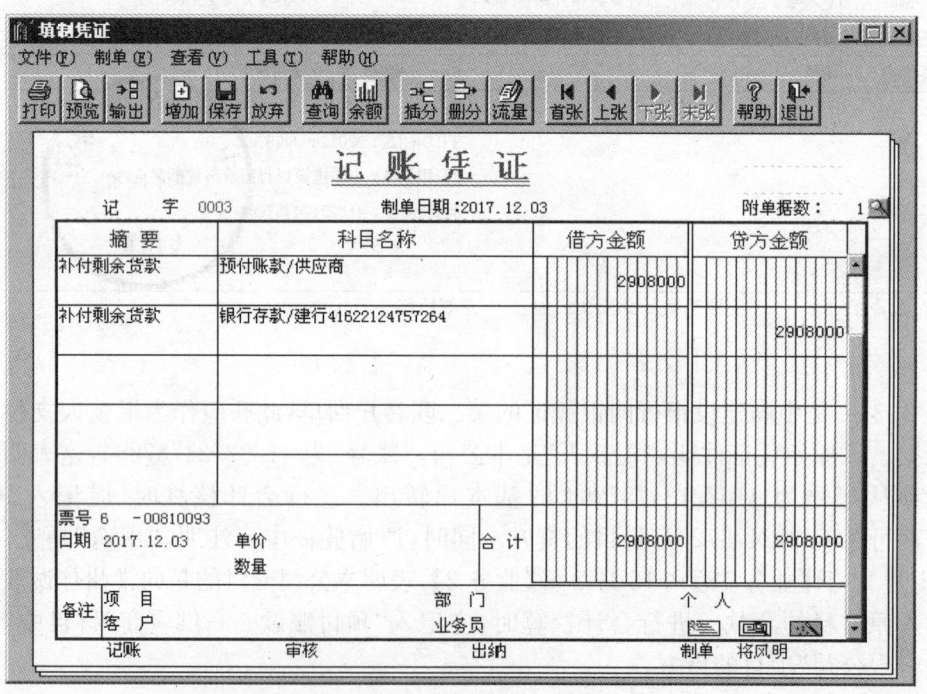

图 3-6 12 月份"0003"号记账凭证填制完成后界面

【业务 4】 2017 年 12 月 4 日，取得原始凭证 4 张。

表 3-4-1

表 3-4-2

3201165140　江苏 增值税专用发票　№ 47128041　3201165140 47128041

开票日期：2017年12月04日

| 购买方 | 名　　称：南京成功股份有限公司
纳税人识别号：913201059079880923
地　址、电话：江苏省南京市建邺区赵志路85号　025-41967006
开户行及账号：中国建设银行南京市建邺区支行　4162212475726 | 密码区 | 36*3187<4/+9013<+95-59+7<214
2178<0-->-6>525<503947->7*7
87*3187<4/+8490<+30604957150
5+<712/<1+9016>5532++>84>784 |

货物或应税劳务、服务名称	规格型号	单位	数量	单价	金额	税率	税额
电信基础服务		月	1	1000.00	1000.00	11%	110.00
合　　计					￥1000.00		￥110.00

价税合计(大写)　⊗壹仟壹佰壹拾元整　(小写) ￥1110.00

| 销售方 | 名　　称：中国电信股份有限公司南京市分公司
纳税人识别号：913201051781123014
地　址、电话：江苏省南京市建邺区宋立街王福路49号　025915478285
开户行及账号：中国建设银行江苏省南京市建邺区支行　41841124138749 | 备注 | |

收款人：　　　复核：　　　开票人：刘顺昌　　　销售方：(发票专用章)

第三联：发票联　购买方记账凭证

表 3-4-3

费用分配表

2017-12-04

单位:元

部　门	分摊金额
办公室	1 000.00
合　计	1 000.00

制表:将风明　　　　　　　　　　　　　　　　　　　　　　　　　审核:周琳

表 3-4-4

中国建设银行客户专用回单

币别：人民币　　　　　　　　　　2017　年 12 月 04 日　　　流水号 320120027J0500810008

付款人	全称	南京成功股份有限公司	收款人	全称	中国电信股份有限公司南京市分公司
	账号	41622124757264		账号	41841124138749
	开户行	中国建设银行南京市建邺区支行		开户行	中国建设银行江苏省南京市建邺区支行
金　额		（大写）人民币 壹仟壹佰壹拾元整			（小写）￥1110.00
凭证种类		转账	凭证号码		
结算方式		转账	用途		支付通讯费

汇划日期：2017-12-04　　　汇划款项编号：00404650
报文顺序号：56763244　　　汇出行行号：105005411041　　　打印柜员：320125584257
汇出行行名：中国建设银行南京市建邺区支行　　　打印机构：中国建设银行南京市建邺区支行回单
业务类型：0024　　　原凭证金额：0.00　　　打印卡号：41622124757264
原凭证种类：0701　　　原凭证号码：
附言：

打印时间：2017-12-04　　　交易柜员：320125584268　　　交易机构：320110549

(第一联借方（回单）)

（中国建设银行 电子回单 专用章）

表 3-4-1 是江苏增值税专用发票的第二联抵扣联,此联应作为购买方抵扣进项税额的依据。该抵扣联不能作为记账凭证的附件,专门用于在规定期限内到税务机关办理认证或在平台办理勾选确认,并在认证通过或勾选确认的次月申报期内,向主管税务机关申报抵扣进项税额。

表 3-4-2 是江苏增值税专用发票的第三联发票联,此联应作为购买方的记账依据。该原始凭证注明,"购买方"是本公司,"销售方"是南京电信服务有限公司,"货物或应税劳务、服务名称"是基础电信费,这表明本公司在生产经营过程中发生基础电信费。

表 3-4-3 是费用分配表,该表应作为核算基础电信费的记账依据。该原始凭证注明,各个部门所使用的基础电信费的金额,表中的部门为办公室。所以,进行会计核算时,"金额"应记入"管理费用——通讯费"科目的借方,"税额"应记入"应交税费——应交增值税——进项税额"科目的借方。

表3-4-4是中国建设银行客户专用回单的第一联借方回单,此联应作为付款方支付款项的记账依据。该原始凭证注明,"付款人"是本公司,"账号"为41622124757264,这表明本公司已通过账号41622124757264的基本户支付了款项,进行会计核算时,应记入"银行存款——建行41622124757264"科目的贷方。

因此,该笔业务在T3系统中的操作流程如下:

(1) 以"302102会计将风明"的身份于"2017-12-04"登录。进入"总账"→"凭证",单击"填制凭证",打开记账凭证编制界面。

(2) 单击"增加"按钮,增加一空白凭证,凭证类型、凭证编号及制单日期自动生成;附单据数录入:"3"。

(3) 输入摘要:"支付通讯费"。

(4) 新增并输入借方科目名称:"管理费用——通讯费",输入借方金额:"1 000.00"。输入借方科目名称:"应交税费——应交增值税——进项税额",输入借方金额:"110.00"。

(5) 输入贷方科目名称:"银行存款——建行41622124757264",输入结算方式及票号,并录入贷方金额:"1 110.00"。

(6) 单击"保存"按钮,如图3-7所示。

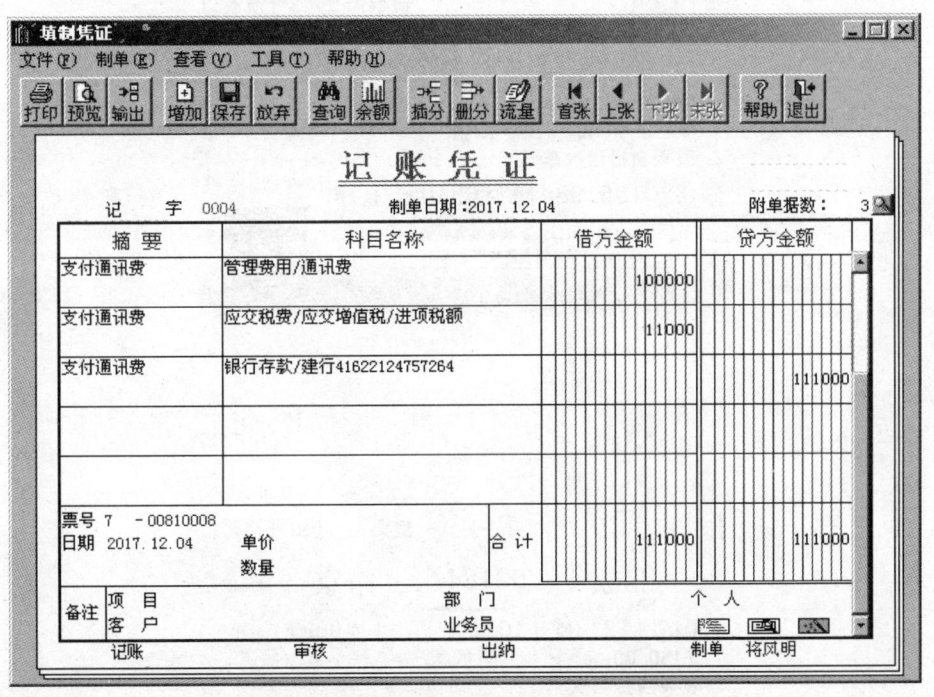

图3-7 12月份"0004"号记账凭证填制完成后界面

【业务5】 2017年12月5日,取得原始凭证6张。

表 3-5-1

差旅费报销单

2017 年 12 月 05 日   附原始单据 3 张

姓名	张玉林			工作部门	销售门市		出差事由	洽谈商务				
日期		地点		车船费			深夜补贴	途中补贴	住勤费			旅馆费	公交费		金额合计
起	讫	起	讫	车次或船名	时间	金额			地区	天数	补贴			
11 月 30 日	12 月 04 日	南京市	北京市			900.00			北京市	5	500.00	2 000.00		3 400.00
				现金付讫										
报销金额(大写)人民币		叁仟肆佰元整									合计(小写)¥ 3 400.00			

补付金额：¥400.00   退回金额：

领导批准：李胜利   会计主管：周琳   部门负责人：张玉林   审核：将风明   报销人：张玉林

表 3-5-1-1

表 3-5-1-2

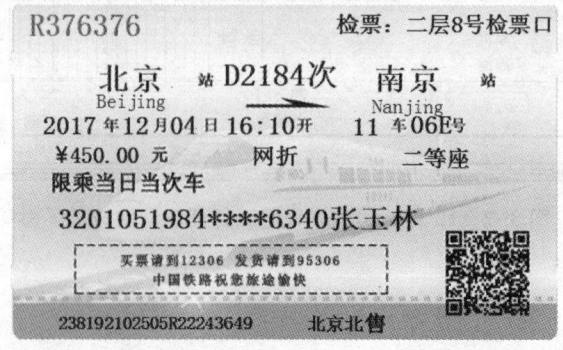

表 3-5-1-3

表 3-5-2

表 3-5-3

借款单

2017 年 11 月 08 日　　　　NO 209814

借款人：张玉林	所属部门：销售门市
借款用途：出差借款	
借款金额：人民币(大写) 叁仟元整　　¥3000.00	
部门负责人审 同意张玉林2017-11-08	借款人(签章)：张玉林2017-11-08
财务部门审核： 同意周琳2017-11-08	
单位负责人批示： 同意	签字： 李胜利2017-11-08
核销记录： 补付400.00	

第二联结算联（结算后记账）

表 3-5-1 是差旅费报销单，此单应作为本公司核算差旅费的记账依据。该原始凭证注明，“姓名”是张玉林，“工作部门”是销售门市部，报销金额是共计 3 400 元，表 3-5-1-1 和表 3-5-1-2 是南京到北京的往返动车票，表明报销单中的车船费是 900 元，表 3-5-1-3 是北京增值税专用发票的第三联发票联，以上三联应作为购买方差旅费报销单计算的记账依据，不能单独作为附件使用。该原始凭证注明，“购买方”是本公司，“销售方”是速 8 连锁酒店有限公司，“货物或应税劳务、服务名称”是住宿费，表明报销单中的住宿费金额是 2 500 元。进行会计核算时，车船费、补贴和增值税专用发票上的金额应记入“销售费用——差旅费”科目的借方，“税额”应记入“应交税费——应交增值税——进项税额”科目的借方。

表 3-5-2 是北京增值税专用发票的第二联抵扣联，此联应作为购买方抵扣进项税额的依据。该抵扣联不能作为记账凭证的附件，专门用于在规定期限内到税务机关办理认证或在平台办理勾选确认，并在认证通过或勾选确认的次月申报期内，向主管税务机关申报抵扣进项税额。

表 3-5-3 是借款单的第二联结算联，此联应作为本公司结算借款的记账依据。该原始凭证的内容表明，张玉林已于 12 月 5 日结清其预借的差旅费。进行会计核算时，“借款金额”应记入“其他应收款——职工往来”科目中项目“张玉林”的贷方；同时，原始凭证中还注明，本公司补付张玉林现金 400 元，进行会计核算时，应记入“库存现金”科目的贷方。

因此，该笔业务在 T3 系统中的操作流程如下：

(1) 以“302102 会计将风明”的身份于“2017-12-05”登录。进入“总账”→“凭证”，单击“填制凭证”，打开记账凭证编制界面。

(2) 单击“增加”按钮，增加一空白凭证，凭证类型、凭证编号及制单日期自动生成；附单据数录入：“2”。

(3) 输入摘要：“报销差旅费”。

(4) 输入借方科目名称：“销售费用——差旅费”，输入借方金额：“3 286.79”。

输入借方科目名称：“应交税费——应交增值税——进项税额”，输入借方金额：“113.21”。

(5) 输入贷方科目名称：“其他应收款——职工往来”，选择职工“张玉林”，输入贷方金额：“3 000.00”。输入贷方科目名称：“库存现金”，输入贷方金额：“400.00”。

(6) 单击"保存"按钮,如图 3-8 所示。

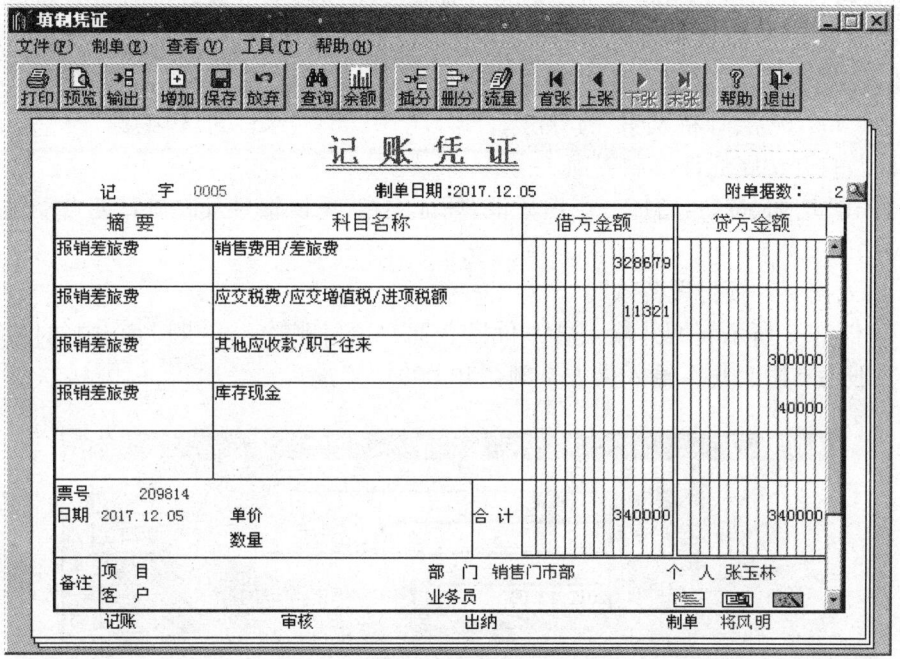

图 3-8　12 月份"0005"号记账凭证填制完成后界面

【业务 6】　2017 年 12 月 6 日,取得原始凭证 1 张。

表 3-6-1

中国建设银行客户专用回单

表 3-6-1 是中国建设银行网银凭证的第二联客户回单,此联应作为付款方支付款项的记账依据。该原始凭证注明,"付款人"是本公司,"账号"是 41622124757264,这表明本公司采用网银方式已将款项从账号为 41622124757264 的基本户转出。进行会计核算时,应记入

"银行存款——建行 41622124757264"科目的贷方;"收款人"是徐州设备股份有限公司,"用途"是预付款,这表明本公司向徐州设备股份有限公司预付了货款。进行会计核算时,应记入"预付账款——供应商"科目中"徐州设备股份有限公司"项目的借方。

因此,该笔业务在 T3 系统中的操作流程如下:

(1)以"302102 会计将风明"的身份于"2017-12-06"登录。进入"总账"→"凭证",单击"填制凭证",打开记账凭证编制界面。

(2)单击"增加"按钮,增加一空白凭证,凭证类型、凭证编号及制单日期自动生成;附单据数录入:"1"。

(3)输入摘要:"预付设备款"。

(4)如图 3-9 所示新增并输入借方科目名称:"预付账款——供应商"中的供应商档案"徐州设备股份有限公司",输入借方金额:"40 000.00"。

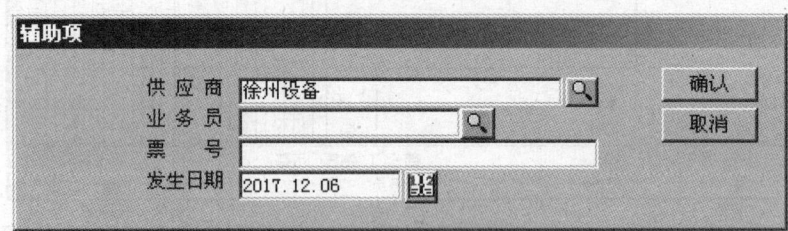

图 3-9 预付账款——供应商辅助核算信息录入界面

(5)输入贷方科目名称:"银行存款——建行 41622124757264",输入结算方式、票号等,并录入贷方金额:"40 000.00"。

(6)单击"保存"按钮,如图 3-10 所示。

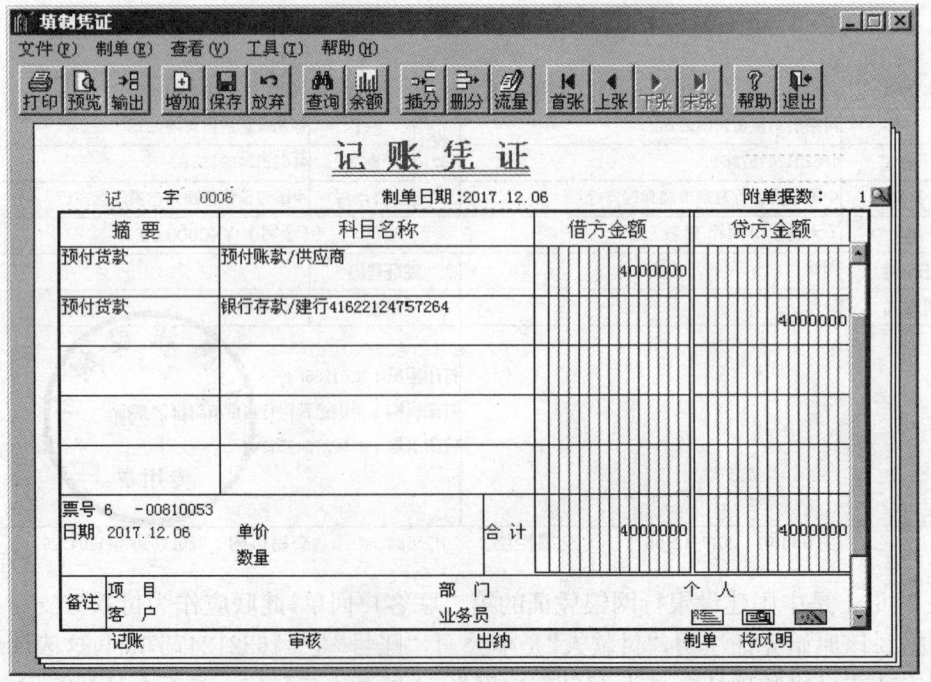

图 3-10 12 月份"0006"号记账凭证填制完成后界面

【业务7】 2017年12月8日,取得原始凭证2张。

表3-7-1

12月份工资发放表

2017年12月8日

员工姓名	所属部门	职务	应付工资	养老保险	医疗保险	失业保险	住房公积金	个税	扣款合计	实发工资
李胜利	办公室	总经理、法人	7 000	560	150	35	700	101.50	1 546.50	5 453.50
周长虹	办公室	主任	6 500	520	140	32.5	650	61.75	1 404.25	5 095.75
于成功	办公室	办事员	5 500	440	120	27.5	550	26.18	1 163.68	4 336.32
张福平	办公室	仓库保管员	3 800	304	86	19	380	0.00	789.00	3 011.00
周 琳	财务部	经理	4 100	328	92	20.5	410	0.00	850.50	3 249.50
将风明	财务部	总账会计	5 000	400	110	25	500	14.25	1 049.25	3 950.75
陈雨涵	财务部	出纳	3 000	240	70	15	300	0.00	625.00	2 375.00
强洪森	采购部	经理	4 500	360	100	22.5	450	2.33	934.83	3 565.17
李 娟	采购部	采购员	3 700	296	84	18.5	370	0.00	768.50	2 931.50
张玉林	销售门市部	经理	4 800	384	106	24	480	9.48	1 003.48	3 796.52
李晓明	销售门市部	销售员	3 600	288	82	18	360	0.00	748.00	2 852.00
周络顺	生产车间	经理	4 800	384	106	24	480	9.48	1 003.48	3 796.52
李 亚	生产车间	生产人员	4 500	360	100	22.5	450	2.33	934.83	3 565.17
蒋明洁	生产车间	生产人员	4 300	344	96	21.5	430	0.00	891.50	3 408.50
黄忆成	生产车间	生产人员	3 800	304	86	19	380	0.00	789.00	3 011.00
周永海	生产车间	生产人员	3 800	304	86	19	380	0.00	789.00	3 011.00
李永波	生产车间	生产人员	3 600	288	82	18	360	0.00	748.00	2 852.00
蒋 敏	生产车间	生产人员	4 200	336	94	21	420	0.00	871.00	3 329.00
李洁洪	生产车间	生产人员	3 600	288	82	18	360	0.00	748.00	2 852.00
周 强	生产车间	生产人员	3 400	272	78	17	340	0.00	707.00	2 693.00
吴敏洁	生产车间	生产人员	4 300	344	96	21.5	430	0.00	891.50	3 408.50
陈立生	生产车间	生产人员	3 200	256	74	16	320	0.00	666.00	2 534.00
合计			95 000.00	7 600.00	2 120.00	475.00	9 500.00	227.30	19 922.30	75 077.70

表3-7-1是工资发放表,此表应作为支付工资和扣取相关款项的记账依据。该原始凭证注明,"应付工资"是95 000元,职工个人应承担的"社会保险费"(包括养老保险7 600元、医疗保险2 120元和失业保险475元)是10 195元、"住房公积金"是9 500元、"个人所得税"是227.30元,这表明本公司已从个人工资总额中扣除了个人应承担的社会保险费、住房公积金和个人所得税等,因此,实际应支付给职工的工资总额为75 077.70元。

表 3-7-2

表 3-7-2 是中国建设银行转账支票存根,应作为付款方支付款项的记账依据。该原始凭证注明,"收款人"是本公司,"付款行账号"为 41622124757264,这表明本公司已经按照"实发工资"总额支付了职工工资。根据表 3-7-1 和表 3-7-2,进行会计核算时,"应付工资"合计金额应记入"应付职工薪酬——工资"科目的借方。

同时,表 3-7-1 中代扣的款项尚未支付,进行会计核算时,应将"养老保险"的合计金额记入"其他应付款——设定提存计划——养老保险"科目的贷方,"医疗保险"的合计金额记入"其他应付款——社会保险费——医疗保险"科目的贷方,"失业保险"的合计金额记入"其他应付款——设定提存计划——失业保险"科目的贷方,"住房公积金"的合计金额记入"其他应付款——住房公积金"科目的贷方,"个人所得税"的合计金额记入"应交税费——应交个人所得税"科目的贷方。

此外,表 3-7-2 中转账支票表明,本公司已将款项从账号为 41622124757264 的基本户转出,进行会计核算时,"金额"应记入"银行存款——建行 41622124757264"科目的贷方。

因此,该笔业务在 T3 系统中的操作流程如下:

(1) 以"302102 会计将风明"的身份于"2017-12-08"登录。进入"总账"→"凭证",单击"填制凭证",打开记账凭证编制界面。

(2) 单击"增加"按钮,增加一空白凭证,凭证类型、凭证编号及制单日期自动生成;附单据数录入:"2"。

(3) 输入摘要:"支付工资并代扣职工款"。

(4) 输入借方科目名称:"应付职工薪酬——工资",输入借方金额:"95 000.00"。

(5) 新增并输入贷方科目名称:"其他应付款——社会保险费——医疗保险",输入贷方金额:"2 120.00";新增并输入贷方科目名称:"其他应付款——设定提存计划——养老保险",输入贷方金额:"7 600.00";新增并输入贷方科目名称:"其他应付款——设定提存计划——失业保险",输入贷方金额:"475.00";新增并输入贷方科目名称:"其他应付款——住房公积金",输入贷方金额:"9 500.00";新增并输入贷方科目名称:"应交税费——应交个人所得税",输入贷方金额:"227.30";输入贷方科目名称:"银行存款——建行 41622124757264",输入结算方式及贷方金额:"75 077.70"。

(6) 单击"保存"按钮,如图 3-11-1 和图 3-11-2 所示。

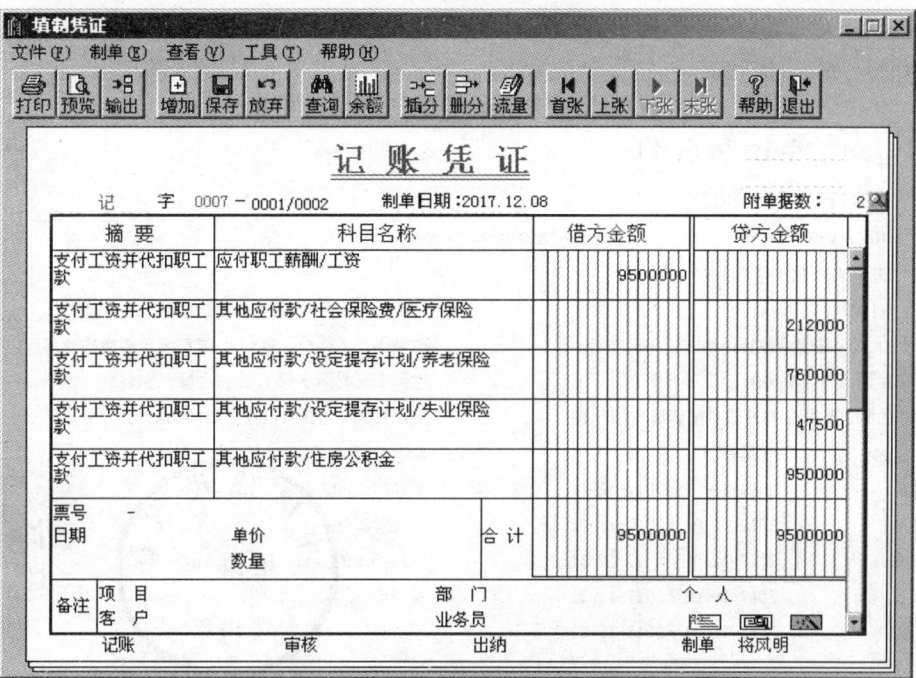

图 3-11-1　12 月份"0007"号记账凭证填制完成后第一张凭证界面

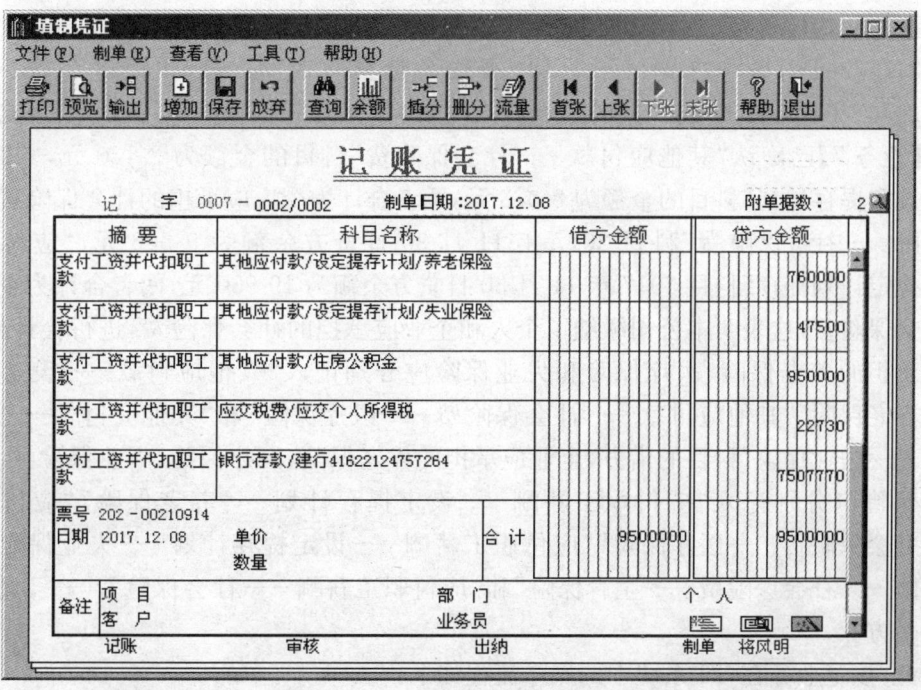

图 3-11-2　12 月份"0007"号记账凭证填制完成后第二张凭证界面

【业务 8】 2017 年 12 月 8 日,取得原始凭证 1 张。

表 3-8-1

中国建设银行客户专用回单

转账日期:2017 年 12 月 08 日

凭证字号:201712766930878

纳税人全称及纳税人识别号:南京成功股份有限公司913201059079880923	
付款人全称:南京成功股份有限公司	
付款人账号:41622124757264	征收机关名称:南京市建邺区地方税务局
付款人开户银行:中国建设银行南京市建邺区支行	收缴国库(银行)名称:国家金库南京市建邺区支库
小写(合计)金额 ¥39645.00	缴款书交易流水号:201712085114475
大写(合计)金额 人民币 叁万玖仟陆佰肆拾伍元整	税票号码:0420171208625102891142

税(费)种名称	所属时期	实缴金额
医疗保险本金	2017-12-01至2017-12-31	¥10670.00
养老保险本金	2017-12-01至2017-12-31	¥26600.00
失业保险本金	2017-12-01至2017-12-31	¥1425.00
生育保险本金	2017-12-01至2017-12-31	¥475
工伤保险本金	2017-12-01至2017-12-31	¥475

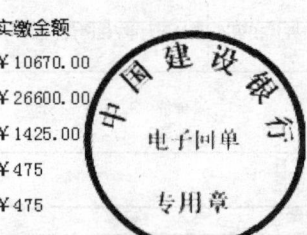

表 3-8-1 是中国建设银行客户专用回单,此联应作为付款方支付款项的记账依据。该原始凭证注明,"付款人"是本公司,"账号"是 41622124757264,这表明本公司已通过账号为 41622124757264 的基本户支付了款项,进行会计核算时,应记入"银行存款——建行 41622124757264"科目的贷方;同时,"收款人"是国库待结算款项——代收社保基金,而 12 月 8 日【业务 7】已确认"其他应付款——社会保险费"科目的金额为 2 120 元,"其他应付款——设定提存计划"科目的金额为 8 075 元,两者合计为个人应承担的社会保险费,"应付职工薪酬——社会保险费"科目 2017 年 11 月 30 日贷方余额为 9 500 元,"应付职工薪酬——设定计划提存"科目 2017 年 11 月 30 日贷方余额为 19 950 元,两者合计为企业应承担的社会保险费,这表明本公司缴纳了个人和企业应承担的社会保险费,进行会计核算时,个人应承担的养老保险、医疗保险和失业保险应分别记入"其他应付款——设定提存计划——养老保险""其他应付款——社会保险费——医疗保险"和"其他应付款——设定提存计划——失业保险"科目的借方,企业应承担的养老保险、医疗保险、失业保险、生育保险和工伤保险应分别记入"应付职工薪酬——设定提存计划——养老保险""应付职工薪酬——社会保险费——医疗保险""应付职工薪酬——设定提存计划——失业保险""应付职工薪酬——社会保险费——生育保险"和"应付职工薪酬——社会保险费——工伤保险"科目的借方。

因此,该笔业务在 T3 系统中的操作流程如下:

(1)以"302102 会计将风明"的身份于"2017-12-08"登录。进入"总账"→"凭证",单击

"填制凭证",打开记账凭证编制界面。

(2) 单击"增加"按钮,增加一空白凭证,凭证类型、凭证编号及制单日期自动生成;附单据数录入:"1"。

(3) 输入摘要:"上交社会保险费"。

(4) 输入借方科目名称:"应付职工薪酬——设定提存计划——养老保险",输入借方金额:"19 000.00";输入借方科目名称:"应付职工薪酬——社会保险费——医疗保险",输入借方金额:"8 550.00";输入借方科目名称:"应付职工薪酬——设定提存计划——失业保险",输入借方金额:"950.00";输入借方科目名称:"应付职工薪酬——社会保险费——工伤保险",输入借方金额:"475.00";输入借方科目名称:"应付职工薪酬——社会保险费——生育保险",输入借方金额:"475.00";输入借方科目名称:"其他应付款——设定提存计划——养老保险",输入借方金额:"7 600.00";输入借方科目名称:"其他应付款——社会保险费——医疗保险",输入借方金额:"2 120.00";输入借方科目名称:"其他应付款——设定提存计划——失业保险",输入借方金额:"475.00"。

(5) 输入贷方科目名称:"银行存款——建行 41622124757264",输入结算方式及贷方金额:"39 645.00"。

(6) 单击"保存"按钮,如图 3-12-1 和图 3-12-2 所示。

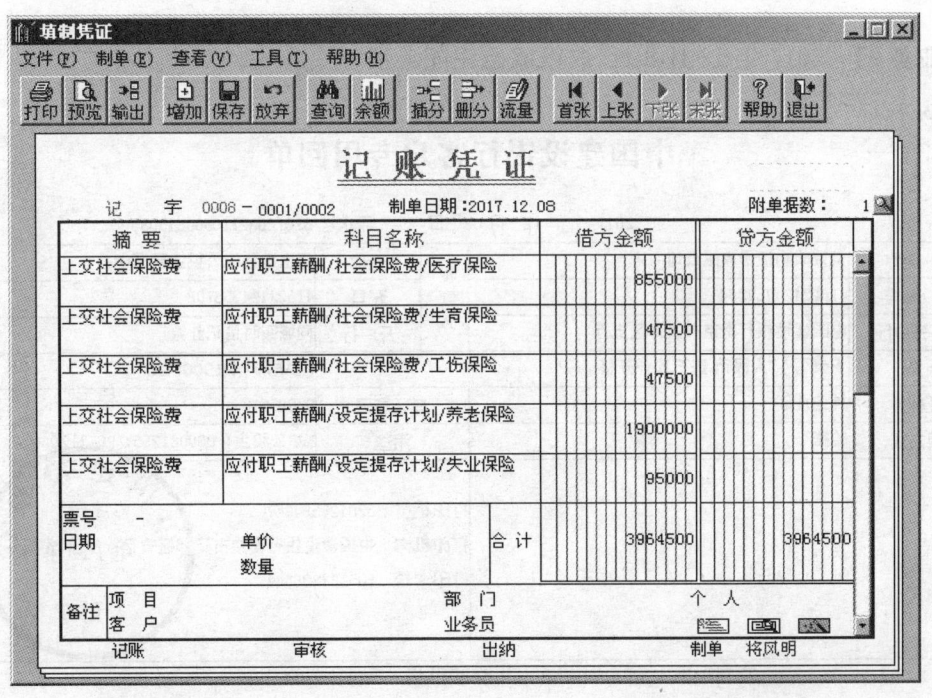

图 3-12-1　12 月份"0008"号记账凭证填制完成后第一张凭证界面

初级会计电算化实务操作教程 T3 版

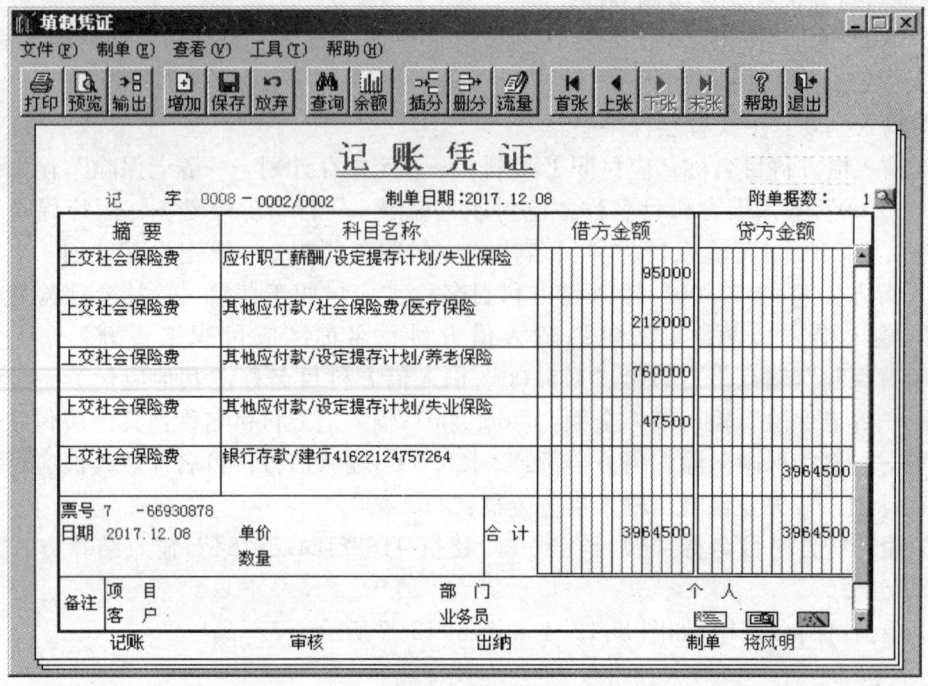

图 3-12-2 12 月份"0008"号记账凭证填制完成后第二张凭证界面

【业务 9】 2017 年 12 月 8 日,取得原始凭证 1 张。

表 3-9-1

中国建设银行客户专用回单

币别：人民币　　　　　2017 年 12 月 08 日　　流水号 320120027J0500810085

付款人	全称	南京成功股份有限公司	收款人	全称	南京市住房公积金管理中心
	账号	41622124757264		账号	41622124353708
	开户行	中国建设银行南京市建邺区支行		开户行	同城实时借记业务
金额	（大写）人民币 壹万玖仟元整			（小写）￥19000.00	
凭证种类	其他凭证		凭证号码	00005618	
结算方式	转账		用途	WFP公积金：000081255：20171208	

打印柜员：320125584257
打印机构：中国建设银行南京市建邺区支行电子回单
打印卡号：105387286344

第一联借方（回单）

打印时间：2017-12-08　　交易柜员：320125584268　　交易机构：3201105005411O4106

　　表 3-9-1 是中国建设银行客户专用回单的借方回单,此联应作为付款方支付款项的记账依据。该原始凭证注明,"付款人"是本公司,"账号"是 41622124757264,这表明本公司已通过账号为 41622124757264 的基本户支付了款项,进行会计核算时,应记入"银行存款——

192

建行 41622124757264"科目的贷方;同时,"收款人"是南京市住房公积金管理中心,"用途"是公积金,而"应付职工薪酬——住房公积金"科目 2017 年 11 月 30 日的贷方余额和 12 月 8 日【业务 7】已确认"其他应付款——住房公积金"科目贷方余额合计金额为 19 000 元。这表明本公司向南京市住房公积金管理中心上缴个人和企业应承担的住房公积金。进行会计核算时,应记入"应付职工薪酬——住房公积金"和"其他应付款——住房公积金"科目借方。

因此,该笔业务在 T3 系统中的操作流程如下:

(1) 以"302102 会计将风明"的身份于"2017-12-08"登录。进入"总账"→"凭证",单击"填制凭证",打开记账凭证编制界面。

(2) 单击"增加"按钮,增加一空白凭证,凭证类型、凭证编号及制单日期自动生成;附单据数录入:"1"。

(3) 输入摘要:"缴纳公积金"。

(4) 输入借方科目名称:"应付职工薪酬——住房公积金",输入借方金额:"9 500.00";输入借方科目名称:"其他应付款——住房公积金",输入借方金额:"9 500.00"。

(5) 输入贷方科目名称:"银行存款——建行 41622124757264",输入结算方式及贷方金额:"19 000.00"。

(6) 单击"保存"按钮,如图 3-13 所示。

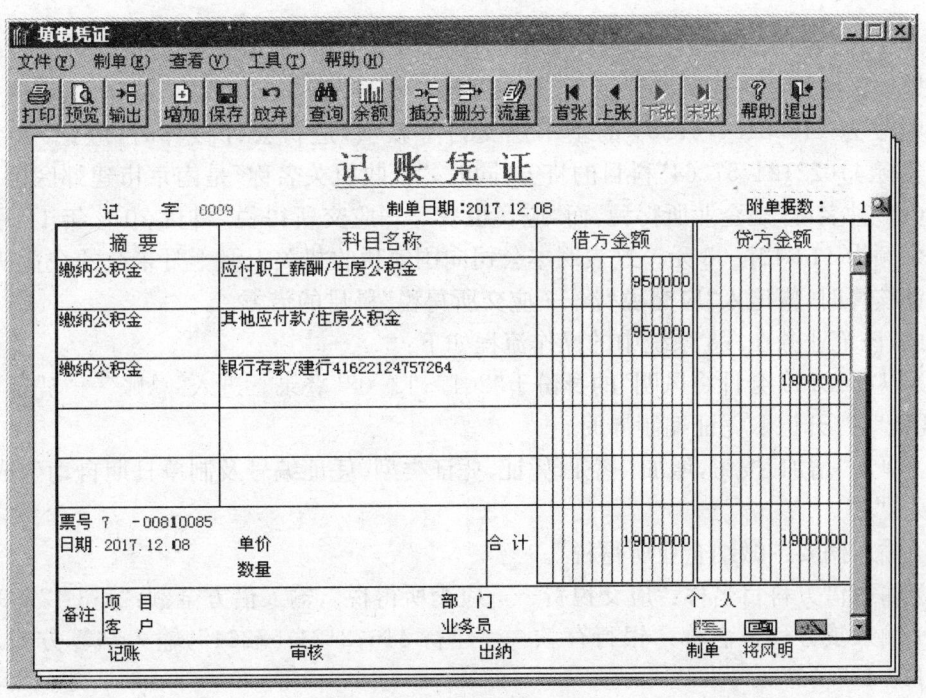

图 3-13 12 月份"0009"号记账凭证填制完成后界面

【业务 10】 2017 年 12 月 8 日,取得原始凭证 1 张。

表 3-10-1

中国建设银行客户专用回单

转账日期: 2017 年 12 月 08 日

凭证字号: 2017120835023074

纳税人全称及纳税人识别号:南京成功股份有限公司913201059079880923	
付款人全称:南京成功股份有限公司	
付款人账号:41622124757264	征收机关名称:南京市建邺区国家税务局
付款人开户银行:中国建设银行南京市建邺区支行	收缴国库(银行)名称:国家金库南京市建邺区支库
小写(合计)金额 ¥113427.03	缴款书交易流水号:201712088410865
大写(合计)金额 人民币 壹拾壹万叁仟肆佰贰拾柒元零叁分	税票号码:042017296584714166

税(费)种名称	所属时期	实缴金额
企业所得税	20171101-20171130	¥113427.03

表 3-10-1 是中国建设银行客户专用回单的借方回单,此联应作为付款方支付款项的记账依据。该原始凭证注明,"付款人"是本公司,"账号"是 41622124757264,这表明本公司已通过账号为 41622124757264 的基本户支付了款项,进行会计核算时,应记入"银行存款——建行 41622124757264"科目的贷方;同时,"征收机关名称"是南京市建邺区国家税务局,"税(费)种名称"是企业所得税,而"应交税费——应交所得税"科目 2017 年 11 月 30 日的贷方余额为 113 427.03 元。这表明本公司向国家税收机关上缴上月未交的企业所得税。进行会计核算时,应记入"应交税费——应交所得税"科目的借方。

因此,该笔业务在 T3 系统中的操作流程如下:

(1)以"302102 会计将风明"的身份于"2017-12-08"登录。进入"总账"→"凭证",单击"填制凭证",打开记账凭证编制界面。

(2)单击"增加"按钮,增加一空白凭证,凭证类型、凭证编号及制单日期自动生成;附单据数录入:"1"。

(3)输入摘要:"缴纳企业所得税"。

(4)输入借方科目名称:"应交税费——应交所得税",输入借方金额:"113 427.03"。

(5)输入贷方科目名称:"银行存款——建行 41622124757264",输入结算方式及贷方金额:"113 427.03"。

(6)单击"保存"按钮,如图 3-14 所示。

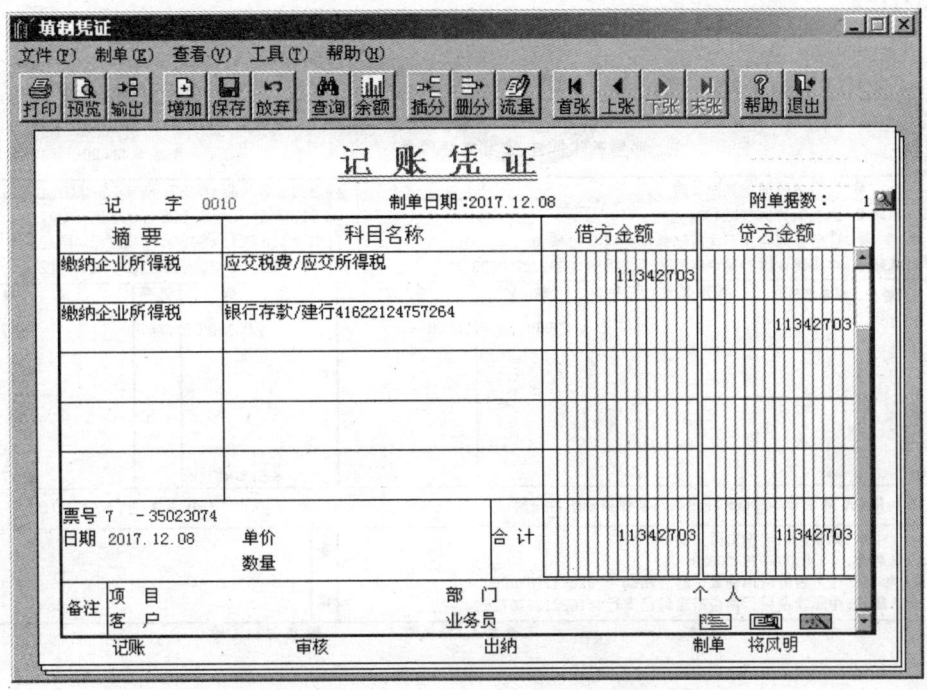

图 3-14　12 月份"0010"号记账凭证填制完成后界面

【业务 11】　2017 年 12 月 12 日,取得原始凭证 2 张。

表 3-11-1

销　售　单

购货单位:江苏欲德股份有限公司

地址和电话:江苏省南京市下关区李秀街杨萱路 92 号 025-45830600

纳税识别号:913301076108824384　　　　　　　　　单据编号:XS09862

开户行及账号:中国建设银行南京市下关区支行 41622124218833　　制单日期:2017-12-12

编码	产品名称	规格	单位	单价	数量	金额	备注	
	K01		件	29.25	23 000	672 750.00	含税价	会计联
合　计	人民币(大写):陆拾柒万贰仟柒佰伍拾元整				—	￥672 750.00		

销售经理:张玉林　　　　经手人:李晓明　　　　会计:将风明　　　　签收人:齐伟华

表 3-11-2

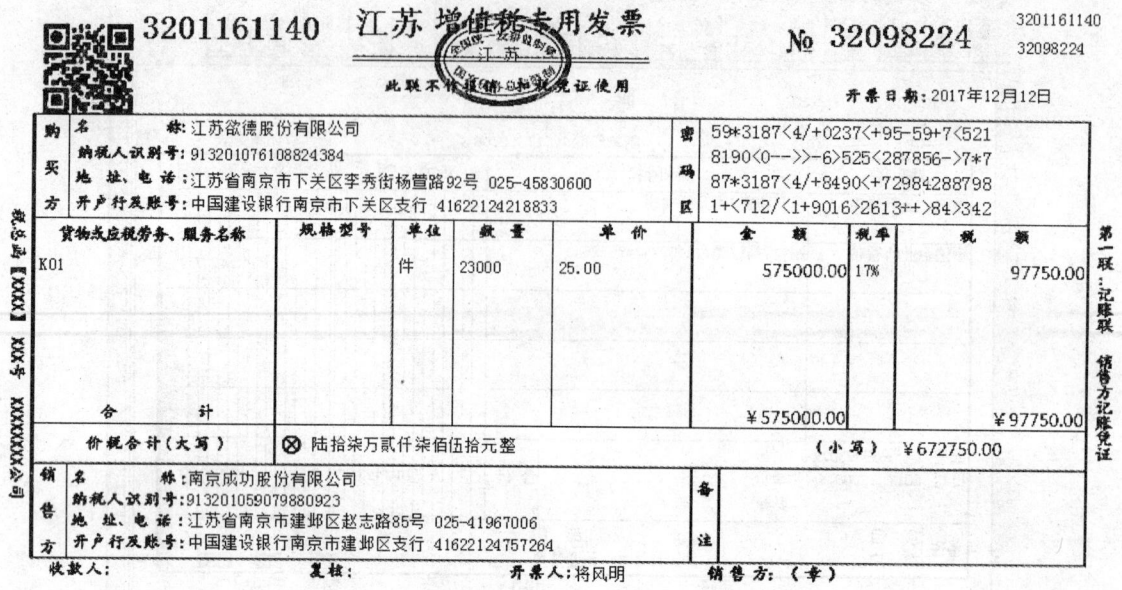

表 3-11-1 是销售单的会计联,此联应作为销售方发货的记账依据。该原始凭证注明,"销售方"是本公司,"购买方"是江苏欲德股份有限公司,"产品名称"是 K01,这表明本公司已将 K01 产品发货给江苏欲德股份有限公司。

表 3-11-2 是江苏增值税专用发票的第一联记账联,此联应作为销售方的记账依据。该原始凭证注明,"销售方"是本公司,"购买方"是江苏欲德股份有限公司,"货物或应税劳务、服务名称"是 K01,这表明本公司销售了 K01 产品给江苏欲德股份有限公司。销售产品是本公司的主营业务,因此,进行会计核算时,"金额"应分别记入"主营业务收入"科目"K01"项目的贷方,"税额"应记入"应交税费——应交增值税——销项税额"科目的贷方。

此外,本业务没有收取款项的原始凭证,而"预收账款——江苏欲德股份有限公司"科目 2017 年 11 月 30 日的贷方余额为 210 000 元,这表明本公司已于 11 月份预收部分货款。因此,进行会计核算时,应记入"预收账款"科目中客户"江苏欲德股份有限公司"的借方。

因此,该笔业务在 T3 系统中的操作流程如下:

(1) 以"302102 会计将风明"的身份于"2017-12-12"登录。进入"总账"→"凭证",单击"填制凭证",打开记账凭证编制界面。

(2) 单击"增加"按钮,增加一空白凭证,凭证类型、凭证编号及制单日期自动生成;附单据数录入:"2"。

(3) 输入摘要:"销售产品"。

(4) 输入借方科目名称:"预收账款"客户"江苏欲德股份有限公司",输入借方金额:"672 750.00"。出现提示,仍然继续。

(5) 输入贷方科目名称:"主营业务收入",输入辅助 K01 信息:数量"23 000"及贷方金额:"575 000.00";输入贷方科目名称:"应交税费——应交增值税——销项税额",输入贷方金额:"97 750.00"。

(6) 单击"保存"按钮,如图 3-15 所示。

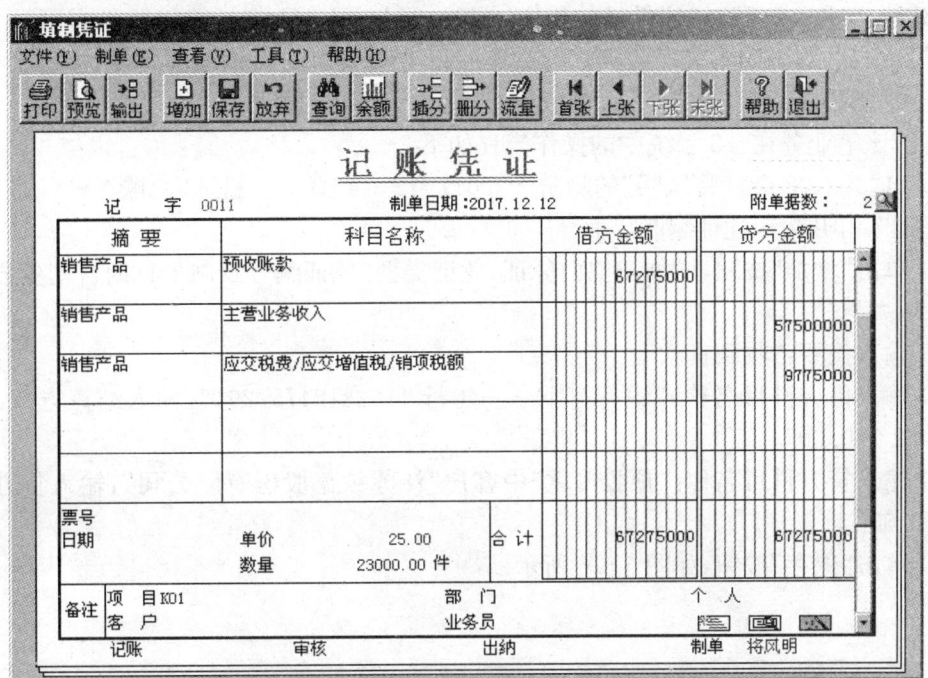

图 3-15 12 月份"0011"号记账凭证填制完成后界面

【业务 12】 2017 年 12 月 14 日,取得原始凭证 1 张。

表 3-12-1

中国建设银行客户专用回单

币别:人民币   2017 年 12 月 14 日   流水号 320120027J0500810093

付款人	全称	江苏歆德股份有限公司	收款人	全称	南京成功股份有限公司
	账号	41622124218833		账号	41622124757264
	开户行	中国建设银行南京市下关区支行		开户行	中国建设银行南京市建邺区支行
金 额		(大写)人民币 肆拾陆万贰仟柒佰伍拾元整			(小写)¥462750.00
凭证种类		网银	凭证号码		
结算方式		转账	用途		货款

打印柜员:320125584257
打印机构:中国建设银行南京市建邺区支行
打印卡号:41622124757264

打印时间:2017-12-14   交易柜员:320125584268   交易机构:320171613

表 3-12-1 是中国建设银行客户专用回单的第二联贷方回单,此联应作为收款方收取款项的记账依据。该原始凭证注明,"收款人"是本公司,"账号"是 41622124757264,这表明本公司已收到款项并存入账号 41622124757264 的基本户,进行会计核算时,应记入"银行存款——建行 41622124757264"科目的借方;同时,"付款人"是江苏欲德股份有限公司,"用途"是结算余款,这表明本公司收到江苏欲德股份有限公司的尚未结清货款,进行会计核算时,应记入"预收账款"客户"江苏欲德股份有限公司"科目的贷方。

因此,该笔业务在 T3 系统中的操作流程如下:

(1) 以"302102 会计将风明"的身份于"2017-12-14"登录。进入"总账"→"凭证",单击"填制凭证",打开记账凭证编制界面。

(2) 单击"增加"按钮,增加一空白凭证,凭证类型、凭证编号及制单日期自动生成;附单据数录入:"1"。

(3) 输入摘要:"收到货款"。

(4) 输入借方科目名称:"银行存款——建行 41622124757264",输入结算方式及借方金额:"462 750.00"。

(5) 输入贷方科目名称:"预收账款"中客户"江苏欲德股份有限公司",输入贷方金额:"462 750.00"。

(6) 单击"保存"按钮,如图 3-16 所示。

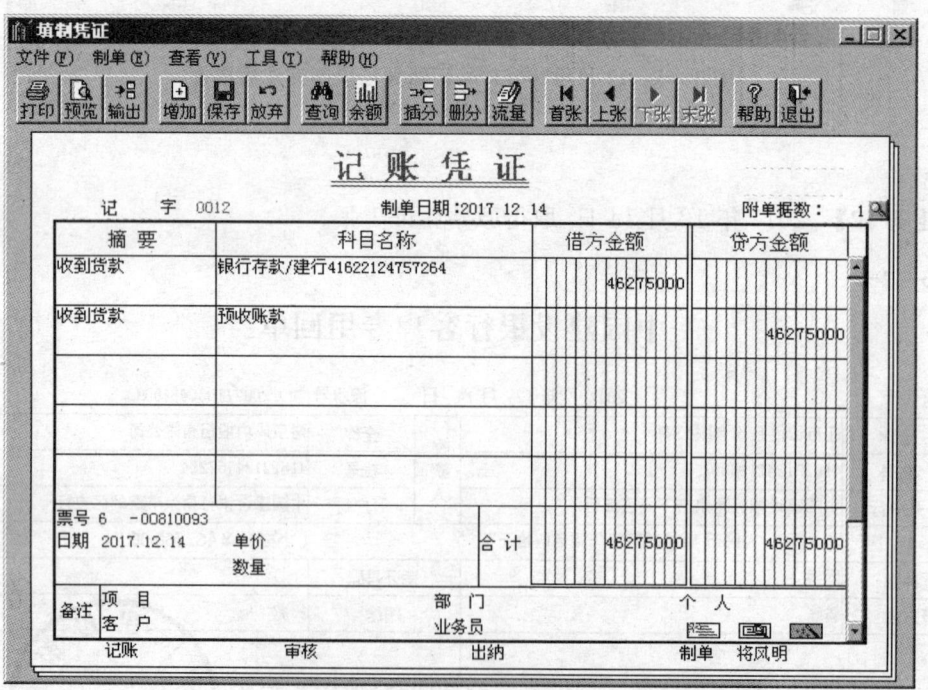

图 3-16　12 月份"0012"号记账凭证填制完成后界面

【业务13】　2017 年 12 月 14 日,取得原始凭证 1 张。

表 3-13-1

中国建设银行客户专用回单

币别:人民币　　　　　　　2017 年 12 月 14 日　　　流水号 320120027J0500810007

付款人	全称	中车股份有限公司	收款人	全称	南京成功股份有限公司
	账号	41622124100323		账号	41622124757264
	开户行	中国建设银行上海市黄浦区支行		开户行	中国建设银行南京市建邺区支行
金 额		(大写) 人民币 贰拾伍万元整		(小写) ￥250000.00	
凭证种类		网银	凭证号码		
结算方式		转账	用途		捐赠

打印柜员:320125584257
打印机构:中国建设银行南京市建邺区支行
打印卡号:105140932589

打印时间:2017-12-14　　　交易柜员:320125584268　　　交易机构:320110500541104141

　　表 3-13-1 是中国建设银行客户专用回单的第二联贷方回单,此联应作为收款方收取款项的记账依据。该原始凭证注明,"收款人"是本公司,"账号"是 41622124757264,这表明本公司已收到款项并存入账号 41622124757264 的基本户,进行会计核算时,应记入"银行存款——建行 41622124757264"科目的借方;同时,"付款人"是中车股份有限公司,"用途"是捐赠,这表明本公司收到中车股份有限公司捐赠的款项,进行会计核算时,应记入"营业外收入——捐赠利得"科目的贷方。

　　因此,该笔业务在 T3 系统中的操作流程如下:

　　(1) 以"302102 会计将风明"的身份于"2017-12-14"登录。进入"总账"→"凭证",单击"填制凭证",打开记账凭证编制界面。

　　(2) 单击"增加"按钮,增加一空白凭证,凭证类型、凭证编号及制单日期自动生成;附单据数录入:"1"。

　　(3) 输入摘要:"收到捐赠款"。

　　(4) 输入借方科目名称:"银行存款——建行 41622124757264",输入结算方式等及借方金额:"250 000.00"。

　　(5) 新增并输入贷方科目名称:"营业外收入——捐赠利得",输入贷方金额:"250 000.00"。

　　(6) 单击"保存"按钮,如图 3-17 所示。

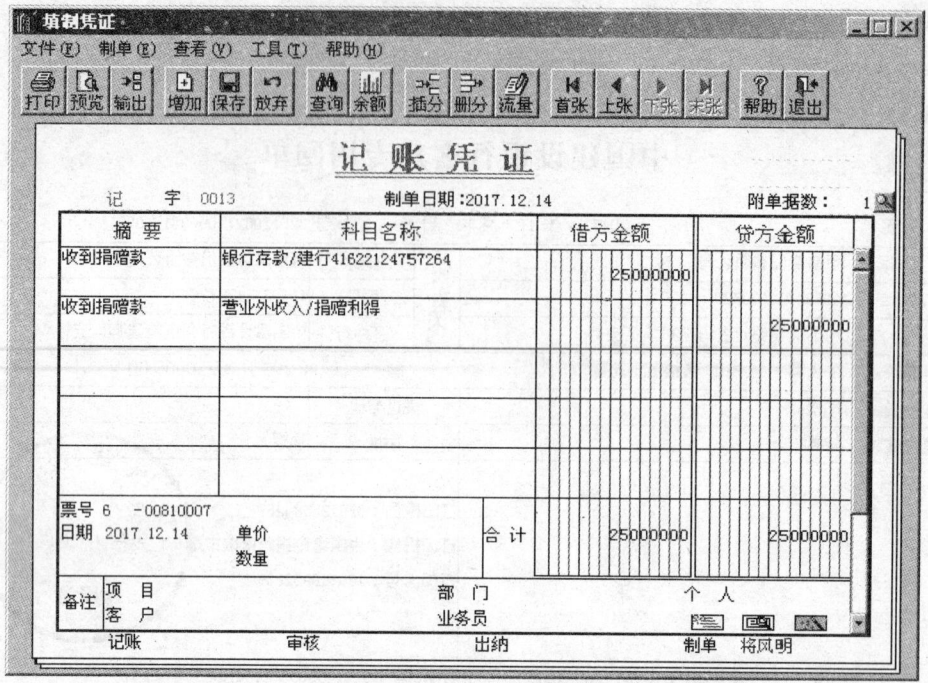

图 3-17 12 月份"0013"号记账凭证填制完成后界面

【业务 14】 2017 年 12 月 15 日,取得原始凭证 1 张。

表 3-14-1

中国建设银行客户专用回单

币别：人民币　　　　　　　　2017　年 12 月 15 日　　　流水号 320120027J0500810025

付款人	全称	南京成功股份有限公司	收款人	全称	徐州明丰股份有限公司
	账号	41622124757264		账号	41622124415492
	开户行	中国建设银行南京市建邺区支行		开户行	中国建设银行徐州市鼓楼区支行
金　额		（大写）人民币 玖万捌仟贰佰捌拾元整		（小写）￥98280.00	
凭证种类		网银	凭证号码		
结算方式		转账	用途		支付货款

打印柜员：320125584257
打印机构：中国建设银行南京市建邺区支行
打印卡号：41622124757264

打印时间：2017-12-15　　　交易柜员：320125584268　　　交易机构：320110500541104162

表 3-14-1 是中国建设银行客户专用回单的第一联借方回单联,此联应作为付款方支付款项的记账依据。该原始凭证注明,"付款人"是本公司,"账号"是 41622124757264,这表明本公司已通过账号为 41622124757264 的基本户支付了款项,进行会计核算时,应记入"银行存款——建行 41622124757264"科目的贷方;同时,"收款人"是徐州明丰股份有限公司,"用途"是支付货款,而"应付账款——供应商"中"徐州明丰股份有限公司"科目 2017 年 11月 30 日的贷方余额为 98 280 元,这表明本公司向徐州明丰股份有限公司支付了前欠货款,进行会计核算时,应记入"应付账款——供应商"中"徐州明丰股份有限公司"的借方。

因此,该笔业务在 T3 系统中的操作流程如下:

(1) 以"302102 会计将风明"的身份于"2017-12-15"登录。进入"总账"→"凭证",单击"填制凭证",打开记账凭证编制界面。

(2) 单击"增加"按钮,增加一空白凭证,凭证类型、凭证编号及制单日期自动生成;附单据数录入:"1"。

(3) 输入摘要:"支付前欠货款"。

(4) 输入借方科目名称:"应付账款——供应商"中"徐州明丰股份有限公司",输入借方金额:"98 280.00"。

(5) 输入贷方科目名称:"银行存款——建行 41622124757264",输入结算方式及贷方金额:"98 280.00"。

(6) 单击"保存"按钮,如图 3-18 所示。

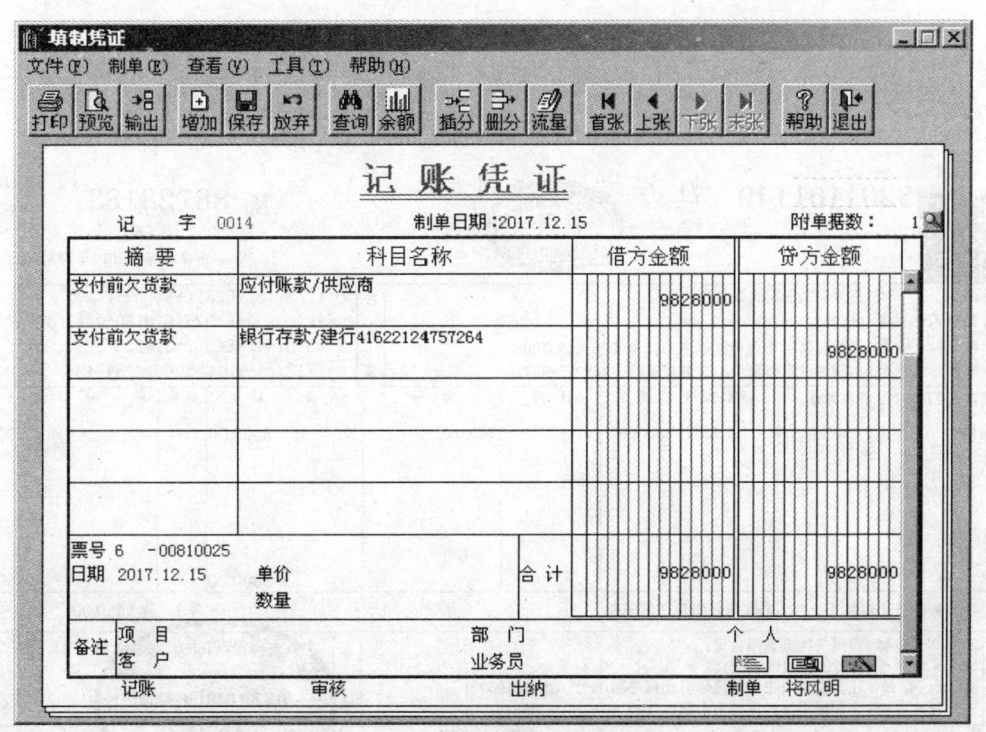

图 3-18 12 月份"0014"号记账凭证填制完成后界面

【业务 15】 2017 年 12 月 15 日,取得原始凭证 3 张。

表 3-15-1

表 3-15-2

表 3-15-3

中国建设银行客户专用回单

币别:人民币   2017 年 12 月 15 日   流水号 320120027J0500810027

付款人	全称	南京成功股份有限公司	收款人	全称	跑得快物流有限公司
	账号	41622124757264		账号	41622124800570
	开户行	中国建设银行南京市建邺区支行		开户行	中国建设银行南京市玄武区支行
金 额		(大写)人民币 伍仟伍佰伍拾元整		(小写)￥5550.00	
凭证种类		网银	凭证号码		
结算方式		转账	用途		支付运输装卸费

第一联 借方(回单)

打印柜员:320125584257
打印机构:中国建设银行南京市建邺区支行
打印卡号:41622124757264

打印时间:2017-12-15   交易柜员:320125584268   交易机构:320110574

　　表 3-15-1 是江苏增值税专用发票的第二联抵扣联,此联应作为购买方抵扣进项税额的依据。该抵扣联不能作为记账凭证的附件,专门用于在规定期限内到税务机关办理认证或在平台办理勾选确认,并在认证通过或勾选确认的次月申报期内,向主管税务机关申报抵扣进项税额。

　　表 3-15-2 是江苏增值税专用发票的第三联发票联,此联应作为购买方的记账依据。该原始凭证注明,"购买方"是本公司,"销售方"是跑得快物流有限公司,"货物或应税劳务、服务名称"是运输费,这表明跑得快物流有限公司向本公司提供了运输服务。进行会计核算时,"金额"应分别记入"销售费用——运输装卸费"科目的借方,"税额"应记入"应交税费——应交增值税——进项税额"科目的借方。

　　表 3-15-3 是中国建设银行客户专用回单的第一联借方回单,此联应作为付款方支付款项的记账依据。该原始凭证注明,"付款人"是本公司,"账号"是 41622124757264,"用途"是运输装卸费,这表明本公司通过账号为 41622124757264 的基本户支付了款项。进行会计核算时,应记入"银行存款——建行 41622124757264"科目的贷方。

　　因此,该笔业务在 T3 系统中的操作流程如下:

　　(1)以"302102 会计将风明"的身份于"2017-12-15"登录。进入"总账"→"凭证",单击"填制凭证",打开记账凭证编制界面。

　　(2)单击"增加"按钮,增加一空白凭证,凭证类型、凭证编号及制单日期自动生成;附单据数录入:"2"。

　　(3)输入摘要:"支付运输费"。

　　(4)输入借方科目名称:"销售费用——运输装卸费",输入借方金额:"5 000.00";输入借方科目名称:"应交税费——应交增值税——进项税额",输入借方金额:"550.00"。

　　(5)输入贷方科目名称:"银行存款——建行 41622124757264",输入结算方式及贷方金额:"5 550.00"。

　　(6)单击"保存"按钮,如图 3-19 所示。

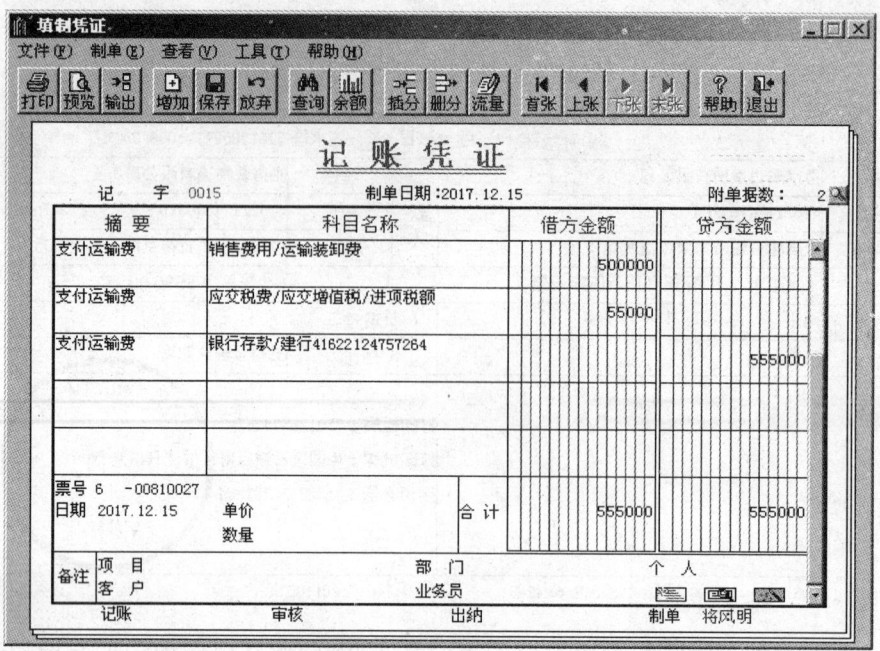

图 3-19　12 月份"0015"号记账凭证填制完成后界面

【业务 16】　2017 年 12 月 16 日,取得原始凭证 1 张。

表 3-16-1

收 款 收 据

2017 年 12 月 16 日　　　　　　　　　　　　　　NO. 128743

今收到周强

交来:罚款　　　　　　　　　　　　　现金收讫

金额(大写)零佰　零拾　零万　零仟　零佰　伍拾　零元　零角　零分

￥50.00　　☑现金　□转账支票　□其他　　　　　　　　　　收款
　　　　　　　　　　　　　　　　　　　　　　　　　　　　单位(盖章)

核准　　　会计　　　记账　　　出纳:陈雨涵　　　经手人:周强

第三联交财务

表 3-16-1 是收款收据,此联应作为收款方收到款项的记账依据。该原始凭证注明,收款方式是现金,表明本公司收到了现金,进行会计核算时,应记入"库存现金"科目的借方。同时,交款人是职工周强,收款事由是罚款,这表明本公司收到的是职工周强的罚款,进行会计核算时,应记入"营业外收入——罚款收入"科目的贷方。

因此,该笔业务在 T3 系统中的操作流程如下:

(1)以"302102 会计将风明"的身份于"2017-12-16"登录。进入"总账"→"凭证",单击"填制凭证",打开记账凭证编制界面。

(2)单击"增加"按钮,增加一空白凭证,凭证类型、凭证编号及制单日期自动生成;附单据数录入:"1"。

(3) 输入摘要："收到职工周强罚款"。

(4) 输入借方科目名称："库存现金"，输入借方金额："50.00"。

(5) 新增并输入贷方科目名称："营业外收入——罚款收入"，输入贷方金额："50.00"。

(6) 单击"保存"按钮，如图3-20所示。

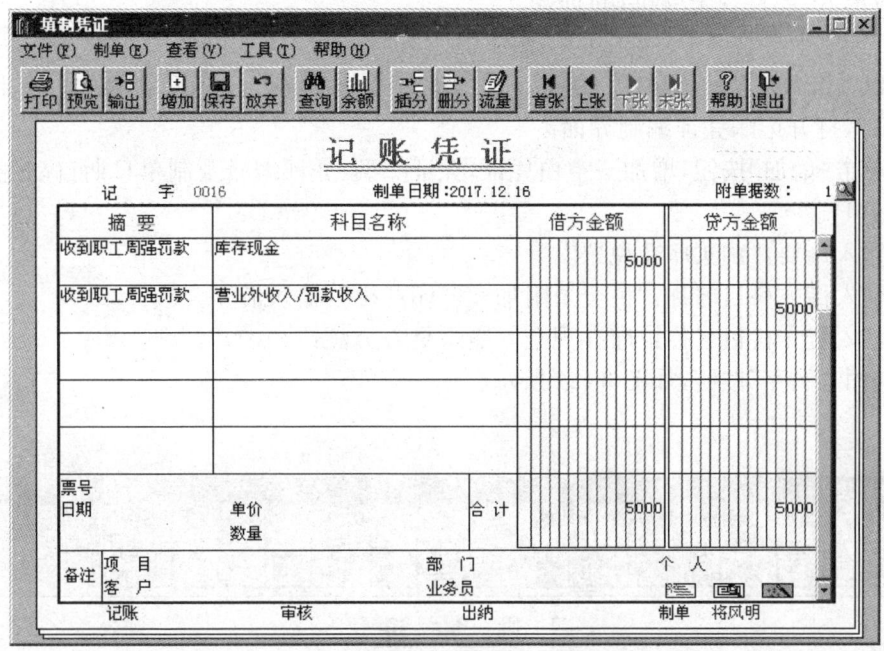

图3-20　12月份"0016"号记账凭证填制完成后界面

【业务17】　2017年12月19日，取得原始凭证1张。

表3-17-1

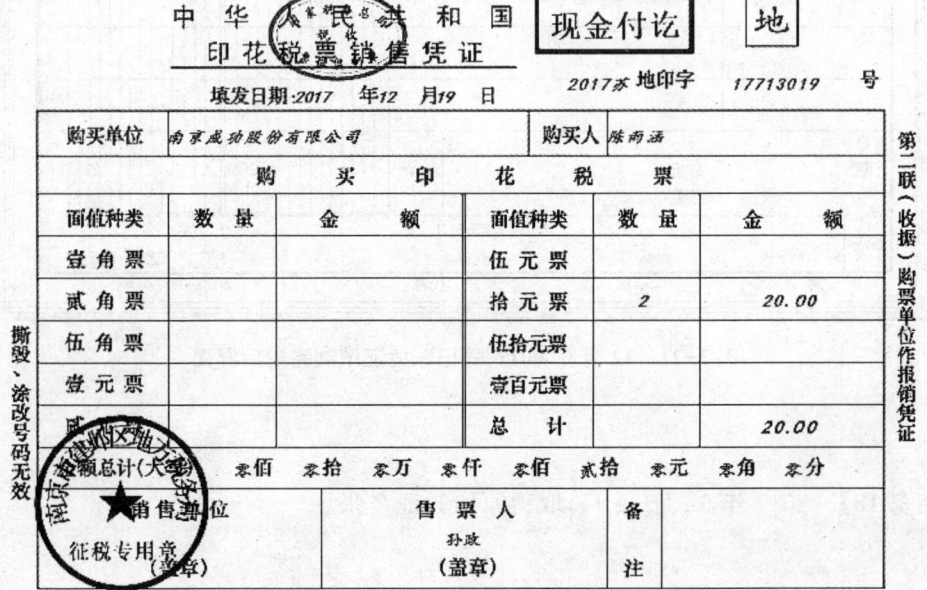

表 3-17-1 是中华人民共和国印花税票销售凭证的第二联收据联,此联应作为购买方核算印花税的记账依据。该原始凭证注明,"购买单位"本公司,"印花税票"总计 20 元,这表明该公司购买了印花税票。进行会计核算时,应记入"税金及附加——印花税"科目的借方;同时,原始单据是盖有"现金付讫"章,表明本公司用库存现金支付上述款项。进行会计核算时,应记入"库存现金"科目的贷方。

因此,该笔业务在 T3 系统中的操作流程如下:

(1) 以"302102 会计将风明"的身份于"2017-12-19"登录。进入"总账"→"凭证",单击"填制凭证",打开记账凭证编制界面。

(2) 单击"增加"按钮,增加一空白凭证,凭证类型、凭证编号及制单日期自动生成;附单据数录入:"1"。

(3) 输入摘要:"购买印花税票"。

(4) 输入借方科目名称:"税金及附加——印花税",输入借方金额:"20.00"。

(5) 输入贷方科目名称:"库存现金",输入贷方金额:"20.00"。

(6) 单击"保存"按钮,如图 3-21 所示。

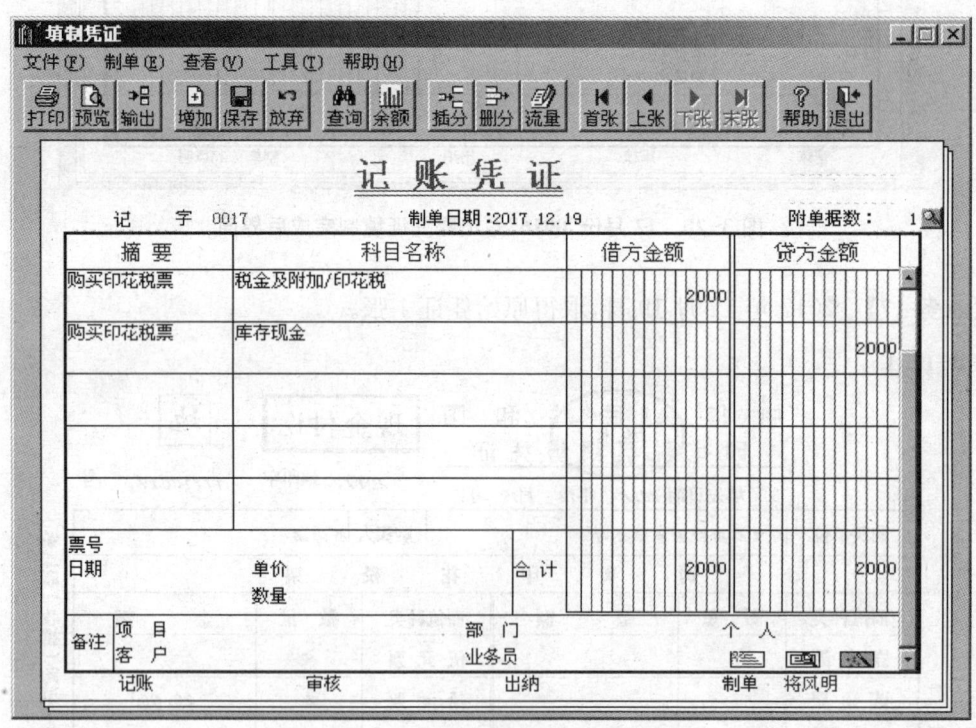

图 3-21　12 月份"0017"号记账凭证填制完成后界面

【业务 18】 2017 年 12 月 21 日,取得原始凭证 2 张。

表 3-18-1

交通银行股份有限公司贷款还息凭证

打印日期 2017 年 12 月 21 日

客户号：05278353			机构代码：105
借款单位：南京成功股份有限公司			
产生利息账号	还息金额	Osp现有余额	备　注
41924996407591	2200.00元		合同号：201712901
金额合计	（大写）人民币 贰仟贰佰元整		
	（小写）CNY****2200.00		
付款账号：41924996708646			
合同编号：201712901			
交易业务号：105LAA110089008			

交通银行
南京市建邺区支行
2017-12-21
转讫
(01)

开票：蔡丹英　　　　记账　　　　　复核　　　　　（盖章）

表 3-18-2

　　表 3-18-1 是中国银行股份有限公司贷款还息凭证，此凭证应作为借款方支付利息的记账依据。该原始凭证注明，"借款单位"是本公司，"付款账号"是 41924996708646，这表明本公司已从账号为 41924996708646 的结算户支付了款项，进行会计核算时，应记入"银行存款——交行 41924996708646"科目的贷方。

　　表 3-18-2 是江苏增值税普通发票的第二联发票联，此联应作为购买方的记账依据。

该原始凭证注明,"购买方"是本公司,"销售方"是中国银行股份有限公司南京分行,"货物或应税劳务、服务名称"是贷款服务,这表明本公司向中国银行借款产生利息支出。进行会计核算时,"价税合计"应记入"应付利息——短期借款(交通银行)"科目的借方。

因此,该笔业务在 T3 系统中的操作流程如下:

(1) 以"302102 会计将风明"的身份于"2017-12-21"登录。进入"总账"→"凭证",单击"填制凭证",打开记账凭证编制界面。

(2) 单击"增加"按钮,增加一空白凭证,凭证类型、凭证编号及制单日期自动生成;附单据数录入:"2"。

(3) 输入摘要:"支付短期借款利息"。

(4) 新增并输入借方科目名称:"应付利息——短期借款(交通银行)",输入借方金额:"2 200.00"。

(5) 输入贷方科目名称:"银行存款——交行 41924996708646",输入结算方式及贷方金额:"2 200.00"。

(6) 单击"保存"按钮,如图 3-22 所示。

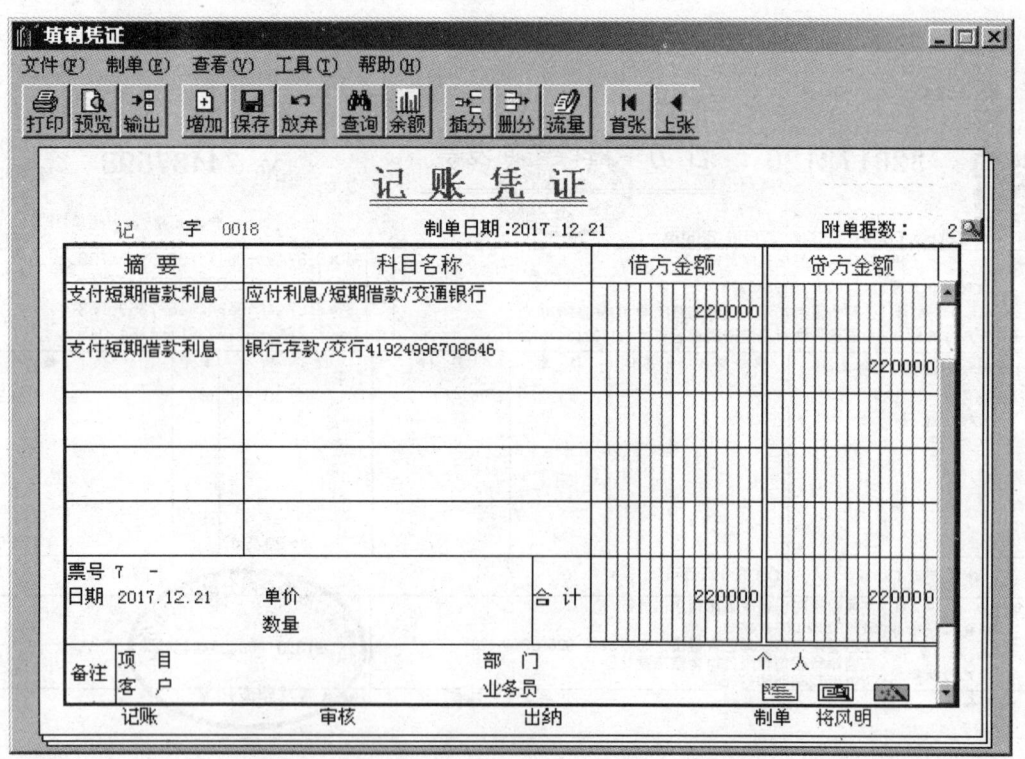

图 3-22 12 月份"0018"号记账凭证填制完成后界面

【业务 19】 2017 年 12 月 21 日,取得原始凭证 2 张。

表 3-19-1

中国建设银行客户专用回单

币别：人民币 　　　　2017 年12 月21 日 　　　流水号：320120027J05008100

户名： 南京成功股份有限公司			账号： 41622124757264		
计息项目	起息日	结息日	本金/积数	利率（%）	利息金额
	2017-09-21	2017-12-20	*** ***	0.385%	5637.33
合计金额	（大写）伍仟陆佰叁拾柒元叁角叁分				￥5637.33

上列存款利息，已照收你单位 41622124757264 账户	打印柜员：320125584257
	打印机构：中国建设银行南京市建邺区支行
	打印卡号：41622124757264

打印时间：2017-12-21 　　　交易柜员：320125584268 　　　交易机构：320110577

表 3-19-2

交通银行客户专用回单

币别：人民币 　　　　2017 年12 月21 日 　　　流水号：320120027J05009600

户名： 南京成功股份有限公司			账号： 41924996708646		
计息项目	起息日	结息日	本金/积数	利率（%）	利息金额
	2017-09-21	2017-12-20	*** ***	0.385%	1209.34
合计金额	（大写）壹仟贰佰零玖元叁角肆分				￥1209.34

上列存款利息，已照收你单位 41924996708646 账户	打印柜员：320125587654
	打印机构：交通银行南京市建邺区支行
	打印卡号：41924996708646

打印时间：2017-12-21 　　　交易柜员：320125587654 　　　交易机构：320130157

　　表 3-19-1 是中国建设银行客户专用回单，此单作为收款方收取款项的记账依据。该原始凭证注明，"户名"是本公司，"账号"是 41622124757264，"计息项目"是活期存款，这表明本公司收到了账号为 41622124757264 基本户的存款利息。进行会计核算时，应记入"银行存款——建行 41622124757264"科目的借方。同时，因收到的是存款利息收入，进行会计核算时，应记入"财务费用——利息收入"科目的贷方(注：在会计电算化中记在借方，金额用负数)。

　　表 3-19-2 是中国银行客户专用回单，此单作为收款方收取款项的记账依据。该原始凭证注明，"户名"是本公司，"账号"是 41924996708646，"计息项目"是活期存款，这表明本

公司收到了账号为 41924996708646 一般户的存款利息。进行会计核算时,应记入"银行存款——交行 41924996708646"科目的借方。同时,因收到的是存款利息收入,进行会计核算时,应记入"财务费用——利息收入"科目的借方,金额用红字。

因此,该笔业务在 T3 系统中的操作流程如下:

(1) 以"302102 会计将风明"的身份于"2017-12-21"登录。进入"总账"→"凭证",单击"填制凭证",打开记账凭证编制界面。

(2) 单击"增加"按钮,增加一空白凭证,凭证类型、凭证编号及制单日期自动生成;附单据数录入:"2"。

(3) 输入摘要:"收到活期存款利息"。

(4) 输入借方科目名称:"银行存款——建行 41622124757264",输入结算方式"7",票号"05008100",借方金额:"5 637.33"。输入借方科目名称:"银行存款——交行 41924996708646",输入结算方式"7",票号"05009600",借方金额:"1 209.34"。

(5) 新增并输入贷方科目名称:"财务费用——利息收入",输入借方金额:"-6 846.67"。

(6) 单击"保存"按钮,如图 3-23 所示。

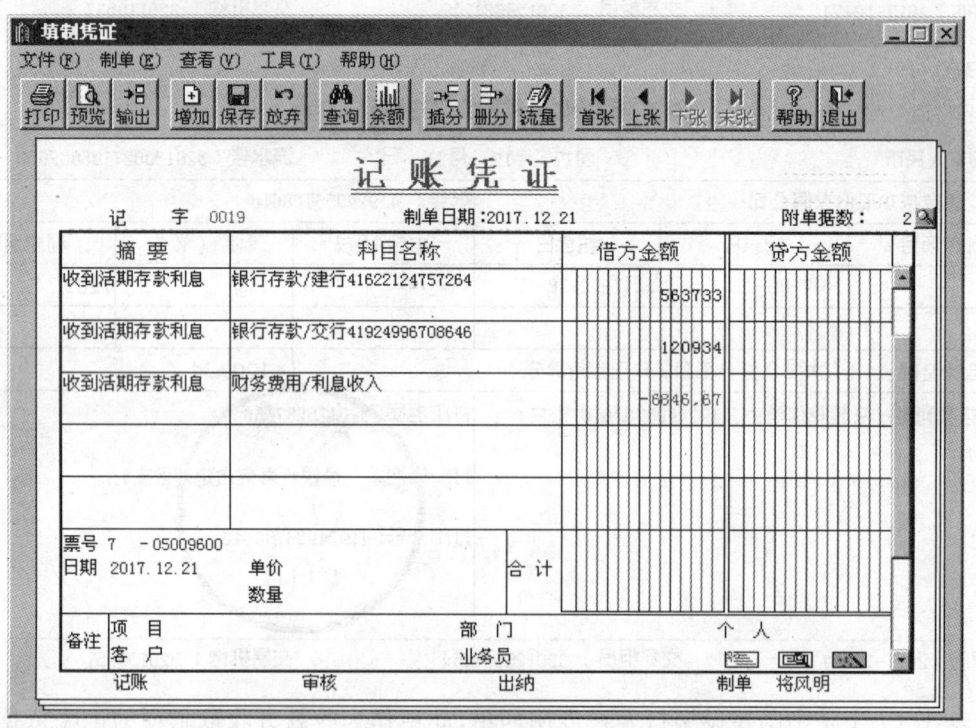

图 3-23 12 月份"0019"号记账凭证填制完成后界面

提示:一般记账凭证的填制是为最终生成财务报表服务的,而在会计电算化下财务报表项目的单元公式已经预置,特别是利润表,一般收入项目是根据该收入科目的贷方发生额公式生成数据的,费用或支出项目是根据该相关费用或收入科目的借方发生额公式生成数据的;为保证报表数据生成的正确性,在会计电算化下有一个最高级规定:"在业务中涉及损益类收入科目的,该科目在记账凭证中的金额方向必须在贷方,如果业务中是相反方向的,在记账凭证中仍然在贷方,金额用红字(负数)处理;在业务中涉及损益类费用或支出科目的,该科目在记账凭证中的金额方向必须在借方,如果业务中是相反方向的,在记账凭证中仍然在借方,金额用红字(负数)处理。"在平时业务中,不论是填制还是生成的记账凭证,只要涉及损益类收入或支出科目,则必须按本规定进行调整处理。

【业务20】　2017 年 12 月 23 日,取得原始凭证 2 张。

表 3-20-1

销　售　单

购货单位:江苏跃达股份有限公司

地址和电话:江苏省淮安市清河区梁树街乔一路 71 号 0517-54649995

纳税识别号:913208022253810621　　　　　　　　　　单据编号:XS09863

开户行及账号:中国建设银行淮安市清河区支行 41622124744914　　制单日期:2017-12-23

编码	产品名称	规格	单位	单价	数量	金额	备注
280983	S02		件	117.00	2 200	257 400.00	含税价
合　计	人民币(大写):贰拾伍万柒仟肆佰元整				—	￥257 400.00	

销售经理:张玉林　　　　经手人:李晓明　　　　会计:将风明　　　　签收人:孙振敏

（会计联）

表 3-20-2

表 3-20-1 是销售单的会计联,此联应作为销售方发货的记账依据。该原始凭证注明,"销售方"是本公司,"购买方"是江苏跃达股份有限公司,"产品名称"是 S02,这表明本公司已将 S02 产品发货给江苏跃达股份有限公司。

表 3-20-2 是江苏增值税专用发票的第一联记账联,此联应作为销售方的记账依据。该原始凭证注明,"销售方"是本公司,"购买方"是江苏跃达股份有限公司,"货物或应税劳务、服务名称"是 S02,这表明本公司销售了 S02 产品给江苏跃达股份有限公司。销售产品是本公司的主营业务,因此,进行会计核算时,"金额"应记入"主营业务收入"中的"S02"项目的贷方,"税额"应记入"应交税费——应交增值税——销项税额"科目的贷方。

此外,本业务没有收取款项的原始凭证,2017 年 11 月末也没有相关预收款项的金额,进行会计核算时,应记入"应收账款"中客户"江苏跃达股份有限公司"的借方。

因此,该笔业务在 T3 系统中的操作流程如下:

(1) 以"302102 会计将风明"的身份于"2017-12-23"登录。进入"总账"→"凭证",单击"填制凭证",打开记账凭证编制界面。

(2) 单击"增加"按钮,增加一空白凭证,凭证类型、凭证编号及制单日期自动生成;附单据数录入:"2"。

(3) 输入摘要:"销售产品,款未收"。

(4) 输入借方科目名称:"应收账款"新增客户"江苏跃达股份有限公司",输入借方金额:"257 400.00"。

(5) 输入贷方科目名称:"主营业务收入",输入"S02"项目销售数量"2 200",贷方金额:"220 000.00";输入贷方科目名称:"应交税费——应交增值税——销项税额",输入贷方金额:"37 400.00"。

(6) 单击"保存"按钮,如图 3-24 所示。

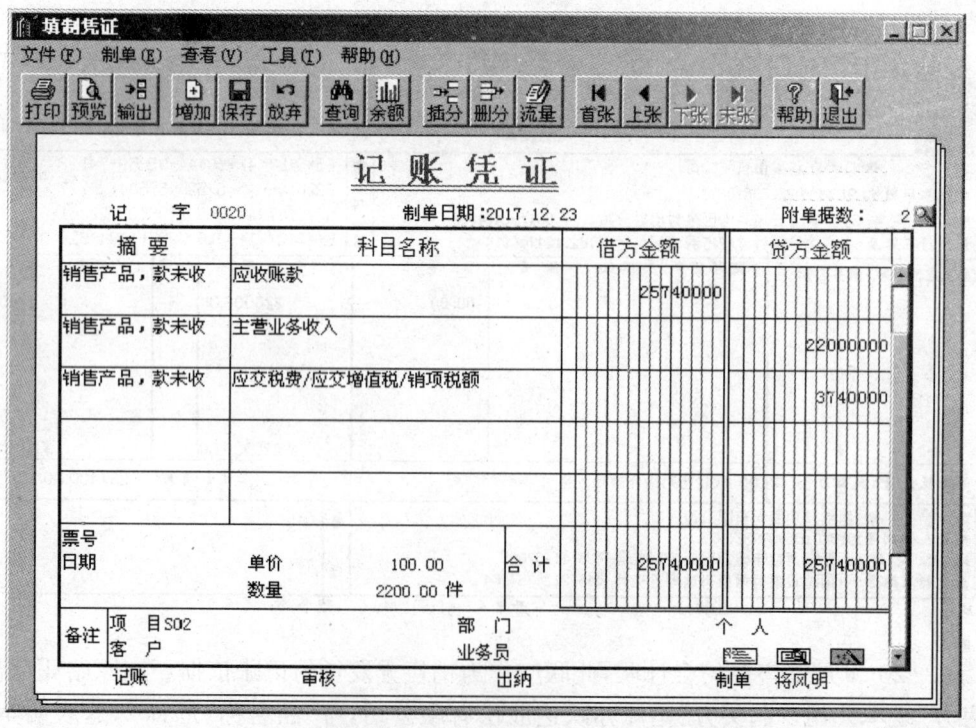

图 3-24　12 月份"0020"号记账凭证填制完成后界面

【业务 21】 2017 年 12 月 24 日,取得原始凭证 3 张。

表 3-21-1

销 售 单

购货单位:长虹股份有限公司

地址和电话:上海市黄浦区陈建街郝光路 41 号 021-66592556

纳税识别号:913101017515487128 　　　　　　　　单据编号:XS09864

开户行及账号:中国建设银行上海市黄浦区支行 41622124516749 　　制单日期:2017-12-24

编码	产品名称	规格	单位	单价	数量	金额	备注
1000201	RP		千克	23.40	1 000	23 400.00	含税价
合　计	人民币(大写):贰万叁仟肆佰元整			—		￥23 400.00	

销售经理:张玉林　　　　经手人:李晓明　　　　　会计:将风明　　　　　签收人:玉建武

会计联

表 3-21-2

3201161140　　　江苏 增值税专用发票　　№ 32098227　　3201161140
　　　　　　　　　　　　　　　　　　　　　　　　　　　　　　32098227

此联不作报销、扣税凭证使用　　　　　　　开票日期:2017年12月24日

购买方	名　称:长虹股份有限公司 纳税人识别号:913101017515487128 地　址、电话:上海市黄浦区陈建街郝光路41号 021-66592556 开户行及账号:中国建设银行上海市黄浦区支行 41622124516749	密码区	45*3187<4/+3115<+-95-59+7<228 6694<0-->>-6)525<852613->7*7 87*3187<4/+8490<+28861075668 2+<712/<1+9016>5165++>84)514

货物或应税劳务、服务名称	规格型号	单位	数量	单价	金　额	税率	税　额
RP		千克	1000	20.00	20000.00	17%	3400.00
合　　计					￥20000.00		￥3400.00
价税合计(大写)	⊗ 贰万叁仟肆佰元整					(小写) ￥23400.00	

销售方	名　称:南京成功股份有限公司 纳税人识别号:91320105079880923 地　址、电话:江苏省南京市建邺区赵志路85号 025-41967006 开户行及账号:中国建设银行南京市建邺区支行 41622124757264	备注	

收款人:　　　　复核:　　　　开票人:将风明　　　　销售方:(章)

第一联:记账联　销售方记账凭证

213

表 3-21-3

中国建设银行客户专用回单

币别：人民币　　　　　　　　2017　年 12 月 24 日　　流水号 320120027J0500810024

付款人	全称	长虹股份有限公司	收款人	全称	南京成功股份有限公司
	账号	41622124516749		账号	41622124757264
	开户行	中国建设银行上海市黄浦区支行		开户行	中国建设银行南京市建邺区支行
金额		（大写）人民币 贰万叁仟肆佰元整			（小写）￥23400.00
凭证种类		网银	凭证号码		
结算方式		转账	用途		货款

打印柜员：320125584257
打印机构：中国建设银行南京市建邺区支行
打印卡号：41622124757264

（中国建设银行专用章）

打印时间：2017-12-24　　交易柜员：320125584268　　交易机构：320183023

第二联贷方（回单）

　　表 3-21-1 是销售单的会计联，此联应作为销售方发货的记账依据。该原始凭证注明，"销售方"是本公司，"购买方"是长虹股份有限公司，"产品名称"是 RP，这表明本公司已将 RP 原材料发货给长虹股份有限公司。

　　表 3-21-2 是江苏增值税专用发票的第一联记账联，此联应作为销售方的记账依据。该原始凭证注明，"销售方"是本公司，"购买方"是长虹股份有限公司，"货物或应税劳务、服务名称"是 RP，这表明本公司销售了 RP 材料给长虹股份有限公司。销售材料是本公司的其他业务，因此，进行会计核算时，"金额"应记入"其他业务收入——材料销售"科目的贷方，"税额"应记入"应交税费——应交增值税——销项税额"科目的贷方。

　　表 3-21-3 是中国建设银行客户专用回单的第二联贷方回单，此联应作为收款方收取款项的记账依据。该原始凭证注明，"收款人"是本公司，"账号"是 41622124757264，这表明本公司已通过账号 41622124757264 的基本户收取了款项，进行会计核算时，应记入"银行存款——建行 41622124757264"科目的借方。

　　因此，该笔业务在 T3 系统中的操作流程如下：

　　（1）以"302102 会计将风明"的身份于"2017-12-24"登录。进入"总账"→"凭证"，单击"填制凭证"，打开记账凭证编制界面。

　　（2）单击"增加"按钮，增加一空白凭证，凭证类型、凭证编号及制单日期自动生成；附单据数录入："3"。

　　（3）输入摘要："销售材料，收到款项"。

　　（4）输入借方科目名称："银行存款——建行 41622124757264"，输入结算方式"网银"，票号"00810024"，借方金额："23 400.00"。

　　（5）输入贷方科目名称："其他业务收入——材料销售"，输入 RP 销售数量"1 000"，贷方金额："20 000.00"；输入贷方科目名称："应交税费——应交增值税——销项税额"，输入贷方金额："3 400.00"。

(6) 单击"保存"按钮,如图 3-25 所示。

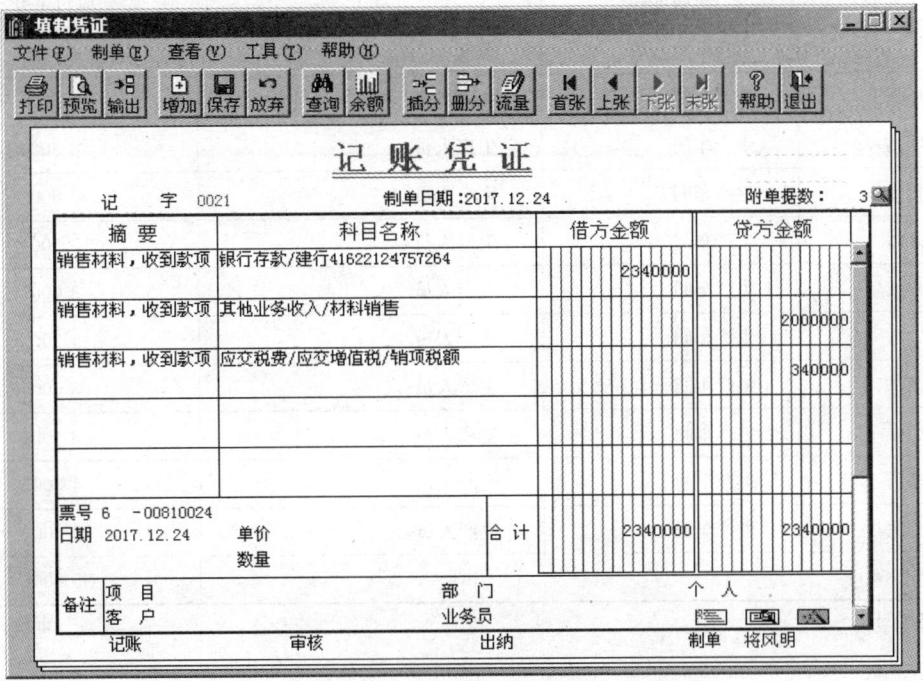

图 3-25　12 月份"0021"号记账凭证填制完成后界面

【业务 22】　2017 年 12 月 31 日,取得原始凭证 2 张。

表 3-22-1

12 月工资计算表

2017 年 12 月 31 日

员工姓名	所属部门	职务	应付工资
李胜利	办公室	总经理、法定代表人	7 000
周长虹	办公室	主任	6 500
于成功	办公室	办事员	5 500
张福平	办公室	仓库保管员	3 800
周 琳	财务部	经理	4 100
将风明	财务部	总账会计	5 000
陈雨涵	财务部	出纳	3 000
强洪森	采购部	经理	4 500
李 娟	采购部	采购员	3 700
张玉林	销售门市部	经理	4 800
李晓明	销售门市部	销售员	3 600

（续表）

员工姓名	所属部门	职务	应付工资
周络顺	生产车间	经理	4 800
李 亚	生产车间	生产人员	4 500
蒋明洁	生产车间	生产人员	4 300
黄忆成	生产车间	生产人员	3 800
周永海	生产车间	生产人员	3 800
李永波	生产车间	生产人员	3 600
蒋 敏	生产车间	生产人员	4 200
李洁洪	生产车间	生产人员	3 600
周 强	生产车间	生产人员	3 400
吴敏洁	生产车间	生产人员	4 300
陈立生	生产车间	生产人员	3 200
合 计			95 000

制表：将风明 　　　　　　　　　　　　　　　　　　　　　审核：周琳

表 3-22-2

12 月工资费用分配汇总表

2017 年 12 月 31 日

应借账户	直接计入	分配计入			合计
		生产工时	分配率	分配金额	
生产成本——K01		800		12 384	12 384
——S02		1 700		26 316	26 316
合 计		2 500	15.48	38 700	38 700
制造费用	4 800				4 800
管理费用	43 100				43 100
销售费用	8 400				8 400
合 计	56 300				95 000

制表：将风明 　　　　　　　　　　　　　　　　　　　　　审核：周琳

表 3-22-1 是 12 月工资计算表。

表 3-22-2 是工资费用分配汇总表，此表应作为期末计算分配工资费用的记账依据。该原始凭证注明的内容表明，本月支付给职工的工资总额是 95 000 元，进行会计核算时，"应付工资"合计金额应记入"应付职工薪酬——工资"科目的贷方；同时，生产 K01、S02 产品分别发生了工资费用 12 384 元和 26 316 元，应分别记入"生产成本——直接人工"中辅助核算项目"K01"和"S02"科目的借方；此外，生产车间、管理部门和专设销售机构分别发生了

工资费用 4 800 元、43 100 元和 8 400 元,进行会计核算时,应分别记入"制造费用——工资""管理费用——工资"和"销售费用——工资"科目的借方。

因此,该笔业务在 T3 系统中的操作流程如下:

(1) 以"302102 会计将风明"的身份于"2017-12-31"登录。进入"工资"→"业务处理",选中"工资变动",根据表 3-22-1 资料检查各职工的工资总额,与上月工资数据完全一致,则进行工资费用分摊;如果数据不一致,把不一致的数据修改后重新计算,再进行工资费用的分摊。

(2) 工资费用凭证的生成,在"工资分摊"对话框中,在"分配工资费用"复选框中打"√",选择所有的核算部门,以分配到部门,明细到工资项目的要求,单击"确定"按钮,显示"分配工资费用一览表",在"合并科目相同、辅助荐相同的分录"复选框中打"√",选中"制单"命令,生成分配工资费用的记账凭证;生成的记账凭证类型默认为"记";凭证编号和制单日期自动生成;附单据数录入:"2"。在第一行借方科目名称:"生产成本——直接人工",下移打开对话框,录入项目名称"K01";在第二行借方科目名称:"生产成本——直接人工",下移打开对话框,录入项目名称"S02"。

单击"保存"按钮,如图 3-26-1 和图 3-26-2 所示。

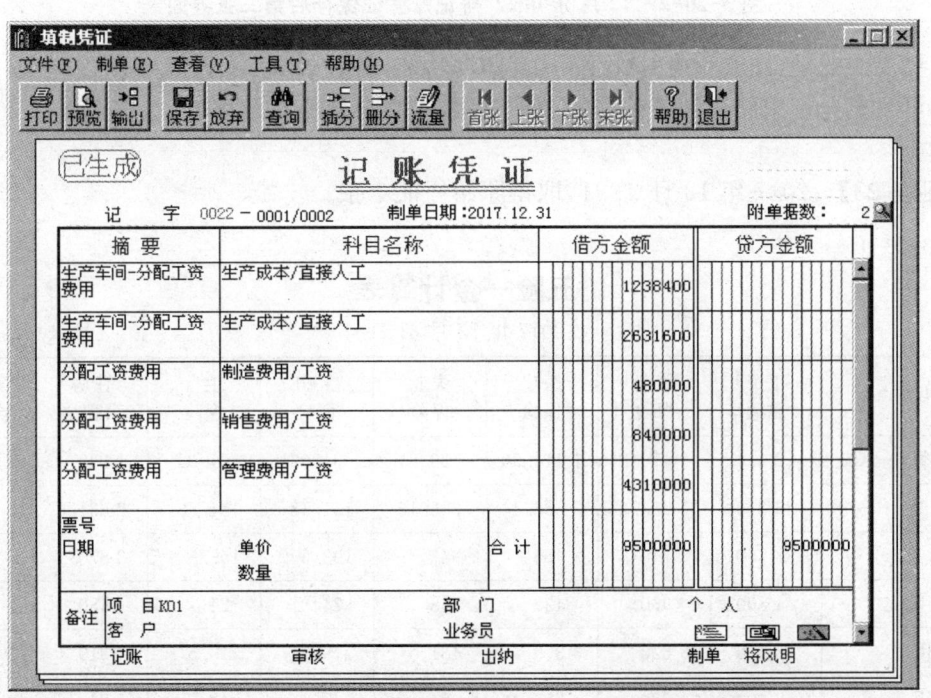

图 3-26-1　12 月份"0022"号记账凭证保存后第一张凭证界面

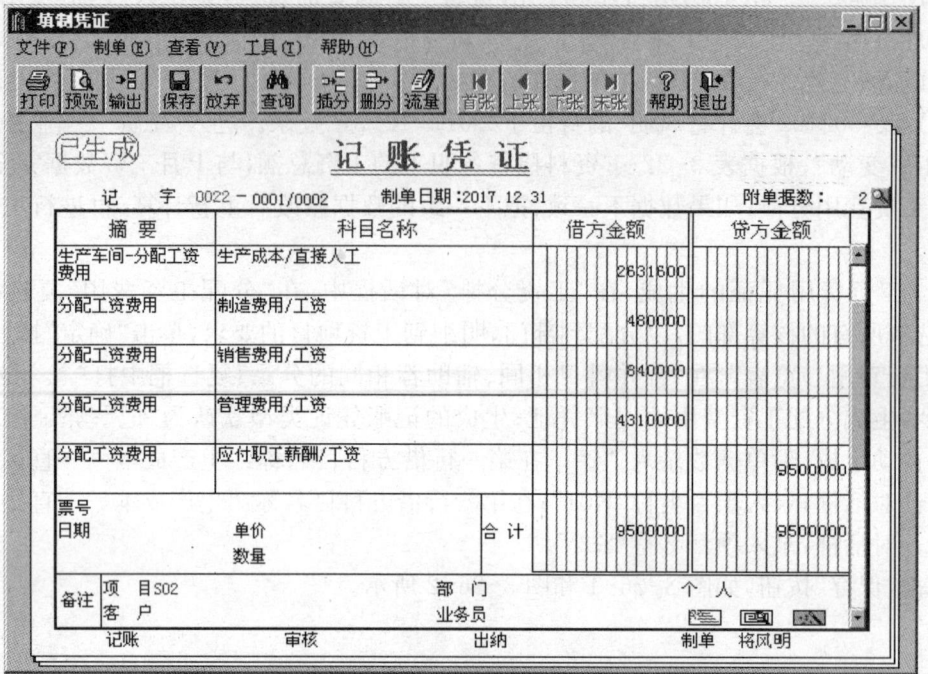

图 3-26-2　12 月份"0022"号记账凭证保存后第二张界面

需要说明的是:在会计电算化下,具有储存功能,各种设置、配置只要设置一次,其他会计期间可以充分利用储存的各种设置循环应用,提高会计核算效率。

【业务 23】　2017 年 12 月 31 日,取得原始凭证 1 张。

表 3-23-1

五险一金计算表

2017 年 12 月 31 日

应借账户	工资总额	养老保险	医疗保险	失业保险	工伤保险	生育保险	住房公积金	五险一金合计
生产成本——K01	12 384	2 476.8	1 114.56	123.84	61.92	61.92	1 238.4	5 077.44
——S02	26 316	5 263.2	2 368.44	263.16	131.58	131.58	2 631.6	10 789.56
合　计	38 700	7 740	3 483	387	193.5	193.5	3 870	15 867
制造费用	4 800	960	432	48	24	24	480	1 968
管理费用	43 100	8 620	3 879	431	215.5	215.5	4 310	17 671
销售费用	8 400	1 680	756	84	42	42	840	3 444
合　计	95 000	19 000	8 550	950	475	475	9 500	38 950

制表:将风明　　　　　　　　　　　　　　　　　　　　　　　　　　　　　　审核:周琳

表 3-23-1 是五险一金计算表,此表应作为期末计算分配五险一金的记账依据。该原

始凭证注明的内容表明,本月应承担的五险一金合计数为 38 950 元,进行会计核算时,合计金额应分别记入"应付职工薪酬——社会保险费""应付职工薪酬——设定提存计划"和"应付职工薪酬——住房公积金"科目的贷方;同时,生产 K01、S02 产品分别发生了五险一金费用为 5 077.44 元和 10 789.56 元,进行会计核算时,应分别记入"生产成本——直接人工"辅助核算"K01"和"S02"科目的借方;此外,生产车间、管理部门和专设销售机构分别发生了五险一金费用为 1 968 元、17 671 元和 3 444 元,应分别记入"制造费用——五险一金""管理费用——五险一金"和"销售费用——五险一金"科目的借方。

因此,该笔业务在 T3 系统中的操作流程如下:

(1)以"302102 会计将风明"的身份于"2017-12-31"登录。在"工资分摊"对话框中,在"计提五险一金"复选框中打"√",选择所有的核算部门,以分配到部门,明细到工资项目的要求,单击"确定"按钮,显示"计提五险一金一览表",在"合并科目相同、辅助荐相同的分录"复选框中打"√",选中"制单"命令,生成计提五险一金的记账凭证;生成的记账凭证类型、制单日期、凭证编号自动生成;附单据数录入:"1"。在第一行借方科目名称:"生产成本——直接人工",下移打开对话框,录入项目名称"K01";在第二行借方科目名称:"生产成本——直接人工",下移打开对话框;录入项目名称"S02";贷方科目"应付职工薪酬——社会保险费、设定提存计划和住房公积金"等科目分别按表 3-23-1 的合计金额进行修改。修改完成单击"保存"按钮,如图 3-27-1 至图 3-27-3 所示。

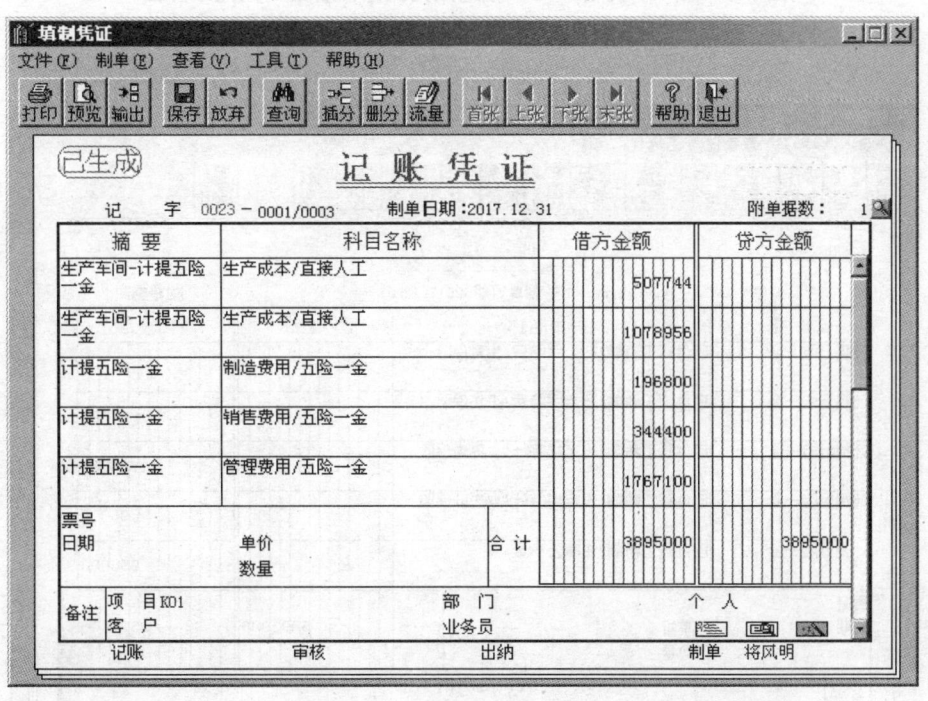

图 3-27-1　12 月份"0023"号记账凭证保存后第一张界面

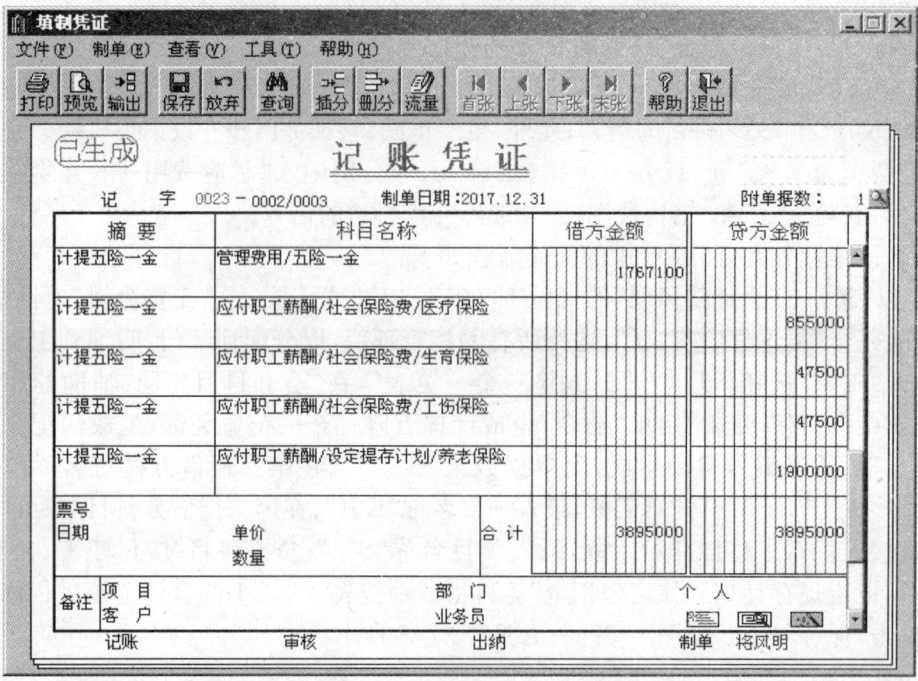

图 3-27-2　12 月份"0023"号记账凭证保存后第二张凭证界面

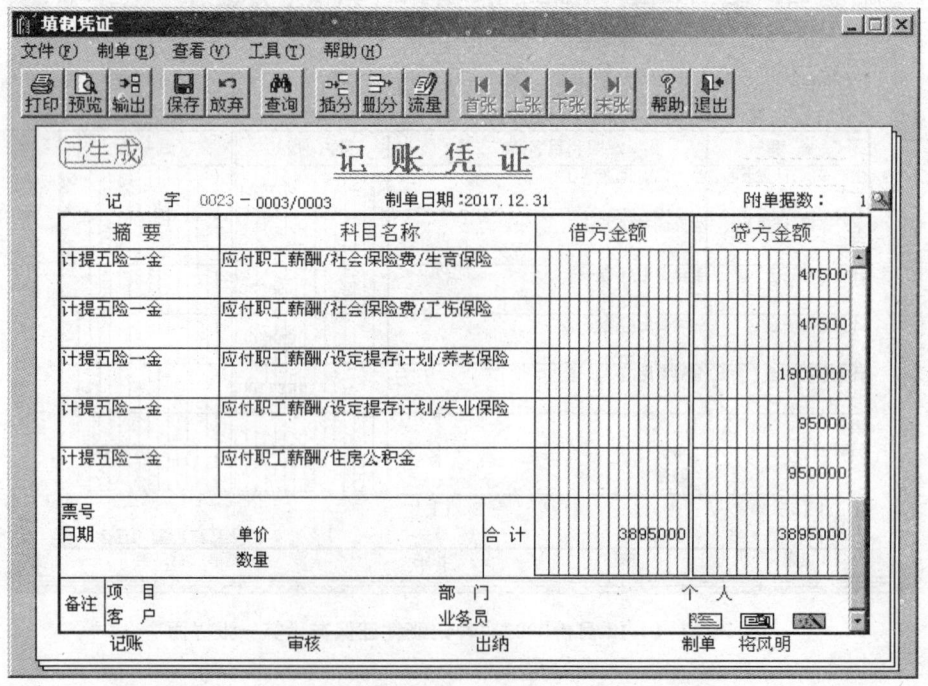

图 3-27-3　12 月份"0023"号记账凭证保存后第三张界面

【业务 24】 2017 年 12 月 31 日,取得原始凭证 5 张。

表 3-24-1

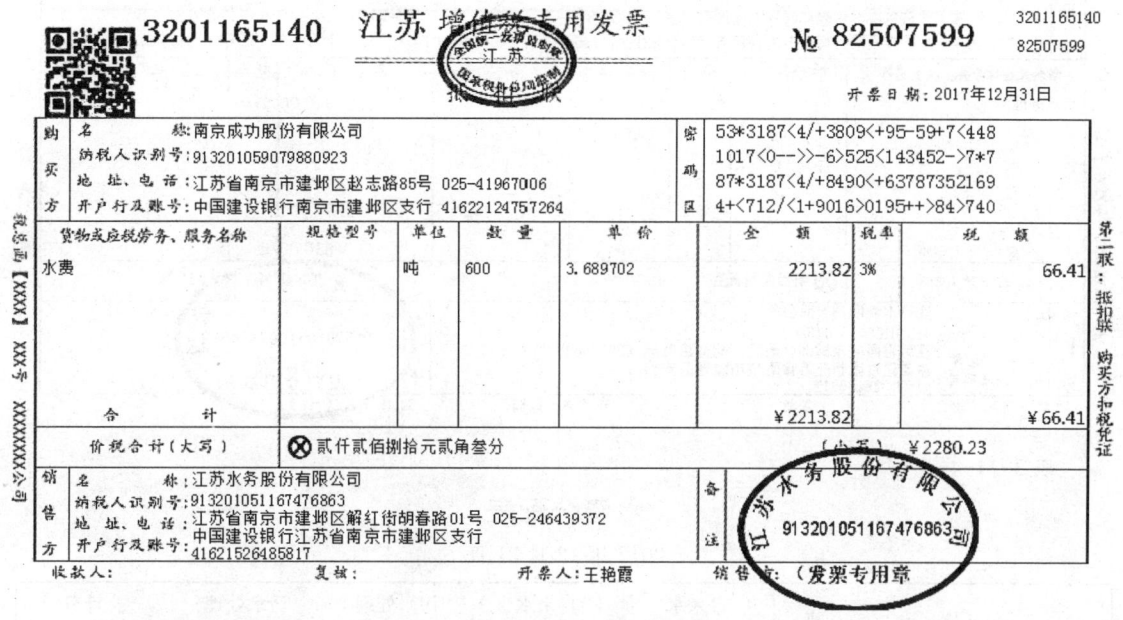

表 3-24-2

表 3-24-3

3201166120　江苏增值税普通发票　№ 82506339

3201166120
82506339

校验码 28243 13397 25205 53046

开票日期：2017年12月31日

| 购买方 | 名　　称：南京成功股份有限公司
纳税人识别号：91320105079880923
地　址、电话：江苏省南京市建邺区赵志路85号　025-41967006
开户行及账号：中国建设银行南京市建邺区支行　41622124757264 | 密码区 | 62*3187<4/+3988<+95-59+7<026
4032<0-->-6>525<312341->7*7
87*3187<4/+8490<+22380931085
3+<712/<1+9016>1706++>84>269 |

货物或应税劳务、服务名称	规格型号	单位	数量	单价	金　额	税率	税　额
污水处理费		吨	600	1.35	810.00	0%	***
合　　　计					￥810.00		￥0

| 价税合计（大写） | ⊗ 捌佰壹拾元整 | | ￥810.00 |

| 销售方 | 名　　称：江苏水务股份有限公司
纳税人识别号：913201051167476863
地　址、电话：江苏省南京市建邺区解红街胡春路01号　025-246439372
开户行及账号：中国建设银行江苏省南京市建邺区支行
41621526485817 | 备注 | 江苏水务股份有限公司
913201051167476863
发票专用章 |

收款人：　　　　复核：　　　　开票人：孟珊　　　　销售方：（章）

表 3-24-4

水费分配表

2017 年 12 月 31 日

部　门	吨	自来水 单价	自来水 分配金额	污水处理 费单价	污水处理 费金额	合计分 配金额
办公室、财务部和采购部	30	3.689 702	110.69	1.35	40.5	151.19
销售门市部	20	3.689 702	73.79	1.35	27	100.79
车间	550	3.689 702	2 029.34	1.35	742.5	2 771.84
合　计	600	3.689 702	2 213.82	1.35	810	3 023.82

制表：将风明　　　　　　　　　　　　　　　　　　　　　　　　审核：周琳

表 3-24-5

中国建设银行客户专用回单

币别：人民币　　　　　2017 年 12 月 31 日　　流水号 320120027J0500810060

付款人	全称	南京成功股份有限公司	收款人	全称	江苏水务股份有限公司
	账号	41622124757264		账号	41621526485817
	开户行	中国建设银行南京市建邺区支行		开户行	中国建设银行江苏省南京市建邺区支行
金额		（大写）人民币 叁仟零玖拾元贰角叁分		（小写）￥3090.23	
凭证种类		网银	凭证号码		
结算方式		转账	用途		支付水费

打印柜员：320125584257
打印机构：中国建设银行南京市建邺区支行
打印卡号：41622124757264

中国建设银行
回单
专用章

打印时间：2017-12-31　　交易柜员：320125584268　　交易机构：320110528

表 3-24-1 是江苏增值税专用发票的第二联抵扣联,此联应作为购买方抵扣进项税额的依据。该抵扣联不能作为记账凭证的附件,专门用于在规定期限内到税务机关办理认证或在平台办理勾选确认,并在认证通过或勾选确认的次月申报期内,向主管税务机关申报抵扣进项税额。

表 3-24-2 是江苏增值税专用发票的第三联发票联,此联应作为购买方的记账依据。该原始凭证注明,"购买方"是本公司,"销售方"是江苏南京水务股份有限公司,"货物或应税劳务、服务名称"是水费,这表明本公司在生产经营过程中使用了自来水。

表 3-24-3 是江苏增值税普通发票的第二联发票联,此联应作为购买方的记账依据。该原始凭证注明,"购买方"是本公司,"销售方"是江苏南京水务股份有限公司,"货物或应税劳务、服务名称"是污水处理费,这表明本公司在生产经营过程中使用自来水而发生污水处理费。根据 3-24-2 和 3-24-3,进行会计核算时,"金额"的合计数应根据使用部门分配记入成本、费用等科目的借方,"税额"记入"应交税费——应交增值税——进项税额"科目的借方。

表 3-24-4 是水费分配表,此表应作为分配水费的记账依据。该原始凭证的内容表明,管理部门(包括办公室、财务部和采购部)、专设销售机构和生产车间分配的金额,应分别记入"管理费用——水电费""销售费用——水电费"和"制造费用——水电费"科目的借方。

表 3-24-5 是中国建设银行客户专用回单的第一联借方回单,此联应作为付款方支付款项的记账依据。该原始凭证注明,"付款人"是本公司,"账号"是 41622124757264,这表明本公司已通过账号 41622124757264 的基本户支付了款项,进行会计核算时,应记入"银行存款——建行 41622124757264"科目的贷方。

因此,该笔业务在 T3 系统中的操作流程如下:

(1) 以"302102 会计将风明"的身份于"2017-12-31"登录。进入"总账"→"凭证",单击"填制凭证",打开记账凭证编制界面。

(2) 单击"新增"按钮,增加一空白凭证,凭证类型、凭证编号及制单日期自动生成;附单据数录入:"4"。

(3) 输入摘要:"分配本月水费"。

(4) 输入借方科目名称:"管理费用——水电费",输入借方金额:"151.19";输入借方科目名称:"销售费用——水电费",输入借方金额:"100.79";输入借方科目名称:"制造费用——水电费",输入借方金额:"2 771.84";输入借方科目名称:"应交税费——应交增值税——进项税额",输入借方金额:"66.41"。

(5) 输入贷方科目名称:"银行存款——建行 41622124757264",输入结算方式:网银,票据号:00810060,贷方金额:"3 090.23"。

(6) 单击"保存"按钮,如图 3-28 所示。

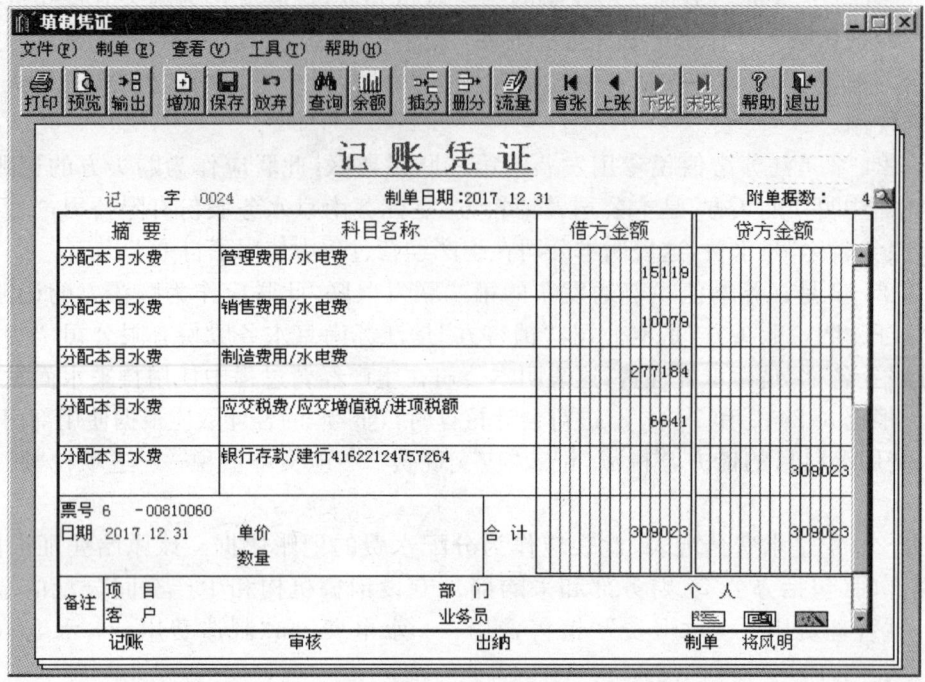

图 3-28　12 月份"0024"号记账凭证填制完成后界面

【业务 25】　2017 年 12 月 31 日,取得原始凭证 3 张。

表 3-25-1

						3201165140			

江苏 增值税专用发票　　№ 59772717　　3201165140　　59772717

开票日期:2017年12月31日

购买方	名　称	南京成功股份有限公司		密码区	16*3187<4/+0479<+95-59+7<597 7141<0-->-6>525<797436->7*7 87*3187<4/+8490<+68507512972 4+<712/<1+9016>3113++>84>061			
	纳税人识别号:9132010590798809923							
	地　址、电　话:江苏省南京市建邺区赵志路85号 025-41967006							
	开户行及账号:中国建设银行南京市建邺区支行 41622124757264							

货物或应税劳务、服务名称	规格型号	单位	数量	单价	金　额	税率	税　额
电					10192.00	17%	1732.64
合　　计					¥10192.00		¥1732.64

价税合计(大写)	⊗壹万壹仟玖佰贰拾肆元陆角肆分		(小写) ¥11924.64

销售方	名　称:江苏省电力股份有限公司南京市分公司	备注	
	纳税人识别号:913201050645002233		
	地　址、电　话:江苏省南京市建邺区韩春街刘海路39号 025-730497580		
	开户行及账号:中国建设银行江苏省南京市建邺区支行 41247650539692		

收款人:　　　复核:　　　开票人:焦仁普　　　销售方:(发票专用章)

第三部分 企业基本经济业务会计电算化处理(二)

表 3-25-2

表 3-25-3

电费分配表

2017 年 12 月 31 日

部 门	耗用数量	单位成本	金额(元)
办公室、财务部和采购部	120		192
销售门市部	250		400
车间	6 000		9 600
合 计	6 370	1.6	10 192

制表:将风明　　　　　　　　　　　　　　　　　审核:周琳

　　表 3-25-1 是江苏增值税专用发票的第二联抵扣联,此联应作为购买方抵扣进项税额的依据。该抵扣联不能作为记账凭证的附件,专门用于在规定期限内到税务机关办理认证或在平台办理勾选确认,并在认证通过或勾选确认的次月申报期内,向主管税务机关申报抵扣进项税额。

　　表 3-25-2 是江苏增值税专用发票的第三联发票联,此联应作为购买方的记账依据。该原始凭证注明,"购买方"是本公司,"销售方"是江苏省电力股份有限公司南京市分公司,"货物或应税劳务、服务名称"是电,这表明本公司在生产经营过程中使用了电。进行会计核算时,"金额"的应根据使用部门分配记入成本、费用等科目的借方,"税额"记入"应交税费——应交增值税——进项税额"科目的借方。

　　表 3-25-3 是电费分配表,此表应作为分配电费的记账依据。该原始凭证的内容表明,管理部门(包括办公室、财务部和采购部)、专设销售机构和生产车间分配的金额,应分别记入"管理费用——水电费""销售费用——水电费"和"制造费用——水电费"科目的借方。

225

此外,本业务中没有支付款项的原始凭证,而 11 月 30 日"预付账款——供应商"科目中的"南京供电"有借方余额,因此,进行会计核算时,应记入"预付账款——供应商"科目的贷方。

因此,该笔业务在 T3 系统中的操作流程如下:

(1) 以"302102 会计将风明"的身份于"2017-12-31"登录。进入"总账"→"凭证",单击"填制凭证",打开记账凭证编制界面。

(2) 单击"增加"按钮,增加一空白凭证,凭证类型、凭证编号及制单日期自动生成;附单据数录入:"2"。

(3) 输入摘要:"分配本月电费"。

(4) 新增并输入借方科目名称:"管理费用——水电费",输入借方金额:"192.00";新增并输入借方科目名称:"销售费用——水电费",输入借方金额:"400.00";新增并输入借方科目名称:"制造费用——水电费",输入借方金额:"9 600.00";输入借方科目名称:"应交税费——应交增值税——进项税额",输入借方金额:"1 732.64"。

(5) 输入贷方科目名称:"预付账款——供应商",输入供应商信息"南京供电"及贷方金额:"11 924.64"。

(6) 单击"保存"按钮,如图 3-29 所示。

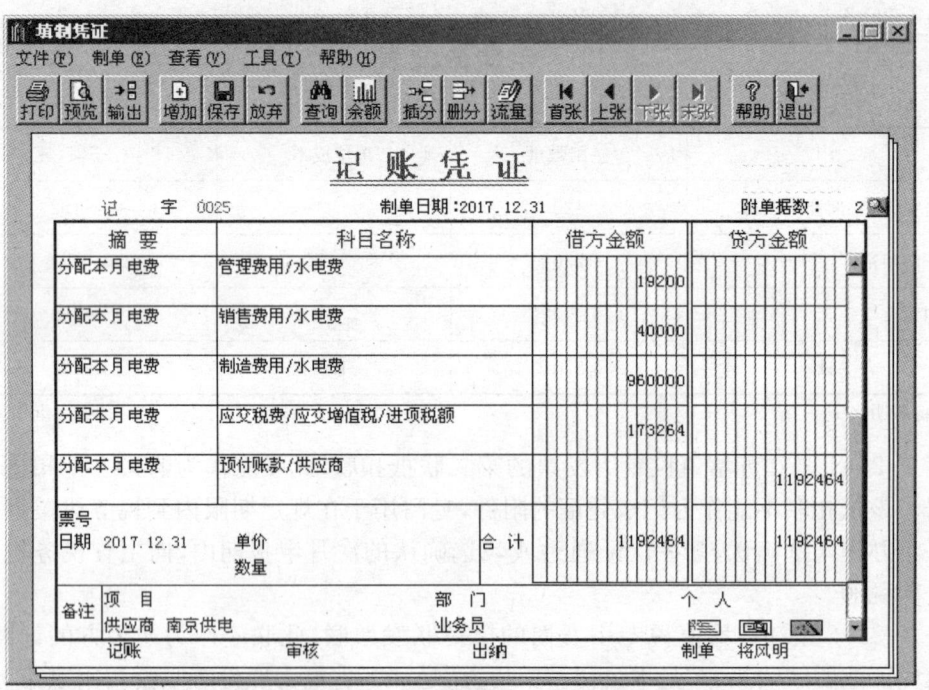

图 3-29　12 月份"0025"号记账凭证填制完成后界面

【业务 26】　2017 年 12 月 31 日,取得原始凭证 1 张。

表 3-26-1

银行借款利息计算单

2017 年 12 月 31 日

借款种类	借款金额	年贷款利率	月利息额	备 注
周转金借款	600 000	6.6%	3 410	2016 年 12 月 1 日借入
合 计			3 410.00	

制表:将风明　　　　　　　　　　　　　　　　　　　　　　　　审核:周琳

表 3-26-1 是银行借款利息计算单,此单应作为借款方期末计算利息支出的记账依据。该原始凭证注明,"借款种类"是 3 个月周转借款,这表明本公司发生短期借款利息支出,进行会计核算时,应记入"财务费用——利息支出"科目的借方;同时,由于本业务没有支付利息的原始凭证,因此,进行会计核算时,应记入"应付利息——短期借款(交通银行)"科目的贷方。

因此,该笔业务在 T3 系统中的操作流程如下:

(1) 以"302102 会计将风明"的身份于"2017-12-31"登录。进入"总账"→"凭证",单击"填制凭证",打开记账凭证编制界面。

(2) 单击"增加"按钮,增加一空白凭证,凭证类型、凭证编号及制单日期自动生成;附单据数录入:"1"。

(3) 输入摘要:"计算本月借款利息"。

(4) 输入借方科目名称:"财务费用——利息支出",输入借方金额:"3 410"。

(5) 输入贷方科目名称:"应付利息——短期借款(交通银行)",输入贷方金额:"3 410"。

(6) 单击"保存"按钮,如图 3-30 所示。

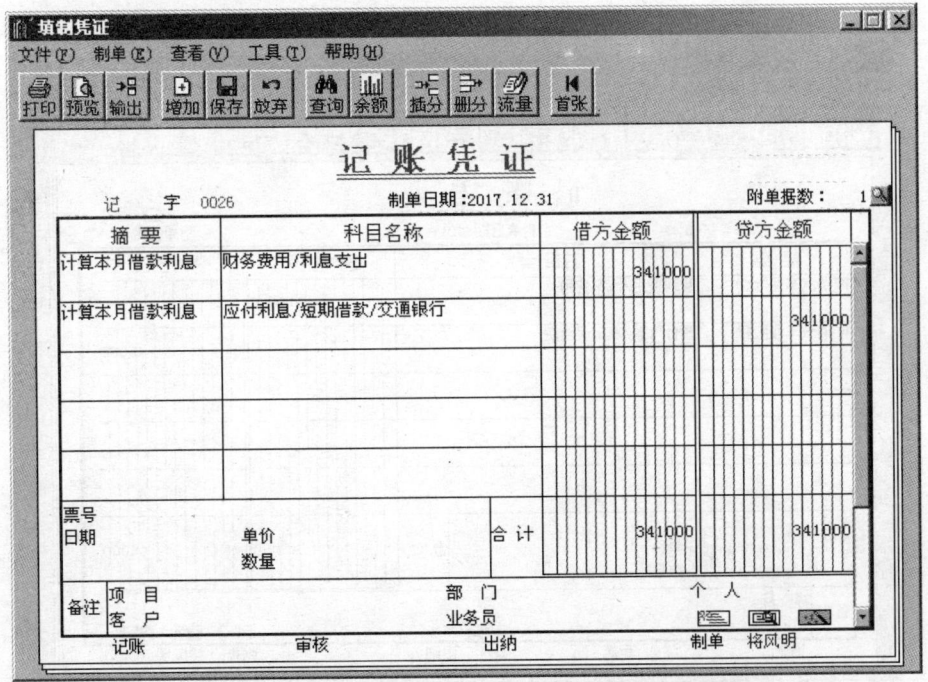

图 3-30　12 月份"0026"号记账凭证填制完成后界面

【业务 27】 2017 年 12 月 31 日,取得原始凭证 1 张。

表 3-27-1

保险费摊销计算表

2017 年 12 月 31 日

部　门	金额	摊销期限	本期金额
办公室	5 400	12	450
合　计	5 400.00		450.00

制表:将风明　　　　　　　　　　　　　　　　　　　　　　　　　　　审核:周琳

表 3-27-1 是汽车保险费摊销表,此表应作为确认本期保险费摊销金额的记账依据。该原始凭证的内容表明,本公司管理部门(办公室)本月应承担的保险费为 450 元,进行会计核算时,应记入"管理费用——汽车费用"科目的借方;同时,11 月 30 日"管理费用——汽车费用"科目有借方余额,故摊销保险费时,应记入"预付账款——汽车保险费"科目的贷方。

因此,该笔业务在 T3 系统中的操作流程如下:

(1) 以"302102 会计将风明"的身份于"2017-12-31"登录。进入"总账"→"凭证",单击"填制凭证",打开记账凭证编制界面。

(2) 单击"新增"按钮,增加一空白凭证,凭证类型、凭证编号及制单日期自动生成;附单据数录入:"1"。

(3) 输入摘要:"摊销汽车保险费"。

(4) 新增并输入借方科目名称:"管理费用——汽车费用",输入借方金额:"450.00"。

(5) 输入贷方科目名称:"预付账款——汽车保险费",输入贷方金额:"450.00"。

(6) 单击"保存"按钮,如图 3-31 所示。

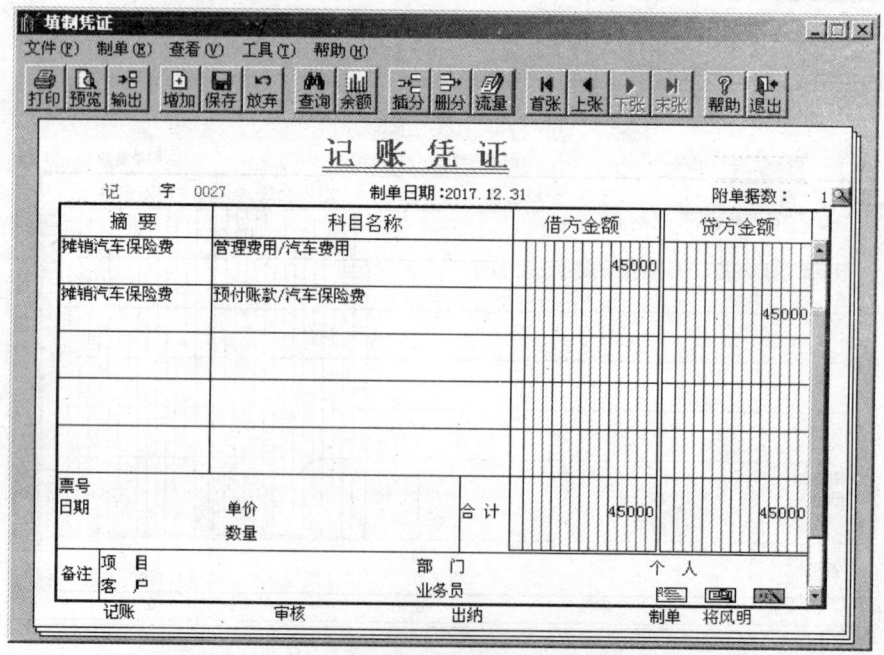

图 3-31　12 月份"0027"号记账凭证填制完成后界面

【业务 28】　2017 年 12 月 31 日,取得原始凭证 1 张。

表 3-28-1

库存现金盘点表

2017 年 12 月 31 日　　　　　　　　　　　　　　编号 201708

账存金额	实存金额	盘盈	盘亏	备注
1 630.00	1 430.00		200.00	

监盘人(签章):将风明　　　　　　　　　　　　　　　　　盘点人(签章):陈雨涵

表 3-28-1 是库存现金盘点表,此表应作为核算盘点库存现金的记账依据。该原始凭证的内容表明,"账存金额"是 1 630 元,"实存金额"是 1 430 元,"盘亏"是 200 元,表明本公司期末库存现金短款 200 元,进行会计核算时,应分别记入"库存现金"科目的贷方和"待处理财产损溢——待处理流动资产损溢"科目的借方。

因此,该笔业务在 T3 系统中的操作流程如下:

(1) 以"302102 会计将风明"的身份于"2017-12-31"登录。进入"总账"→"凭证",单击"填制凭证",打开记账凭证编制界面。

(2) 单击"增加"按钮,增加一空白凭证,凭证类型、凭证编号及制单日期自动生成;附单据数录入:"1"。

(3) 输入摘要:"盘点库存现金,发现短款"。

(4) 新增并输入借方科目名称:"待处理财产损溢——待处理流动资产损溢",输入借方金额:"200.00"。

(5) 输入贷方科目名称:"库存现金",输入贷方金额:"200.00"。

(6) 单击"保存"按钮,如图 3-32 所示。

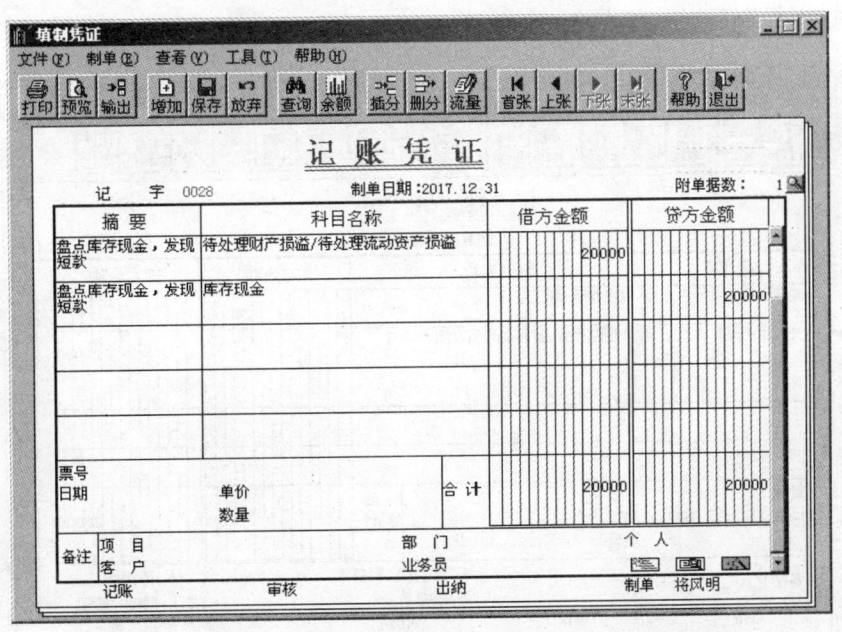

图 3-32　12 月份"0028"号记账凭证填制完成后界面

【业务 29】 2017 年 12 月 31 日,取得原始凭证 1 张。

表 3-29-1

现金盘盈盘亏处置结果表

2017 年 12 月 31 日

账存金额	实存金额	盘 盈	盘 亏
1 630.00	1 430.00		200.00
财务部门意见: 应由陈雨涵赔偿 周琳		公司领导意见: 同意 李胜利	

表 3-29-1 是现金盘盈盘亏处理结果表,此表应作为企业期末处理现金盘盈盘亏的记账依据。该原始凭证的内容表明,库存现金盘亏 200 元,"处理意见"是由出纳赔偿,进行会计核算时,应分别记入"其他应收款——职工往来"科目"陈雨涵"的借方和"待处理财产损溢——待处理流动资产损溢"科目的贷方。

因此,该笔业务在 T3 系统中的操作流程如下:

(1) 以"302102 会计将风明"的身份于"2017-12-31"登录。进入"总账"→"凭证",单击"填制凭证",打开记账凭证编制界面。

(2) 单击"增加"按钮,增加一空白凭证,凭证类型、凭证编号及制单日期自动生成;附单据数录入:"1"。

(3) 输入摘要:"处理出纳短款"。

(4) 输入借方科目名称:"其他应收款——职工往来",输入个人"陈雨涵"及借方金额:"200.00"。

(5) 新增并输入贷方科目名称:"待处理财产损溢——待处理流动资产损溢",输入贷方金额:"200.00"。

(6) 单击"保存"按钮,如图 3-33 所示。

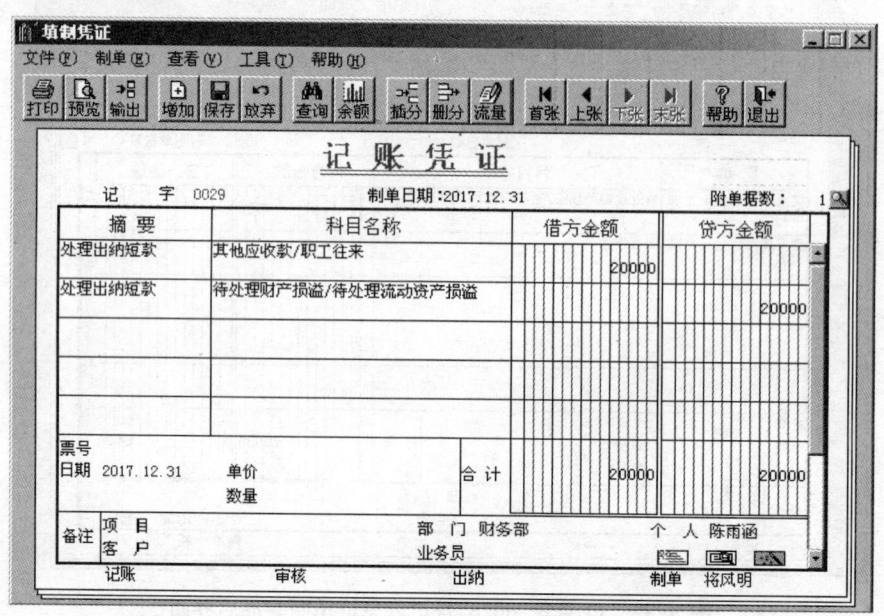

图 3-33　12 月份"0029"号记账凭证填制完成后界面

【业务30】 2017 年 12 月 31 日,取得原始凭证 1 张。

表 3-30-1 是存货盘盈盘亏报告表,此表应作为核算存货盘盈盘亏的记账依据。该原始凭证的内容表明,"品名"是 RP,"账面数量"是 5 000 千克,"实存数量"是 4 900 千克,"金额"是 1 220 元。表明本公司期末原材料 RP 盘亏 100 千克,计 1 220 元。进行会计核算时,应分别记入"待处理财产损溢——待处理流动资产损溢"科目的借方和"原材料"科目"RP"项目的贷方。

因此,该笔业务在 T3 系统中的操作流程如下:

(1) 以"302102 会计将风明"的身份于"2017-12-31"登录。进入"总账"→"凭证",单击"填制凭证",打开记账凭证编制界面。

表 3-30-1

存货盘盈盘亏报告表

2017-12-31   单位:元

编号	品名	单位	账面数量	实存数量	盘盈		盘亏		原因
					数量	金额	数量	金额	
1000201	RP	千克	5 000	4 900			100	1 200.00	自然挥发
合计								1 220.00	

制表:将风明   审核:周琳

(2) 单击"增加"按钮,增加一空白凭证,凭证类型、凭证编号及制单日期自动生成;附单据数录入:"1"。

(3) 输入摘要:"盘点存货,发现短缺"。

(4) 输入借方科目名称:"待处理财产损溢——待处理流动资产损溢",输入借方金额:"1 220.00"。

(5) 输入贷方科目名称:"原材料——RP",在辅助信息对话框中输入数据,数量:"100.00",金额:"1 220.00",单击"确定"按钮。

(6) 单击"保存"按钮,如图 3-34 所示。

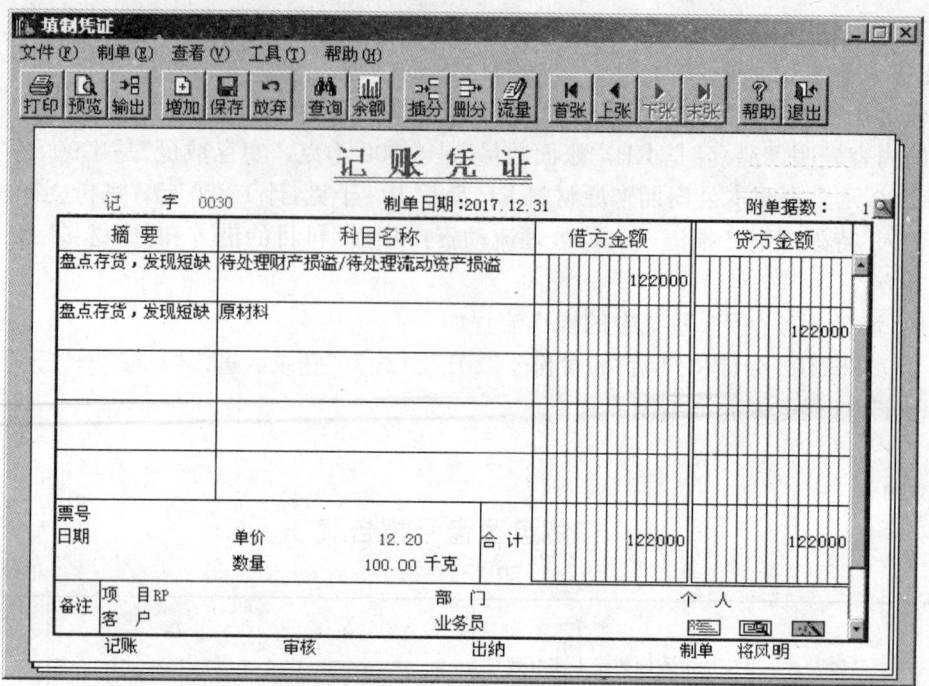

图 3-34 12 月份"0030"号记账凭证填制完成后界面

【业务 31】 2017 年 12 月 31 日,取得原始凭证 1 张。

表 3-31-1

存货盘盈盘亏核销报告表

2017 年 12 月 31 日

编　号	品名	单位	账面数量	实存数量	盘　盈		盘　亏		原因
					数　量	金　额	数　量	金　额	
1000210	RP	千克	5 000	4 900			100	1 220.00	自然挥发
	合计					0		1 220	

财务部门意见: 盘亏按《企业会计准则》规定进行处理。 　　　　　　　　　周琳 　　　　　　　2017 年 12 月 31 日	保管部门意见: 同意 　　　　　　张福平 　　　　2017 年 12 月 31 日	公司领导意见: 同意 　　　　　李胜利 　　　2017 年 12 月 31 日

表 3-31-1 是存货盘盈盘亏核销报告表,此表应作为企业期末处理存货盘盈盘亏的记账依据。该原始凭证的内容表明,原材料 RP 盘亏 100 千克,总金额为金额 1 220 元,"原因"是自然原因,属于非管理原因,"处理意见"是盘亏全部计入费用。进行会计核算时,应分别记入"管理费用——盘亏损失"科目的借方和"待处理财产损溢——待处理流动资产损溢"科目的贷方。

因此,该笔业务在 T3 系统中的操作流程如下:

(1) 以"302102 会计将风明"的身份于"2017-12-31"登录。进入"总账"→"凭证",单击"填制凭证",打开记账凭证编制界面。

(2) 单击"增加"按钮,增加一空白凭证,凭证类型、凭证编号及制单日期自动生成;附单据数录入:"1"。

(3) 输入摘要:"处理存货盘点短缺"。

(4) 输入借方科目名称:"管理费用——盘亏损失",输入借方金额:"1 220.00"。

(5) 输入贷方科目名称:"待处理财产损溢——待处理流动资产损溢",输入贷方金额:"1 220.00"。

(6) 单击"保存"按钮,如图 3-35 所示。

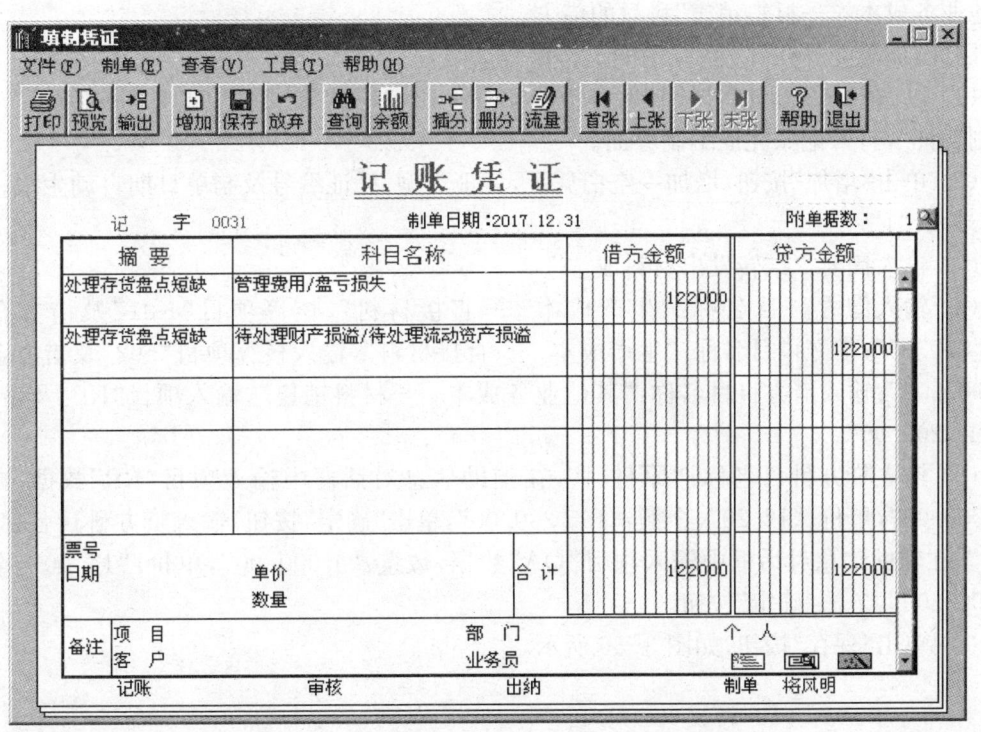

图 3-35　12 月份"0031"号记账凭证填制完成后界面

【业务 32】　2017 年 12 月 31 日,取得原始凭证 1 张。

表 3-32-1

原材料发出汇总表

2017 年 12 月 31 日

产品 ＼ 类别	RP 材料		QA 材料		合 计
	数量	金额	数量	金额	
K01 产品	15 000	183 000			183 000
S02 产品			4 000	56 000	56 000
销售	1 000	12 200			12 200
合 计	16 000	195 200	4 000	56 000	251 200

制表:将风明　　　　　　　　　　　　　　　　　　　　　　　　审核:周琳

　　表 3-32-1 是原材料发出汇总表,此表应作为期末计算分配材料费用的记账依据。该原始凭证的内容表明,本月发出 RP、QA 材料的成本分别为 195 200 元和 56 000 元,进行会计核算时,应分别记入"原材料——RP"和"原材料——QA"科目的贷方;同时,生产 K01、S02 产品发生原材料费用分别为 183 000 元和 56 000 元,销售原材料 RP 成本为 12 200 元。进行会计核算时,应分别记入"生产成本——直接材料"辅助核算项目"K01"和"S02"以及"其他业务成本——材料销售"科目的借方。

　　因此,该笔业务在 T3 系统中的操作流程如下:

　　(1) 以"302102 会计将风明"的身份于"2017-12-31"登录。进入"总账"→"凭证",单击"填制凭证",打开记账凭证编制界面。

　　(2) 单击"增加"按钮,增加一空白凭证,凭证类型、凭证编号及制单日期自动生成;附单据数录入:"1"。

　　(3) 输入摘要:"结转发出材料成本"。

　　(4) 输入借方科目名称:"生产成本——直接材料",核算项目"K01"及借方金额:"183 000.00";借方科目名称:"生产成本——直接材料",输入核算项目"S02"及借方金额:"56 000.00";输入借方科目名称:"其他业务成本——材料销售",输入项目"RP"及借方金额:"12 200.00"。

　　(5) 输入贷方科目名称:"原材料",在辅助信息对话框中输入项目"RP"数据,数量:"16 000.00",单价:"12.20",金额:"195 200.00",单击"确定"按钮;输入贷方科目名称:"原材料",在辅助信息对话框中输入项目"QA"数据,数量:"4 000.00",单价:"14.00",金额:"56 000.00",单击"确定"按钮。

　　(6) 单击"保存"按钮,如图 3-36 所示。

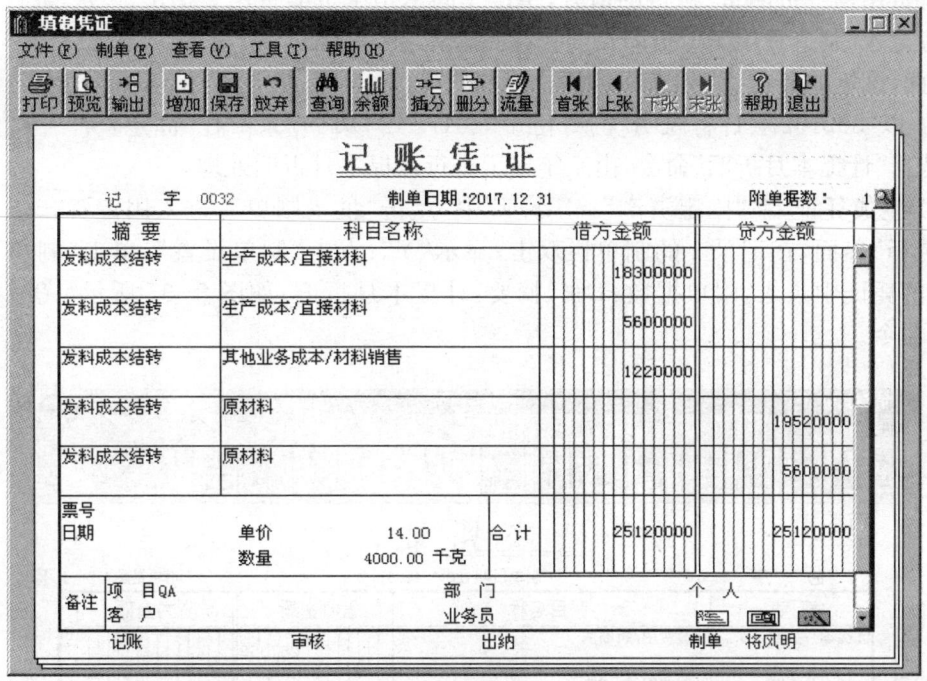

图 3-36　12 月份"0032"号记账凭证填制完成后界面

【业务 33】　2017 年 12 月 31 日,取得原始凭证 1 张。

表 3-33-1

固定资产折旧计算表

2017 年 12 月 31 日

单位:元

固定资产类别	使用部门	品名	单位	数量	月折旧率	月折旧额
机器设备	生产车间	KL	台	3	0.80%	360
	生产车间	UY	台	2	0.80%	2 080
运输工具	管理部门	汽车	辆	1	2.00%	3 964.08
电子设备	管理部门	电脑	台	5	2.67%	667.50
	销售门市部	电脑	台	1	2.67%	133.50
	生产车间	电脑	台	1	2.67%	133.50
合　计	—					7 338.58

制表:将风明　　　　　　　　　　　　　　　　　　　　　　　　　　审核:周琳

　　表 3-33-1 是固定资产折旧计算表,此表应作为期末计提固定资产折旧的记账依据。该原始凭证的内容表明,本公司计提了折旧,进行会计核算时,应记入"累计折旧"科目的贷方;同时,还表明管理部门承担了折旧费用 4 631.58 元,进行会计核算时,应记入"管理费用——折旧费"科目的借方,专设销售机构承担了折旧费用 133.5 元,进行会计核算时,应记

入"销售费用——折旧费"科目的借方,生产车间承担了折旧费用 2 573.50 元,进行会计核算时,应记入"制造费用——折旧费"科目的借方。

因此,该笔业务在 T3 系统中的操作流程如下:

(1) 以"302102 会计将风明"的身份于"2017-12-31"登录。在"固定资产"→"业务处理"中选择"计提本月折旧"命令,由系统提示进行计提本月折旧处理。

(2) 生成凭证,在"固定资产"→"处理"中,点击"批量制单",进入固定资产生成凭证"制单选择"界面,在记录 1 的制单栏双击,显示"Y";点击"制单设置",单击"制单"命令,在生成的凭证中录入:附单据数:1 张,摘要:计提本月折旧;如图 3-37 所示,完成后单击"保存"命令。

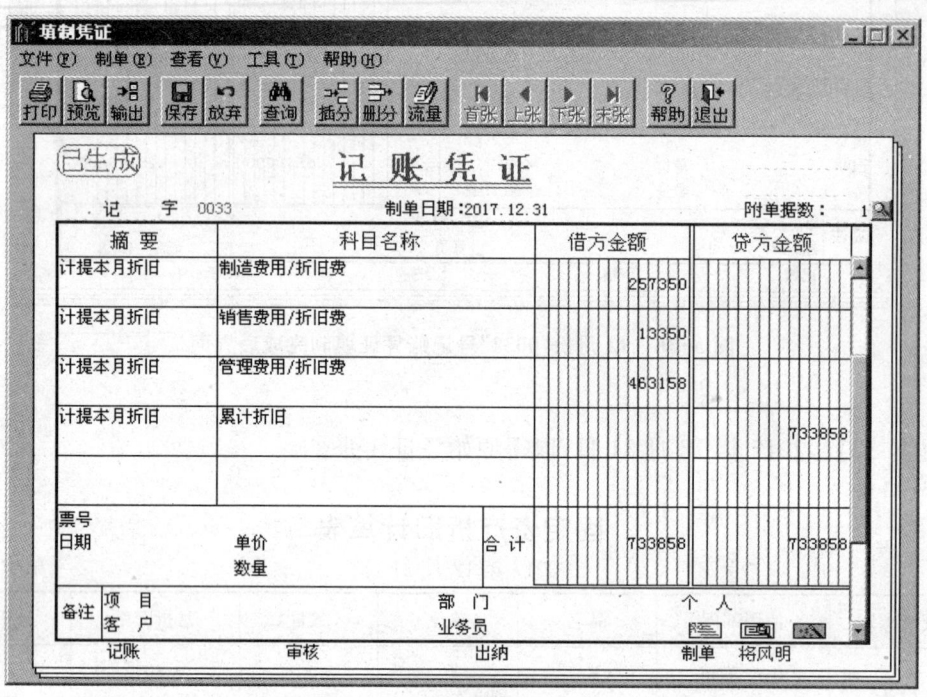

图 3-37　12 月份"0033"号记账凭证保存后界面

【业务 34】　2017 年 12 月 31 日,取得原始凭证 1 张。

表 3-34-1

制造费用分配表
2017 年 12 月 31 日

产品名称	生产工时	分配率	分配金额
K01 产品	800		6 948.27
S01	1 700		14 765.07
合　计	2 500	8.685 336	21 713.34

制表:将风明　　　　　　　　　　　　　　　　　　　　　　　　审核:周琳

表3-34-1是制造费用分配表,此表应作为期末计算分配制造费用的记账依据。该原始凭证的内容表明,本月生产K01、S02产品应承担的制造费用分别为6 948.27元和14 765.07元,进行会计核算时,应分别记入"生产成本——制造费用"核算项目"K01"和"S02"科目的借方;同时,还表明本月发生的制造费用21 713.34元已分配结转,进行会计核算时,应记入"制造费用"各明细科目的贷方。

因此,该笔业务在T3系统中的操作流程如下:

(1) 以"302102会计将风明"的身份于"2017-12-31"登录。进入"总账"→"凭证",单击"填制凭证",打开记账凭证编制界面。

(2) 单击"新增"按钮,增加一空白凭证,凭证类型、凭证编号及制单日期自动生成;附单据数录入:"1"。

(3) 输入摘要:"结转制造费用"。

(4) 输入借方科目名称:"生产成本——制造费用",输入核算项目"K01"及借方金额:"6 948.27";输入借方科目名称:"生产成本——制造费用",输入核算项目"S02"及借方金额:"14 765.07"。

(5) 输入贷方科目名称:"制造费用——工资",输入贷方金额:"4 800.00";输入贷方科目名称:"制造费用——五险一金",输入贷方金额:"1 968.00";输入贷方科目名称:"制造费用——水电费",输入贷方金额:"12 371.84";输入贷方科目名称:"制造费用——折旧费",输入贷方金额:"2 573.50"。

(6) 单击"保存"按钮,如图3-38-1和图3-38-2所示。

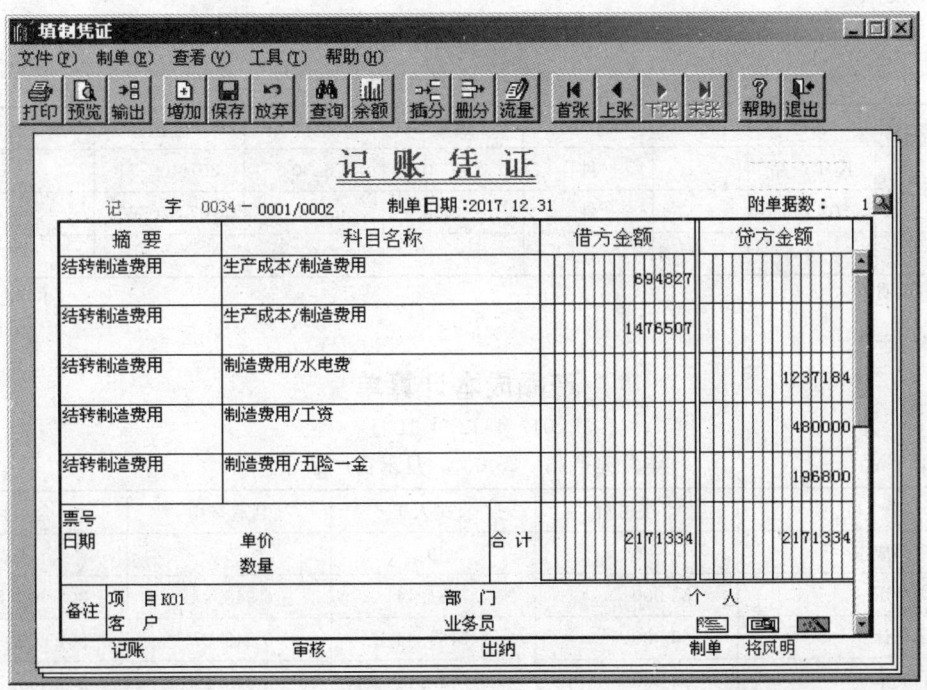

图3-38-1　12月份"0034"号记账凭证填制完成后第一张凭证界面

237

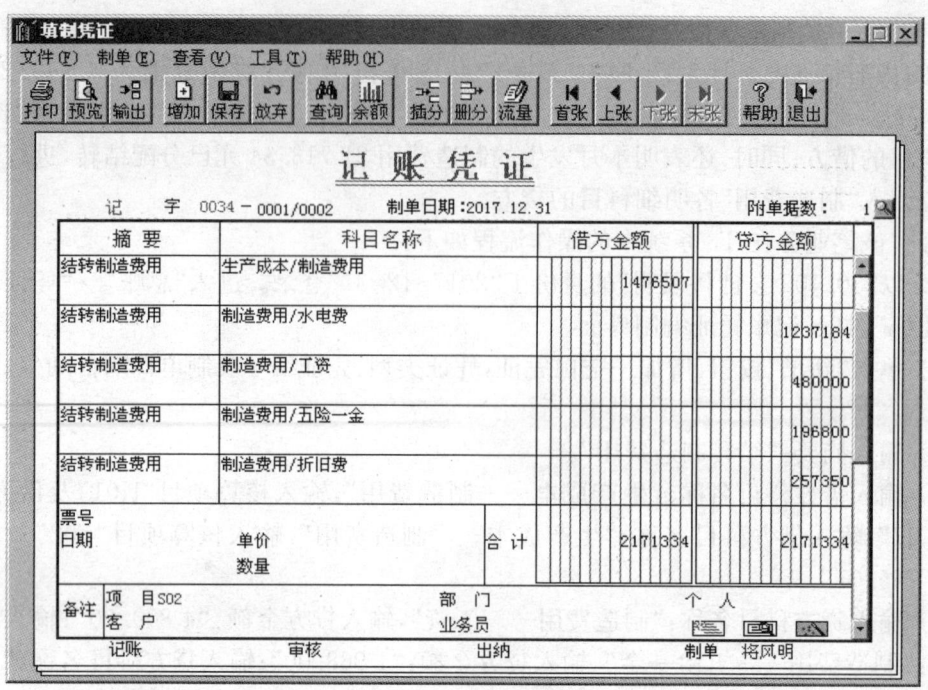

图 3-38-2　12 月份"0034"号记账凭证填制完成后第二张凭证界面

【业务 35】　2017 年 12 月 31 日,取得原始凭证 3 张。

表 3-35-1

产成品入库汇总表

2017 年 12 月 31 日　　　　　　　　　　　　编号:0182202

产品编号	名称	规格	计量单位	数量	单价	金额	备注
	K01 产品		件	25 000	8.30	207 409.71	
	S02 产品		件	2 000	53.94	107 870.63	

制表:将风明　　　　　　　　　　　　　　　　　　　　　　　　　审核:周琳

表 3-35-2

产品成本计算单

2017 年 12 月 31 日

产品:K01 产品　　　　　本月完产品　25 000　月末在产品　0

项　目	直接材料	直接人工	制造费用	合　计
月初在产品成本	0	0	0	0
本月生产费用	183 000	1 7461.44	6 948.27	207 409.71
生产费用合计	183 000	1 7461.44	6 948.27	207 409.71
完工产品成本	183 000	1 7461.44	6 948.27	207 409.71
月末在产品成本	0	0	0	0

制表:将风明　　　　　　　　　　　　　　　　　　　　　　　　　审核:周琳

表 3-35-3

产品成本计算单

2017 年 12 月 31 日

产品:S02 产品　　　　　　　　本月完产品 2 000　　月末在产品　0

项　目	直接材料	直接人工	制造费用	合　计
月初在产品成本	0	0	0	0
本月生产费用	56 000	37 105.56	14 765.07	107 870.63
生产费用合计	56 000	37 105.56	14 765.07	107 870.63
完工产品成本	56 000	37 105.56	14 765.07	107 870.63
月末在产品成本				

制表:将风明　　　　　　　　　　　　　　　　　　　　　　　　　审核:周琳

　　表 3-35-1 是产成品入库单的第二联记账联,此联应作为完工产品验收入库的记账依据。该原始凭证的内容表明,本月本公司有 25 000 件 K01 产品和 2 000 件 S02 产品已经完工验收入库,进行会计核算时,应分别记入"库存商品"辅助项目"K01"和"S02"科目的借方。

　　表 3-35-2 是产品成本计算单,此单应作为期末结转完工产品成本的记账依据。该原始凭证的内容表明,本月完工 K01 产品的成本 207 409.71 元应予以结转,进行会计核算时,应记入"K01"项目相关的"生产成本"各明细科目的贷方。

　　表 3-35-3 是产品成本计算单,此单应作为期末结转完工产品成本的记账依据。该原始凭证的内容表明,本月完工 S02 产品的成本 107 870.63 元应予以结转,进行会计核算时,应记入"S02"项目相关的"生产成本"各明细科目的贷方。

　　因此,该笔业务在 T3 系统中的操作流程如下:

　　(1) 以"302102 会计将风明"的身份于"2017-12-31"登录。进入"总账"→"凭证",单击"填制凭证",打开记账凭证编制界面。

　　(2) 单击"增加"按钮,增加一空白凭证,凭证类型、凭证编号及制单日期自动生成;附单据数录入:"3"。

　　(3) 输入摘要:"结转完工产品成本"。

　　(4) 输入借方科目名称:"库存商品",在辅助信息对话框中输入"K01"项目数据,数量:"25 000.00",金额:"207 409.71",单击"确定"按钮;输入借方科目名称:"库存商品",在辅助信息对话框中输入"S02"项目数据,数量:"2 000.00",金额:"107 870.63",单击"确定"按钮。

　　(5) 输入贷方科目名称:"生产成本——直接材料",输入项目"K01"及贷方金额:"183 000.00";输入贷方科目名称:"生产成本——直接人工",输入项目"K01"及贷方金额:"17 461.44";输入贷方科目名称:"生产成本——制造费用",输入项目"K01"及贷方金额:"6 948.27";输入贷方科目名称:"生产成本——直接材料",输入项目"S02"及贷方金额:"56 000.00";输入贷方科目名称:"生产成本——直接人工",输入项目"S02"及贷方金额:"37 105.56";输入贷方科目名称:"生产成本——制造费用",输入项目"S02"及贷方金额:"14 765.07"。

　　(6) 单击"保存"按钮,如图 3-39-1 和图 3-39-2 所示。

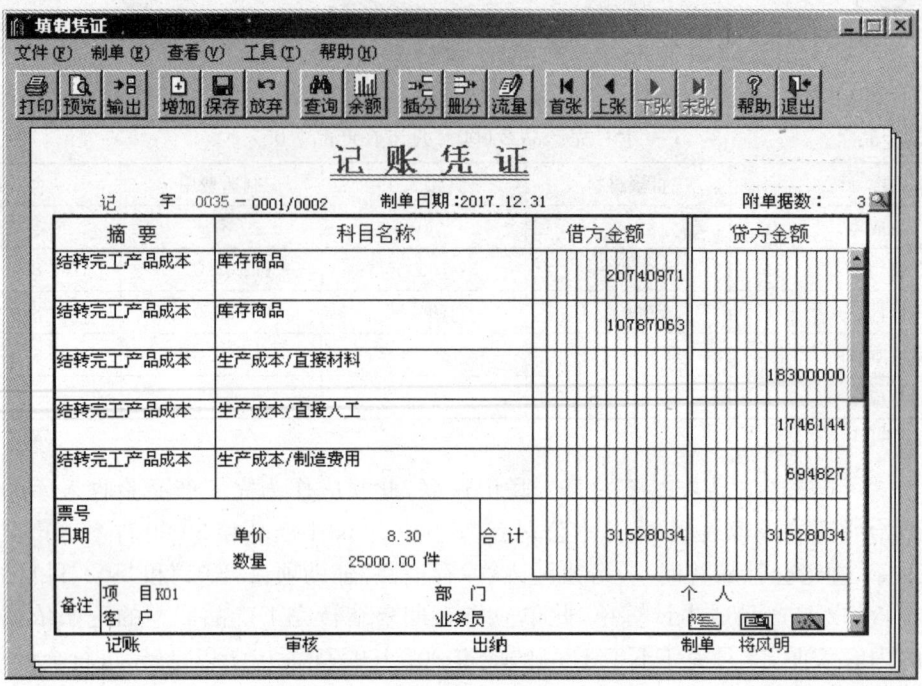

图 3-39-1　12 月份"0035"号记账凭证填制完成后第一张凭证界面

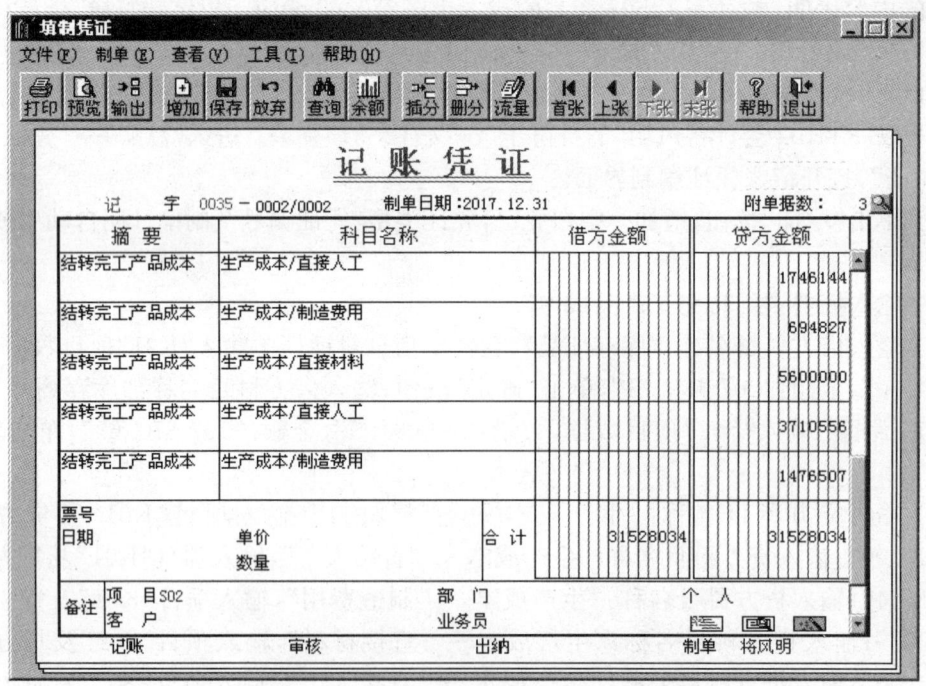

图 3-39-2　12 月份"0035"号记账凭证填制完成后第二张凭证界面

【业务 36】　2017 年 12 月 31 日,取得 1 张原始凭证。

表 3-36-1

销售成本计算表

2017 年 12 月 31 日

产 品	期 初		本期入库		加权平均单位成本	发 出	
	数量	成本	数量	成本		数量	成本
K01 产品	4 000	31 872.28	25 000	207 409.71	8.25	23 000	189 750
S02 产品	500	23 698.59	2 000	107 870.63	52.63	2 200	115 786
合 计	—	55 570.87		315 280.34	—	—	305 536

制表:将风明　　　　　　　　　　　　　　　　　　　　　　　　审核:周琳

表 3-36-1 是单位产品成本计算表,此表作为期末计算产成品销售成本的记账依据。该原始凭证注明的内容表明,K01、S02 产品的单位销售成本分别为 7.96 元和 47.41 元;此表也作为期末计算产成品销售成本的记账依据。该原始凭证注明的内容表明,本公司本月销售 K01、S02 产品总成本分别为 189 750 元和 115 786 元,进行会计核算时,应分别记入"主营业务成本"科目的辅助核算项目"K01"和"S02"的借方。

此表也作为确定本期发出产成品的记账依据。进行会计核算时,应分别记入"库存商品"科目辅助核算项目"K01"和"S02"的贷方。

因此,该笔业务在 T3 系统中的操作流程如下:

以"302102 会计将风明"的身份于"2017-12-31"登录。进入"总账"→"期末"→"转账生成",选中销售成本结转,在"包含未记账凭证"复选框中打"√",点击"确定"按钮,出现"销售成本结转一览表",单击"确定"按钮,生成一张凭证,在该凭证中附单据数录入"1",各金额项均按单价保留 2 位小数进行调整,完成后单击保存。已完成的凭证如图 3-40 所示。

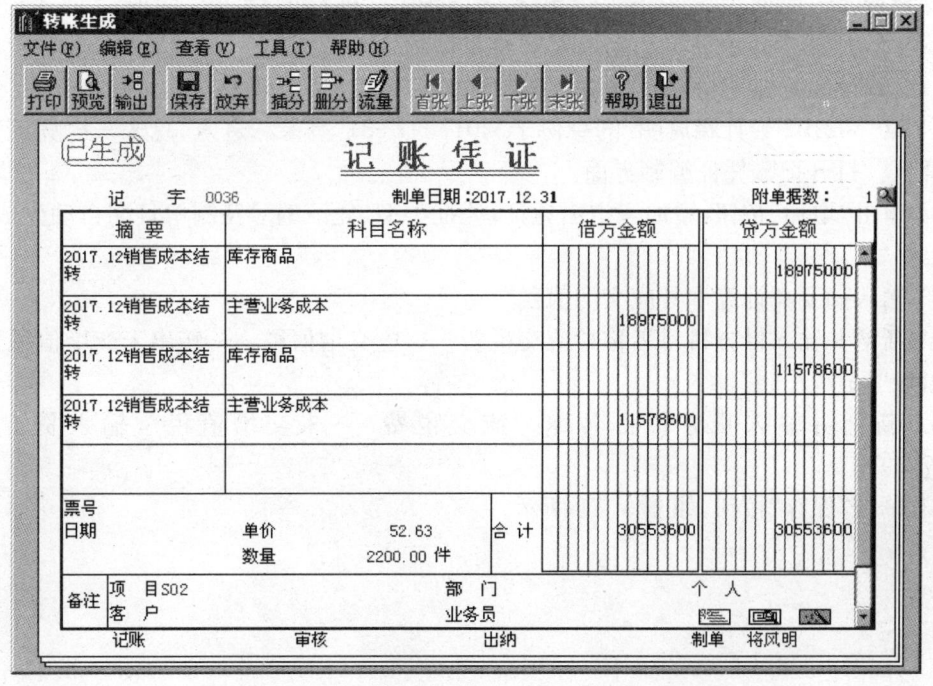

图 3-40　12 月份"0036"号记账凭证保存后界面

【业务 37】 2017 年 12 月 31 日,原始凭证共 1 张。

表 3-37-1

应交增值税计算表

2017 年 12 月 31 日

一、增值税	金　　额
销项税额	138 550
进项税额	35 652.26
上期留抵税额	6 120.45
进项税额转出	
应纳税额	96 777.29
期末留抵税额	
简易征收办法计算的应纳税额	
应纳税额减征额	
应纳税额合计	96 777.29

制表:将风明　　　　　　　　　　　　　　　　　　　　审核:周琳

表 3-37-1 是应交增值税计算表,此表应作为期末计算应交增值税的记账依据。该原始凭证注明的内容表明,本公司本月应交的增值税是 96 777.29 元,进行会计核算时,应记入"应交税费——应交增值税——转出未交增值税"科目的借方。同时应记入"应交税费——未交增值税"科目的贷方。

因此,该笔业务在 T3 系统中的操作流程如下:

(1) 以"302102 会计将风明"的身份于"2017-12-31"登录。进入"总账"→"凭证",单击"填制凭证",打开记账凭证编制界面。

(2) 单击"增加"按钮,增加一空白凭证,凭证类型、凭证编号及制单日期自动生成;附单据数录入:"1"。

(3) 输入摘要:"计算本月应交增值税"。

(4) 新增并输入借方科目名称:"应交税费——应交增值税——转出未交增值税",输入借方金额:"96 777.29"。

(5) 新增并输入贷方科目名称:"应交税费——未交增值税",输入贷方金额:"96 777.29"。

(6) 单击"保存"按钮,如图 3-41 所示。

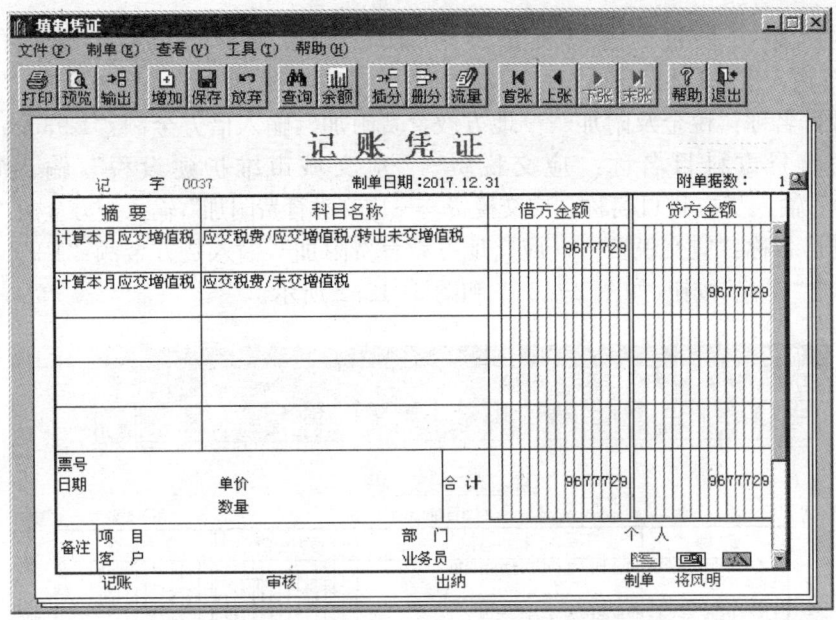

图 3-41　12 月份"0037"号记账凭证填制完成后界面

【业务 38】　计算税金及附加。

表 3-38-1 是城市维护建设税及教育费附加计算表,此表应作为企业期末计算城市维护建设税及教育费附加的记账依据。该原始凭证注明,"城市维护建设税"的"应交金额"是 6 774.41 元,"教育费附加"的"应交金额"是 2 903.32 元,"地方教育费附加"的"应交金额"是 1 935.55 元,这表明本公司本月发生了税金及附加费用,进行会计核算时,"应交金额"应记入"税金及附加"各明细科目的借方。进行会计核算时,"城市维护建设税""教育费附加"和"地方教育费附加"的"应交金额"应分别记入"应交税费——应交城市维护建设税""应交税费——应交教育费附加"和"应交税费——应交地方教育费附加"科目的贷方。

表 3-38-1

城市维护建设税及教育费附加计算表

2017 年 12 月 31 日

税　种	计税依据	税　率	应交金额
城市维护建设税	96 777.29	7%	6 774.41
教育费附加	96 777.29	3%	2 903.32
地方教育费附加	96 777.29	2%	1 935.55
合　计			11 613.28

制表:将风明　　　　　　　　　　　　　　　　　　　　　　　　　　　　审核:周琳

因此,该笔业务在 T3 系统中的操作流程如下:

(1) 以"302102 会计将风明"的身份于"2017-12-31"登录。进入"总账"→"凭证",单击"填制凭证",打开记账凭证编制界面。

(2) 单击"增加"按钮,增加一空白凭证,凭证类型、凭证编号及制单日期自动生成;附单据数录入:"1"。

(3) 输入摘要:"计算城市维护建设税及教育费附加"。

（4）输入借方科目名称："税金及附加——城市维护建设税"，输入借方金额："6 774.41"；输入借方科目名称："税金及附加——教育费附加"，输入借方金额："2 903.32"；输入借方科目名称："税金及附加——地方教育费附加"，输入借方金额："1 935.55"。

（5）输入贷方科目名称："应交税费——应交城市维护建设税"，输入贷方金额："6 774.410"；输入贷方科目名称："应交税费——应交教育费附加"，输入贷方金额："2 903.32"；输入贷方科目名称："应交税费——应交地方教育费附加"，输入贷方金额："1 935.55"。

（6）单击"保存"按钮，如图 3-42-1 和图 3-42-2 所示。

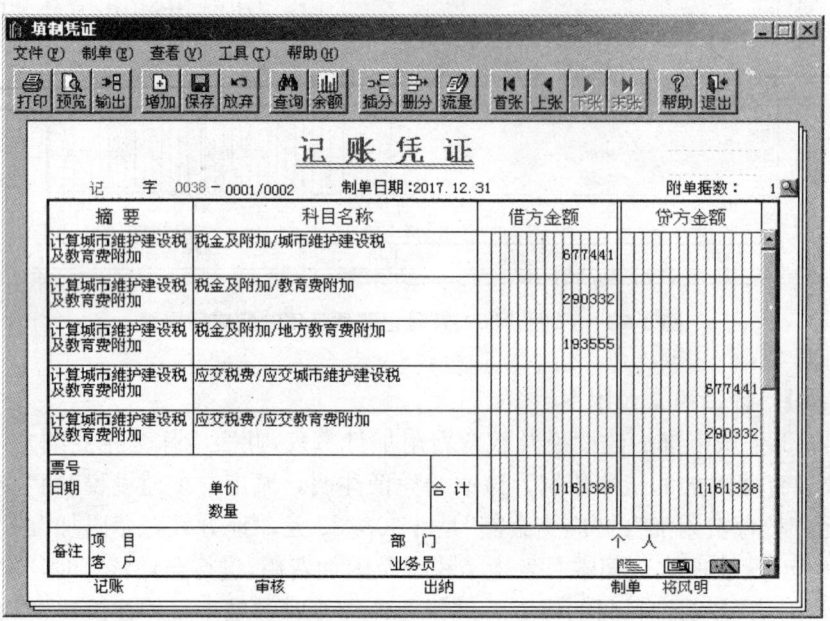

图 3-42-1　12 月份"0038"号记账凭证填制完成后第一张凭证界面

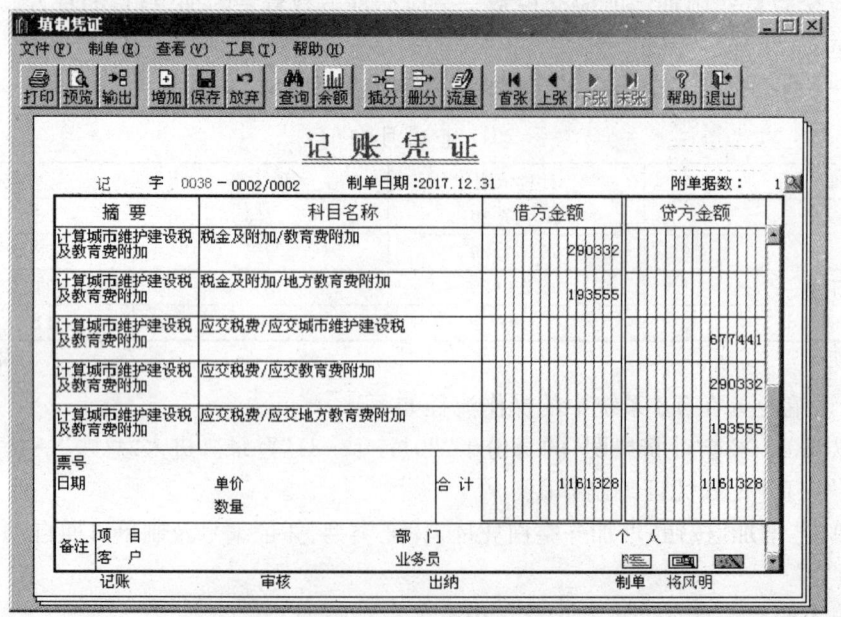

图 3-42-2　12 月份"0038"号记账凭证填制完成后第二张凭证界面

【业务39】　2017 年 12 月 31 日,原始凭证共 1 张。

表 3-39-1

所得税计算表

2017 年 12 月 31 日

行次	项　目	本期金额
1	一、按照实际利润额预缴	
2	营业收入	815 000
3	营业成本	317 736
4	利润总额	649 936.54
5	加:特定业务计算的应纳税所得额	
6	减:不征税收入和税基减免应纳税所得额	
7	固定资产加速折旧(扣除)调减额	
8	弥补以前年度亏损	
9	实际利润额(4 行＋5 行－6 行－7 行－8 行)	
10	税率(25%)	25%
11	应纳所得税额	162 484.14

制表:将风明　　　　　　　　　　　　　　　　　　　审核:周琳

表 3-39-1 是月度应交所得税计算表,此表应作为期末计算本期应交所得税费用的记账依据。该原始凭证注明的内容表明,本公司本月发生了所得税费用 162 484.14 元,进行会计核算时,应记入"所得税费用"科目的借方;同时,应记入"应交税费——应交所得税"科目的贷方。

因此,该笔业务在 T3 系统中的操作流程如下:

(1) 以"302102 会计将风明"的身份于"2017-12-31"登录。进入"总账"→"凭证",单击"填制凭证",打开记账凭证编制界面。

(2) 单击"增加"按钮,增加一空白凭证,凭证类型、凭证编号及制单日期自动生成;附单据数录入:"1"。

(3) 输入摘要:"计算并结转应交企业所得税"。

(4) 输入借方科目名称:"所得税费用",输入借方金额:"162 484.14"。

(5) 新增并输入贷方科目名称:"应交税费——应交所得税",输入贷方金额:"162 484.14"。

(6) 单击"保存"按钮,如图 3-43 所示。

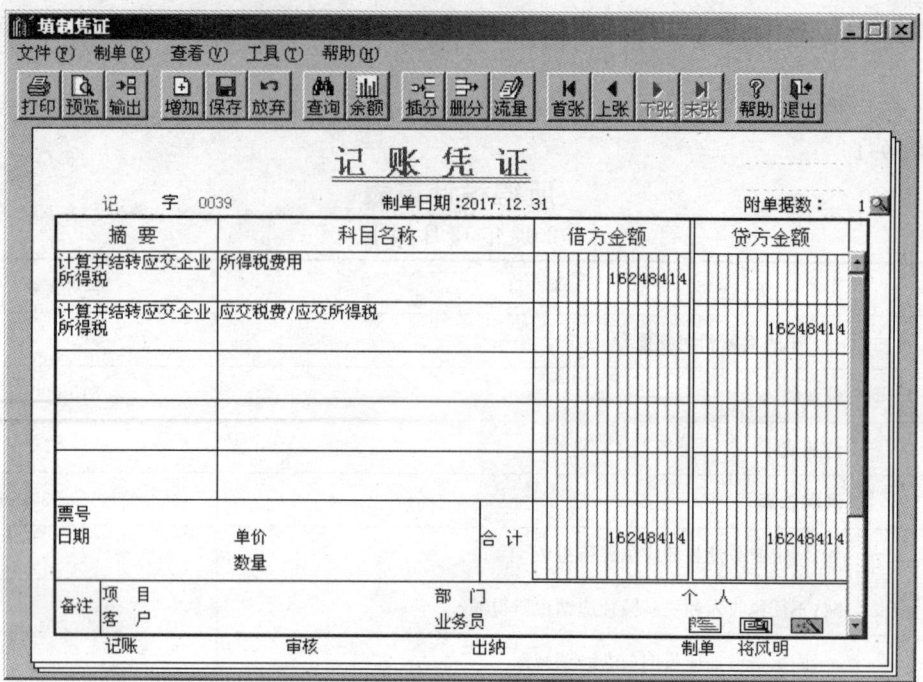

图 3-43　12 月份"0039"号记账凭证填制完成后界面

【业务 40】　2017 年 12 月 31 日,原始凭证共 1 张。

表 3-40-1

损益类科目发生额表

2017 年 12 月 31 日

账户名称	借方发生额合计	贷方发生额合计
主营业务收入		795 000
其他业务收入		20 000
营业外收入		250 050
投资收益		
公允价值变动损益		
主营业务成本	305 536	
其他业务成本	12 200	
税金及附加	11 633.28	
管理费用	68 415.77	
销售费用	20 765.08	
财务费用	-3 436.67	

（续表）

账户名称	借方发生额合计	贷方发生额合计
营业外支出		
资产减值损失		
所得税费用	162 484.14	
合　计	577 597.60	1 065 050

制表:将风明　　　　　　　　　　　　　　　　　　　　　　　　　　审核:周琳

表 3-40-1 是损益类科目发生额表,此表应作为期末结转损益类科目的记账依据。该原始凭证注明的内容表明,本公司本月收入类科目发生额合计为 1 065 050 元,期末结转时,应从"主营业务收入"等明细科目的借方转入"本年利润"科目的贷方。

同时,本公司本月费用类科目发生额合计为 509 718.91 元,应分别从"主营业务成本""税金及附加""管理费用""销售费用""财务费用"等明细科目和"所得税费用"科目的贷方转入"本年利润"科目的借方。

因此,该笔业务在 T3 系统中的操作流程如下:

(1) 以"302102 会计将风明"的身份于"2017-12-31"登录。选择"总账"→"期末"→"转账生成",选中"期间损益结转"单选框,结转月份自动为"2017.12",类型选择"收入","包含未记账凭证"复选框打"√",单击"全选"按钮,然后单击"确定"按钮,生成凭证后,输入附单据数:"1"。单击"保存"按钮,如图 3-44-1 和图 3-44-2 所示。

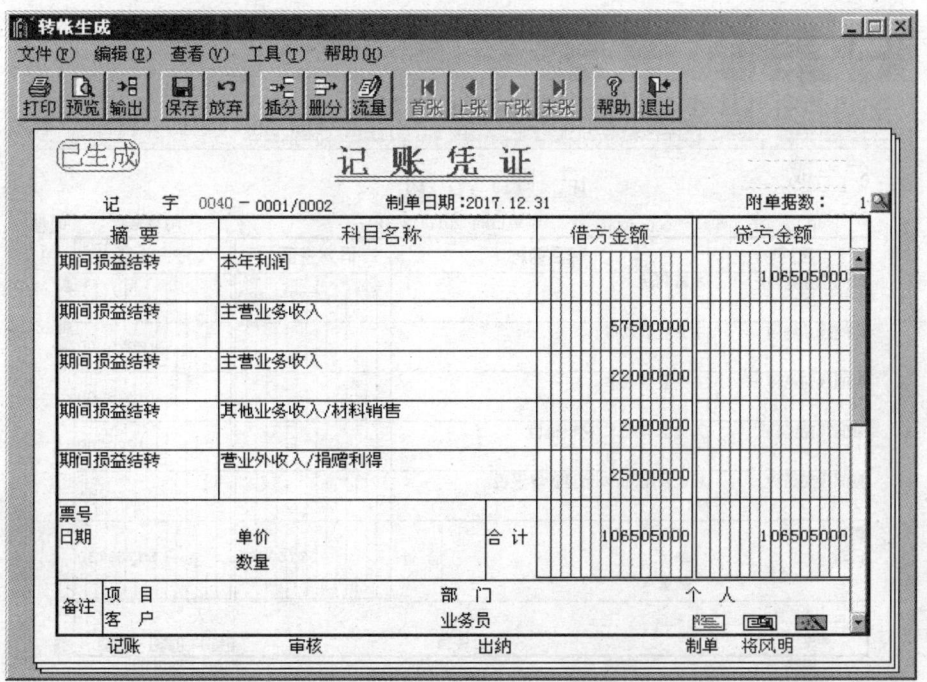

图 3-44-1　12 月份"0040"号结转收入凭证保存后第一张凭证界面

(2) 在"转账生成"界面,其他条件与(1)保持一致的情况下,类型选择"支出",单击"确定"按钮,生成凭证,直接保存,如图 3-45-1 至图 3-45-5 所示。

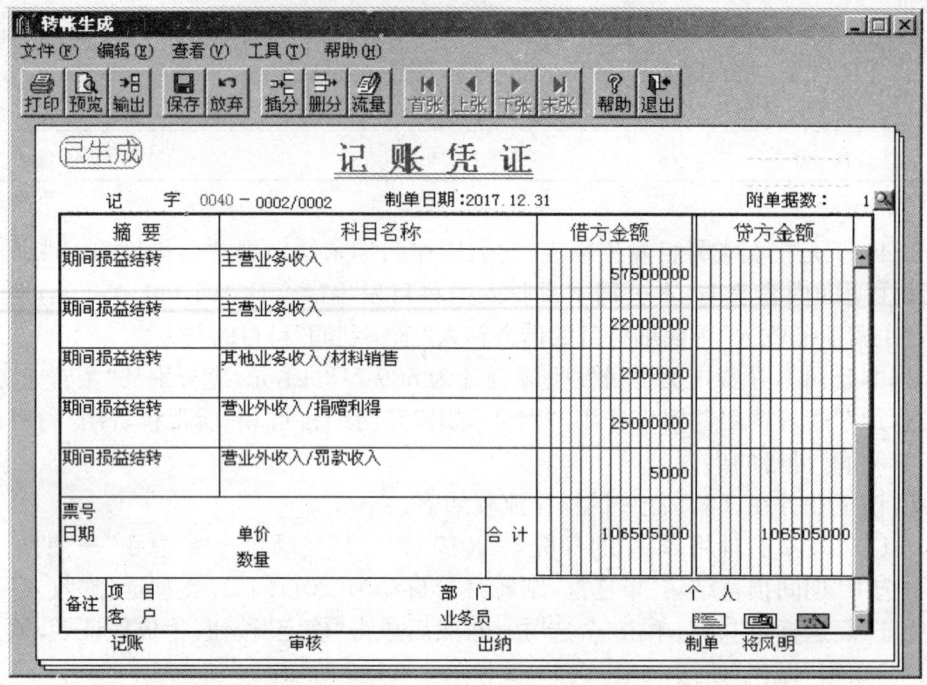

图 3-44-2　12 月份"0040"号结转收入凭证保存后第二张凭证界面

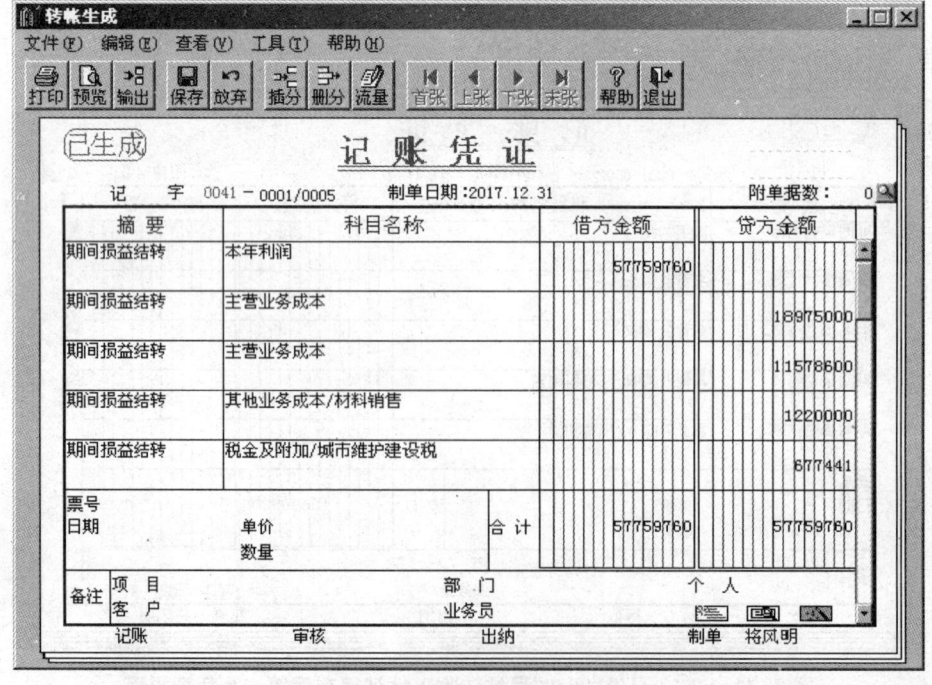

图 3-45-1　12 月份"0041"号结转支出凭证保存后第一张凭证界面

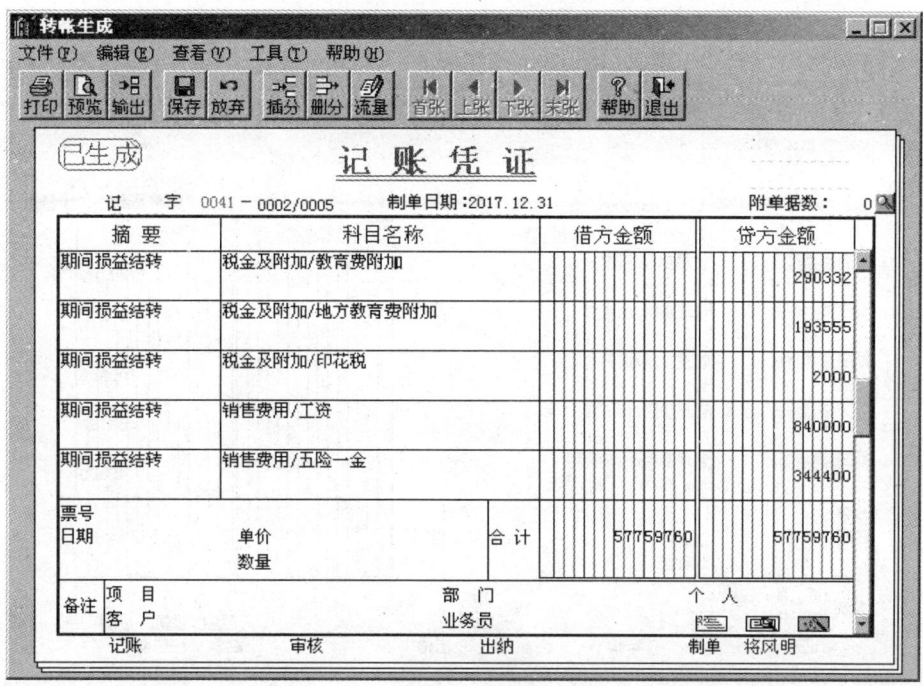

图 3-45-2　12 月份"0041"号结转支出凭证保存后第二张凭证界面

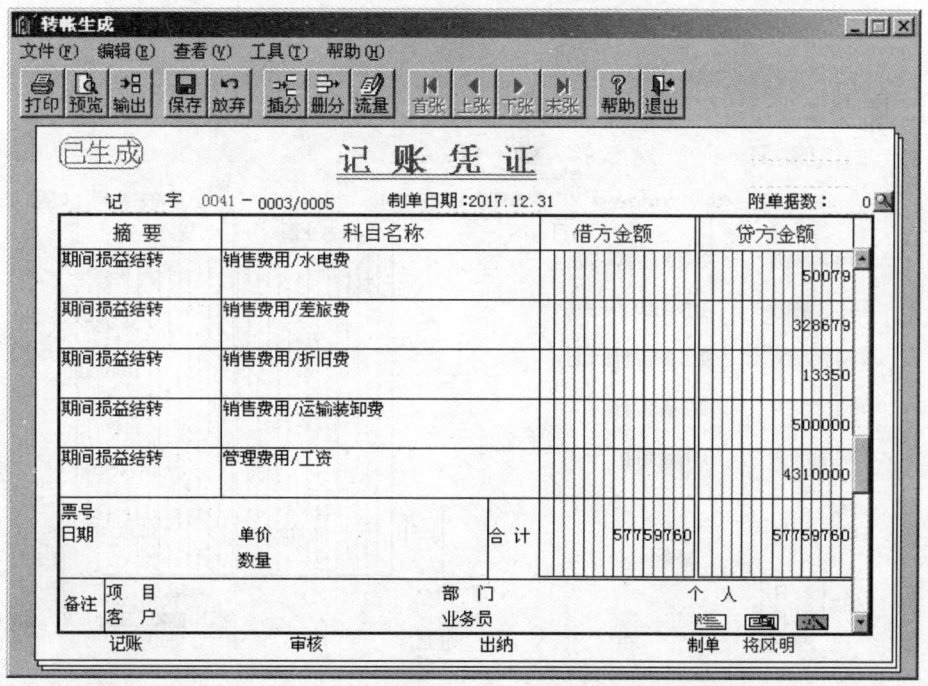

图 3-45-3　12 月份"0041"号结转支出凭证保存后第三张凭证界面

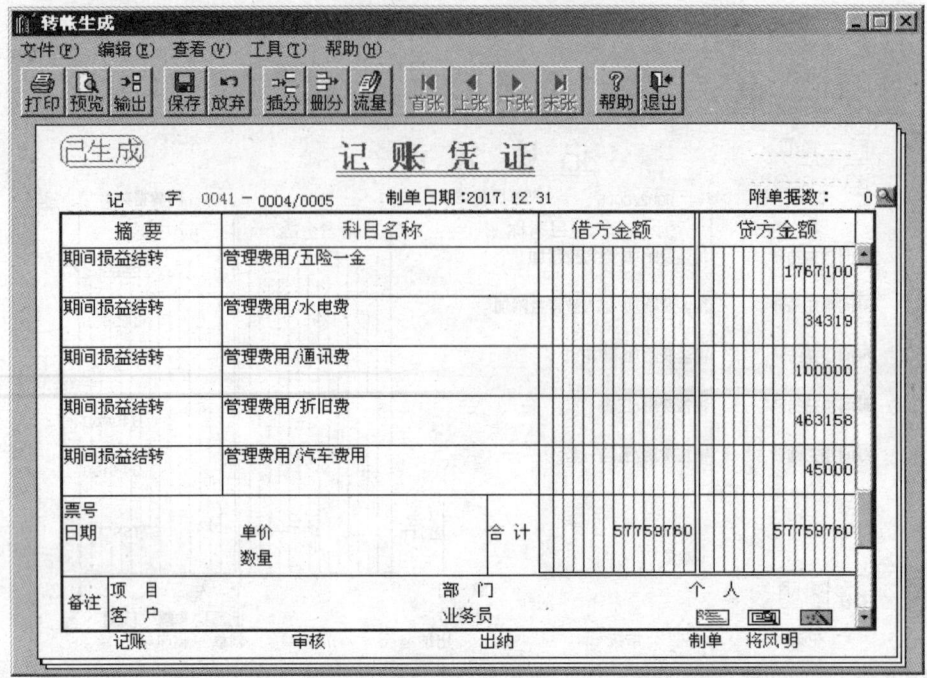

图 3-45-4　12 月份"0041"号结转支出凭证保存后第四张凭证界面

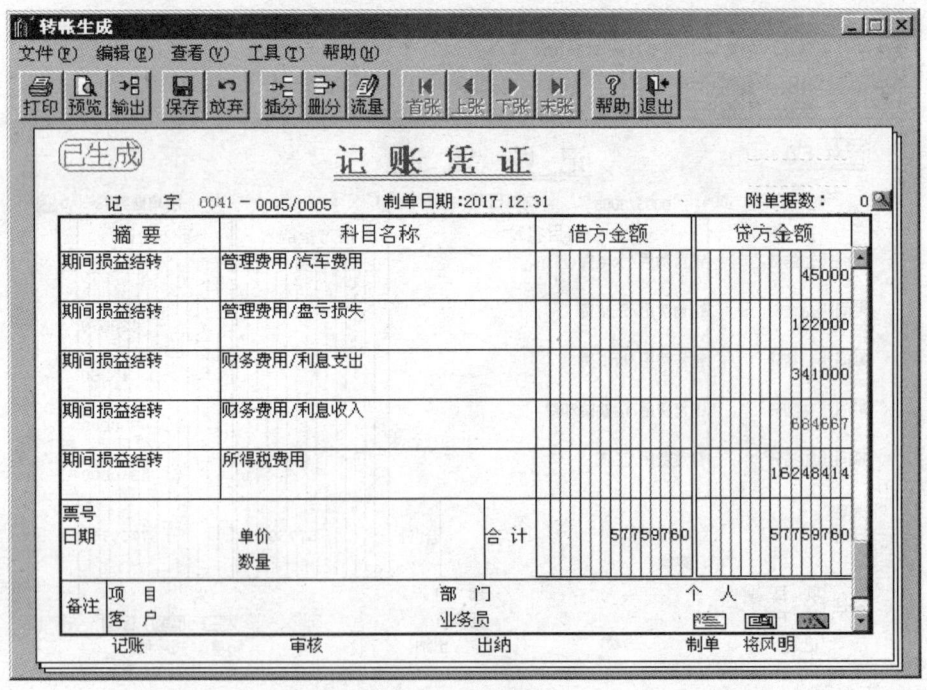

图 3-45-5　12 月份"0041"号结转支出凭证保存后第五张凭证界面

【业务41】　2017年12月31日,原始凭证共1张。

表3-41-1

年度净利润计算及结转表

2017 年 12 月 31 日

项　　目	金　　额
利润总额	1 103 644.66
所得税费用	275 911.17
净利润	827 733.49

制表:将风明　　　　　　　　　　　　　　　　　　审核:周琳

表3-41-1是年度净利润计算及结转表,该表应作为结转本年利润的记账依据。该原始凭证注明的内容表明,本公司本年度的利润总额为 1 103 644.66 元,所得税费用为 275 911.17元,净利润为 827 733.49 元,进行会计核算时,净利润的金额应从"本年利润"科目的借方转入"利润分配——未分配利润"科目的贷方。

该笔业务在 T3 系统中的操作流程如下:

(1) 以"302102 会计将风明"的身份于"2017-12-31"登录。进入"总账"→"凭证",单击"填制凭证",打开记账凭证编制界面。

(2) 单击"增加"按钮,增加一空白凭证,凭证类型、凭证编号及制单日期自动生成;附单据数录入:"1"。

(3) 输入摘要:"结转全年净利润"。

(4) 输入借方科目名称:"本年利润",输入借方金额:"827 733.49"。

(5) 新增并输入贷方科目名称:"利润分配——未分配利润",输入贷方金额:"827 733.49"。

(6) 单击"保存"按钮,如图 3-46 所示。

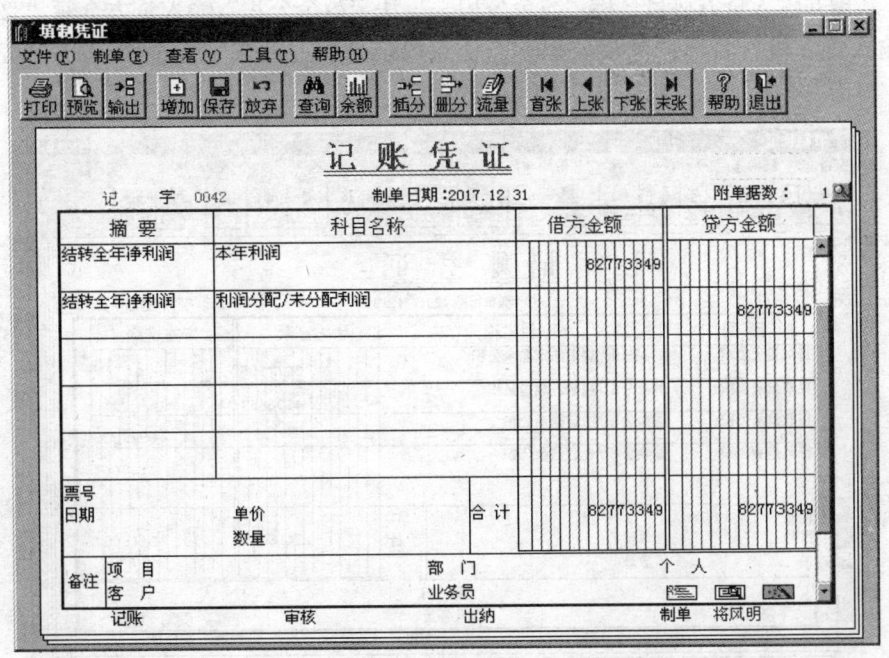

图 3-46　12 月份"0042"号填制完成后界面

【业务 42】 2017 年 12 月 31 日,原始凭证共 1 张。

表 3-42-1

计提盈余公积计算表

2017 年 12 月 31 日

项　目	比　例	金　额
法定盈余公积	10%	82 773.35
任意盈余公积	5%	41 386.67
合　计		124 160.02

制表:将风明　　　　　　　　　　　　　　　　　　　　　　审核:周琳

表 3-42-1 是计提盈余公积计算表,此表应作为企业期末计提盈余公积的记账依据。该原始凭证注明的内容表明,本公司按年度净利润的 10% 提取法定盈余公积 82 773.35 元,按年度净利润的 5% 提取任意盈余公积 41 386.67 元,进行会计核算时,应分别记入"利润分配"各明细科目的借方和"盈余公积"各明细科目的贷方。

因此,该笔业务在 T3 系统中的操作流程如下:

(1) 以"302102 会计将风明"的身份于"2017-12-31"登录。进入"总账"→"凭证",单击"填制凭证",打开记账凭证编制界面。

(2) 单击"增加"按钮,增加一空白凭证,凭证类型、凭证编号及制单日期自动生成;附单据数录入:"1"。

(3) 输入摘要:"提取盈余公积"。

(4) 新增并输入借方科目名称:"利润分配——提取法定盈余公积",输入借方金额:"82 773.35";新增并输入借方科目名称:"利润分配——提取任意盈余公积",输入借方金额:"41 386.67"。

(5) 新增并输入贷方科目名称:"盈余公积——法定盈余公积",输入贷方金额:"82 773.35";新增并输入贷方科目名称:"盈余公积——任意盈余公积",输入贷方金额:"41 386.67"。

(6) 单击"保存"按钮,如图 3-47 所示。

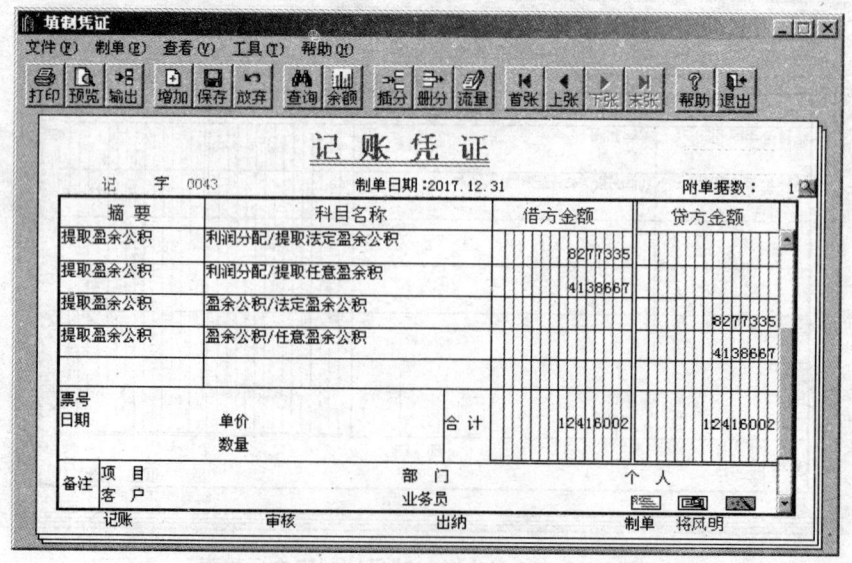

图 3-47　12 月份"0043"号填制完成后界面

【业务43】 2017年12月31日,原始凭证共1张。

表3-43-1是利润分配明细项目结转表,此表应作为企业期末结转利润分配各明细账的记账依据。该原始凭证注明的内容表明,本公司已经按年度净利润的10%和5%提取法定盈余公积82 773.35元和任意盈余公积41 386.67元,进行会计核算时,应分别从"利润分配——提取法定盈余公积"和"利润分配——提取任意盈余公积"科目的贷方转入"利润分配——未分配利润"科目的借方。

该笔业务在T3系统中的操作流程如下:

(1)以"302102 会计将风明"的身份于"2017-12-31"登录。进入"总账"→"凭证",单击"填制凭证",打开记账凭证编制界面。

(2)单击"增加"按钮,增加一空白凭证,凭证类型、凭证编号及制单日期自动生成;附单据数录入:"1"。

表3-43-1

盈余公积计提表

2017年12月31日

项 目	金 额
提取法定盈余公积	82 773.35
提取任意盈余公积	41 386.67

制表:将风明 审核:周琳

(3)输入摘要:"结转利润分配明细账"。

(4)输入借方科目名称:"利润分配——未分配利润",输入借方金额:"124 160.02"。

(5)输入贷方科目名称:"利润分配——提取法定盈余公积",输入贷方金额:"82 773.35";输入贷方科目名称:"利润分配——提取任意盈余公积",输入贷方金额:"41 386.67"。

(6)单击"保存"按钮,如图3-48所示。

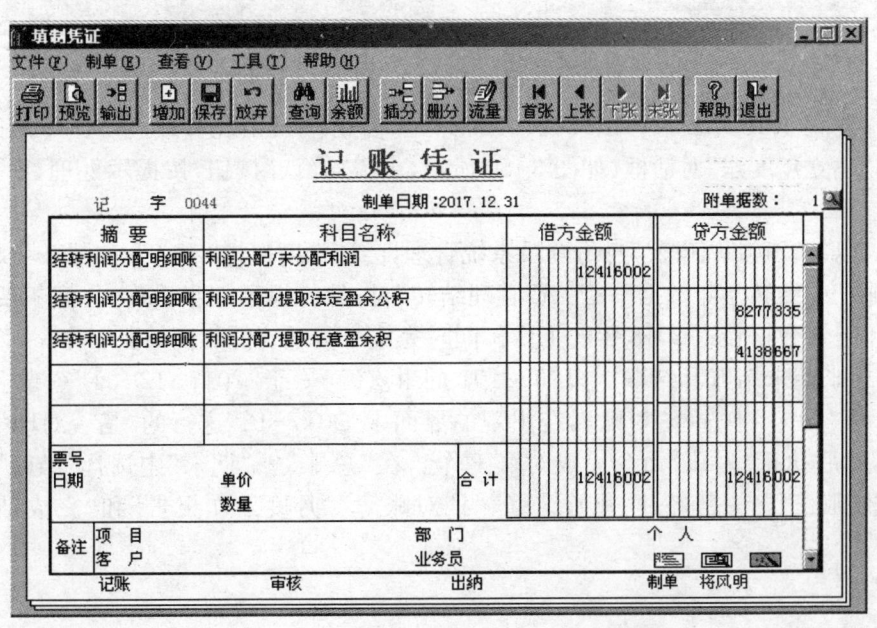

图3-48 12月份"0044"号填制完成后界面

【业务 44】 记账凭证期末处理。

1. 出纳签字

（1）以"302103 陈雨涵"身份于"2017-12-31"登录 T3。进入"总账"→"凭证"，单击"出纳签字"，打开"出纳签字"对话框，点击"确定"→"确定"按钮，进入"出纳签字"编辑界面。

（2）选择"出纳"，单击"成批出纳签字"命令，完成出纳签字工作。

2. 凭证审核

（1）以"302101 周琳宏"身份登录。进入"总账"→"凭证"，单击"审核凭证"，打开"凭证审核"对话框，点击"确定"按钮，进入审核凭证界面。

（2）选中"审核"中的"成批审核凭证"命令，则完成记账凭证审核工作。

3. 凭证记账

以"302101 周琳宏"身份登录。进入"总账"→"凭证"，单击"记账"，打开"记账"对话框，点击"全选"按钮，然后选择"下一步"，出现"记账报告"，选择"下一步"，点击"记账"按钮，出现期初试算平衡表，显示"试算结果平衡"，选择"确认"按钮，完成凭证记账工作。

4. 结账

（1）以"302101 周琳宏"身份登录。在"固定资产"→"业务处理"中选择"计提本月折旧"命令，由系统进行计提本月折旧处理，处理完成后在"固定资产"→"业务处理"中选择"月末结账"命令，单击"开始结账"按钮，由系统完成固定资产结账的操作。

（2）进行工资系统的结账工作。不能采用 2017 年 11 月的月末处理方法，如图 3-49 所示。具体操作如下：

图 3-49 工资系统年终结账提示界面

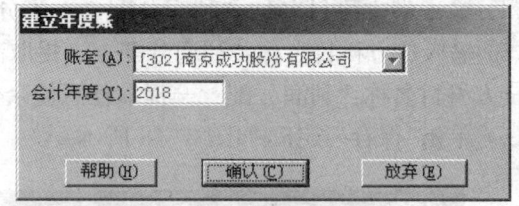

图 3-50 建立 2018 年度账界面

第一，建立 2018 年度账。以"302101 周琳宏"身份登录系统管理，进入"年度账"→"建立"，弹出"建立年度账"对话框，如图 3-50 所示，单击"确认"按钮，按提示处理，由系统自动完成。

第二，以"302101 周琳宏"身份登录系统管理，会计年度选择"2018"，如图 3-51 所示，进入"年度账"→"结转上年数据"→"工资管理结转"，按软件提示逐步操作，注意不要清零，完成 2017 年工资数据转入 2018 年的工作。同时完成工资系统的年度结账工作。

（3）总账期末结账和结账。以"302101 周琳宏"身份于"2017-12-31"登录 T3 软件，在"总账"→"期末"中选择"对账"，在出现的界面中"2017-12"这行的"是否对账"单击"选择"命令，然后执行"对账"命令完成对账工作。在"总账"→"期末"中选择"结账"，按系统提示完成结账工作，一般经过"开始结账""核对账簿""月度工作报告"和"完成结账"四个阶段。

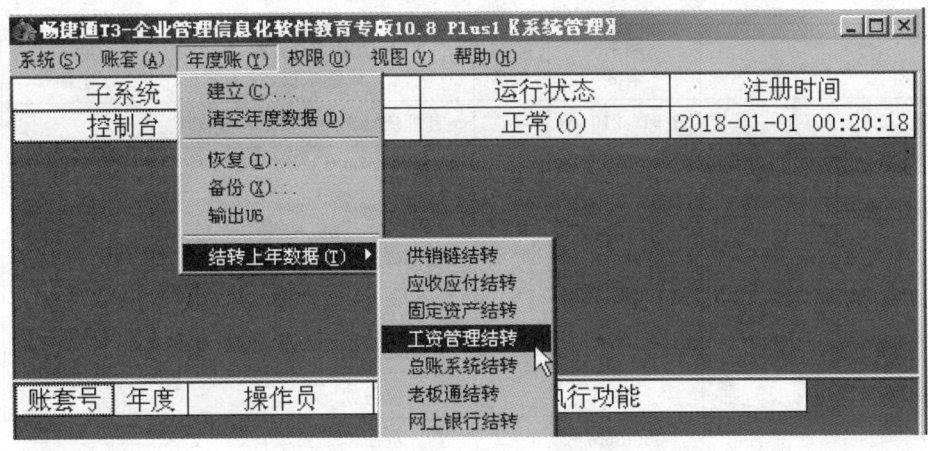

图 3-51 结转工资管理数据路径

【业务 45】 编制资产负债表

以"302101 周琳"身份于"2017-12-31"登录 T3。单击左侧"财务报表",打开财务报表窗口,选择"文件"中的"打开"命令,打开在指定路径下保存的"南京成功 2017 资产负债表.rep";在数据状态下,通过"编辑"中的"追加"→"表页"命令,追加表页数为 1,出现"第 2页",在第 2 页中"数据"→"关键字"→"录入",录入单位名称:南京成功股份有限公司,日期为 2017 年 12 月 31 日,确认后要求软件重算表页,然后保存,则完成了 2017 年 12 月 31 日资产负债表的编制工作,如表 3-45-1 所示。

表 3-45-1

资产负债表

会企 01 表

单位名称:南京成功股份有限公司　　　　2017 年 12 月 31 日　　　　单位:元

资　产	期末余额	年初余额	负债及所有者权益(或股东权益)	期末余额	年初余额
流动资产:			流动负债:		
货币资金	11 445 061.11		短期借款	600 000.00	
以公允价值计量且其变动计入当期损益的金融资产			以公允价值计量且其变动计入当期损益的金融负债		
应收票据			应付票据	308 880.00	
应收账款	257 400.00		应付账款	304 200.00	
预付款项	142 653.76		预收款项		
应收利息			应付职工薪酬	133 950.00	
应收股利			应交税费	271 102.01	
其他应收款	200.00		应付利息	1 210.00	
存货	70 895.21		应付股利		
1 年内到期的非流动资产			其他应付款		
其他流动资产			1 年内到期的非流动负债		

（续表）

资　产	期末余额	年初余额	负债及所有者权益（或股东权益）	期末余额	年初余额
流动资产合计	11 916 210.08		其他流动负债		
非流动资产：			流动负债合计	1 619 342.01	
可供出售金融资产			非流动负债：		
持有至到期投资			长期借款		
长期应收款			应付债券		
长期股权投资			长期应付款		
投资性房地产			专项应付款		
固定资产	530 865.42		预计负债		
在建工程			递延所得税负债		
工程物资			其他非流动负债		
固定资产清理			非流动负债合计		
生产性生物资产			负债合计	1 619 342.01	
油气资产			所有者权益（或股东权益）：		
无形资产			实收资本（或股本）	10 000 000.00	
开发支出			资本公积		
商誉			减：库存股		
长期待摊费用			盈余公积	124 160.02	
递延所得税资产			未分配利润	703 573.47	
其他非流动资产			其他综合收益		
非流动资产合计	530 865.42		所有者权益（或股东权益）合计	10 827 733.49	
资产总计	12 447 075.50		负债和所有者权益（或股东权益）总计	12 447 075.50	

公司法定代表人：李胜利　　　　　主管会计工作负责人：李胜利　　　　　会计机构负责人：周琳

　　提示：各种报表的编制和生成，只需对格式及单元格公式进行编辑，完成后，可以根据月份生成不同月份的报表，本案例按月份从小到大依次排序，若根据月份从大到小进行排序时，在数据格式下使用的是"插入"命令。

【业务 46】 编制利润表。

　　以"302101 周琳"身份于"2017-12-31"登录 T3。单击左侧"财务报表"，打开财务报表窗口，选择"文件"中的"打开"命令，打开在指定路径下保存的"南京成功 2017 利润表.rep"；在数据状态下，通过"编辑"中的"追加"→"表页"命令，追加表页数为 1，出现"第 2 页"，在第 2 页中"数据"→"关键字"→"录入"，录入单位名称：南京成功股份有限公司，日期为 2017 年 12 月，确认后要求软件重算表页，然后保存，则完成了 2017 年 12 月利润表的编制工作，如表 3-46-1 所示。

表 3-46-1

<h1 style="text-align:center">利　润　表</h1>

会企 02 表

单位名称:南京成功股份有限公司　　　　　　2017 年 12 月　　　　　　　　　　单位:元

项　目	本期金额	上期金额
一、营业收入	815 000.00	
减:营业成本	317 736.00	
税金及附加	116 33.28	
销售费用	20 765.08	
管理费用	68 415.77	
财务费用	−3 436.67	
资产减值损失		
加:公允价值变动收益(损失以"—"填列)		
投资收益(损失以"—"填列)		
其中:对联营企业和合营企业的投资收益		
二、营业利润(亏损以"—"号填列)	399 886.54	
加:营业外收入	250 050.00	
减:营业外支出		
其中:非流动资产处置损失		
三、利润总额(亏损总额以"—"号填列)	649 936.54	
减:所得税费用	162 484.14	
四、净利润(净亏损以"—"号填列)	487 452.40	
五、其他综合收益的税后净额		
(一)以后不能重分类进损益的其他综合收益		
1. 重新计量设定受益计划净负债或净资产的变动		
2. 权益法下在被投资单位不能重分类进损益其他综合收益中享有的份额		
(二)以后将重分类进损益的其他综合收益		
1. 权益法下在被投资单位后将重分类进损益其他综合收益中享有的份额		
2. 可供出售金融资产公允价值变动损益		
3. 持有至到期投资重分类为可供出售金融资产损益		
4. 现金流量套期损益的有效部分		
5. 外币财务报表折算差额		
……		
六、综合收益总额	487 452.40	
七、每股收益		
(一)基本每股收益		
(二)稀释每股收益		

公司法定代表人:李胜利　　　　主管会计工作负责人:李胜利　　　　会计机构负责人:周琳

第四部分

初级电算化会计实务作业

（一）企业基本情况

1. 名称：南京沙翁股份有限公司
2. 性质：股份有限公司
3. 地址：江苏省南京市成功路 388 号 025-81235786
4. 开户银行：

       建行南京白下区支行　人民币基本户　4166465766882

       中行南京白下区支行　人民币结算户　4861914753808

5. 税务登记证号：
6. 企业法人代表（董事长）：黄圆梦
7. 总经理：　周晓红
8. 财务负责人：周明　会计：郁明林　出纳：郭秀莲
9. 企业下设办公室、财务部、采购部、销售门市、生产车间，主要生产 AK09、BF09 两种产品，生产 AK09 产品耗用 MQ21 材料，生产 BF09 产品耗用 NL12 材料

（二）主要会计政策及相关说明

（1）企业为上市公司南京大洋股份有限公司持股 70％的控股子公司，不属于可以享受固定资产加速折旧企业所得税政策的行业。执行新 2007 企业会计准则体系。

（2）存货按实际成本核算，出库单位成本按月末一次加权平均法计算，其中：各种存货出库的单位成本均保留 2 位小数。产品成本计算采用品种法，设置直接材料、直接人工和制造费用三个成本项目；工资、五险一金承担和计提比例，按工时比例在各产品之间分配，分配率保留 6 位小数，尾差计入 BF09 产品；企业承担部分为养老保险金 20％，医疗保险金 9％，失业保险金 1％，工伤保险金 0.5％，生育保险金 0.5％，住房公积金 10％；个人承担部分为养老保险金 8％，医疗保险金 2％及大病救助金每人每月 10 元，失业保险金 0.5％，住房公积金 10％；制造费用按生产工时比例在各种产品之间分配，分配率保留 6 位小数，尾差计入 BF09 产品成本中；生产费用在完工产品与在产品之间的分配采用约当法（材料在生产开始时一次投入），分配率保留 6 位小数，尾差计入月末在产品成本。

（3）固定资产不包括研发用固定资产，也不包括金税盘和报税盘。其折旧采用年限平

均法(一),净残值率4%,折旧年限分别为:房屋建筑物20年,机器设备10年,运输工具4年,电子设备3年,固定资产折旧率保留6位小数。

(4) 企业适用的增值税税率为17%,会计处理时各期确认的应交税费——应交增值税(进项税额)应当与当期增值税纳税申报表保持口径一致;取得增值税专用发票的当天已办妥认证手续,企业的增值税专用发票符合抵扣规定的均已抵扣并取得认证清单。城市维护建设税税率7%;教育费附加征收率3%,地方教育费附加征收率2%。

(5) 企业每月月末按照实际天数计算提取贷款的利息支出,银行于每月20日收取其发放贷款的利息,于每季20日支付其收存存款的利息。

(6) 企业所得税率为25%,按本月实际利润额计算预缴本月企业所得税,截至2016年,以前各年度应纳税所得额均大于零,本年度1~11月会计利润总额均大于零,不存在不征税收入、免税收入、减免所得税额,且截至2017年11月30日无欠缴及多缴所得税情况。

(7) 往来单位核算科目只能使用唯一科目,即使用双重性质的科目,其科目根据业务或期初合理判断确定。

(8) 房产税和城镇土地使用税。自有房屋按照房屋原值的70%为计税基数,税率为1.2%,按季申报;出租房屋按照租金收入的12%计缴,按月申报;公司占地面积40 000平方米,年单位税额10元,按季申报。

(9) 销售商品每10只产品用一只包装箱。

(三) 总账及明细账余额

2017年11月末该公司有关总账及明细账余额,如表4-1所示。

表4-1　　　　　　　　　2017年11月30日各总账及明细账余额一览表

总账科目	明细科目	借方金额	贷方金额
库存现金		3 000	
银行存款	建行4166465766882	8 596 757.08	
银行存款	中行4861914753808	308 647.5	
应收账款	山东大田股份有限公司	128 970	
应收账款	南京将氏有限公司	70 000	
预付账款	苏州恒制有限公司	30 000	
预付账款	财产保险费	5 000	
预付账款	汽车保险费	5 000	
原材料	MQ21(14 000千克)	420 000	
原材料	NL12(4 200千克)	210 000	
库存商品	AK09(400件)	381 739.6	
库存商品	BF09(220件)	276 914	
固定资产		5 100 000	
累计折旧			2 324 271
短期借款	流动资金借款——中行		1 000 000
应付账款	无锡明丰有限公司		600 000

（续表）

总账科目	明细科目	借方金额	贷方金额
应付账款	暂估应付账款（徐州明风股份有限公司）		150 000
预收账款	天津杜飞有限公司		1 200 000
应付职工薪酬	工资		95 100
应付职工薪酬	设定提存计划——养老保险		19 020
应付职工薪酬	设定提存计划——失业保险		951
应付职工薪酬	社会保险费——医疗保险		8 559
应付职工薪酬	社会保险费——生育保险		475.5
应付职工薪酬	社会保险费——工伤保险		475.5
应付职工薪酬	住房公积金		9 510
应交税费	未交增值税		100.000
应交税费	应交城市维护建设税		7 000
应交税费	应交教育费附加		3 000
应交税费	应交地方教育费附加		2 000
应交税费	应交个人所得税		182.36
应交税费	应交所得税		82 000
应付利息	短期借款——中行		1 500
实收资本	南京大洋股份有限公司		7 500 000
实收资本	南京红玉有限公司		2 500 000
盈余公积	法定盈余公积		50 204.25
本年利润			123 600
利润分配	未分配利润		244 167.97
生产成本	直接材料——BF09	471 504	
生产成本	直接人工——BF09	10 045.4	
生产成本	制造费用——BF09	4 439	

（四）固定资产余额

2017 年 11 月 30 日，该公司有关固定资产余额，如表 4-2 所示。

表 4-2　　　　　　　　　2017 年 11 月 30 日固定资产信息一览表

固定资产类别	使用部门	品名	单位	原价（总价）	开始使用时间	累计折旧余额（2017 年 11 月）	净值
房屋建筑物	办公室	办公楼	幢	1 000 000	2010-12-15	332 000	668 000
	车间	厂房	幢	2 000 000	2010-12-18	664 000	1 336 000
机器设备	车间	设备甲	台	900 000	2011-6-12	554 400	345 600
		设备乙	台	50 000	2011-6-22	30 800	19 200
		设备丙	台	400 000	2011-6-23	246 400	15 3600

（续表）

固定资产资别	使用部门	品名	单位	原价（总价）	开始使用时间	累计折旧余额（2017年11月）	净值
运输工具	办公室	卡车	辆	250 000	2015-4-16	150 000	100 000
电子设备	财务部	电脑	套	500 000	2015-8-21	346 671	153 329
合计				5 100 000		2 324 271	2 775 729

（五）企业部门及职工

2017年11月末，该公司部门及有关职工一览表，如表4-3所示。

表4-3　　　　　　　　　　　　企业职工一览表

姓名	部门	职务	姓名	部门	职务
周晓红	办公室	总经理	王霞敏	生产车间	生产工人
于虹	办公室	主任	吴小倩	生产车间	生产工人
杨成之	办公室	职员	张成	生产车间	生产工人
关洋平	办公室	仓库保管员	蒋于良	生产车间	生产工人
周明	财务部	经理	陈海鹏	生产车间	生产工人
郁明林	财务部	会计	尚小明	生产车间	生产工人
郭秀莲	财务部	出纳	于晓莉	生产车间	生产工人
吴春霞	采购部	经理	蒋珍	生产车间	生产工人
赵诚颂	采购部	职员	沈亚东	生产车间	生产工人
陈华	销售门市	经理	于明杰	生产车间	生产工人
李夏	销售门市	职员	吴颖	生产车间	生产工人
陈杰安	生产车间	主任	陈碧晨	生产车间	生产工人
贾晓静	生产车间	生产工人			

（六）企业经济业务

假定2017年12月份共发生以下笔经济业务，业务资料见后面所附的原始凭证。

要求：

1. 账套初始

（1）建账选择的系统分别为：总账、工资管理、资产管理。

（2）库存商品、主营业务收入、主营业务成本三个科目属性设为"存货核算项目、格式为数量金额式、数量核算"，其他科目可按要求设置项目进行相应的核算。

（3）应收票据、应收账款、预付账款——供应商、应付票据、应付账款各明细账、预收账款等科目其属性设为往来单位，所有单位往来均设置为受控系统为空。

2. 业务处理

（1）以会计的身份对于发生的所有经济业务在总账系统中进行填制或生成凭证的工作。

（2）如没有特别说明，每笔经济业务只有一张记账凭证。

（3）每笔经济业务必须注明合适的摘要。

实务操作题

【业务1】 2017 年 12 月 1 日,取得原始凭证 1 张,要求:在总账系统中完成。

表 4-1-1

原材料暂估入账清单

2017 年 11 月 30 日　　　　　　　　　　　　　　No. SL0920

材料名称	合同号	供货单位	数量	合同单价（不含税）	合同金额	入库日期
NL12	2017110045	徐州明风股份有限公司	3 000	50	150 000	2017.11.30

制表:郁明林　　　　　　　　　　　　　　　　　审核:周明林

第三联　红冲联

【业务2】 2017 年 12 月 2 日,取得原始凭证 7 张,要求:在总账固定资产系统中完成。

表 4-2-1

新增固定资产登记表

2017 年 11 月 02 日

资产名称	种类	单位	数量	接受投资日期	投入使用日期	使用部门
TL1	生产设备		1	2017-12-02	2017-12-02	生产车间

制表:服明林　　　　　　　　　　　　　　　　　复核人:周明

表 4-2-2

股东会决议

经全体股东审议,将本公司注册资本由 10 000 000.00 元增加至 10 400 000.00 元,一致通过如下决议:

一、增资股东身份情况

（略）

二、增资股东出资情况

股东名称	认缴新增注册资本	认缴比例	实际出资金额	实际出资额占全体股东出资	出资到位日期	出资方式
南京大力神股份有限公司	400 000	3.84%	187 200.0	1.84%	2017-12-02	实物

三、增资后各股东持股比例

股东名称	实际出资情况			
	变更前		变更后	
	金额	所占份额	金额	所占份额
南京大洋股份有限公司	7 500 000.00	75.00%	7 500 000.00	72.12%
南京红玉有限公司	2 500 000.00	25.00%	2 500 000.00	24.04%
南京大力神股份有限公司	0.00	0.00%	400 000.00	3.84%

股东代表签字：魏志平　刘索静　张军立　　　　　　　　　2017 年 12 月 02 日

表 4-2-3

表 4-2-4

表 4-2-5

表 4-2-6

表 4-2-7

收 料 单

供应单位:南京大力神股份有限公司　　　　2017 年 12 月 02 日　　　　　　　　编号 SL0917

材料编号	名　称	单位	规格	数量		实际成本			
				应　收	实　收	单　价	发票价格	运杂费	总价
GL001	NL12	千克		4 000	4 000				
备注:									

收料人:关洋平　　　　　　　　　　　　　　　　　　　　　　　　交料人:王世宁

第二联记账联

【业务 3】　2017 年 12 月 6 日,取得原始凭证 3 张,要求:在总账系统中完成。

表 4-3-1

新增无形资产登记表

2017 年 12 月 06 日

资产名称	种类	单位	数量	捐赠日期	投入使用日期	使用部门
专利权 Z	专利权	件	1	2017-12-06	2017-12-06	办公室

制表:郁明林　　　　　　　　　　　　　　　　　　　　　　　　复核人:周明

表 4-3-2

3201161140　　　江苏 增值税专用发票　　　№ 74944545　　　3201161140
　　　　　　　　　　　　　　　　江苏　　　　　　　　　　　　　74944545

开票日期:2017年12月06日

购买方	称:南京沙翁股份有限公司 纳税人识别号:913201157791582896 地 址、电 话:江苏省南京市江宁区成功路69号 025-81235786 开户行及账号:中国建设银行南京市江宁区支行 4166465766882	密码区	65*3187<4/+5323<+95-59+7<728 7941<0-->)-6>525<845861->7*7 87*3187<4/+8490<+01103785044 9+<712/<1+9016>2997++>84>493

货物或应税劳务、服务名称	规格型号	单位	数量	单价	金额	税率	税额
专利权 Z		件	1	300000	300000.00	6%	18000.00
合　计					¥300000.00		¥18000.00

价税合计(大写)　　⊗ 叁拾壹万捌仟元整　　　　　　　　　　(小写) ¥318000.00

销售方	称:南京福忠股份有限公司 纳税人识别号:91321022907145592 地 址、电 话:江苏省南京市玄武区李建街张树路19号 025-44714771 开户行及账号:中国建设银行南京市玄武区支行 41622124931164	备注	接受捐赠 913201022907145592

收款人:　　　　　　复核:　　　　　　开票人:贾立国　　　　销售方:(章)发票专用章

第二联:抵扣联　购买方扣税凭证

265

表 4-3-3

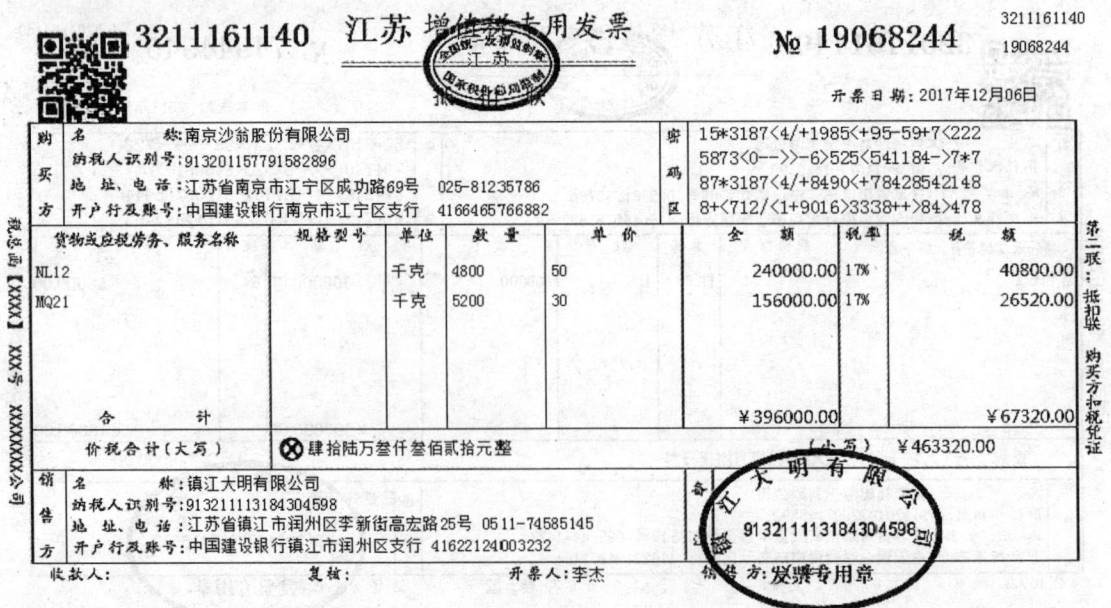

3201161140	江苏 增值税专用发票	№ 74944545	3201161140 74944545

开票日期：2017年12月06日

| 购买方 | 名　称：南京沙翁股份有限公司
纳税人识别号：913201157791582896
地　址、电话：江苏省南京市江宁区成功路69号　025-81235786
开户行及账号：中国建设银行南京市江宁区支行　41664657 66882 | 密码区 | 65*3187<4/+5323<+95-59+7<728
7941<0-->>-6>525<845861->7*7
87*3187<4/+8490<+01103785044
9+<712/<1+9016>2997++<84>493 |

货物或应税劳务、服务名称	规格型号	单位	数量	单价	金额	税率	税额
专利权Z		件	1	300000	300000.00	6%	18000.00
合　　计					￥300000.00		￥18000.00

价税合计（大写）	⊗ 叁拾壹万捌仟元整	（小写）￥318000.00

| 销售方 | 名　称：南京福忠股份有限公司
纳税人识别号：913201022907145592
地　址、电话：江苏省南京市玄武区李建街张树路19号　025-44714771
开户行及账号：中国建设银行南京市玄武区支行　41622124931164 | 备注 | 接受捐赠忠股份有限公司
913201022907145592
发票专用章 |

收款人：　　　　　复核：　　　　　开票人：贾立国　　　　　销售方：（章）发票专用章

第三联：发票联　购买方记账凭证

【业务4】　2017 年 12 月 6 日，取得原始凭证 3 张，要求：在总账系统中完成。

表 4-4-1

3211161140	江苏 增值税专用发票	№ 19068244	3211161140 19068244

开票日期：2017年12月06日

| 购买方 | 名　称：南京沙翁股份有限公司
纳税人识别号：913201157791582896
地　址、电话：江苏省南京市江宁区成功路69号　025-81235786
开户行及账号：中国建设银行南京市江宁区支行　41664657 66882 | 密码区 | 15*3187<4/+1985<+95-59+7<222
5873<0-->>-6>525<541184->7*7
87*3187<4/+8490<+7842854 2148
8+<712/<1+9016>3338++<84>478 |

货物或应税劳务、服务名称	规格型号	单位	数量	单价	金额	税率	税额
NL12		千克	4800	50	240000.00	17%	40800.00
MQ21		千克	5200	30	156000.00	17%	26520.00
合　　计					￥396000.00		￥67320.00

价税合计（大写）	⊗ 肆拾陆万叁仟叁佰贰拾元整	（小写）￥463320.00

| 销售方 | 名　称：镇江大明有限公司
纳税人识别号：913211113184304598
地　址、电话：江苏省镇江市润州区李新街高宏路25号　0511-74585145
开户行及账号：中国建设银行镇江市润州区支行　41622124003232 | 备注 | 镇江大明有限公司
913211113184304598
发票专用章 |

收款人：　　　　　复核：　　　　　开票人：李杰　　　　　销售方：发票专用章

第二联：抵扣联　购买方扣税凭证

表 4-4-2

<table>
<tr><td colspan="4">3211161140</td><td colspan="3">江苏 增值税专用发票</td><td colspan="2">№ 19068244</td><td>3211161140
19068244</td></tr>
<tr><td colspan="11">开票日期：2017年12月06日</td></tr>
</table>

购买方	名 称：南京沙翁股份有限公司 纳税人识别号：913201157791582896 地 址、电话：江苏省南京市江宁区成功路69号 025-81235786 开户行及账号：中国建设银行南京市江宁区支行 4166465766882	密码区	15*3187<4/+1985<+-95-59+7<222 5873<0-->>-6>525<541184->7*7 87*3187<4/+8490<+78428542148 8+<712/<1+9016>3338++>84>478

货物及应税劳务、服务名称	规格型号	单位	数量	单价	金额	税率	税额
NL12		千克	4800	50	240000.00	17%	40800.00
MQ21		千克	5200	30	156000.00	17%	26520.00
合 计					￥396000.00		￥67320.00
价税合计（大写）	⊗ 肆拾陆万叁仟叁佰贰拾元整				（小写）￥463320.00		

销售方	名 称：镇江大明有限公司 纳税人识别号：913211113184304598 地 址、电话：江苏省镇江市润州区李新街高宏路25号 0511-74585145 开户行及账号：中国建设银行镇江市润州区支行 41622124003232	备注

收款人：　　　　　复核：　　　　　开票人：李杰　　　　　销售方：发票专用章

第三联：发票联 购买方记账凭证

表 4-4-3

收 料 单

供应单位：镇江大明有限公司　　　　2017 年 12 月 06 日　　　　编号 SL0926

材料编号	名 称	单 位	规 格	数量		实际成本			
				应 收	实 收	单 价	发票价格	运杂费	总价
CL001	NL12	千克		4 800	4 800				
CL002	MQ21	千克		5 200	5 200				
备注：									

第二联记账联

收料人：关洋平　　　　　　　　　　　　　　　　　　　交料人：郝光宇

【业务5】 2017 年 12 月 7 日，取得原始凭证 4 张，要求：在总账系统中完成。

表 4-5-1

江苏 增值税 专用发票

3202161140　　　　　　　　　　　　　　№ 20753313　　　3202161140
　　　　　　　　　　　　　　　　　　　　　　　　　　　　　　　20753313

开票日期：2017年12月07日

购买方	名　　称：南京沙翁股份有限公司 纳税人识别号：913201157791582896 地　址、电话：江苏省南京市江宁区成功路69号　025-81235786 开户行及账号：中国建设银行南京市江宁区支行　4166465766882	密码区	12*3187<4/+3569<+95-59+7<748 5829<0-->-6>525<953247->7*7 87*3187<4/+8490<+17928887469 3+<712/<1+9016>2881++>84>095

货物或应税劳务、服务名称	规格型号	单位	数量	单价	金　额	税率	税　额
1#纸箱		个	1000	20.00	20000.00	17%	3400.00
合　　计					￥20000.00		￥3400.00

价税合计（大写）	⊗ 贰万叁仟肆佰元整	（小写）　￥23400.00

销售方	名　　称：无锡纸箱有限公司 纳税人识别号：913202044988245971 地　址、电话：江苏省无锡市北塘区王龙街张丽路60号　0510-61291390 开户行及账号：中国建设银行无锡市北塘区支行　41622124851168	备注	913202044988245971

收款人：　　　　　复核：　　　　　开票人：宋立新　　　　　销货方：发票专用章

第二联：抵扣联　购买方扣税凭证

表 4-5-2

江苏 增值税 专用发票

3202161140　　　　　　　　　　　　　　№ 20753313　　　3202161140
　　　　　　　　　　　　　　　　　　　　　　　　　　　　　　　20753313

开票日期：2017年12月07日

购买方	名　　称：南京沙翁股份有限公司 纳税人识别号：913201157791582896 地　址、电话：江苏省南京市江宁区成功路69号　025-81235786 开户行及账号：中国建设银行南京市江宁区支行　4166465766882	密码区	12*3187<4/+3569<+95-59+7<748 5829<0-->-6>525<953247->7*7 87*3187<4/+8490<+17928887469 3+<712/<1+9016>2881++>84>095

货物或应税劳务、服务名称	规格型号	单位	数量	单价	金　额	税率	税　额
1#纸箱		个	1000	20.00	20000.00	17%	3400.00
合　　计					￥20000.00		￥3400.00

价税合计（大写）	⊗ 贰万叁仟肆佰元整	（小写）　￥23400.00

销售方	名　　称：无锡纸箱有限公司 纳税人识别号：913202044988245971 地　址、电话：江苏省无锡市北塘区王龙街张丽路60号　0510-61291390 开户行及账号：中国建设银行无锡市北塘区支行　41622124851168	备注	913202044988245971

收款人：　　　　　复核：　　　　　开票人：宋立新　　　　　销货方：发票专用章

第三联：发票联　购买方记账凭证

表 4-5-3

收 料 单

供应单位:无锡纸箱有限公司　　　　　2017 年 12 月 07 日　　　　　编号 SL0927

材料编号	名 称	单 位	规 格	数 量		实际成本			
				应 收	实 收	单 价	发票价格	运杂费	总 价
ZZCL002	1#纸箱	个		1 000	1 000				
备注:									

收料人:关洋平　　　　　　　　　　　　　　　　　　　　　　交料人:张莉

第二联记账联

表 4-5-4

中国建设银行客户专用回单

币别:人民币　　　　　　　2017 年 12 月 07 日　　　流水号 320120027J0500810076

付款人	全称	南京沙翁股份有限公司	收款人	全称	无锡纸箱有限公司
	账号	4166465766882		账号	41622124851168
	开户行	中国建设银行南京市江宁区支行		开户行	中国建设银行无锡市北塘区支行
金 额		(大写)人民币 贰万叁仟肆佰元整			(小写)¥23400.00
凭证种类		网银	凭证号码		
结算方式		网银	用途		支付货款

打印柜员:320125584257
打印机构:中国建设银行南京市江宁区支行
打印卡号:105150317366

第一联借方(回单)

打印时间:2017-12-07　　　交易柜员:320125584268　　　交易机构:32011050054116495 9

【业务6】　2017 年 12 月 8 日,取得原始凭证 1 张。要求:在总账系统中完成。

表 4-6-1

中国建设银行客户专用回单

币别：人民币　　　　　　　　　2017　年 12 月 08 日　　　流水号 320120027J0500810002

<table>
<tr><td rowspan="3">付款人</td><td>全称</td><td>山东大田股份有限</td><td rowspan="3">收款人</td><td>全称</td><td>南京沙翁股份有限公司</td></tr>
<tr><td>账号</td><td>41622124691995</td><td>账号</td><td>4166465766882</td></tr>
<tr><td>开户行</td><td>中国建设银行东营市东营区支行</td><td>开户行</td><td>中国建设银行南京市江宁区支行</td></tr>
<tr><td colspan="2">金　额</td><td colspan="2">（大写）人民币 壹拾贰万捌仟玖佰柒拾元整</td><td colspan="2">（小写）￥128970.00</td></tr>
<tr><td colspan="2">凭证种类</td><td>网银</td><td colspan="2">凭证号码</td><td></td></tr>
<tr><td colspan="2">结算方式</td><td>转账</td><td colspan="2">用途</td><td>货款</td></tr>
<tr><td colspan="3"></td><td colspan="3">打印柜员：320125584257
打印机构：中国建设银行南京市江宁区支行
打印卡号：4166465766882</td></tr>
</table>

打印时间：2017-12-08　　　　交易柜员：320125584268　　　交易机构：320181428

【业务 7】 2017 年 12 月 8 日，取得原始凭证 3 张。要求：在总账系统中完成。

表 4-7-1

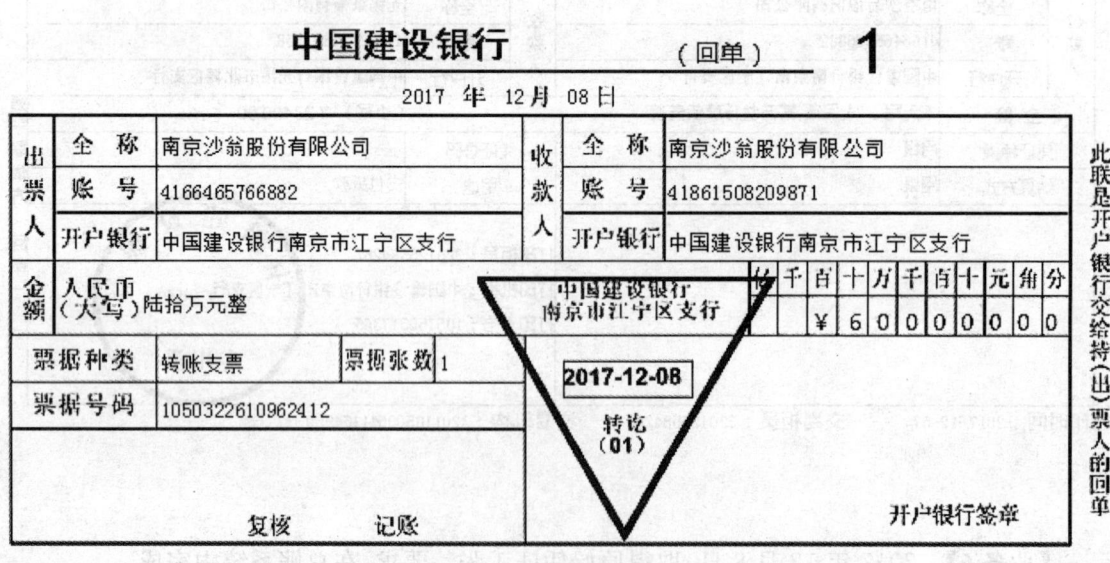

表 4-7-2

中国建设银行 （收账通知） 3

2017 年 12月 08日

出票人	全 称	南京沙翁股份有限公司	收款人	全 称	南京沙翁股份有限公司
	账 号	4166465766882		账 号	41861508209871
	开户银行	中国建设银行南京市江宁区支行		开户银行	中国建设银行南京市江宁区支行

金额	人民币（大写）陆拾万元整	亿 千 百 十 万 千 百 十 元 角 分
		¥ 6 0 0 0 0 0 0 0

票据种类	转账支票	票据张数	1
票据号码	105032261 0962412		

中国建设银行
南京市江宁区支行
2017-12-08
转讫
(01)

复核　　记账　　　　　　　　　　　　　　开户银行签章

此联是收款人开户银行交给收款人的收账通知

表 4-7-3

中国建设银行
转账支票存根
10503226
10962412
附加信息 付款行账号：
4166465766882
出票日期 **2017** 年 **12**月 **08**日
收款人：南京沙翁股份有限公司
金　额：¥600000.00
用　途：支付承兑保证金
单位主管　　会计

【业务8】 2017年12月8日,取得原始凭证3张。要求:在总账系统中完成。

表 4-8-1

中国建设银行　　　业务收费凭证

币别：人民币　　　　　　2017 年 12 月 08 日　　　流水号：13370928

付款人 南京沙翁股份有限公司　　　　账号 4166465766882

项目名称	工本费	手续费	电子汇划费	邮电费	金　额
银行承兑		300.00			300.00

金额（大写）叁佰元整		￥300.00
付款方式	银行转账	

中国建设银行
南京市江宁区支行
2017-12-08
办讫
（01）

会计主管　　　授权　　　复核　　　录入黄梓良

第二联 客户回单

表 4-8-2

表 4-8-3

江苏增值税专用发票

3201163140

№ 00003455

3201163140
00003455

开票日期：2017年12月08日

购买方	名　称：南京沙翁股份有限公司 纳税人识别号：913201157791582896 地址、电话：江苏省南京市江宁区成功路69号 025-81235786 开户行及账号：中国建设银行南京市江宁区支行 4166465766882				密码区	15*3187<4/+5828<+95-59+7<737 7058<0-->-6>525<541044->7*7 87*3187<4/+8490<+00124186339 8+<712/<1+9016>0495++>84>350	
货物或应税劳务、服务名称	规格型号	单位	数量	单价	金额	税率	税额
直接收费金融服务			1	283.02	283.02	6%	16.98
合　计					¥283.02		¥16.98
价税合计（大写）	⊗ 叁佰元整				（小写）　¥300.00		
销售方	名　称：中国建设银行股份有限公司南京市分行 纳税人识别号：91320115855483O878 地址、电话：江苏省南京市江宁区彭怀街孟立路29号 025-57904319 开户行及账号：中国建设银行股份有限公司南京市营业部 3201157858380216485O						
收款人：	复核：		开票人：宋卫东		销售方发票专用章		

【业务9】　2017 年 12 月 9 日，取得原始凭证 4 张。要求：在总账系统中完成。

表 4-9-1

江苏增值税专用发票

3203161140

№ 07941883

3203161140
07941883

开票日期：2017年12月09日

购买方	名　称：南京沙翁股份有限公司 纳税人识别号：913201157791582896 地址、电话：江苏省南京市江宁区成功路69号 025-81235786 开户行及账号：中国建设银行南京市江宁区支行 4166465766882				密码区	05*3187<4/+0379<+95-59+7<150 3913<0-->-6>525<782847->7*7 87*3187<4/+8490<+02019735438 7+<712/<1+9016>4535++>84>443	
货物或应税劳务、服务名称	规格型号	单位	数量	单价	金额	税率	税额
NL12		千克	3000	50	150000.00	17%	25500.00
合　计					¥150000.00		¥25500.00
价税合计（大写）	⊗ 壹拾柒万伍仟伍佰元整				（小写）　¥175500.00		
销售方	名　称：徐州明风股份有限公司 纳税人识别号：91320303170774436G 地址、电话：江苏省徐州市云龙区陈艳街贾丰路82号 0516-66750434 开户行及账号：中国建设银行徐州市云龙区支行 41622124947519						
收款人：	复核：		开票人：程富昌		销售方发票专用章		

表 4-9-2

江苏 增值税专用发票

3203161140
07941883

№ 07941883

3203161140

开票日期：2017年12月09日

| 购买方 | 名　称：南京沙翁股份有限公司 |
| 纳税人识别号：913201157791582896 |
| 地址、电话：江苏省南京市江宁区成功路69号　025-81235786 |
| 开户行及账号：中国建设银行南京市江宁区支行　4166465766882 |

密码区
05*3187<4/+0379<+95-59+7<150
3913<0-->>-6>525<782847->7*7
87*3187<4/+8490<+02019735438
7+<712/<1+9016>4535++>84<443

货物或应税劳务、服务名称	规格型号	单位	数量	单价	金　额	税率	税　额
NL12		千克	3000	50	150000.00	17%	25500.00
合　　计					￥150000.00		￥25500.00

| 价税合计（大写） | ⊗ 壹拾柒万伍仟伍佰元整 | （小写）　￥175500.00 |

| 销售方 | 名　称：徐州明风股份有限公司 |
| 纳税人识别号：913203031707744366 |
| 地址、电话：江苏省徐州市云龙区陈艳街贾丰路82号　0516-66750434 |
| 开户行及账号：中国建设银行徐州市云龙区支行　41622124947519 |

收款人：　　　　复核：　　　　开票人：程富昌　　　　销售方：发票专用章

第三联：发票联　购买方记账凭证

表 4-9-3

收 料 单

供应单位：徐州明风股份有限公司　　　　2017 年 11 月 30 日　　　　编号 SL0920

材料编号	名　称	单　位	规　格	数　量		实际成本			
				应　收	实　收	单　价	发票价格	运杂费	总价
CL001	NL12	千克		3 000	3 000				
备注：									

收料人：关洋平　　　　　　　　　　　　　　　　　　交料人：于凌霄

第二联记账联

表 4-9-4

中国建设银行客户专用回单

币别：人民币　　　　　　2017 年 12 月 09 日　　　流水号 320120027J0500810073

付款人	全称	南京沙翁股份有限公司	收款人	全称	徐州明风股份有限公司
	账号	4166465766882		账号	41622124947519
	开户行	中国建设银行南京市江宁区支行		开户行	中国建设银行徐州市云龙区支行

金额	（大写）人民币 壹拾贰万元整		（小写）￥120000.00
凭证种类	网银	凭证号码	
结算方式	网银	用途	支付货款

打印柜员：320125584257
打印机构：中国建设银行南京市江宁区支行
打印卡号：105767586500

第一联 借方（回单）

打印时间：2017-12-09　　　交易柜员：320125584268　　　交易机构：32011050054116 4935

【业务 10】　2017 年 12 月 10 日，取得原始凭证 3 张。要求：在总账系统中完成。

表 4-10-1

表 4-10-2

| 3403161140 | 安徽 增值税 专用发票 | № 15001939 | 3403161140 15001939 |

开票日期：2017年12月10日

| 购买方 | 名　称：南京沙翁股份有限公司
纳税人识别号：913201157791582896
地　址、电话：江苏省南京市江宁区成功路69号　025-81235786
开户行及账号：中国建设银行南京市江宁区支行　4166465766882 | 密码区 | 79*3187<4/+7763<+95-59+7<652
9593<0-->>-6>525<944783->7*7
87*3187<4/+8490<+39379644074
6+<712/<1+9016>1033++>84>249 |

货物或应税劳务、服务名称	规格型号	单位	数量	单价	金　额	税率	税　额
NL12		千克	12000	50	600000.00	17%	102000.00
合　计					￥600000.00		￥102000.00

| 价税合计（大写） | ⊗ 柒拾万贰仟元整 | （小写）￥702000.00 |

| 销售方 | 名　称：海峰公正有限公司
纳税人识别号：913403027199889493
地　址、电话：安徽省蚌埠市龙子湖区胡正街赵缱路30号　0552-43109677
开户行及账号：中国建设银行蚌埠市龙子湖区支行　41622124897760 | 备注 | 913403027199889493
销售方：发票专用章 |

收款人：　　复核：　　开票人：李新

第三联：发票联　购买方记账凭证

表 4-10-3

收 料 单

供应单位：海峰公正有限公司　　2017 年 12 月 10 日　　编号 SL0928

材料编号	名　称	单 位	规 格	数　量		实 际 成 本			
				应　收	实　收	单　价	发票价格	运杂费	总　价
CL001	NL12	千克		12 000	12 000				
备注：									

收料人：关洋平　　　　　　　　　　　　　　交料人：杨春明

第二联记账联

【业务 11】 2017 年 12 月 10 日,取得原始凭证 3 张。要求:在总账系统中完成。

表 4-11-1

销 售 单

购货单位:徐州晨光有限公司生物科技有限公司
地址和电话:江苏省徐州市鼓楼区苏建街张长路 82 号 0516-76394204
纳税识别号:913203024739881662   单据编号:XS2301
开户行及账号:中国建设银行徐州市鼓楼区支行 41622124709637   制单日期:2017-12-10

编码	产品名称	规格	单位	单价	数量	金额	备注
SP001	AK09		件	2 340.00	1 000	2 340 000.00	含税价
合 计	人民币(大写):贰佰叁拾肆万元整				—	¥2 340 000.00	

销售经理:陈华   经手人:李夏   会计:郁明林   签收人:张文霞

表 4-11-2

3201161140 江苏 增值税专用发票					№ 23310922			3201161140 23310922
此联不作报销、扣税凭证使用					开票日期:2017年12月10日			
购买方	名 称:徐州晨光有限公司生物科技有限公司 纳税人识别号:913203024739881662 地 址、电话:江苏省徐州市鼓楼区苏建街张长路82号 0516-76394204 开户行及账号:中国建设银行徐州市鼓楼区支行 41622124709637				密码区	18*3187<4/+7883<+95-59+7<568 6619<0-->>-6>525<058240->7*7 87*3187<4/+8490<+42611688373 7+<712/<1+9016>0037++>84>544		
货物或应税劳务、服务名称	规格型号	单位	数量	单价	金 额	税率	税 额	
AK09		件	1000	2000.00	2000000.00	17%	340000.00	
合 计					¥2000000.00		¥340000.00	
价税合计(大写)	⊗ 贰佰叁拾肆万元整					(小写) ¥2340000.00		
销售方	名 称:南京沙翁股份有限公司 纳税人识别号:913201157791582896 地 址、电话:江苏省南京市江宁区成功路69号 025-81235786 开户行及账号:中国建设银行南京市江宁区支行 4166465766882				备注			
收款人:		复核:		开票人:郁明林		销售方:(章)		

第一联:记账联 销售方记账凭证

表 4-11-3

中国建设银行客户专用回单

币别：人民币 　　　　　2017　年 12 月 10 日　　　流水号 320120027J0500810032

付款人	全称	徐州晨光有限公司生物科技有限公司	收款人	全称	南京沙翁股份有限公司
	账号	4162212470 9637		账号	4166465766882
	开户行	中国建设银行徐州市鼓楼区支行		开户行	中国建设银行南京市江宁区支行
金 额		（大写）人民币 贰佰叁拾肆万元整		（小写）￥2340000.00	
凭证种类		网银	凭证号码		
结算方式		转账	用途		货款

打印柜员：320125584257
打印机构：中国建设银行南京市江宁区支行
打印卡号：4166465766882

打印时间：2017-12-10　　　交易柜员：320125584268　　　交易机构：320184019

第二联贷方（回单）

【业务 12】 2017 年 12 月 10 日，取得原始凭证 1 张。要求：在总账系统中完成。

表 4-12-1

银行承兑汇票（存根）

3　　10503251
　　　09754205

出票日期（大写）　贰零壹柒 年 壹拾贰 月 零壹拾 日

出票人全称	南京沙翁股份有限公司	收款人	全 称	无锡明丰金属制造有限公司
出票人账号	4166465766882		账 号	41622124296123
付款行名称	中国建设银行南京市江宁区支行		开户银行	中国建设银行无锡市南长区支行

出票金额	人民币（大写） 陆拾万元整	亿	千	百	十	万	千	百	十	元	角	分
				￥	6	0	0	0	0	0	0	0

汇票到期日（大写）	贰零壹捌年叁月零壹拾日	付款行	行号	105005411649
承兑协议编号	315818		地址	江苏省南京市江宁区彭怀街孟立路29号

密押

备注：　　　　　　　　　复核　　　经办

此联由出票人存查

【业务 13】 2017 年 12 月 11 日，取得原始凭证 1 张。要求：在总账系统中完成。

表 4-13-1

中国建设银行客户专用回单

转账日期:2017 年 12 月 11 日
凭证字号:2017121135023063

纳税人全称及纳税人识别号:南京沙翁股份有限公司 913201157791582896	
付款人全称:南京沙翁股份有限公司	
付款人账号:4166465766882	征收机关名称:南京市江宁区国家税务局
付款人开户银行:中国建设银行南京市江宁区支行	收缴国库(银行)名称:国家金库南京市江宁区支库
小写(合计)金额¥100 000.00	缴款书交易流水号:201712116378849
大写(合计)金额人民币壹拾万元整	税票号码:042017890958252252

税(费)种名称	所属时期	实缴金额
增值税	20171101—20171130	¥100 000.00

【业务 14】 2017 年 12 月 11 日,取得原始凭证 1 张。要求:在总账系统中完成。

表 4-14-1

中国建设银行客户专用回单

转账日期:2017 年 12 月 11 日
凭证字号:2017121135023064

纳税人全称及纳税人识别号:南京沙翁股份有限公司 913201157791582896	
付款人全称:南京沙翁股份有限公司	
付款人账号:4166465766882	征收机关名称:南京市江宁区国家税务局
付款人开户银行:中国建设银行南京市江宁区支行	收缴国库(银行)名称:国家金库南京市江宁区支库
小写(合计)金额¥82 000.00	缴款书交易流水号:20171211620128
大写(合计)金额人民币捌万贰仟元整	税票号码:042017661149435406

税(费)种名称	所属时期	实缴金额
企业所得税	20171001—20171031	¥82 000.00

【业务 15】 2017 年 12 月 11 日,取得原始凭证 1 张。要求:在总账系统中完成。

表 4-15-1

中国建设银行客户专用回单

转账日期:2017 年 12 月 11 日
凭证字号:2017121135023073

纳税人全称及纳税人识别号:南京沙翁股份有限公司 913201157791582896	
付款人全称:南京沙翁股份有限公司	
付款人账号:4166465766882	征收机关名称:南京市江宁区国家税务局
付款人开户银行:中国建设银行南京市江宁区支行	收缴国库(银行)名称:国家金库南京市江宁区支库
小写(合计)金额¥182.36	缴款书交易流水号:201712117787050
大写(合计)金额人民币壹佰捌拾贰元叁角陆分	税票号码:0420173180756433480

税(费)种名称	所属时期	实缴金额
个人所得税	20171101—20171130	¥182.36

【业务 16】 2017 年 12 月 11 日,取得原始凭证 1 张。要求:在总账系统中完成。

表 4-16-1

中国建设银行客户专用回单

转账日期:2017 年 12 月 11 日
凭证字号:2017121030309991

纳税人全称及纳税人识别号:南京沙翁股份有限公司 913201157791582896	
付款人全称:南京沙翁股份有限公司	
付款人账号:4166465766882	征收机关名称:南京市江宁区地方税务局
付款人开户银行:中国建设银行南京市江宁区支行	收缴国库(银行)名称:国家金库南京市江宁区支库
小写(合计)金额¥39 716.50	缴款书交易流水号:201712112745511
大写(合计)金额人民币叁万玖仟柒佰壹拾陆元伍角整	税票号码:0420171211696669612032

税(费)种名称	所属时间	实缴金额
医疗保险本金	2017-12-01 至 2017-12-31	¥10 711.00
养老保险本金	2017-12-01 至 2017-12-31	¥26 628.00
失业保险本金	2017-12-01 至 2017-12-31	¥1 426.50
生育保险本金	2017-12-01 至 2017-12-31	¥475.50
工伤保险本金	2017-12-01 至 2017-12-31	¥475.50

【业务 17】 2017 年 12 月 11 日，取得原始凭证 1 张。要求：在总账系统中完成。

表 4-17-1

中国建设银行客户专用回单

币别：人民币　　　　　　　　2017　年 12 月 11 日　　流水号 320120027J0500810068

付款人	全称	南京沙翁股份有限公司	收款人	全称	南京市住房公积金管理中心
	账号	4166465766882		账号	41622124015854
	开户行	中国建设银行南京市江宁区支行		开户行	同城实时借记业务
金额		（大写）人民币 壹万玖仟零贰拾元整			（小写）￥19020.00
凭证种类		其他凭证	凭证号码		00009076
结算方式		转账	用途		WFP公积金：000111255：20171211

打印柜员：320125584257
打印机构：中国建设银行南京市江宁区支行电子回单
打印卡号：105220662700

打印时间：2017-12-11　　交易柜员：320125584268　　交易机构：320110500541164917

第一联 借方（回单）

【业务 18】 2017 年 12 月 11 日，取得原始凭证 1 张。要求：在总账系统中完成。

表 4-18-1

中国建设银行
转账支票存根
10503226

10962413

附加信息 付款行账号：
4166465766882

出票日期 2017 年 12 月 15 日

收款人：南京沙翁股份有限公司

金　额：￥75172.14

用　途：支付工资

单位主管　　会计

表 4-18-2

工资发放明细表

2017-12-15   单位:元

| 姓　名 | 部门 | 岗位 | 应付工资 | 代扣三险一金 | | | | 计税基础 | 代扣个人所得税 | 代扣款合计 | 实发工资 |
				代扣医疗保险	代扣养老保险	代扣失业保险	代扣住房公积金				
周晓红	办公室	法定代表人	7 000	150.00	560.00	35.00	700.00	5 565.00	101.50	1 456.50	5 453.50
于　虹	办公室	办公室主任	6 000	130.00	480.00	30.00	600.00	4 770.00	38.10	1 278.10	4 721.90
杨成之	办公室	办公室职员	3 000	70.00	240.00	15.00	300.00	2 385.00	0.00	625.00	2 375.00
关洋平	办公室	仓管员	3 200	74.00	256.00	16.00	320.0	2 544.00	0.00	666.00	2 534.00
周　明	财务部	财务经理	4 500	100.00	360.00	22.50	450.00	3 577.50	2.33	934.83	3 565.17
郁明林	财务部	会计	3 900	86.00	312.00	19.50	390.00	3 100.50	0.00	509.50	3 090.50
郭秀莲	财务部	出纳	3 000	70.00	240.00	15.00	300.00	2 385.00	0.00	625.00	2 375.00
吴春霞	采购部	采购经理	3 900	88.00	312.00	19.50	390.00	3 100.50	0.00	809.50	3 090.50
赵成颂	采购部	采购员	3 000	70.00	240.00	15.00	300.00	2 385.00	0.00	625.00	2 375.00
陈　华	销售门市	销售经理	4 500	100.00	360.00	22.50	450.00	3 577.50	2.33	934.83	3 565.17
李　夏	销售门市	销售员	3 000	70.00	240.00	15.00	300.00	2 385.00	0.00	625.00	2 375.00
陈杰安	生产车间	生产车间主任	6 000	130.00	480.00	30.00	600.00	4 770.00	38.10	1 278.10	4 721.90
贾晓静	生产车间	车间工人	3 400	78.00	272.00	17.00	340.00	2 703.00	0.00	707.00	2 693.00
王霞敏	生产车间	车间工人	3 600	82.00	288.00	16.00	360.00	2 862.00	0.00	748.00	2 852.00
吴小倩	生产车间	车间工人	3 800	86.00	304.00	19.00	380.00	3 021.00	0.00	789.00	3 011.00
张　成	生产车间	车间工人	3 300	76.00	264.00	16.50	330.00	2 623.50	0.00	686.50	2 613.50
蒋于良	生产车间	车间工人	3 400	78.00	272.00	17.00	340.00	2 703.00	0.00	707.00	2 693.00
陈海鹏	生产车间	车间工人	3 200	74.00	256.00	16.00	320.00	2 544.00	0.00	666.00	2 534.00
尚小明	生产车间	车间工人	3 500	80.00	280.00	17.50	350.00	2 782.50	0.00	727.50	2 772.50
于晓莉	生产车间	车间工人	3 000	70.00	240.00	15.00	300.00	2 385.00	0.00	625.00	2 375.00
蒋　珍	生产车间	车间工人	3 700	84.00	296.00	18.50	370.00	2 941.50	0.00	768.50	2 931.50
沈亚东	生产车间	车间工人	3 200	74.00	256.00	16.00	320.00	2 544.00	0.00	666.00	2 534.00
于明杰	生产车间	车间工人	3 200	74.00	256.00	16.00	320.00	2 544.00	0.00	666.00	2 534.00
吴　颖	生产车间	车间工人	3 400	78.00	272.00	17.00	340.00	2 703.00	0.00	707.00	2 693.00
陈碧晨	生产车间	车间工人	3 400	78.00	272.00	17.00	340.00	2 703.00	0.00	707.00	2 693.00
合计			95 100.00	2 152.00	7 608.00	475.50	9 510.00	75 604.50	182.36	19 927.86	75 172.14

制表:郁明林   审核:周明

【业务 19】 2017 年 12 月 15 日,取得原始凭证 4 张。要求:在总账系统中完成。

表 4-19-1

新增无形资产登记表

2017 年 12 月 15 日

资产名称	种类	单位	数量	购入日期	投入使用日期	使用部门
专利权 W09	专利权	件	1	2017-12-15	2017-12-15	办公室

制表:郁明林   复核人:周明

表 4-19-2

江苏 增值税专用发票

3201161140

№ 31080857

3201161140
31080857

开票日期：2017年12月15日

购买方		
名　称：南京沙翁股份有限公司		
纳税人识别号：913201157791582896		
地　址、电话：江苏省南京市江宁区成功路69号　025-81235786		
开户行及账号：中国建设银行南京市江宁区支行 4166465766882		

密码区：
76*3187<4/+6848<+95-59+7<189
0509<0-->-6>525<106123->7*7
87*3187<4/+8490<+59694347432
0+<712/<1+9016>0672++>84>690

货物或应税劳务、服务名称	规格型号	单位	数量	单价	金额	税率	税额
专利权W09		件	1	70000	70000.00	6%	4200.00
合　　计					¥70000.00		¥4200.00

价税合计（大写）　⊗柒万肆仟贰佰元整　（小写）¥74200.00

销售方	
名　称：南京技术研究所	备注
纳税人识别号：913201026841738941	
地　址、电话：江苏省南京市玄武区刘用街王群路48号　025-27826668	
开户行及账号：中国建设银行南京市玄武区支行 4162212425 4811	

收款人：　　　复核：　　　开票人：孙虹　　　销售方：（章）发票专用章

第二联：抵扣联　购买方扣税凭证

表 4-19-3

江苏 增值税专用发票

3201161140

№ 31080857

3201161140
31080857

开票日期：2017年12月15日

购买方		
名　称：南京沙翁股份有限公司		
纳税人识别号：913201157791582896		
地　址、电话：江苏省南京市江宁区成功路69号　025-81235786		
开户行及账号：中国建设银行南京市江宁区支行 4166465766882		

密码区：
76*3187<4/+6848<+95-59+7<189
0509<0-->-6>525<106123->7*7
87*3187<4/+8490<+59694347432
0+<712/<1+9016>0672++>84>690

货物或应税劳务、服务名称	规格型号	单位	数量	单价	金额	税率	税额
专利权W09		件	1	70000	70000.00	6%	4200.00
合　　计					¥70000.00		¥4200.00

价税合计（大写）　⊗柒万肆仟贰佰元整　（小写）¥74200.00

销售方	
名　称：南京技术研究所	备注
纳税人识别号：913201026841738941	
地　址、电话：江苏省南京市玄武区刘用街王群路48号　025-27826668	
开户行及账号：中国建设银行南京市玄武区支行 4162212425 4811	

收款人：　　　复核：　　　开票人：孙虹　　　销售方：（章）发票专用章

第三联：发票联　购买方记账凭证

表 4-19-4

中国建设银行

电汇凭证

币别：人民币　　　　　　　2017 年 12 月 15 日　　　　　　流水号：320120027J0500810009

汇款方式		☑普通　　□加急		
汇款人	全　称	南京沙翁股份有限公司	收款人	全　称	南京核术研究所
	账　号	4166465766882		账　号	41622124254811
	汇出地点	江苏　省 南京　市/县		汇入地点	江苏　省南京　市/县
	汇出行名称	中国建设银行南京市江宁区支行		汇入行名称	中国建设银行南京市玄武区支行

金额　（大写）柒万肆仟贰佰元整

亿	千	百	十	万	千	百	十	元	角	分
			¥	7	4	2	0	0	0	0

支付密码 2341-7969-0720-2730

附加信息及用途：购入无形资产

中国建设银行
南京市江宁区支行
2017-12-15
转讫
（01）

南京沙翁股份有限公司
财务专用章

周晓红
客户签章

会计主管　　　　授权　　　　复核　　　　录入

第二联 客户回单

【业务 20】 2017 年 12 月 16 日，取得原始凭证 2 张。要求：在总账系统中完成。

表 4-20-1

中国建设银行客户专用回单

币别：人民币　　　　　　2017　年 12 月 16　日　　　流水号 320120027J0500810027

付款人	全称	南京沙翁股份有限公司	收款人	全称	海峰公正有限公司
	账号	4166465766882		账号	41622124897760
	开户行	中国建设银行南京市江宁区支行		开户行	中国建设银行蚌埠市龙子湖区支行
金　额		（大写）人民币 陆拾捌万柒仟玖佰陆拾元整		（小写）¥687960.00	
凭证种类		网银	凭证号码		
结算方式		转账	用途		支付货款

打印柜员：320125584257
打印机构：中国建设银行南京市江宁区南门分理处
打印卡号：4166465766882

中国建设银行
专用章

第一联借方（回单）

打印时间：2017-12-16　　　交易柜员：320125584268　　　交易机构：3201105005411164912

表 4-20-2

购销合同

购方：南京沙翁股份有限公司　　　　　　　合同编号：2017037

销方：海峰公正有限公司　　　　　　　　　签订地点：南京市

　　供需双方本着互利互惠、长期合作的原则，根据《中华人民共和国合同法》及双方的实际情况，就需方向供方采购事宜，订立本合同，以使双方在合同履行中共同遵守。

　　一、产品名称、数量、单价、金额：

产品名称	规格型号	计量单位	数量	单价	金额	备注
NL12		千克	12 000	58.50	702 000.00	
						含税
合　计					￥702 000.00	

合计人民币（大写）：柒拾万贰仟元整

　　二、质量要求、技术标准、供方对质量负责的条件和期限：按合同企业标准。

　　三、（1）交（提）货地点、方式：江苏省南京市江宁区成功路 69 号。

　　　　（2）交货日期：2017-12-10。

　　四、付款时间与付款方式：现金折扣基数：含税，现金折扣条件：10 天内付款折扣 2%、20 天内付款折扣 1%、30 天内付款折扣 0%，付款方式：网银。

　　五、运输方式及到站、港和费用负担：销售方承担。

　　六、合理损耗及计算方法：以实际数量验收。

　　七、包装标准、包装物的供应与回收：普通包装，不回收包装物。

　　八、验收标准、方法及提出异议期限：货到需方七天内提出质量异议，不包括运输过程中造成的质量问题。

　　九、违约责任：按《合同法》。

　　十、解决合同纠纷的方式：双方协商解决。

　　十一、其他约定事项：本合同一式两份，需、供双方各一份，经双方盖章后即生效。

购方（盖章）：南京沙翁股份有限公司　　　　　销方（盖章）：海峰公正有限公司

单位地址：江苏省南京市江宁区成功路 69 号　　单位地址：安徽省蚌埠市龙子湖区胡正街越经路 30 号

电　话：025-81235786　　　　　　　　　　　电　话：0552-43109677

签订日期：2017-12-05　　　　　　　　　　　签订日期：2017-12-05

开户银行：中国建设银行南京市江宁区支行　　　开户银行：中国建设银行蚌埠市龙子湖区支行

账　号：4166465766882　　　　　　　　　　账　号：41622124897760

【业务21】 2017 年 12 月 16 日,取得原始凭证 1 张。要求:在总账系统中完成。

表 4-21-1

库存现金盘点表

2017 年 12 月 16 日   编号 201706

账存金额	实存金额	盘盈	盘亏	备注
3 000.00	3 050.00	50.00		

监盘人(签章):郁明林   盘点人(签章):郭秀莲

【业务22】 2017 年 12 月 16 日,取得原始凭证 1 张。要求:在总账系统中完成。

表 4-22-1

现金盘盈盘亏处置结果表

2017 年 12 月 16 日

账存金额	实存金额	盘盈	盘亏
3 000.00	3 050.00	50.00	
财务部门意见: 无法查明原因,按《企业会计准则》处理。 周明		公司领导意见: 同意 周晓红	

【业务23】 2017 年 12 月 17 日,取得原始凭证 5 张。要求:在总账系统中完成。

表 4-23-1

3201161140　江苏 增值税专用发票　№ 75498699　3201161140　75498699

开票日期:2017 年 12 月 17 日

购买方	名　称:南京沙翁股份有限公司 纳税人识别号:913201157791582896 地　址、电话:江苏省南京市江宁区成功路69号　025-81235786 开户行及账号:中国建设银行南京市江宁区支行　4166465766882	密码区	43*3187<4/+9769<+95-59+7<083 1201<0-->-6>525<426558->7*7 87*3187<4/+8490<+87302180754 4+<712/<1+9016>6412++>84>369

货物或应税劳务、服务名称	规格型号	单位	数量	单价	金　额	税率	税　额
设备TQ			1	200000	200000.00	17%	34000.00
合　计					￥200000.00		￥34000.00
价税合计(大写)	⊗ 贰拾叁万肆仟元整				(小写) ￥234000.00		

销售方	名　称:南京大治有限公司 纳税人识别号:913201035188412925 地　址、电话:江苏省南京市白下区刘青街邮书路54号　025-25649558 开户行及账号:中国建设银行南京市白下区支行　41622124299631	备注	913201035188412925 (发票专用章)

收款人:　　　　复核:　　　　开票人:王万勇　　　　销售方:(发票专用章)

表 4-23-2

表 4-23-3

待安装设备入库单

供应单位:南京大冶有限公司　　　　2017 年 12 月 17 日　　　　编号:RK0716

设备编号	名称	规格	数 量		实际成本			
			应收	实收	单价	总价	运杂费	合计
	设备 TQ		1	1	200 000	200 000.00	0.00	200 000.00
备注:								

收货人:吴颖　　　　　　　　　　　　　　　　　　　　　　　交货人:王艳霞

表 4-23-4

待安装设备出库单

领用单位:生产车间　　　　2017 年 12 月 17 日　　　　编号:CK0717

设备编号	名称	规格	数 量		实际成本
			请领	实发	
	设备 TQ		1	1	200 000.00
备注:					

领用人:吴颖　　　　　　　　　　　　　　　　　　　　设备管理员:吴颖

表 4-23-5

【业务 24】 2017 年 12 月 20 日,取得原始凭证 3 张。要求:在总账系统中完成。

表 4-24-1

表 4-24-2

3201161140

江苏 增值税专用发票

№ 15438202

3201161140
15438202

开票日期：2017年12月20日

购买方	名　称：南京沙翁股份有限公司 纳税人识别号：913201157791582896 地　址、电话：江苏省南京市江宁区成功路69号 025-81235786 开户行及账号：中国建设银行南京市江宁区支行 4166465766882	密码区	87*3187<4/+7082<+95-59+7<909 8063<0-->>-6>525<516307->7*7 87*3187<4/+8490<+55262904325 6+<712/<1+9016>2739++<84>575

货物或应税劳务、服务名称	规格型号	单位	数量	单价	金额	税率	税额
设备TQ安装费		次	1	12000.00	12000.00	11%	1320.00
合　　　计					¥12000.00		¥1320.00

价税合计（大写）	⊗壹万叁仟叁佰贰拾元整		

销售方	名　称：南京装得好安装有限公司 纳税人识别号：913201047862743205 地　址、电话：江苏省南京市秦淮区邱爱街肖景路49号 025-71242111 开户行及账号：中国建设银行南京市秦淮区支行 41622124685187	备注	913201047862743205 发票专用章

收款人：　　　复核：　　　开票人：刘润庭　　　销售方：（章）

表 4-24-3

中国建设银行客户专用回单

币别：人民币　　　　2017 年 12 月 20 日　　　流水号 320120027J0500810035

付款人	全称	南京沙翁股份有限公司	收款人	全称	南京装得好安装有限公司
	账号	4166465766882		账号	41622124685187
	开户行	中国建设银行南京市江宁区支行		开户行	中国建设银行南京市秦淮区支行
金　额	（大写）人民币 壹万叁仟叁佰贰拾元整			（小写）¥13320.00	
凭证种类	网银		凭证号码		
结算方式	转账		用途	安装费	

打印柜员：320125584257
打印机构：中国建设银行南京市江宁区支行
打印卡号：0148367877641433

中国建设银行
电子回单
专用章

打印时间：2017-12-20　　　交易柜员：320125584268　　　交易机构：320110500541164945

【业务 25】 2017 年 12 月 20 日,取得原始凭证 2 张。要求:在固定资产系统中完成。

表 4-25-1

固定资产竣工决算表

2017 年 12 月 20 日

名称	买价	安装成本	决策总金额
设备 TQ	200 000.00	12 000.00	212 000.00

财务部门意见:	公司领导意见:
同意　　　　周明 2017 年 12 月 20 日	同意 2017 年 12 月 20 日

编制人:吴颖　　　　　　　　　　　　　　　　　　使用部门负责人:陈杰安

表 4-25-2

新增固定资产登记表

2017 年 12 月 20 日

资产名称	种类	单位	数量	购入日期	投入使用日期	使用部门
设备 TQ	生产设备		1	2017-12-20	2017-12-20	生产车间

制表:郁明林　　　　　　　　　　　　　　　　　　复核人:周明

【业务 26】 2017 年 12 月 21 日,取得原始凭证 3 张。要求:在总账系统中完成。

表 4-26-1

中国银行股份有限公司贷款还款凭证

打印日期 2017 年 12 月 21 日

客户号:05273467 借款单位:南京沙翁股份有限公司			机构代码:105	
贷款账号	归还金额	Osp 现有余额	备　注	
419249963011163	1 000 000.00 元			
金额合计	(大写)人民币壹佰万元整 (小写)CNY＊＊＊＊1 000 000.00		中国银行 南京市江宁区支行 2017-12-21 转讫 (01)	
付款账号:4861914753808				
合同编号:				
交易业务号:105LAA110091000				

开票:王恒民　　　　　记账　　　　　复核

表 4-26-2

中国银行股份有限公司贷款还息凭证

打印日期 2017 年 12 月 21 日

客户号：05273467　　　　　　　　　　　　　　　　　机构代码：105
借款单位：南京沙翁股份有限公司

产生利息账号	还息金额	Osp 现有余额	备　注
41924996301163	4 500.00 元		

金额合计	（大写）人民币肆仟伍佰元整 （小写）CNY＊＊＊＊4 500.00	中国银行 南京市江宁区支行 2017-12-21 转讫 (01)

付款账号：4861914753808

合同编号：

交易业务号：105LAA110089008

开票：刘铁松　　　　记账　　　　复核　　　　（盖章）

表 4-26-3

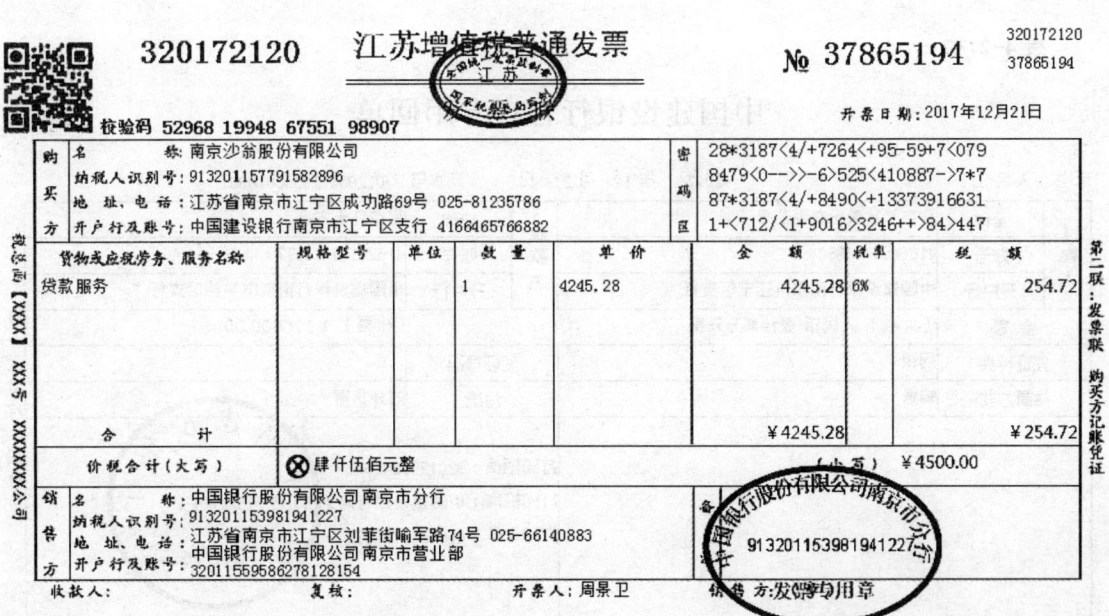

320172120　　　　江苏增值税普通发票　　　№ 37865194　　320172120
　　　　　　　　　　　　　　　　　　　　　　　　　　　　　　37865194

校验码 52968 19948 67551 98907　　　　　　　　　　开票日期：2017年12月21日

购买方	名　称：南京沙翁股份有限公司 纳税人识别号：91320115779158289 6 地址、电话：江苏省南京市江宁区成功路69号　025-81235786 开户行及账号：中国建设银行南京市江宁区支行 4166465766882	密码区	28＊3187〈4/＋7264＜＋95-59＋7〈079 8479〈0--〉〉-6〉525〈410887--〉7＊7 87＊3187〈4/＋8490〈＋13373916631 1＋〈712/〈1＋9016〉3246＋＋〉84〉447

货物或应税劳务、服务名称	规格型号	单位	数量	单价	金额	税率	税额
贷款服务			1	4245.28	4245.28	6%	254.72
合　　计					¥4245.28		¥254.72

价税合计（大写）	⊗肆仟伍佰元整	（小写）¥4500.00

销售方	名　称：中国银行股份有限公司南京市分行 纳税人识别号：91320115398194122 7 地址、电话：江苏省南京市江宁区刘菲街喻军路74号　025-66140883 开户行及账号：中国银行股份有限公司南京市营业部 32011559586278128154	备注	中国银行股份有限公司南京市分行 91320115398194122 7 发票专用章

收款人：　　　　复核：　　　　开票人：周景卫　　　　销售方：（章）

第二联：发票联　购买方记账凭证

【业务 27】 2017 年 12 月 21 日,取得原始凭证 2 张。要求:在总账系统中完成。

表 4-27-1

公益性单位接受捐赠统一收据
UNIFIED INVOICE OF DONATION FOR PUBLIC WELFARE ORGANIZATION

2017 年 胡章 日 D   (04)No 39532831

国财

捐赠者 Donor	南京沙翁股份有限公司
捐赠项目 For Purpose	定向捐赠

捐赠金额(实物价值)大写　零 佰壹 拾贰 万零 仟零 佰零 拾零 元零 角 零分

	小写 in Figures	佰	拾	万	仟	佰	拾	元	角	分
		¥	1	2	0	0	0	0	0	0

货币(实物种类)
Currency,Material Objects　货币资金

备注
Notes

接收单位(盖章)　复核　　经手人 孟悦　　支票号
Receiver's Seal　Verified by　Handling Person　Cheque No

感谢您的慷慨捐赠!　Thank you for your generous donation!

第二联 捐赠者 Second Donor

财政部监制〈XX〉XXXXX本 XXXXXX

表 4-27-2

中国建设银行客户专用回单

币别:人民币　　　　　2017 年 12 月 21 日　　流水号 320120027J0500810001

付款人	全称	南京沙翁股份有限公司	收款人	全称	南京红十字会
	账号	4166465766882		账号	41622124118577
	开户行	中国建设银行南京市江宁区支行		开户行	中国建设银行南京市鼓楼区支行

金额	(大写)人民币 壹拾贰万元整		(小写)¥120000.00
凭证种类	网银	凭证号码	
结算方式	转账	用途	对外捐赠

打印柜员:320125584257
打印机构:中国建设银行南京市江宁区支行回单
打印卡号:4166465766882

第一联 借方(回单)

打印时间:2017-12-21　　交易柜员:320125584268　　交易机构:320126175

【业务28】　2017 年 12 月 21 日,取得原始凭证 3 张。要求:在总账系统中完成。

表 4-28-1

中国建设银行客户专用回单

币别:人民币　　　　　　　　　2017　年 12 月 21 日　　　流水号 320120027J0500810002

付款人	全称	南京沙翁股份有限公司	收款人	全称	南京大成律师事务所
	账号	4166465766882		账号	41622124672575
	开户行	中国建设银行南京市江宁区支行		开户行	中国建设银行南京市秦淮区支行
金　额		(大写)人民币 壹万伍仟玖佰元整		(小写)¥15900.00	
凭证种类		网银	凭证号码		
结算方式		转账	用途		咨询服务费

打印柜员:320125584257
打印机构:中国建设银行南京市江宁区支行·回单
打印卡号:4166465766882

打印时间:2017-12-21　　　交易柜员:320125584268　　　交易机构:320110547

表 4-28-2

表 4-28-3

江苏 增值税专用发票 No 10456089

3201161140

3201161140

10456089

开票日期：2017年12月21日

购买方	名　称：南京沙翁股份有限公司 纳税人识别号：913201157791582896 地　址、电话：江苏省南京市江宁区成功路69号 025-81235786 开户行及账号：中国建设银行南京市江宁区支行 4166465766882	密码区	43*3187<4/+2877<+95-59+7<079 0803<0-->>-6>525<941352->7*7 87*3187<4/+8490<+58842967880 0+<712/<1+9016>1722++>84>506

货物或应税劳务、服务名称	规格型号	单位	数量	单价	金额	税率	税额
法律咨询服务费		次	1	15000.00	15000.00	6%	900.00
合　　计					￥15000.00		￥900.00

价税合计（大写）	⊗ 壹万伍仟玖佰元整	（小写）￥15900.00

销售方	名　称：南京大成律师事务所 纳税人识别号：913201043767578222 地　址、电话：江苏省南京市秦淮区路程街曹国路45号 025-62837859 开户行及账号：中国建设银行南京市秦淮区支行 41622124672575	备注	南京大成律师事务所 913201043767578222 （发票专用章）

收款人：　　　复核：　　　开票人：王淑梅　　　销售方：（发票专用章）

第三联：发票联 购买方记账凭证

【业务 29】 2017 年 12 月 21 日，取得原始凭证 3 张。要求：在总账系统中完成。

表 4-29-1

销　售　单

购货单位：天津杜飞有限公司

地址和电话：天津市和平区孟立街张开路 88 号 022-15520413

纳税识别号：911201015427787761　　　　　　　　　单据编号：XS2302

开户行及账号：中国建设银行天津市和平区支行 41622124739971　　制单日期：2017-12-21

编码	产品名称	规格	单位	单价	数量	金额	备注
CP002	BF09		件	2 106.00	1 200	2 527 200.00	含税价
ZZGL002	1♯纸箱		个	117.00	120	14 040.00	含税价
合　计	人民币（大写）:贰佰伍拾肆万壹仟贰佰肆拾元整				—	￥2 541 240.00	

销售经理:陈华　　　　经手人:李夏　　　　会计:郁明林　　　　签收人:陈昌生

会计联

表 4-29-2

表 4-29-3

中国建设银行客户专用回单

币别：人民币　　　　　　2017　年 12 月 21　日　　流水号 320120027J0500810012

付款人	全称	天津杜飞有限公司	收款人	全称	南京沙翁股份有限公司
	账号	41622124739971		账号	4166465766882
	开户行	中国建设银行天津市和平区支行		开户行	中国建设银行南京市江宁区支行
金额	（大写）人民币 贰佰伍拾肆万壹仟贰佰肆拾元整			（小写）￥2541240.00	
凭证种类	网银		凭证号码		
结算方式	转账		用途	货款	

打印柜员：320125584257
打印机构：中国建设银行南京市江宁区支行
打印卡号：4166465766882

打印时间：2017-12-21　　交易柜员：320125584268　　交易机构：320191404

【业务30】 2017 年 12 月 21 日,取得原始凭证 3 张。要求:在总账系统中完成。

表 4-30-1

3201161140	江苏 增值税专用发票		№ 45502824			3201161140 45502824

开票日期:2017年12月21日

购买方	名　称: 南京沙翁股份有限公司 纳税人识别号:913201157791582896 地　址、电话: 江苏省南京市江宁区成功路69号 025-81235786 开户行及账号:中国建设银行南京市江宁区支行 416646576 6882	密码区	18*3187<4/+7109<+95-59+7<865 8999<0-->-6>525<490284->7*7 87*3187<4/+8490<+92402344224 7+<712/<1+9016>0753++>84<075

货物或应税劳务、服务名称	规格型号	单位	数量	单价	金额	税率	税额
商品保险服务		批	1	800.00	800.00	6%	48.00
合　计					￥800.00		￥48.00

价税合计(大写)	⊗ 捌佰肆拾捌元整		(小写) ￥848.00

销售方	名　称: 江苏平安保险股份有限公司 纳税人识别号:913201151449279991 地　址、电话: 江苏省南京市江宁区李博街王军路37号 025-89234561 开户行及账号:中国建设银行江苏省南京市江宁区支行 41671222228209	备注	BF09

收款人:　　　复核:　　　开票人:赵小平　　　销售方:(章)

第二联:抵扣联 购买方扣税凭证

表 4-30-2

3201161140	江苏 增值税专用发票		№ 45502824			3201161140 45502824

开票日期:2017年12月21日

购买方	名　称: 南京沙翁股份有限公司 纳税人识别号:913201157791582896 地　址、电话: 江苏省南京市江宁区成功路69号 025-81235786 开户行及账号:中国建设银行南京市江宁区支行 4166465766882	密码区	18*3187<4/+7109<+95-59+7<865 8999<0-->-6>525<490284->7*7 87*3187<4/+8490<+92402344224 7+<712/<1+9016>0753++>84<075

货物或应税劳务、服务名称	规格型号	单位	数量	单价	金额	税率	税额
商品保险服务		批	1	800.00	800.00	6%	48.00
合　计					￥800.00		￥48.00

价税合计(大写)	⊗ 捌佰肆拾捌元整		(小写) ￥848.00

销售方	名　称: 江苏平安保险股份有限公司 纳税人识别号:913201151449279991 地　址、电话: 江苏省南京市江宁区李博街王军路37号 025-89234561 开户行及账号:中国建设银行江苏省南京市江宁区支行 41671222228209	备注	BF09

收款人:　　　复核:　　　开票人:赵小平　　　销售方:(章)

第三联:发票联 购买方记账凭证

表 4-30-3

中国建设银行客户专用回单

币别：人民币　　　　　　2017　年 12 月 21 日　　　流水号 320120027J0500810086

付款人	全称	南京沙翁股份有限公司	收款人	全称	江苏平安保险股份有限公司
	账号	4166465766882		账号	41671222228209
	开户行	中国建设银行南京市江宁区支行		开户行	中国建设银行江苏省南京市江宁区支行

金　额	（大写）人民币 捌佰肆拾捌元整	〔小写）￥848.00
凭证种类	网银	凭证号码
结算方式	转账	用途　支付商品保险费

打印柜员：320125584257
打印机构：中国建设银行南京市江宁区束俐单
打印卡号：4166465766882

（中国建设银行 专用章）

打印时间：2017-12-21　　　交易柜员：320125584268　　　交易机构：320110529

【业务 31】　2017 年 12 月 21 日，取得原始凭证 1 张。要求：在总账系统中完成。

表 4-31-1

中国建设银行客户专用回单

转账日期：2017 年 12 月 21 日
凭证字号：2017122035023020

纳税人全称及纳税人识别号：南京沙翁股份有限公司 913201157791582896

付款人全称：南京沙翁股份有限公司

付款人账号：4166465766882	征收机关名称：南京市江宁区地方税务局
付款人开户银行：中国建设银行南京市江宁区支行	收缴国库（银行）名称：国家金库南京市江宁区支库
小写（合计）金额 ￥12 036.00	缴款书交易流水号：201712114306459
大写（合计）金额 人民币壹万贰仟零叁拾陆元整	税票号码：042017327690287866

税（费）种名称	所属时间	实缴金额
城市维护建设税	20171101-20171130	￥7 000.00
教育费附加	20171101-20171130	￥3 000.00
地方教育费附加	20171101-20171130	￥2 000.00
滞纳金	20171101-20171130	￥36

（中国建设银行 电子回单 专用章）

【业务 32】 2017 年 12 月 21 日,取得原始凭证 3 张。要求:在总账系统中完成。

表 4-32-1

中国建设银行客户专用回单

币别：人民币　　　　　　　　　2017　年 12 月 21 日　　流水号 320120027J0500810019

付款人	全称	南京沙翁股份有限公司	收款人	全称	江苏大明会计师事务所
	账号	4166465766882		账号	41622124099865
	开户行	中国建设银行南京市江宁区支行		开户行	中国建设银行南京市雨花台区支行
金　额		（大写）人民币 伍万叁仟元整			（小写）￥53000.00
凭证种类		网银	凭证号码		
结算方式		转账	用途		审计费

打印柜员：320125584257
打印机构：中国建设银行南京市江宁区支行回单
打印卡号：4166465766882

打印时间：2017-12-21　　　交易柜员：320125584268　　　交易机构：320110567

表 4-32-2

表 4-32-3

【业务33】　2017 年 12 月 21 日,取得原始凭证 1 张。要求:在总账系统中完成。

表 4-33-1

中国建设银行客户专用回单

币别:人民币　　　　　　2017 年 12 月 21 日　　　流水号:320120027J05008100

户名: 南京沙翁股份有限公司			账号: 4166465766882		
计息项目	起息日	结息日	本金/积数	利率（%）	利息金额
	2017-09-21	2017-12-20	*** ***	0.385%	1432.23
合计金额	（大写）壹仟肆佰叁拾贰元贰角叁分				¥1432.23

上列存款利息,已照收你单位 4166465766882 账户

打印柜员:320125584257

打印机构:中国建设银行南京市江宁区支行

打印卡号:4166465766882

打印时间:2017-12-21　　　交易柜员: 320125584268　　　交易机构: 320110570

299

【业务 34】 2017 年 12 月 23 日,取得原始凭证 1 张。要求:在总账系统中完成。

表 4-34-1

借 款 借 据

单位编号: 05273467 　　借款日期 2017 年 12 月 23 日 　　合同编号: 55315

收款单位	名　称	南京沙翁股份有限公司	借款单位	名　称	南京沙翁股份有限公司
	结算户账号	4861914753808		贷款户账号	41924996301163
	开户银行	中国银行南京市江宁区支行		开户银行	中国银行南京市江宁区支行

借款金额	人民币贰佰万元整					亿	千	百	十	万	千	百	十	元	角	分
					¥	2	0	0	0	0	0	0	0	0

借款原因及用途	生产经营所需借款	批准借款利率	年息 8.10 %

借 款 期 限			
期次	计划还款日期	√	计划还款金额
1	2022-12-23		2000000.00元
2			
3			

你单位上列借款,已转入你单位结算户内,借款到期时我行按期向你单位结算户转还。

2017-12-23

转讫 (01)

借款单位

周晓红

(银行盖章)

此联由银行退借款单位作入账通知

【业务 35】 2017 年 12 月 23 日,取得原始凭证 3 张。要求:在总账系统中完成。

表 4-35-1

表 4-35-2

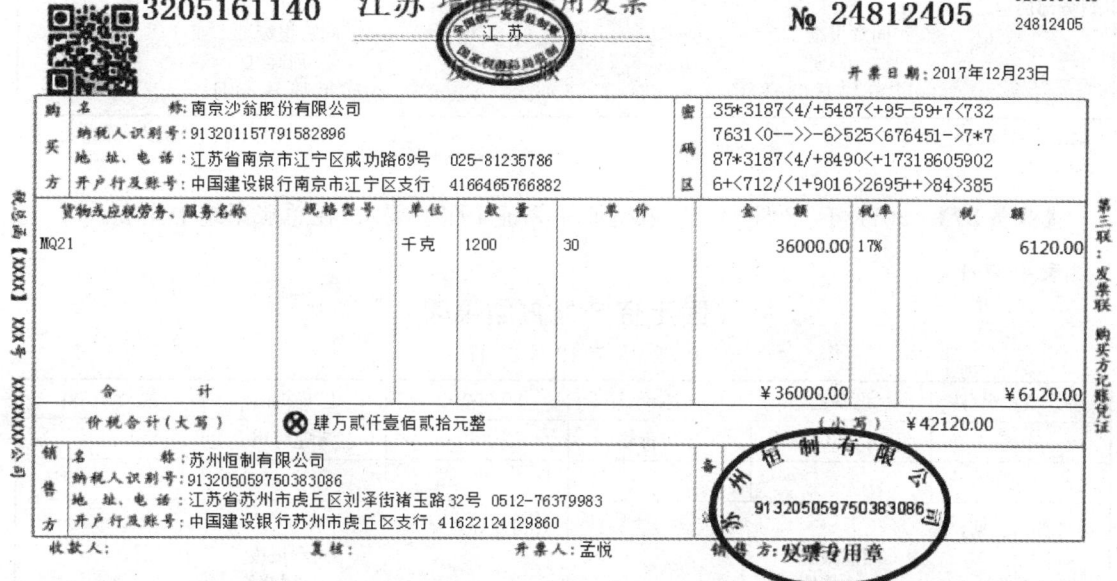

江苏增值税专用发票

3205161140　№ 24812405

3205161140
24812405

开票日期：2017年12月23日

购买方	名　称：南京沙翁股份有限公司 纳税人识别号：913201157791582896 地　址、电话：江苏省南京市江宁区成功路69号　025-81235786 开户行及账号：中国建设银行南京市江宁区支行　4166465766882	密码区	35*3187<4/+5487<+95-59+7<732 7631<0-->>-6>525<676451->7*7 87+3187<4/+8490<+17318605902 6+<712/<1+9016>2695++>84>385

货物或应税劳务、服务名称	规格型号	单位	数量	单价	金额	税率	税额
MQ21		千克	1200	30	36000.00	17%	6120.00
合　计					￥36000.00		￥6120.00

价税合计（大写）　⊗ 肆万贰仟壹佰贰拾元整　　（小写）￥42120.00

销售方	名　称：苏州恒制有限公司 纳税人识别号：913205059750383086 地　址、电话：江苏省苏州市虎丘区刘泽街褚玉路32号　0512-76379983 开户行及账号：中国建设银行苏州市虎丘区支行　41622124129860	备注	苏州恒制有限公司 913205059750383086 销售方发票专用章

收款人：　　　　　复核：　　　　　开票人：孟悦　　　　　销售方：发票专用章

第三联：发票联　购买方记账凭证

表 4-35-3

收 料 单

供应单位：苏州恒制有限公司　　　　　2017 年 12 月 23 日　　　　　编号 SL0929

材料编号	名　称	单　位	规　格	数量		实际成本			
				应　收	实　收	单　价	发票价格	运杂费	总　价
GL002	MQ21	千克		1 200	1 200				
备注：									

收料人：关洋平　　　　　　　　　　　　　　交料人：赵想飞

第二联记账联

【业务36】　2017 年 12 月 28 日，取得原始凭证 1 张。要求：在固定资产系统中完成。

表 4-36-1

固定资产处置申请单

2017 年 12 月 28 日

固定资产名称	设备乙	单位	台	型号	略	数量	1
资产编号	0038	停用时间	2017.11	购建时间	2011 年 6 月	存放地点	车间
已提折旧月数	77 月	原值	50 000.00	累计折旧		30 800.00	
有效使用年限	10 年	月折旧额	400	净值		19 200	
处置原因：风灾毁损							

（续表）

财务部门意见：	公司领导意见：
同意报废 周明 2017 年 12 月 28 日	同意报废 周晓红 2017 年 12 月 28 日

编制人：贾晓静　　　　　　　　　　　　　　　　　使用部门负责人：陈杰安

【业务 37】 2017 年 12 月 29 日，取得原始凭证 1 张。要求：在总账系统中完成。

表 4-37-1

固定资产处置结果表

2017 年 12 月 29 日

固定资产名称	设备乙	原价	50 000.00	已提折旧	31 200.00
净值	18 800.00	出售价格		清理费用	
出售净损益					
财务部门意见： 同意报废 周明 2017 年 12 月 29 日			公司领导意见： 同意报废 周晓红 2017 年 12 月 29 日		

【业务 38】 2017 年 12 月 31 日，取得原始凭证 1 张。要求：在总账系统中完成。

表 4-38-1

原材料暂估入账清单

2017 年 12 月 31 日　　　　　　　　　　　　　　　　　　　No. SL0930

材料名称	合同号	供货单位	数量	合同单价 （不含税）	合同金额	入库日期
MQ21	2017091	常州长顺有限公司	4 000	30	120 000	12 月 30 日

制表：郁明林　　　　　　　　　　　　　　　　　　　审核：周明林

第二联暂估联

【业务 39】 2017 年 12 月 31 日，取得原始凭证 2 张。要求：在工资系统中完成。

表 4-39-1

职工工资计算表

2017 年 12 月 31 日

职员编号	姓名	部门	岗位	应付工资
10101	周晓红	办公室	总经理	7 000
10102	于 虹	办公室	主任	6 000

（续表）

职员编号	姓名	部门	岗位	应付工资
10103	杨成之	办公室	职员	3 000
10201	关洋平	办公室	仓库保管员	3 200
10202	周 明	财务部	经理	4 500
10203	郁明林	财务部	会计	3 900
10301	郭秀莲	财务部	出纳	3 000
10302	吴春霞	采购部	经理	3 900
10401	赵诚颂	采购部	职员	3 000
10402	陈 华	销售门市	经理	4 500
10501	李 夏	销售门市	职员	3 000
10502	陈杰安	生产车间	主任	6 000
10503	贾晓静	生产车间	生产工人	3 400
20101	王霞敏	生产车间	生产工人	3 600
20102	吴小倩	生产车间	生产工人	3 800
20103	张 成	生产车间	生产工人	3 300
20104	蒋于良	生产车间	生产工人	3 400
20105	陈海鹏	生产车间	生产工人	3 200
20106	尚小明	生产车间	生产工人	3 500
20107	于晓莉	生产车间	生产工人	3 000
20108	蒋 珍	生产车间	生产工人	3 700
20109	沈亚东	生产车间	生产工人	3 200
20110	于明杰	生产车间	生产工人	3 200
20111	吴 颖	生产车间	生产工人	3 400
20112	陈碧晨	生产车间	生产工人	3 400
	合 计			95 100

制表：郁明林 审核：周明林

表 4-39-2

工资费用分配表
2017 年 12 月 31 日

应借账户	直接计入	分配计入			合计
		生产工时	分配率	分配金额	
生产成本——AK09		2 000		17 640	17 640
——BF09		3 000		26 460	26 460
合 计		5 000	8.82	44 100	44 100
制造费用	6 000				6 000
销售费用	7 500				7 500
管理费用	37 500				37 500
合 计	51 000			44 100	95 100

制表：郁明林 审核：周明林

【业务 40】 2017 年 12 月 31 日，取得原始凭证 2 张。要求：在工资系统中完成。

表 4-40-1

五险一金计算表

2017 年 12 月 31 日

应借账户	养老保险	医疗保险	失业保险	工伤保险	生育保险	住房公积金	合计
生产成本——AK09	3 528	1 587.6	176.4	88.2	88.2	1 764	7 232.4
——BF09	5 292	2 381.4	264.6	132.3	132.3	2 646	10 848.6
合　计	8 820	3 969	441	220.5	220.5	4 410	18 081
制造费用	1 200	540	60	30	30	600	2 460
销售费用	1 500	675	75	37.5	37.5	750	3 075
管理费用	7 500	3 375	375	187.5	187.5	3 750	15 375
合　计	19 020	8 559	951	475.5	475.5	9 510	38 991

制表：郁明林 　　　　　　　　　　　　　　　　　　　　　　　审核：周明林

【业务 41】 2017 年 12 月 31 日，取得原始凭证 1 张。要求：在总账系统中完成。

表 4-41-1

材料盘盈盘亏报告表

2017 年 12 月 31 日

编号	品名	单位	账面数量	实存数量	盘盈		盘亏		原因
					数量	金额	数量	金额	
	MQ21	千克	400	450	50	1 500			计量不准

制表：郁明林 　　　　　　　　　　　　　　　　　　　　　　　审核：周明林

【业务 42】 2017 年 12 月 31 日，取得原始凭证 1 张。要求：在总账系统中完成。

表 4-42-1

材料盘盈盘亏核销报告表

2017 年 12 月 31 日

编号	品名	单位	账面数量	实存数量	盘盈		盘亏		原因
					数量	金额	数量	金额	
	MQ21	千克	400	450	50	1 500			计量不准
	合计								
财务部门意见：			保管部门意见：			公司领导意见：			
盘盈冲减管理费用 　　周明 　　2018 年 1 月 5 日			同意 　　于虹 　　2018 年 1 月 5 日			同意 　　周晓红 　　2018 年 1 月 5 日			

【业务43】 2017 年 12 月 31 日,取得原始凭证 3 张。要求:在总账系统中完成。

表 4-43-1

中国建设银行客户专用回单

币别:人民币　　　　　　　2017 年 12 月 31 日　　流水号 320120027J0500810086

付款人	全称	南京沙翁股份有限公司	收款人	全称	南京威龙文化用品有限公司
	账号	4166465766882		账号	41622124573741
	开户行	中国建设银行南京市江宁区支行		开户行	中国建设银行南京市白下区支行
金额		（大写）人民币 贰佰叁拾肆元整		（小写）￥234.00	
凭证种类		网银	凭证号码		
结算方式		转账	用途		支付办公费

打印柜员:320125584257
打印机构:中国建设银行南京市江宁区支行
打印卡号:4166465766882

第一联借方（回单）

打印时间:2017-12-31　　　交易柜员:320125584268　　　交易机构:320110552

表 4-43-2

305

表 4-43-3

江苏 增值税专用发票 № 01839363

3201175140

3201175140 01839363

开票日期：2017年12月31日

购买方	名　称：南京沙翁股份有限公司 纳税人识别号：91320115779158289号 地址、电话：江苏省南京市江宁区成功路69号　025-81235786 开户行及账号：中国建设银行南京市江宁区支行　4166465766882	密码区	69*3187<4/+2910<+95-59+7<682 6050<0-->-6>525<359972->7*7 87*3187<4/+8490<+52329873207 2+<712/<1+9016>5895++>84>009

货物或应税劳务、服务名称	规格型号	单位	数量	单价	金　额	税率	税　额
A4纸		箱	1	200	200.00	17%	34.00
合　　计					¥200.00		¥34.00
价税合计（大写）	⊗ 贰佰叁拾肆元整				（小写）　¥234.00		

销售方	名　称：南京威龙文化用品有限公司 纳税人识别号：91320103676870580号 地址、电话：江苏省南京市白下区刘宗街胡燕路35号　025-27858479 开户行及账号：中国建设银行南京市白下区支行　41622124573741	备注	

收款人：　　　　　复核：　　　　　开票人：马杰　　　　　销售方：（章）

第三联：发票联　购买方记账凭证

【业务 44】　2017 年 12 月 31 日，取得原始凭证 1 张。要求：在固定资产系统中完成。

表 4-44-1

折旧计提表
2017 年 12 月 31 日

固定资产类别	使用部门	品名	单位	数量	原价（总价）	开始使用时间	已提折旧月份数	月折旧额
房屋建筑物	管理部门	办公楼	幢	1	1 000 000	2010 年 12 月 15 日	83	4 000
	车间	厂房	幢	1	2 000 000	2010 年 12 月 18 日	83	8 000
机器设备	车间	设备甲	台	3	900 000	2011 年 6 月 12 日	77	7 200
		设备丙	台	1	400 000	2011 年 6 月 23 日	77	3 200
运输工具	管理部门	卡车	辆	1	250 000	2015 年 4 月 16 日	30	5 000
电子设备	管理部门	电脑	套	10	500 000	2015 年 8 月 21 日	26	13 333.5
合计					5 100 000			40 733.5

制表：郁明林　　　　　　　　　　　　　　　　　　　　　审核：周明林

【业务 45】　2017 年 12 月 31 日，取得原始凭证 1 张。要求：在总账系统中完成。

表 4-45-1

银行借款利息计算单

2017 年 12 月 31 日

借款种类	借款金额	年贷款利率	月利息额	备注
五年期借款	22 000 000	8.1%		借入日期 12 月 23 日(合同号 55315)
合 计				

制表:郁明林 审核:周明林

【业务 46】 2017 年 12 月 31 日,取得原始凭证 1 张。要求:在总账系统中完成。

表 4-46-1

财产保险费摊销计算表

2017 年 12 月 31 日

部门	金额	摊销期限	本期金额
办公室	3 600	12	300
销售网点	4 800	12	400
生产车间	21 600	12	1 800
合 计	30 000		2 500

制表:郁明林 审核:周明林

【业务 47】 2017 年 12 月 31 日,取得原始凭证 1 张。要求:在总账系统中完成。

表 4-47-1

汽车保险费摊销计算表

2017 年 12 月 31 日

部门	金额	摊销期限	本期金额
办公室	6 000	12	500
合 计			450

制表:郁明林 审核:周明林

【业务 48】 2017 年 12 月 31 日,取得原始凭证 1 张。要求:在总账系统中完成。

表 4-48-1

原材料发料汇总表

2017 年 12 月 31 日

类别	MQ21		NL12		合计
用途	数量	金额	数量	金额	
AK09(800)	24 000	720 000			720 000
BF09(1 000)			23 500	1 178 760	1 178 760
合 计	24 000	720 000	23 500	1 178 760	1 898 760

制表:郁明林 审核:周明林

【业务 49】 2017 年 12 月 31 日,取得原始凭证 1 张。要求:在总账系统中完成。

表 4-49-1

包装物领用汇总表

2017 年 12 月 31 日

用途	包装箱		合计
	数量	金额	
销售领用不单独计价	100		
销售领用单独计价	120		
合 计			

制表:郁明林　　　　　　　　　　　　　　　　　　　　　　　审核:周明林

【业务 50】 2017 年 12 月 31 日,取得原始凭证 1 张。要求:在总账系统中完成。

表 4-50-1

制造费用分配表

2017 年 12 月 31 日

产品名称	生产工时	分配率	分配金额
AK09	2 000		11 624
BF09	3 000		17 436
合 计	5 000	5.812 000 000 000	29 060

制表:郁明林　　　　　　　　　　　　　　　　　　　　　　　审核:周明林

【业务 51】 2017 年 12 月 31 日,取得原始凭证 3 张。要求:在总账系统中完成。

表 4-51-1

产品成本计算单

2017 年 12 月 31 日

产品名称:AK09　　　　　　　本月投入:800　完工:800　　　　　　月末在产品:0

项目	直接材料	直接人工	制造费用	合计
月初在产品成本				
本月生产费用	720 000	26 636.4	11 624	758 260.4
生产费用合计	720 000	26 636.4	11 624	758 260.4
约当产量	800	800	800	
单位成本	900	33.295 5	14.53	947.825 5
完工产品成本	720 000	26 636.4	11 624	758 260.4
月末在产品成本	0	0	0	0

制表:郁明林　　　　　　　　　　　　　　　　　　　　　　　审核:周明林

表 4-51-2

产品成本计算单

2017 年 12 月 31 日

产品名称:BF09　　　　本月投入:1 000　完工:1 100　　　　月末在产品:300　50%

项目	直接材料	直接人工	制造费用	合计
月初在产品成本	471 504	10 045.4	4 439	485 988.4
本月生产费用	1 178 760	39 954.6	17 436	1 236 150.6
生产费用合计	1 650 264	50 000	21 875	1 722 139
约当产量	1 400	1 250	1 250	
单位成本	1 178.76	40	17.5	1 236.26
完工产品成本	1 296 636	44 000	19 250	1 359 886
月末在产品成本	353 628	6 000	2 625	362 253

制表:郁明林　　　　　　　　　　　　　　　　　　　　　　　　　审核:周明林

表 4-51-3

产成品入库汇总表

2017 年 12 月 31 日

产品编号	名称	规格	计量单位	数量	单价	金额	备注
	AK09	略	件	800	947.825 5	1 359 886	
	BF09		件	1 100	1 236.26	758 260.4	

制表:郁明林　　　　　　　　　　　　　　　　　　　　　　　　　审核:周明林

第二联　记账联

【业务 52】　2017 年 12 月 31 日,取得原始凭证 2 张。要求:在总账系统中完成。

表 4-52-1

单位产品成本计算表

2017 年 12 月 31 日

产品名称	期初产成品		本月完工产品		加权平均单价
	数量	金额	数量	金额	
AK09	400	381 739.6	800	758 260.4	950
BF09	220	276 914	1 100	1 359 886	1 240
合计		658 653.6			

制表:郁明林　　　　　　　　　　　　　　　　　　　　　　　　　审核:周明林

表 4-52-2

产品成本结转表

2017 年 12 月 31 日

项目	AK09			BF09		
	数量	单位成本	总成本	数量	单位成本	总成本
销售	1 000	950	950 000	1 200	1 240	1 488 000
合 计	1 000		950 000	1 200		1 488 000

制表:郁明林   审核:周明林

【业务 53】 2017 年 12 月 31 日,取得原始凭证 1 张。要求:在总账系统中完成。

表 4-53-1

增值税计算表

2017 年 12 月 31 日

一、增值税	金　额
销项税额	709 240
进项税额	327 722
上期留抵税额	0
进项税额转出	0
应纳税额	381 518
期末留抵税额	
简易征收办法计算的应纳税额	
应纳税额减征额	
应纳税额合计	381 518

制表:郁明林   审核:周明林

【业务 54】 2017 年 12 月 31 日,取得原始凭证 1 张。要求:在总账系统中完成。

表 4-54-1

城市维护建设税及教育费附加计算表

2017 年 12 月 31 日

一、城市维护建设税		
计税依据	税率	税额
381 518	7%	26 706.26
二、教育费附加		
计税依据	征收率	税额
381 518	3%	11 445.54

(续表)

三、地方教育费附加		
计税依据	征收率	税额
381 518	2%	7 630.36

制表:郁明林　　　　　　　　　　　　　　　　　　审核:周明林

【业务55】 2017 年 12 月 31 日,取得原始凭证 1 张。要求:在总账系统中完成。

表 4-55-1

房产税计算表(从价计征)

2017 年 12 月 31 日　　　　　　　　　　　　　　单位:元

房产编码	房产原值	其中:出租房产原值	计税比例	税率	计税月份数	本期应纳税额	本期已缴税额	本期应补(退)税额
3940	750 000		0.70	1.2%	12	6 300.00	0	6 300.00
合　计	750 000.00					6 300.00	0.00	6 300.00

审核:郁明林　　　　　　　　　　　　　　　　　　制表:周明

【业务56】 2017 年 12 月 31 日,取得原始凭证 1 张。要求:在总账系统中完成。

表 4-56-1

城镇土地使用税计算表

2017-12-31　　　　　　　　　　　　　　　　单位:元

土地等级	税额标准(年)	土地总面积	计税月份数	本期应纳税额	本期已缴税额	本期应补(退)税额
二级	10	10 000	12	100 000.00	0	100 000.00
合　计				100 000.00	0.00	100 000.00

审核:周明　　　　　　　　　　　　　　　　　　　制表:郁明林

【业务57】 2017 年 12 月 31 日,取得原始凭证 1 张。要求:在总账系统中完成。

表 4-57-1

月度应交企业所得税计算表

2017 年 12 月 31 日

项　　目	本期金额
营业收入	
营业成本	
利润总额	
加:特定业务计算的应纳税所得额	
减:不征税收入和税基减免应纳税所得额	
固定资产加速折旧(扣除)调减额	
弥补以前年度亏损	
实际利润额	
税率(25%)	
应纳所得税额(9 行×10 行)	
减:减免所得税额	
实际已预缴所得税额	
特定业务预缴(征)所得税额	
应补(退)所得税额	
减:以前年度多缴在本期抵缴所得税额	
本月(季)实际应补(退)所得税额	

制表:郁明林　　　　　　　　　　　　　　　　　　　　　　审核:周明林

【业务 58】　2017 年 12 月 31 日,取得原始凭证 1 张。要求:在总账系统中完成(进行期间损益结转的设置,分别结转收入和结转支出各完成一张凭证)。

表 4-58-1

损益类账户发生额表

2017 年 12 月 31 日

账户名称	借方发生额合计	贷方发生额合计
主营业务收入		
其他业务收入		
营业外收入		
主营业务成本		
其他业务成本		
税金及附加		
销售费用		
管理费用		
财务费用		

（续表）

账户名称	借方发生额合计	贷方发生额合计
营业外支出		
所得税费用		
合　计		

制表：郁明林　　　　　　　　　　　　　　　　　　　　　　审核：周明林

【业务 59】 2017 年 12 月 31 日，取得原始凭证 1 张。要求：在总账系统中完成。

表 4-59-1

年度净利润计算及结转表
2017 年 12 月 31 日

项　目	金　额
利润总额	1 492 076.57
所得税费用	373 019.14
净利润	1 119 057.43

制表：郁明林　　　　　　　　　　　　　　　　　　　　　　审核：周明林

【业务 60】 2017 年 12 月 31 日，取得原始凭证 1 张。要求：在总账系统中完成。

表 4-60-1

法定盈余公积计提及利润分配明细项目结转表
2017 年 12 月 31 日

项　目	金　额
提取法定盈余公积	111 905.74

制表：郁明林　　　　　　　　　　　　　　　　　　　　　　审核：周明林

（七）完成其余工作

期末以适当的身份完成账套中凭证出纳签字；凭证审核；记账；各子系统结账；生成资产负债表、利润表等工作。